21世纪教师教育系列教材·学科学习心理学系列

数学学习心理学
（第三版）

孔凡哲　编著

北京大学出版社
PEKING UNIVERSITY PRESS

图书在版编目(CIP)数据

数学学习心理学/孔凡哲编著. —3版. —北京：北京大学出版社，2021.11
21世纪教师教育系列教材·学科学习心理学
ISBN 978-7-301-32007-5

Ⅰ.①数… Ⅱ.①孔… Ⅲ.①中小学－数学课－学习心理学－师范大学－教材 Ⅳ.①G447

中国版本图书馆CIP数据核字（2021）第032784号

书　　　名	数学学习心理学（第三版）
	SHUXUE XUEXI XINLIXUE（DI-SAN BAN）
著作责任者	孔凡哲　编著
丛书策划	陈　静
责任编辑	陈　静
标准书号	ISBN 978-7-301-32007-5
出版发行	北京大学出版社
地　　　址	北京市海淀区成府路205号　100871
网　　　址	http://www.pup.cn　　新浪微博：@北京大学出版社
微信公众号	通识书苑（微信号：sartspku）
电子信箱	zyl@pup.edu.cn
电　　　话	邮购部 010-62752015　发行部 010-62750672　编辑部 010-62707542
印　刷　者	河北滦县鑫华书刊印刷厂
经　销　者	新华书店
	730毫米×980毫米　16开本　20印张　370千字
	2009年3月第1版
	2012年5月第2版
	2021年6月第3版　2021年11月第1次印刷
定　　　价	59.00元

未经许可，不得以任何方式复制或抄袭本书之部分或全部内容。
版权所有，侵权必究
举报电话：010-62752024　电子信箱：fd@pup.pku.edu.cn
图书如有印装质量问题，请与出版部联系，电话：010-62756370

作者简介

孔凡哲博士,男,1965年生,教育学博士。曾任(东北师范大学)国家基础教育实验中心副主任,东北师范大学教师教育研究院副院长,东北师范大学教育学部教授(历任教授、三级教授、二级教授)、博士生导师,东北师范大学南湖实验学校首任校长。现任中南民族大学二级教授、博士生导师、教育学院副院长,湖北民族教育研究中心主任,中国教育效能学术委员会副理事长,全国数学教育研究会常务理事,教育部"长江学者奖励计划"通讯评审专家,教育部人文社科基金重大项目评委。

先后主持完成国家社科基金(教育类)国家重点项目、国家一般项目,教育部人文社科基金项目,(国家教委)世行贷款师范教育发展项目,省教育科学重大招标课题、重点课题等八项,在《教育研究》《课程·教材·教法》《中国教育学刊》《数学教育学报》《光明日报》(理论栏)、《中国教育报》等国内权威期刊报纸公开发表学术论文200余篇,被《新华文摘》、人大报刊复印资料和外刊全文转载39篇,出版《教科书质量研究方法的探索》《教科书研究方法与质量保障研究》《数学教育评价新论》《数学学习心理学》等30余部专著、合著。先后在东北师范大学、西南大学、中南民族大学培养13名教育学博士、114名硕士。

第三版修订说明

《数学学习心理学》第一版自 2009 年在北京大学出版社出版发行以来,得到全国广大读者的肯定,尤其是来自中小学教学一线的数学教师和数学教育方向的大学师生,对该书给予一致好评,唐平副教授还针对本书专门写了书评。[①]这种肯定不仅是对《数学学习心理学》的认同,而且也是倡导"学生发展为本"教育理念的必然——作为研究数学课程、教学的人士来说,"读懂"教材、"读懂"课堂的前提在于"读懂"学生与"读懂"数学,而数学学习心理学正是研究学生数学学习规律的一门科学,是心理学与数学科学的交叉学科。

自进入 21 世纪以来,数学课程改革二十年的历程证实了一个不争的事实,这就是,在保证数学课程内容的学科本质的前提下,学生如何学得方便,教材就应该如何编、教师就应该如何教。而制约数学课程教学改革进程的一个最大阻碍就是,我们对于学生数学学习规律的认识不到位,甚至有些是错误的。最近一再讨论的学生课业负担过重问题,其原因一方面在于,我们没有真正从学生的视角来设计、编制、规划、实施和考评学生的数学学习活动,总是"站"在成人的视角思考问题、处理问题;另一方面则在于,我们很多人对于学生数学学习的特点和规律的把握往往停留在经验层面,"坚信"熟能生巧的古训,而强迫(甚至是逼迫)学生进行简单重复性的学习,做了很多"无用功"。而导致这种现象产生的根本原因之一在于,数学学习心理学发展的滞缓,没能起到很好的理论指导作用。

正是如此,"数学学习心理学"作为一门发展中的学科,需要不断更新、发展其自身的理论、工具和方法;同时,"数学学习心理学"作为一门服务性的学科,需要将中小学数学教育领域最新问题的解决纳入本学科的研究范畴,为数学课程、教学、评价等领域的发展不断提供最新成果。

《数学学习心理学》作为国内为数不多的学科心理学分支领域的著述,自问世以来,虽然得到广大读者的青睐,但是,作为编者,我们时时刻刻保持着学习的心态、研究的心态和强烈的问题意识,用审视的眼光和批判的利器审核第一

---

① 唐平. 数学学习的心理认知过程与学习心理能力培养——评《数学学习心理学(第 2 版)》[J]. 高校教育管理,2016,10(04):2.

版、第二版中的瑕疵，同时，期望增添由于时代发展而需要充实和完善的诸多理论、观点和工具。

2012年春天，北京大学出版社陈静女士及其同人，给我们提供了第二版的机会，2020年又为我们创造了第三版的机会，使得我们的诸多设想得以实现。

本次修订的基本原则是，在不"伤筋动骨"的前提下修改完善，根据现实需要及时添加本领域的最新成果。为此，我们主要做了如下三方面的工作。

一是订正了前两版中的一些不完美之处，诸如极个别的笔误、表述不完美的语句、观点不具代表性的个别论断。

二是删去了一些由于研究领域的技术和方法所限而不能得出深刻结论的内容，诸如原来的"解决问题"学习的相关内容，而增补了"问题解决"领域的最新研究成果，对此，第四章数学学习的特殊认知过程变化最大，因而改动较多。

三是基于新版的义务教育数学课程标准即将颁布，而替代2001年、2011年颁布的《全日制义务教育数学课程标准（实验稿）》《义务教育数学课程标准（2011年版）》的实际，按照新要求、新变化和义务教育数学课程教学的实际需要，及时添加了直观想象、模型思想、基本活动经验和发现问题、提出问题的相关研究的最新成果，并辅以来自小学、初中、高中数学课堂教学实践的典型案例。

《数学学习心理学》第一版由孔凡哲教授执笔撰写初稿，曾峥教授对第四章第4节书稿进行了订正，孔凡哲教授指导的在读硕士研究生提供了不少帮助。

为了第二版修订，曾峥教授收集了来自读者的反馈信息，并提出了修改建议，由孔凡哲执笔重写了第四章第4节。修订工作由孔凡哲教授独立执笔完成，历时数月。

第三版修订由孔凡哲教授独立执笔完成。本次修订除了订正第二版中的瑕疵之外，添加的诸多最新研究成果大多来自孔凡哲的原创以及与合作者共同完成的原创，部分引自国内同行在正式出版物上公开发表的最新成果，对此，本书稿都在相应位置作了注释。

修订毕竟是短暂的，而完善工作却是长期的、持久的，为此，我们将不断努力，为数学学习规律的完善和发展贡献自己微薄的力量。

作者

2020年8月三稿定稿于湖北武汉南湖畔

第二版前言

作为数学教育理论的三个基础性领域,数学学习心理学与数学课程论、数学教学论,共同构成数学教育研究的基本前提和基础。而数学学习心理学同时又构成数学课程论、数学教学论的研究起点之一。

作为教育心理学与数学科学的交叉领域,数学学习心理近 30 年来已成为数学教育研究中异常活跃的一个领域,就国际范围看,国际数学教育委员会(ICMI)下属的"国际数学教育心理学研究小组"(The International Group for the Psychology of Mathematics Education,简称为 PME)几乎每年都要举行年会,对数学学习心理的重要问题作专题讨论,该组织的工作有效地促进了数学学习心理研究的国际合作与学术交流。从第 9 届到第 14 届国际数学教育大会,每一届的大会主题报告几乎都与数学学习心理研究直接相关,正如前 ICMI 秘书长、丹麦罗斯基特大学(Roskilde University)教授尼斯(M. Niss,1944—　)在大会主题报告《数学教育的关键课题及趋势》中明确指出的,"数学学习研究已成为当前数学教育研究中最重要的研究对象",此外,"数学学习与认知过程""数学学习与建构主义"已经成为国际数学教育大会的专门研究课题。

我国的数学学习心理研究发展于 20 世纪 80 年代,中国科学院心理研究所卢仲衡研究员主持的数学自学辅导实验,取得了显著成效。自数学学习心理学、数学课程论与数学教学论在 20 世纪 80 年代末期正式确立为数学教育学学科体系的三大支柱以来,数学学习心理学得到长足发展。随着基础教育课程改革的深入,人们对学生数学学习心理的研究也日渐深入。

当前国际范围内的数学学习研究,主要遵循两条基本途径:一是从一般教育心理学理论出发,对数学学习的具体问题做解释与分析;二是尽可能从数学学习具体过程出发,研究学生学习的真实心理活动,分析其认知过程、机制及心智变化,由下至上构建理论。PME 遵循第二条途径。其实,无论选择哪一条途径,都要注意理论与实践真正有机地结合,其价值也是双向的,即运用理论有效解决数学学习问题;同时,通过具体的研究成果,丰富和发展数学学习理论及一般学习理论,将建构主义运用于数学学习研究应该从数学学科自身的特点入手,探究其学习的特征。数学学科的特点在于,数学的对象是一种思维对象,是人类经过一定的抽象活动所构造出来的心理上的对象。

作为中小学数学教师专业成长的重要课程保障,数学学习心理学课程能够帮助读者更好地认识中小学生数学学习的基本规律,更深刻地理解数学课程、教材的编制规律,进而,更好地达成数学课程实施的理想效果。因而,国内高校自20世纪80年代开设"数学学习理论"专题讲座,到90年代正式开设数学学习心理学选修课程,进入21世纪以来,包括北京师范大学、东北师范大学在内的众多师范院校,将数学学习心理学列为本科学历课程以及成人教育学历课程。

当然,作为本科学历课程之一的这门课程,其教学也有诸多困难:其一是学习这门课程往往需要以数学教育学概论、教育心理学(或普通心理学)为基础;二是实习前后学生对于这门课程的认识往往迥然不同(甚至有质的差异)——经过亲身的执教经历之后,再来重温数学学习心理学的有关理论,学生常常会恍然大悟,数学课程设计、教材编写、课堂教学实施的许多必需的行为,其理论依据往往隐藏在数学学习心理学的这些相关理论之中;三是这门课的教授需要教师兼备心理学、教育学与数学科学三个领域的知识和能力,能够站在数学的角度、用心理学的手法,处理数学教育的核心问题。

本书紧密结合当前中小学数学课程教学实际,从心理学的视角,分析数学学习的基本规律。以案例为载体,兼顾理论的系统性和完整性,配以精心设计的思考题和拓展性问题。

本书是笔者多年执教数学学习心理学课程的结果,既可以作为在校大学生、研究生为了将来能胜任教学工作而学习的教材,也可以作为在职教师继续学习的读物。

2009 年 3 月 18 日一稿定稿于吉林长春南湖畔
2012 年 3 月 18 日二稿定稿于浙江嘉兴南湖畔

目　　录

绪论 …………………………………………………………………………… (1)
　第一节　数学学习与数学教育、数学课程 ………………………………… (1)
　第二节　数学学习心理学研究的内容 ……………………………………… (3)
第一章　学习与数学学习 ……………………………………………………… (5)
　第一节　数学学习与学生学习 ……………………………………………… (5)
　第二节　学生数学学习的特点 ……………………………………………… (9)
　第三节　数学学习的分类 …………………………………………………… (18)
第二章　心理学经典理论概要及其对数学学习的影响 …………………… (27)
　第一节　巴甫洛夫条件反射理论及其对数学学习的影响 ……………… (28)
　第二节　桑代克"试误说"学习理论及其对数学学习的影响 ………… (31)
　第三节　斯金纳操作性条件反射理论及其对数学学习的影响 ………… (34)
　第四节　加涅"信息加工"学习理论及其对数学学习的影响 ………… (38)
　第五节　布鲁纳认知－发现理论及其对数学学习的影响 ……………… (41)
　第六节　奥苏贝尔认知－接受理论及其对数学学习的影响 …………… (44)
　第七节　皮亚杰发生认识论及其对数学学习的影响 …………………… (50)
　第八节　建构主义理论及其对数学学习的影响 ………………………… (55)
　第九节　近几年备受关注的几种心理学理论及其对数学学习的影响 … (59)
第三章　数学学习的一般认知过程 ………………………………………… (70)
　第一节　数学认知结构 …………………………………………………… (70)
　第二节　数学学习过程的一般模式 ……………………………………… (79)
第四章　数学学习的特殊认知过程 ………………………………………… (84)
　第一节　数学知识的学习 ………………………………………………… (84)
　第二节　数学技能的学习 ………………………………………………… (93)
　第三节　基本活动经验的学习 …………………………………………… (101)
　第四节　数学问题解决的学习 …………………………………………… (134)
第五章　数学学习的记忆与迁移 …………………………………………… (149)
　第一节　数学学习的记忆 ………………………………………………… (149)

第二节　数学学习的迁移 …………………………………………… (153)
第六章　数学学习中的情感、态度、价值观 …………………………… (163)
　　第一节　数学学习动机和学习兴趣 ………………………………… (163)
　　第二节　数学学习态度 ……………………………………………… (173)
　　第三节　数学情感及其规律 ………………………………………… (175)
　　第四节　义务教育数学课程标准中的情感、态度、价值观的特点 ……… (180)
　　第五节　现代意义上的数学观 ……………………………………… (189)
第七章　数学思维及其规律 ……………………………………………… (200)
　　第一节　思维及其类型 ……………………………………………… (200)
　　第二节　思维发展与数学学习 ……………………………………… (206)
　　第三节　数学思维及其方式 ………………………………………… (208)
第八章　数学能力 ………………………………………………………… (215)
　　第一节　数学能力 …………………………………………………… (215)
　　第二节　数学能力结构分析 ………………………………………… (223)
　　第三节　形成和发展数学能力的基本途径 ………………………… (228)
第九章　数学学习的环境因素 …………………………………………… (236)
　　第一节　社会环境对数学学习的影响 ……………………………… (236)
　　第二节　家庭环境对数学学习的影响 ……………………………… (237)
　　第三节　学校环境对数学学习的影响 ……………………………… (243)
第十章　数学学习心理发展专题选讲 …………………………………… (251)
　　第一节　数感及其培养 ……………………………………………… (251)
　　第二节　符号意识及其培养 ………………………………………… (257)
　　第三节　直观想象及其培养 ………………………………………… (266)
　　第四节　数据分析观念及其培养 …………………………………… (274)
　　第五节　应用意识及其培养 ………………………………………… (278)
　　第六节　数学抽象及其培养 ………………………………………… (283)
　　第七节　推理能力及其培养 ………………………………………… (291)
　　第八节　数学建模及其培养 ………………………………………… (298)
主要参考书目 ……………………………………………………………… (305)
第一版后记 ………………………………………………………………… (306)

绪　　论

数学学习心理学、数学课程论、数学教学论是数学教育学的核心内容,是数学教育的主要研究领域。在数学教育体系中,数学学习心理学处于基础地位,它为科学地编制数学课程、教材,科学地实施数学教学,提供了心理学依据。

因此,研究学生数学学习的心理规律,在数学教育中显得特别重要,尤其是在倡导"一切为了学生的全面发展"教育理念的今天。

《数学学习心理学》主要从数学的学习过程、中小学生数学学习的自身特点和规律出发,基于教育的视角(而非心理实验的角度),论述数学内容的获得及其保持等方面的心理规律。重点论述认知因素(数学认知结构、思维发展水平等)和非认知因素(情感、态度、价值观等)及家庭、社会、学校对数学学习的影响,阐述数学学习规律对数学课程、教学、评价等的影响。

第一节　数学学习与数学教育、数学课程

一、数学学习与数学教育

数学学习心理学,也称为数学学习论,是数学教育学与心理科学的边缘性交叉学科,它以学生数学学习为研究对象,以揭示学生数学学习的性质、特点、过程和规律为主要目标。

数学学习心理学不是心理学理论在数学教育中的简单应用,而是以数学学习活动为研究对象,研究数学学习所特有的心理规律。与教育心理学研究相比,数学学习心理学研究的深度更有"数学"的学科特征;与普通心理学研究相比,数学学习心理学更倾向于从教育的视角而非实验的视角开展研究。

数学学习的心理过程,不仅是一个认知过程(学生获得知识、技能、经验等的过程),而且是情感、态度、价值观共同发展的过程,是体现学生个性化学习的过程,是实现学生人格健全发展的过程。对学生数学学习心理的研究,已经影响到数学教育及其研究的深度、广度,并直接制约着数学教育的效果。

学生的数学学习内容应当是现实的、有意义的、富有挑战性的,并有丰富的数学学科内涵,这些内容要有利于学生主动地进行观察、实验、猜测、验证、推理与交

流等数学活动。内容的呈现应采用不同的表达方式,以满足多样化的学习需求。有效的数学学习活动不能单纯地依赖模仿与记忆,而动手实践、自主探索与合作交流也是学生学习数学的重要方式。由于学生所处的文化环境、家庭背景和自身思维方式的不同,学生的数学学习活动应当是一个生动活泼的、主动的和富有个性的过程。

数学教学活动必须建立在学生的认知发展水平和已有知识经验的基础之上。教师应激发学生的学习积极性,向学生提供充分从事数学活动的机会,帮助他们在自主探索和合作交流的过程中真正理解和掌握基本的数学知识与技能、数学思想和方法,获得广泛的数学活动经验,提高数学的能力和素养。学生是数学学习的主人,教师是数学学习的组织者、引导者与合作者。

二、数学学习与数学课程

正如《义务教育数学课程标准(2011年版)》所述,作为教育内容的数学,有着自身的特点与规律,它的基本出发点和目的是促进学生全面、持续、和谐地发展。义务教育阶段的数学课程,不仅要考虑数学自身的特点,更应遵循学生学习数学的心理规律,关注每位学生在思维能力、情感、态度和价值观以及人格等多方面的进步和发展。

与时代的发展和实施素质教育的要求相比,以往的中小学数学教育往往存在着一些亟待解决的问题。它反映在课程上主要是:部分内容繁、难、偏、旧;学生的学习方式单一、被动,缺少自主探索、合作学习的机会;偏重书本知识的学习和技能、技巧的机械训练,而忽视对学生个体差异的关注;过于关注演绎能力的培养,而忽略归纳、类比等思维能力的均衡发展,忽视创新精神和实践能力的培养。

研究表明,每位学生都有发现问题,提出数学问题,分析、解决问题的能力和创造的潜能,都有一种与生俱来把自己当成探索者、研究者和发现者的本能,他们常常具有验证自己思考结果的欲望。如果数学教育把握住了这一点,就有可能引导学生表现出更充足的自信,更认真的思考,更积极地寻找解决问题的思路。这就要求数学课程要提供好的内容素材,以促进学生的这种发展。学生是学习的主体,所有的数学知识只有通过学生自身的"再创造"活动,才能纳入其认知结构中,才可能成为被学生内化的知识。如果用成人化的逻辑将整理好的知识硬塞给学生,其结果只能适得其反。

例如,在 20 世纪初期"数学教育近代化运动"中,心理学家摩尔(E. H. Moore,1862—1932)等提出并影响至今的鲜明观点之一,就是应该运用教育学、心理学的观点来指导教学内容。亦即提倡"研究数学教育教学中的心理规律,并以此来指导数学教育教学活动"。

对儿童"图形与几何"(即一般意义上的几何学)学习规律的研究表明,让12岁以下的儿童学习"图形与几何"的基本目标就是发展学生的空间观念、几何直观,而不是首先培养学生的几何推理论证能力(推理论证能力的发展大多是在12岁以后完成的)。12岁以下儿童"图形与几何"的学习内容应该以操作几何、直观几何为主,逐步发展到推理论证几何。

当前,中小学数学课程体系的建立已经把学生的发展放在首要位置,并以促进学生的全面发展为目的。正如《基础教育课程改革纲要(试行)》所指出的,基础教育课程改革的重要目标在于:

> 改变课程过于注重知识传授的倾向,强调形成积极主动的学习态度,使获得基础知识与基本技能的过程同时成为学会学习和形成正确价值观的过程。改变课程内容"繁、难、偏、旧"和过于注重书本知识的现状,加强课程内容与学生生活以及现代社会和科技发展的联系,关注学生的学习兴趣和经验,精选终身学习必备的基础知识和技能。改变课程实施过于强调接受学习、死记硬背、机械训练的现状,倡导学生主动参与、乐于探究、勤于动手,培养学生搜集和处理信息的能力,获取新知识的能力,发现、提出并加以分析和解决问题的能力以及交流与合作的能力。

正是如此,数学学习理论就成为数学课程改革的最基本的前提和理论依据。学习和研究数学学习心理学,对于更好地认识中小学数学教育教学规律,具有十分重要的作用。

第二节 数学学习心理学研究的内容

本书主要包括如下十章内容。

第一章"学习与数学学习",主要阐述学习、数学学习的基本含义、特点及其分类。

第二章"心理学经典理论概要及其对数学学习的影响",主要阐述巴甫洛夫条件反射理论、桑代克"试误说"学习理论、斯金纳操作性条件反射理论、加涅"信息加工"学习理论、布鲁纳认知-发现理论、奥苏贝尔认知-接受理论、皮亚杰发生认识论、建构主义理论和近几年备受关注的几种心理学理论,以及它们各自对数学学习的影响。

第三章"数学学习的一般认知过程",主要分析数学认知结构及其一般规律。

第四章"数学学习的特殊认知过程",主要阐述数学知识学习、数学技能学习的特殊规律。

第五章"数学学习的记忆与迁移",主要阐述数学记忆与迁移的基本规律。

第六章"数学学习的情感、态度、价值观",主要阐述数学学习动机、学习兴趣、数学学习态度、数学情感及其规律、数学学习过程与现代数学观的形成和发展的基本规律。

第七章"数学思维及其规律",主要分析思维及其类型、思维发展对数学学习的影响,数学思维及其方式,以及数学思维品质及其培养。

第八章"数学能力",主要阐述数学能力的含义、分析数学能力结构,探讨形成和发展数学能力的基本途径。

第九章"数学学习的环境因素",主要阐述家庭环境、学校环境、社会环境对数学学习的影响。

第十章"数学学习心理发展专题选讲",主要从数学学习心理的角度分析当前中小学数学教育所涉及的几个重要话题。

思 考 题

1. 如何理解数学学习与数学教育的关系?有人说"教育心理学+数学的例子=数学学习心理学",你是怎么看待这个观点的?

2. 作为教育心理学的一个边缘性分支学科,数学学习心理学主要研究哪些内容?

第一章 学习与数学学习

第一节 数学学习与学生学习

学习作为人类的一种特殊活动,对于人类的发展,具有至关重要的作用。学生的数学学习作为学生学习的一项内容,既具有学生学习的一般特征,也具有数学学习所特有的特殊内涵。因而,研究数学学习,首先要分析人类一般意义上的学习,同时,也需要分析学生学习的基本内涵。

一、学习的含义

对于学习(learning)的理解,从不同角度刻画和描述,其含义有所不同。以下是四种具有典型代表性的观点。

(一) 学习是基于经验而导致行为或行为潜能发生相对一致变化的过程[①]

让我们仔细分析这一定义的三个关键部分。

1. 行为或行为潜能的变化

很显然,当你能够展示你的成绩,如开车或使用微波炉时,学习便已经发生了。你无法直接观察学习本身——你通常不能看见你脑内的变化——但学习从你操作的进步中显而易见。不过,通常,你的操作并不能显示出你学习的全部内容。有时候,你获得了一般性的态度,比如对现代艺术的鉴赏或对东方哲学的领悟,这些并不一定在你可测量的行动中表现出来。在这些情形中,你获得的是一种改变行为的潜能,因为你学到的态度和价值观能影响你读什么样的书或怎样打发你的闲暇时光。这就是学习——表现差异(learning-performance distinction)的一个例子——你学到的和你在外显行为中表达出来或做出来之间的差异。

2. 相对一致的变化

一旦学会了某种行为,行为或行为潜能的变化就必须在不同场合表现出相对一致性。例如,一旦你学会了游泳,你将总能这样做。值得注意的是,一致的变化

---

① 理查德·格里格,菲利普·津巴多.心理学与生活:第16版[M].王垒,王苏,周晓林,译.北京:人民邮电出版社,2005:161.

并非总是永久性变化。例如,当你每天都练飞镖时,你会成为一个水平相当稳定的投镖手。然而,如果你放弃了这项运动,你的技能就会朝着最初的水平下滑。但是,如果你曾一度是一个冠军级的飞镖手,那么,你再次学起来就会很容易——一些东西由先前的经验而"保存"下来。从这种意义上说,变化可以是永久的。

3. 基于经验的过程

学习只有通过体验才能发生。体验包括吸收信息(以及评价和转换信息)和做出反应来影响环境。学习包含记忆影响的反应。学习获得的行为既不包括因有机体年龄增长而出现的自然成熟及大脑发育所带来的变化,也不包括因疾病和脑损伤而引起的变化。有些行为上的持久变化需要经验和成熟准备相结合。

例如,列出婴儿何时开始会爬、会站、会跑以及可以进行大小便训练的时间表。在儿童具有充分的成熟准备以前,任何训练或者练习都无法产生这些行为。

当然,心理学家特别感兴趣的问题是,行为的哪些方面能够通过经验而改变,以及这些改变是如何发生的。

(二) 学习是人与动物在生活过程中获得个体行为经验,并由经验引起行为或思维的较持久变化的过程

这是现代学习论的观点,对"学习"的这种理解包含五个方面的内容。

(1) 学习是凭经验产生的行为或思维的变化。

(2) 学习既有行为的变化,也有思维的变化。

(3) 学习过程可以是有意的,也可以是无意的。

(4) 学习是指那些比较持久、恒定的行为变化与思维变化。

(5) 学习的结果既有积极的,也有消极的。

(三) 学习是个体在一定情景下由于反复的经验而产生的行为或行为潜能的比较持久变化的过程

其含义包括三个方面。

(1) 学习是以行为或行为潜能的改变为标志的。

(2) 学习引起的行为变化是相对持久的。

(3) 学习是由练习或经验引起的。

(四) 学习是动物和人类所共有的一种心理活动。对人类来说,学习是指知识、经验的获得及其行为变化的过程

在这里,学习的含义包含以下七个方面。

(1) 积累知识经验基础上的行为变化是学习。

(2) 学习的结果产生的行为变化,有时是外显的,有时是内隐的,如思想、意识、观念等的学习大多是内隐的。

(3) 行为变化导致了一种隐性的心理品质(如图1-1所示)。

图 1-1

(4) 学习是一个渐进的过程。

(5) 行为的变化有时表现为行为的矫正或调整,如专业引领对教师教学的帮助就是如此。

(6) 学习的行为变化不仅包括体现在实际操作上的行为变化,而且包括体现在态度、情绪、智力上的行为变化,如后进生转化策略中的情感转化是非常重要的。

(7) 学习是学习者在学习过程中的行为变化,教师可以从学生的行为变化中把握学生的学习效果,如教师教学中的察言观色。

由上述各种定义不难看出,行为主义理论把学习看成行为或反应速度、发生频率或形式的改变,这种改变主要是各种环境因素作用的结果。与之相比,认知理论着重研究知识和技能的习得、心理结构的形成、信息加工及信念等,并认为,学习是一种心理现象,可以从人们说出的话和做出的事情中推断出来。[①]

无论从哪个角度刻画学习的内涵,学习都是基于经验之上而发生的,同时,引发行为上的、思维上的,乃至心理上的一些稳定的、持续的变化。

二、学生学习的特点

学生的学习与人类一般学习有共同之处,但又有其特殊性。学生学习的最重要特点之一是接受-建构式学习。也许有人认为,接受学习一定是机械的、被动的,但实际情况并非如此。

所谓接受学习,是指这种学习本身是占有人类已有经验、把别人发现的经验变成自己的经验,并使其成为自己辨别事物、处理问题的工具的过程。发现学习不是把学习的主要内容提供给学生,而是必须由学生独立发现,包括揭示问题的隐蔽关系,发现结论和推导方法,进而获得认识、提高水平。

由于经验是在主客体相互作用的基础上,主体反映客体时所产生的主观产物,因此,经验的接受和占有不能像物的接受那样,在既不改变性质也不改变存在形式

---

① 戴尔·H.申克.学习理论:教育的视角:第3版[M].韦小满,等,译.南京:江苏教育出版社,2004:11.

的状态下进行,经验的接受过程是主体重建经验结构的过程,是主体心理结构的构建过程。主体必须处于一种十分主动的状态,积极主动地进行一系列复杂的心理运作,才能完成构建过程,真正"接受"相应的经验。

因此,学生的学习,从结果看是"接受"了已有经验,而从过程看则是一个积极主动的经验建构过程。

1. 学生的学习是在人类发现基础上的再发现

由于学生所要掌握的是已经整理好的、客观化了的、系统化了的经验,是一种间接经验,所以,学生的学习是一个再发现的过程。这种再发现的特点在于经过了包括教师在内的一些专业人士进行的"教学法"的加工。

2. 学生的学习不同于人类的一般认识过程

学生的学习过程是"先前知识、经验——理论——实践——理论",而人类一般的认识过程则是"实践——理论——实践",二者有明显差异。

3. 学生的学习是在教师指导下有目的地进行的

学生学习是有计划、有目的、有组织、有指导的活动,学生必须在有限的时间内,在教师正确有效的启发引导下,理解已有经验的意义,完成规定的学习任务,建构自己的认知结构。

人类的学习属于典型的尝试错误过程,与此相比,学生的学习虽然时常出现尝试错误,但是,其行为并不是完全独立的,而是在教师的指导下进行的,旨在掌握人类已有的间接经验、知识,获得个体的发展。其中,教师不仅对学生的学习内容进行教学法的加工,而且,学生的学习过程有教师进行专门的设计与指导,学生有效的学习方法都得益于教师的教,而教师的点拨和引导则紧紧围绕学生的学习而展开。

4. 学生的学习是依据一定的课程和教材进行的,在一定的时间内是相对稳定的,课程、教材的质量直接影响着学生学习的效果

由于学生的身心发展水平的限制,学生学习的随意性较小,通常是在规定的时间内,通过课程的实施,学习既定的内容,这些内容是由国家课程标准确定下来的、由专家精选出来的人类智慧和文化的精华。

教材是教学内容的知识载体,是将具有很强的抽象性、概括性和目的性的概念、公式、法则等表现出来的事实、现象或素材。

由于同一知识内容可以通过不同的方式向学生展现出来,这就促成了教材的多样化。我们倡导教材的多样化,但必须是在保证教材质量的前提下进行的。评定教材质量的维度很多,最重要的因素是所承载的课程内容要准确,能够满足学生发展的需要,能够将高度抽象、概括的知识形象地展现给学生。只有这样,学生才能达到预期的学习目标。

5. 学生学习的主要目的是为今后的学习、工作和生活奠定基础

对于中小学生来说,数学学习的主要目的不在于直接创造社会价值,而在于获得个体的全面、健康、可持续发展。

在学习过程中,学生的情感、态度、价值观以及知识领域,得以不断丰富发展,其最终目的是实现个人的社会化。

值得一提的是,上述关于学生学习特点的总结,主要是基于行为主义理论与认知理论,结合中小学教学实际而归纳出来的。

但是,无论是行为主义的学习构想,还是认知理论的学习阐述,对教育实践都有十分重要的意义。按照行为主义理论的说法,教师应该把环境安排好,以便学生能对刺激作出适当的反应,而认知理论则强调让知识变得有意义,应考虑学习者对自己及学习环境的知觉,教师要考虑的是,在学习期间如何通过自己的教学影响学生的思维。[①]

第二节 学生数学学习的特点

一、研究学生数学学习的现实意义

学生的数学学习是学校教育中的重要活动,是数学课程的设计编排、实施、评价的基本出发点。

在深化基础教育课程改革、全面实施素质教育的今天,分析和研究学生数学学习心理规律,具有十分现实的意义:

(1) 重新认识并着力改变学生的学习方式,使学生能在数学课程中学会学习,以适应终身学习和未来可持续发展的需要。而实现这一目标的重要前提在于,数学课程必须更全面准确地反映数学学习的特点,更好地适应学生身心发展的规律,体现社会进步、科技发展的新需求。

(2) 长期以来,我国中小学数学课程普遍存在过分关注学科自身体系及逻辑结构、忽视学生学习的心理特征及其身心发展状况的弊端。作为实施素质教育的数学课程,必须变"学科本位"为"以学生发展为本"。

(3) 我国对数学学习与学生身心发展关系的研究,主要集中在数学学习心理的研究。目前,国内外数学学习心理研究异常活跃,取得了丰硕的成果。这是开展学生数学学习研究的有利条件。

---

① 戴尔·H.申克.学习理论:教育的视角:第3版[M].韦小满,等,译.南京:江苏教育出版社,2004:11.

二、学生数学学习的过程和特点

(一) 学生数学学习过程

从本质上说,学生的数学学习过程是学生自主构建数学理解的过程。其中,学生带着自己原有的生活背景、已有知识、活动经验及其理解,走进学习活动,并通过自主的活动——包括独立思考、与他人交流和自我反思等,去建构他们自己对数学的理解,既包括用自己熟悉的事例构建新的概念、法则、结论等内容,也包括对已经形成的概念、法则、结论寻找学生个人的理解(如,用自己的经历、案例,诠释原有的概念)。

因此,学生数学学习的过程可以说是一种再创造过程,而且是真正意义上的再创造(指主观意义上,而非客观意义上)。亦即,学生通过对数学知识、经验的提炼和组织——对低层次活动本身的分析,把低层次的知识变为高一级层次的常识;再经过提炼和组织而形成更高一级的知识。如此循环往复,最后再把数学放到现实中去加以使用,进而获得更深入的理解和认识。

其中,获得的经验,对经验的分析与理解,对获得过程以及活动方式的反思(元认知),至关重要。

(二) 学生数学学习的特点

1. 有效的数学学习来自学生对数学活动的参与,而参与的程度与学生学习时产生的情感因素密切相关

鉴于数学的对象主要是抽象的形式化的思想材料,数学的活动也主要是思辨的思想活动,因此,数学学习的过程,实际上是主体对客体的思维构造的过程,是在心理层面、思维层面建构客体意义的过程。

所谓思维构造,是指主体在多方位地把新知与多方面的各种因素建立联系的过程中,获得新知、新意义。

首先,要与所设置的情境中的各种因素建立联系;其次,要与所进行的活动中的因素及其变化建立联系;再次,要与相关的各种已有经验建立联系;最后,还要与认知结构中有关知识建立联系。这种建立多方面联系的思维过程,建构起新知识与各方面因素之间关系的网络构架,最终获得新知、新意义。

在这个过程中,既有外部的操作活动,又有内部的心理活动、思维活动,还有内部和外部的交互作用。其中,学生经过主动活动,最终所建构的意义,固着于亲身经历的活动背景,源于自己熟悉的生活经验,扎根于自己已有的认知结构。正如一些学者指出的,这个活动,以学生的自主活动为基础,以智力参与为前提,又以个人体验为终结。[①]

[①] 李启柱. 数学建构主义学习的实质及其主要特征[J]. 数学通讯,2001(5):3—5.

正如皮亚杰(J. Piaget,1896—1980)所言:"没有一个行为模式(即使是理智的)不含有情感因素作为动机。"在数学学习活动中,学生作为学习的主体,其情感直接影响学习的效果与质量。学习兴趣是学生对学习活动或学习对象力求认识的倾向,带有强烈的感情色彩,学生一旦对学习产生了兴趣,学习就不用别人催促,而会主动自觉地进行。学生对学习有了兴趣,才能主动地学习、思考,才能提出问题、研究问题和创造性地解决问题;有了兴趣,学生才能以良好的心境和情绪体验愉快地投入到学习中去。因而,许多一线教师在教学实践中发现,根据数学知识的特点,设疑激趣,用数学知识的思维美、结构美诱发兴趣,让学生变被动学习为主动获取,才能促进学生智力因素和非智力因素协调稳定地发展。

事实上,一方面,学生有了学习兴趣,学习活动对他来说就不是一种负担,而是一种享受、一种愉快的体验,学生会越学越想学、越学越爱学。有兴趣的学习会收到事半功倍的效果。相反,如果学生对学习不感兴趣,那么,情况就大相径庭了。"强扭的瓜不甜",学生在被逼迫的状态下被动地学习,学习的效果必定是事倍功半。[1] 另一方面,内部的心理建构是外界力量所不能达到的,也是教师所不能传授的。教师的传授实际是向学生的头脑里嵌入一个外部结构,这与通过内部创造而建立起的心理结构是完全不同的。外部结构嵌入的过程,是被动活动的过程,模仿复制的过程,最终所获得的意义缺少生动的背景,缺少经验支撑,缺少广泛知识的联系,也就缺少迁移的活动。

因而,有效的数学学习来自学生对数学活动的参与,而参与的程度与学生学习时产生的情感因素密切相关。所谓学生的课堂参与,是指学生在课堂数学学习过程中的心理活动方式和行为努力程度。它包括了三个基本方面:行为参与、认知参与和情感参与。[2] 行为参与指学生在数学教学中的行为努力程度,它包括了课堂表现(努力和钻研两个变量)和时间参与(每天完成作业时间和每周补充学习时间)两个方面;认知参与是指学生在数学教学过程中反映其思维水平的学习策略,它分为深层次、浅层次和依赖策略三种变量;情感参与是学生在数学教学中的情感体验,它分为乐趣感、成功感、焦虑感和厌倦感四个变量。

在课堂教学状态下,师生之间积极地交流、沟通、理解和互动,能够形成积极的心理认同。一方面,学生积极的课堂参与,可以实现师生情感的交流,进而达到情感的共鸣;另一方面,教师采取多样化的方式呈现教学内容,组织教学活动,往往可以很好地引发学生的学习兴趣,促使学生积极钻研、探索,参与到学习过程中来。

---

[1] 余文森. 论自主、合作、探究学习[J]. 教育研究,2004(11):27—30,62.
[2] 孔企平. "学生投入"的概念内涵与结构[J]. 2000(02):72—76.

这种参与和交往,可以很好地促进师生双方的共同发展。因而,改善课堂上的学生参与情况,可以有效提高课堂教学的效率。①

2. 学生数学学习中的认知、情感发展呈现出明显的阶段性

小学低年级的学生,更多地关注"有趣、好玩、新奇"的事物。而小学中、高年级的学生,开始对"有用"的数学更感兴趣,更多地关注数学在其他学科和生活中的应用(现实的、具体的问题解决)。小学高年级至初中的学生,开始有比较强烈的自我意识、自我发展意识,开始对与自己的直观经验相冲突的现象,对"有一定挑战性"的任务很感兴趣。此时,不仅要关注数学的有用,也应当设法给学生经历"做数学"的机会。

因此,小学阶段的学生数学学习素材的选取与呈现以及学习活动的安排,都应当充分考虑到小学生的实际生活背景和趣味性(玩具、故事等),使他们感到学习数学是一件有意思的事情,从而更愿意接近数学。

例如:一位教师利用低年级学生的特点进行教学,取得如下的成功经验。②

例 低年级学生生性好动、注意力不稳定、自控能力差,因而,吸引他们的注意力,是课堂教学顺利进行的保证。

我将"手语"引入数学课堂,取得了较好的成效。

做法1:节拍式手语吸引学生注意力

低年级学生在接受新知识时,热情一过,精力便开始不集中了,此时教师习惯用一些"注意听""坐好"等命令式语句来维持课堂秩序,效果往往不是很好。这时不妨用手语来整顿纪律,如重拍手掌三下,然后"嘘——"一声,再做出悄悄听的手势。或者打个手势与学生共同配上掌声完成"一、二、三,看谁坐得端正!"让大家在节奏中振奋精神,继续听讲。在背诵数学口诀时,配上节奏性强的掌声,既调动了学生的积极性,又增加了整齐程度,加深记忆。通过手语的应用,课堂秩序得到有效组织。

做法2:判断式手语让学生积累信心

孩子本身很脆弱,具有不稳定性,需要积累成功的体验。通过手语判断,调动了学生学习的积极性和兴趣,让他们觉得自己学得好,找到自己"能行"的感觉。

我在教学生用单手语表示"对"、双手语表示"错"后,常让他们在个别提问或板书后,主动通过比画手势来为他人判断对错,以免课堂上吵作一团。对我来说,可以一眼看到学生对该题的认识情况。就学生自身而言,不但在评判他人的同时肯定了自我,加深了印象,还可体会到当小老师的成功感。

---

① 孔凡哲等.改善课堂教学有效性的若干对策[J].湖南教育·数学教师,2008(1):4—9.
② 杨燕.手语与低年级数学课堂[N].中国教育报,2002-10-23:4.

> 做法3：手脑并用，开发智力
>
> 低年级学生的思维往往以感性为主，因此，借助手语，手脑并用，对帮助学生进行思维判断会起到催化剂作用。
>
> 如，一年级数学教学内容较简单，在教学中，我首先教学生用两种手语来表示数：一种是按手指的实数（如，伸两个手指，表示2），另一种是单手代表数（如，收起无名指、中指、食指，仅留大拇指、小拇指，表示6）。
>
> 在数数教学中，口手并用，既锻炼了学生的敏捷性，又使数直观化。我出计算题时，也要求学生在不左顾右盼的情况下用手语表示结果，然后由学生口答并订正。在数的大小比较中也引入了手语，这样，打破了课堂提问只面向个别学生的局限，既减少单独提问，节省了时间，又能在瞬间掌握全体学生对题目的计算情况，还避免懒惰、分心的学生滥竽充数。

3. 学生数学学习的过程充满了观察、实验、猜想、验证、推理与交流等丰富多彩的数学活动

纵观人类数学的发展历程，数学发展本身就是充满着观察与猜想的活动，"大胆地猜测、小心地论证"成为很多数学家思维活动的真实写照。

学生的数学学习过程，与人类的数学发展历程，具有很强的相似性。因而，在数学教学中，必须通过学生主动的活动，包括观察、描述、画图、操作、猜想、实验、收集、整理、思考、推理、交流和应用等，让学生目睹数学过程形象而生动的性质，亲身体验如何"做数学"、如何实现数学的"再创造"，并从中感受到数学的力量，促进数学的学习。

与此同时，由于借助了计算机手段，数学应用的方式大大拓展，现代公民收集、处理数据、解决问题的方式也是多样的，学校中的数学教育就有必要改变传统数学的面貌以便与人们日常生活中使用的数学趋于一致。事实上，学生在学校学习数学的目的不仅仅是获得计算的能力（它占的比例将大大缩小），更重要的是获得自己去探索数学的体验和利用数学去解决实际问题的能力，获得尊重客观事实的理性精神和对科学执着追求的态度。在学生进行数学学习的过程中，教师应当给学生留有充分的思考时间、思维空间，使学生能够真正从事思维活动，并表达自己的理解，而不只是模仿与记忆。

4. 学生的数学学习的过程应当是富有个性的、体现多样化学习需求的过程

不同发展阶段的学生，在认知水平、认知风格和发展趋势上存在差异。同时，处于同一发展阶段的不同学生在认知水平、认知风格和发展趋势上也存在差异。

以学生对字母的理解为例，学生对字母的抽象理解分为好几个水平：从最初把字母当作具体的东西，到忽略字母，再到把字母当作特定的一个数，把字母当作一个未知数，把字母当作可以取不同的数，最后到把字母当作变量。而十四五岁的学生中，真正达到把字母当作变量这一级抽象学习水平的只有10%～20%。

大量理论研究和实践经验表明,人的智力结构是多元的:有的人善于形象思维;有的人长于计算;有的人擅长逻辑推理。这本没有优劣之分,只是表现出不同的特征与适应性。

事实上,每位学生都有自己的生活背景、家庭环境和一定的文化感受,导致不同的学生往往有不同的思维方式和解决问题的策略。

就个体的整个数学学习而言,多种风格的认知方式为其形成良好的数学认知结构提供保证。因此,学生在学习过程中应当尽可能多地经历数学交流的活动,使得他们能够在活动中感受别人的思维方法和思维过程,以改变自己在认知方式上的单一性,促进全面发展;同时,通过向他人表达自己的思维过程,有助于反思与完善自我认知方式,从而达到个性发展的目的。

数学课程标准把学生的一般发展视为数学教育的首要目标,并且极为关注学生数学学习的个体差异。同时,主张重要的数学观念、数学思想和数学活动应当成为教科书的主线,并且尽可能早地、以不同的形式反复地出现在学生的数学学习活动中,呈现出一种螺旋式发展的态势。这是符合学生数学学习的基本规律的,一方面可以使学生有机会逐步建构对同一知识的不同层次的理解,另一方面也与处于不同认知发展阶段的学生的思维方式相适应。

5. 动手实践、自主探索、合作交流是学生数学学习的重要方式

学生的学习方式对学生的学习结果具有决定性的影响。

学生学习的过程不是学生被动地接受课本上的现成结论,而是学生亲自参与的、丰富、生动的思维活动,是经历实践和创新的过程。

创新始于质疑。如果我们要发展学生的创新思维,就要变革学生的学习方式。单一、被动和陈旧的学习方式已经成为素质教育在课堂中推进的障碍。

所谓变革学生的学习方式,是指从单一、被动的学习方式向多样化的学习方式转变。其中,自主探索、合作交流、操作实践都是重要的学习方式,而不是仅仅局限在接受学习、死记硬背、机械训练。

同时,我们还要注意到,虽然探索性、发现性学习是学生主要的学习方式之一,但还要强调自主学习、合作学习,形成学习方式的多元格局。

所谓"自主学习",是相对"被动学习""机械学习"而言的,它是在教学条件下的高品质的学习,是一种积极、主动的学习。

在自主学习中,学习者能够自己确定有意义的学习目标,能够针对学习内容自主选择恰当的学习方法;同时,在学习过程中,积极参与,主动学习,既参与学,又参与教;对自己的学习过程有正确的评价,并能做出相应的调整。

所谓"合作学习",是相对"个体学习"而言的,是指学生在小组或团队中为了完成共同的学习目标,进行明确的分工,并在过程中相互帮助的一种学习组织

形式。

所谓"探究学习",是相对"接受学习"而言的一种学习方式,即从学习和生活中选择和确定研究题目,在教学中创设一种类似于学术研究的情境,通过学生自主、独立地发现问题、提出问题,并通过实验、操作、调查、信息搜集与处理、表达与交流等探索活动,获得知识、技能,丰富基本活动经验,感悟基本思想,提升数学素养,发展情感与态度,特别是在学习过程中,培养学生的探索精神和创新能力。

与其他学习方式相比,探究学习的学习目标的方向性更强,具有较强的生活实践性。同时,研究手段具有多样性,更加重视学习过程中的操作、实践。

概括地讲,在指导学生学习过程中,我们要大力倡导充分的自主,有效的合作,恰如其分的探究,以及有意义的、主动状态下的接受。

6. 数学学习中的"再创造"比其他学科要求更高

数学家在介绍自己的发现时,几乎从来都不是按照真实创造这项工作的实际过程进行表述的,而是略去其详尽的过程,以尽可能完美的形式简洁、缜密地表达出来。而学生的数学学习过程是在教师创设恰当的问题情景下进行的,这些问题情景应该有利于展现数学本身发生发展的全过程、学生思考探索的全过程。

> **例** 日历中的方程
>
> 教学过程:
>
> (一)复习铺垫
>
> 1. 三个连续的奇数,它们的和是 54,这三个奇数分别是(　　　)。
>
> 2. 2020 年 5 月 1 日是星期五,5 月 15 日是星期(　　　)。
>
> (二)设疑激趣,导入新课
>
> 游戏 1:教师随意说出日历某一竖列中相邻 3 个数的和,让学生猜猜这 3 个数各是多少?
>
> 游戏 2:师生互换角色,学生模仿教师给出某一竖列中相邻 3 个数的和,让教师猜这 3 个数各是多少?(教师能很快说出得数)
>
> 教师:你们一定想知道教师用什么方法这么快就得出答案吧。那就让我们一起探索日历中的规律吧!
>
> 板书课题:日历中的方程
>
> (三)新知探讨
>
> 1. 探求日历中一个竖列上相邻的几个数之间的关系
>
> 活动 1:拿出事前准备的日历,在各自的日历中,任意圈出一个竖列上相邻的 3 个数,观察它们之间有什么关系?换另外的几组数试一试,看一看是不是也有相同的结论?
>
> (同桌两人讨论、交流)
>
> 几组学生进行全班汇报、交流,教师给出以下问题:

(1) 如果设最上面的一个数为 x，那么，其他两个数怎样表示？你还可以怎样设未知数？

学生口述，教师板书：

最上面的一个数	中间的一个数	最下面的一个数
x	$x+7$	$x+14$
$x+7$	$x+14$	$x+21$
$x+14$	$x+21$	$x+28$

(2) 学生任选一种方法，设未知数，列出方程，并分别表达出这三天的号数。(每个小组都必须用三种方法，并体会三种方法的优劣。)

① 学生独立解答。

② 小组讨论、交流。

③ 学生汇报。

(3) 如果这 3 个数的和是 75，那么，这 3 天分别是几号？

① 小组讨论、交流。

② 请一位"小老师"上台，分析、讲解。

③ 师生质疑。

活动 2：探索研究 1

观察日历中的任意一个竖列中，相邻的 4 个数之间有什么关系？

同桌两人一起探讨。

两人一组做游戏：

① 在各自的日历中，任意圈出一个竖列中相邻的 3 个数，两人分别把自己所圈 3 个数的和告诉同伴，由同伴求出这 3 个数。

② 换成 4 个数试试看。

2. 探求日历中相邻的两行、两列的四个数之间的关系

活动 3：探索研究 2

(1) 在各自的日历中，用一个正方形任意圈出两行、两列的 4 个数，看看这 4 个数之间有什么关系。

(2) 进一步观察、研究日历中的数，你还有什么发现？

(3) 两人一组做游戏。

在各自的日历中，用一个正方形任意圈出两行、两列的 4 个数，把它们的和告诉同伴，由同伴求出这 4 个数。

3. 例题教学

(1) 在某一个月的月历中，任意圈出三行三列中的 9 个数，这 9 个数的和有规律吗？你能证明你的发现吗？

(2) 学生独立解答。

(3) 看书订正。

活动4：自主学习(以小组合作的方式进行)

每组由组长给出2~3个类似的问题,组员进行抢答,组长进行评价和小结。

(四) 考考你

1. 游戏：教师分别拿出一些标有6,12,18,24,…的卡片,后一张卡片的数比前一张卡片上的数大6。让一学生从中抽出相邻的3张卡片(卡片上的数保密),然后把这些卡片上的数字之和告诉大家。

(1) 由大家猜一猜该同学拿到了哪3张卡片？

(2) 你能拿到相邻的3张卡片,使得这些卡片上的数之和是86吗？

(五) 反思、小结

通过这节课的学习,你有哪些收获？

7. 数学学习中教师的指导在于"点拨"和"引导"学生积极、主动地思维

数学学习与其说是学习数学知识,倒不如说是开展数学思维活动。其中,教师的作用在于"点拨"和"引导",帮助学生建构数学理解,更好地把握数学事实。为此,教师必须了解课程、教材的内容以及学生的思维特点,了解学生在思维活动中可能会遇到的困难和障碍。

在人类发展史上,教师这一社会角色的特征经历了从长者为师,到有文化知识者为师,再到教师(即科学文化知识传递者)的演变历程。真正实施素质教育,教师就需要将自己的角色定位为引导者。

事实上,学生素质的形成是主体主动建构的过程,不是在整齐划一的批量加工中能完成的。教师要尊重差异性,尊重多样性,尊重创造性。

作为学生数学学习的引导者,教师在课堂教学中的职责具体表现为：帮助学生检视和反思自我,明了自己想要学习什么和获得什么,唤起学生成长的渴望;帮助学生寻找、搜集和利用学习资源;帮助学生设计恰当的学习活动;帮助学生发现他们所学东西的个人意义(即自我诠释、自我建构的结果);帮助学生营造和维持学习过程中积极的心理氛围;帮助学生对学习过程和结果进行评价,并促进评价的内在化;发现学生的潜能和性格特征,淡化"差",尊重"异"。

在教学中,教师的角色不仅体现在"教师是数学学习(活动)的组织者、引导者与合作者",[1]而且体现为：教师是学生成长的引领者,是学生潜能的唤醒者,是教育内容的研究者,是教育艺术的探索者,是学生知识建构的促进者,是学校制度建设的参与者,是校本课程的开发者。

---

[1] 中华人民共和国教育部.义务教育数学课程标准(2011年版)[S].北京：北京师范大学出版社,2012：2.

第三节　数学学习的分类

由于学习现象的复杂性,心理学家一般主张对学习进行分类。而分类可以为分析不同类型学习的条件提供依据。这是认识不同类型学习的特殊性的基础。从逻辑学的角度看,分类就是以对象的本质属性或显著特征为标准,将整体区分为若干部分。分类应做到不重不漏。但是,按逻辑学要求对学习进行分类确实有一定困难,再加上学习分类的观点不尽相同,因而,目前教育心理学著作中对学习的分类很不一致。

在数学学习心理学中,按照不同的标准可以有许多不同的分类。其中,最具代表性的分类当数奥苏贝尔、加涅、布卢姆等人给出的分类。

一、奥苏贝尔的学习分类

奥苏贝尔(D. P. Ausubel,1918—2008)是美国现代著名教育心理学家,他的研究视野相当广泛,并且形成比较完整的认知心理学理论体系。奥苏贝尔在其著述中对学习问题进行了深入的研究,提出了著名的有意义学习理论,其核心在于对学习的分类。

(一)奥苏贝尔对学习行为的分类

奥苏贝尔认为,影响学习最重要的因素是学生已知的内容。根据学习材料与学习者原有知识结构的关系,他将学习分为有意义学习与机械学习,又根据学习的方式将学习分为接受学习与发现学习。从而,按照这两个维度就可以将学习区分为有意义接受学习、有意义发现学习、机械接受学习、机械发现学习(参见表1-1)。

表 1-1　奥苏贝尔对学习行为的分类

学习行为的分类	接受学习	发现学习
有意义学习	有意义接受学习	有意义发现学习
机械学习	机械接受学习	机械发现学习

所谓有意义学习,是指在以符号代表的新观念与学生认知结构中原有的适当的观念之间建立实质性的和非人为性的联系。

机械学习是指学生并未理解由符号所代表的知识,而仅仅记住了某个数学符号或某个词句的组合。

接受学习是指学习的内容是以定论的形式呈现给学习者的一种学习方式。即把问题的条件、结论以及推导过程等都叙述清楚,不需要学生独立发现,只要他们积极主动地与已有数学认知结构中适当的内容相联系,进行思维加工,然后与原有内容融为一体。

发现学习的主要特征是,不把学习的主要内容提供给学生,而必须由学生独立发现,包括揭示问题的隐蔽关系,发现结论和推导方法。

(二) 奥苏贝尔对有意义学习的进一步分类

在以上几种学习类型中,奥苏贝尔最钟爱的是有意义接受学习。他对有意义学习进行了进一步的探索,并把它细分为三类。①

符号学习(Representational Learning)、概念学习(Concept Learning)和命题学习(Propositional Learning)。

符号学习又称词汇学习,它是指学习单个符号(主要是词)的意义,或者说学习单个符号代表什么东西。奥苏贝尔认为,对个人来说,一开始不知道某个词代表什么,其意义如何,他必须理解这些符号代表什么东西。同时,词汇学习带有一定的机械性,因为单词代表什么是建立在任意的、字面的基础上的。一个字(或字母)的改变可以显著改变意义,甚至出现相反的意义。但总的来说,词汇学习基本上仍然能满足有意义学习的指标,即词的学习能与学习者认知结构建立非人为的和实质性的联系。词的学习反映了一个有意义的积极的认知过程,它包含着在认知结构中使新的符号和这些符号所指代的事物建立等值关系。

概念学习是将具有共同特征的同一类事物或现象以一名词来加以概括。学习概念就是获得概念的一般意义,即掌握概念的共同关键属性。例如,"三角形"就是一个概念,它代表很多大小、形状不同的三角形。根据这个概念,人们可以把它与圆形、方形区分,它是一个综合性的抽象名词。

命题学习是由若干概念词组成的句子的复合意义。学习者必须先了解组成命题的概念的意义,然后才能获得命题的意义。符号学习及概念学习是命题学习的基础。

二、加涅的学习分类

加涅(R. M. Gagne,1916—2002)是当代著名的教育心理学家,他在教育心理学方面做出了很大贡献。他关注的重点是把学习理论研究的结果运用于教学设计之中。

加涅对学习问题进行了深入细致的研究,并提出了累积学习的模式,一般称之为学习的层次理论。他的基本论点是:学习任何一种新的知识技能,都是以已经习得的、从属于它的知识技能为基础的。

(一) 加涅的学习层次分类

加涅在他的代表作《学习的条件》中提出了学习的八个层次,这八个层次代表

---

① 张卿.学与教的历史轨迹[M].济南:山东教育出版社,1995:257—258.

不同种类的认知能力,由低到高分别为:

1. 信号学习(Signal Learning)

信号学习是巴甫洛夫和华生所提出的经典性条件反应,是指有机体学会对某个信号或刺激作出概括性的反应。如:我们的身体受到冲撞时,会感到疼痛而躲避;突然听到一个声音时会转头。

2. 刺激—反应学习(Stimulus-response Learning)

刺激—反应学习是桑代克工具性条件反射,这时的学习已成为自主反应,个体只对特殊的刺激作出某种特殊的反应,如:我们口渴时会去喝水,小孩看见母亲就走近,看到可怕的东西就走开等。

3. 连锁学习(Chaining)

连锁学习是指两个或两个以上的刺激—反应组成的一连串的行为。如:投篮包括选好角度、瞄准、用力、抛出等。

4. 言语的联想学习(Verbal Association)

即一系列刺激—反应的联合,但它是由言语单位所联结的连锁化。如,将单词组成句子,将句子组成一段文字等。

5. 辨别学习(Discrimination Learning)

辨别学习是指在一组相似的刺激中能辨别各种刺激所属的反应。个人变得能对相似的但仍然不同的刺激作出不同的反应。辨别学习经常与物体的特点有关。如儿童学会对字母表的每一个印刷体字母作出有区别的反应、辨认。

6. 概念学习(Concept Learning)

概念学习是指用一特殊的名称来代表某一类刺激,个人对可能性在物质外表上彼此不大相同的一类刺激作出共同的反应。如用"植物"来称呼不同种类的花草树木等。

7. 规则学习(Rule Learning)

规则学习是以在对一类刺激情境的反应中形成的行为的一种固有类型的形式,把两个以上的概念构成一个连锁。例如,"圆的物体会滚动"这个法则,它是由"圆"和"滚动"两个概念组合起来的。

8. 问题解决学习(Problem Solving)

问题解决学习是规则学习的自然扩展,即能根据过去所习得的法则,经过内在思考过程而创造新的或更高层次的原则。在解决问题时,学习者能够把过去习得的法则组合起来,找出对新问题的解决方法。如解决数字问题等。

以上是加涅提出的学习的八个层次,这八个层次构成一个由低到高的台阶。加涅认为,从1层次到4层次为较低层次的学习,儿童在入学前所吸取的认识周围环境的知识大部分在这些层次之中。学校所提供的学习经验大部分在5~8层次之中。

加涅认为,人类学习具有累积性,上一层次的学习有赖于下面的层次作为前提条件。上述八个层次的学习有非常密切的相互关系,如解决问题的能力依赖于学习能力这个前提条件,而应用原则又需要以理解所属概念作为先决条件。这就是加涅有关八个层次学习条件的基本思想:学习类型3和4需要类型2作为条件,类型5需要类型2、3、4作为条件,类型6需要类型5作为条件,类型7需要类型6作为条件,类型8需要类型7作为条件。对类型1来说,加涅不把它作为任何其他七种学习的前提条件。就整个体系来说,类型1是积木,是构成复杂学习类型的环节。

(二) 加涅的学习结果分类

学习是通过变化表现出来的,这种变化就是经由学习所产生的结果。20世纪70年代,加涅在关于学习的八个层次的基础上,把学习的结果分成以下五种。[①]

(1) 言语信息:指用陈述性语言文字表达的知识,使学生学会陈述观念、思想。如学生掌握概念、规则。

(2) 智慧技能:指运用符号与环境相互作用的能力。如学生运用掌握的概念、规则去解决问题,主要表现为解决问题的方法、步骤、程序等。

(3) 认知策略:指对内调控自己的认知活动的特殊技能。如学生在学习中对自己的注意、记忆、思维等的调和和控制。

(4) 动作技能:协调自己的身体活动,表现为平稳、精确而适时的动作操作能力。

(5) 态度:指习得的、决定个人行为选择的内部状态,影响着个体对人、对物或对事件的选择倾向。

这五种学习结果又可以分为三个领域,前三种属于认知领域,第四种属于动作技能领域,第五种属于情感领域。

与加涅的"八个层次分类"相比,这种"五种结果"的分类标准,更符合数学学习的实际,而且其可操作性更强。

三、布卢姆的学习分类

教育目标是预期的学生学习的结果。以布卢姆(B. S. Bloom, 1913—1999)为首的一个委员会依据教育的目标把学习分为三个领域:认知领域、情感领域、动作技能领域。

其中,认知领域的教育目标由低到高又可以分为六个层次:知识、领会、运用、

---

① 张卿.学与教的历史轨迹[M].济南:山东教育出版社,1995:209—212.

分析、综合和评价。情感领域的教育目标又分为五个层次：接受(注意)、反应、价值化、组织、价值与价值体系的性格化。动作技能领域又分为七个层次：知觉、定向、有指导的反应、机械动作、复杂的外显反应、适应和创新。

(一) 认知领域目标分类

认知领域的目标是针对知识的结果而言的。根据布卢姆的分类，认知领域目标包括六个层次，即知道、领会、运用、分析、综合和评价。

(1) "知道"是指对先前学习过的知识材料的回忆，包括具体事实、方法、过程、理论的回忆。知道是认知目标中最低层次的能力水平，它所要求的心理过程主要是记忆。

(2) "领会"是指理解和把握知识材料意义的能力。想测量是否对知识材料产生了领会，可以借助转换、解释、推断三种形式。其中，转换就是用自己的话或用与原先不同的方式来表达所学的内容，解释就是对一项信息(如图表、数据等)加以说明或概括，推断就是预测发展的趋势。

(3) "运用"是指将所学到的规则、方法、步骤、原理、原则和概念等运用到新情境的能力。运用的能力水平要以知道和领会为基础。

(4) "分析"是指把复杂的知识分解为若干组成部分并理解各部分之间的联系的能力。它包括对各个部分的鉴别，分析各部分之间的关系和认识其中的组织结构。分析代表了会运用更高的智力水平，因为它既要理解知识材料的内容，又要理解其结构。

(5) "综合"是指将所学到的片段概念或知识、原理、原则与事实等整合成新的知识整体的能力。例如，综合各项资料而获得结论。它强调的是形成新的模式或结构的能力。

(6) "评价"是认知目标中最高层次的能力，它要求超越原先的学习内容，并需要依据某项标准作出价值判断。

(二) 情感领域目标分类

美国教育学者克拉斯沃尔(D. R. Krathwohl)等人于 1964 年出版了关于情感教育目标分类的专著。他们认为，情感领域的教育目标主要包括态度、兴趣、理想欣赏和适应方式等，具体可分为接受、反应、价值判断、价值的组织和价值的个性化五个层次。

(1) "接受"是情感目标中最低层次的学习结果。它是指对某种现象和刺激的感知。先有感知，然后才能产生注意，最后才能选择所要注意的刺激。教师如果要引导学生学习，首先要使学生愿意接受。

(2) "反应"是指主动地注意，亦即积极地参与反应。如果学生对某学科表示有兴趣学习,即为反应的层次。

(3)"价值判断"是指对于接触到的事情、现象或行为感到有价值,因而表现积极的态度和重视其价值。"态度"和"欣赏"即为此层次的行为。

(4)"价值的组织"是指,当个人以不同的程度评价许多事物的价值时,他就开始发展自己的价值系统,将这些不同的价值系统组织起来,使其具有一致性,即为价值的组织。学生能确定其人生观或处世哲学,就是此层次的行为。

(5)"价值的个性化"是将价值系统内在化,成为个性或信念的一部分,个人就依其信念行事。

(三)动作技能领域目标分类

1972年,美国教育学者辛普森(E. J. Simpson)和哈罗(A. Harrow)发表了关于动作技能目标分类的专著。辛普森将技能领域目标分为知觉、准备状态、引导的反应、机械练习、复杂的反应、创作六类,具体内容如下:

(1)"知觉"包括感官刺激、线索的选择、转换等三部分,借以了解物体、性质和关系。

(2)"准备状态"包括心理、身体和情绪三个方面,目的是为某一动作做准备。

(3)"引导的反应"是指在指导下出现的明显动作,包括模仿和尝试错误。

(4)"机械练习"是指反复练习所学的动作,由熟练而养成习惯。

(5)"复杂的反应"指个人能够表现出复杂的动作和行为。

(6)"创作"指做出新的行为方式及动作。

哈罗将技能领域的活动分为六类,其层次的高低依次是"反射动作→基本动作→知觉能力→体能→技巧动作→有意沟通"。

在实际应用中,相比之下,辛普森的分类更能为广大教育工作者所接受。

以布卢姆为代表的教学目标分类理论,是历史上第一个系统的教学目标分类学。这个理论包含了教学领域中认知、情感和动作技能三大层面,又详细指出每一目标领域所涵盖的具体目标,既可使教师在教学中兼顾各个层面的教学,又使教师明确教学的一般程序与具体步骤。因而,教学目标分类理论至今仍在中小学数学教育中发挥着重要作用。

四、按照数学学习内容的表现形式来分类

按照数学学习内容的表现形式可以把数学学习分为:数学知识学习、数学活动经验的学习、创造性数学活动经验的学习。

数学知识的学习特指对数学的基本概念、基本规律(定理、法则)和术语等的学习。数学活动经验的学习,就是对相应的数学发生、发展和应用过程中的经验的学习。创造性数学活动经验的学习,就是在数学知识、数学活动经验基础之上,创造

性解决问题的经验的学习。

数学学习也可以依据不同的标准进行分类。数学学习内容可以区分为：数学公理、定义、概念、符号；数学定理、性质、公式、法则；数学技能（包括运算、处理数据、推理、画图、绘制图表等）；数学思想、数学方法、数学经验等。相应地，数学学习可分为五类。

1. 数学概念的学习

从逻辑学角度看，数学概念的学习就是要认清概念的内涵和外延；从心理学角度看，就是学会对一类刺激作出同样的反应。例如，"整数"概念的学习，就是要知道整数的内涵：正整数、0、负整数。其外延是…，-2，-1，0，1，2，…。当遇到具体的数时，会作出正确判断，如 2、1、0、-4 都是整数，$\frac{1}{2}$ 则不是整数。

由于数学概念具有严密的系统性，后续概念一定是在先前概念的基础上定义的，因而，数学概念的学习必须是循序渐进的。另外，对同一数学概念的学习也可以有不同的层次，这是一个从粗糙到精确、从表面认识到本质理解的过程。

2. 数学技能的学习

数学技能是一种通过学习而获得的自动性动作方式或操作系统。数学技能主要是一种智力技能，以运算、推理和作图等方式表现出来，它的学习是通过反复练习来完成的。

这里要特别强调的是数学学习的自我控制和调节的技能，对数学技能的形成至关重要。

3. 数学原理的学习

这是一种在数学概念学习的基础上，对概念与概念之间关系的学习。例如，"等腰三角形两底角相等"是一个数学定理，它的学习应当在掌握"等腰三角形""底角"（与等腰三角形的"顶角"相区别）等概念的基础上进行，而学习的重点则放在对"相等"关系的认识上（寻找为什么相等的理由）。

4. 数学思维过程的学习

数学思维过程的学习是以数学思想、数学方法、数学活动经验为载体，以数学思维技能、技巧和数学思维策略为手段而实现的学习。在这里，数学思维策略是"动脑"的方法，是学生将已掌握的数学知识技能应用于问题情景的一些方法，而这些问题可能是学生以前没有遇到过的。

数学思维过程的学习主要包括以下内容。

(1)在阅读数学材料时如何使用"执行控制过程"引导自己的注意，有选择地知觉自己阅读的材料。

(2)如何发现和组织相关信息，如怎样使用观察、试验等去发现数学问题的特征和规律,怎样运用比较、类比、联想等发现不同数学对象之间的内在联系。

(3)如何整理、组织和记忆数学知识。

在数学问题解决中,怎样寻找问题的关键信息,如何解释、转换问题的各种信息(如采用文字、符号、图表、图像等手段),怎样将已经尝试过的方法保持在头脑中,怎样权衡其假设的可能性,如何将目标进行分解,如何将部分综合成整体,在遇到困难时如何及时转换思路,如何通过具体问题的解决而归纳概括出具有一般意义的思想方法,等等。

值得指出的是,一般认为,数学思维过程的学习是在数学基础知识和基本技能的学习过程中体现出来的,其实,在数学问题的解决过程中也可以体现发现问题、提出问题并加以分析、解决的过程,只不过,前者的学习比较关注基础知识、基本技能的习得,而后者的学习更加关注基本活动经验和基本思想的积淀。无论哪一种,都是数学思维过程学习的重要组成部分。

5. 数学情感、态度、价值观的学习

数学情感、态度、价值观,作为数学学习的一种心理和神经中枢的准备状态,是长期数学活动经验、经历的结晶,对个体的数学活动产生直接的或间接的影响。它是一个长期的、潜移默化的过程,是一种内隐学习,主要通过在数学知识、技能、数学问题解决的学习过程中渗透数学精神、思想和数学思维的方式方法来实现。因此,数学情感、态度、价值观的学习,主要依靠数学教学中的数学精神、数学观念的渗透力、感召力。

值得一提的是,从数学知识的来源看,可以将数学学习分为接受学习与发现学习。其中,发现学习是指学生所获得的数学新知来自他自己的直接发现或创造,而不是由别人传授的。数学学习中的发现学习在性质和水平上是有区别的。而接受学习是指学生所获得的数学新知来自他人经验的传授,学生把人类社会已经获得的数学知识经过自己的理解和吸收,内化到自己的数学认知结构中去。

数学学习中的发现学习是客观存在的。例如,当学生通过对若干个具体的三角形各内角的度量(这在计算机上利用几何画板软件是非常容易做到的),发现"三角形内角和为180°"的规律,然后通过严格的几何推理论证,证明了这个规律的普遍性,这种学习过程就属于发现学习。

在数学学习中,接受学习与发现学习的区分主要依据数学学习内容的来源,即是直接的经验,还是间接的经验。如上述关于"三角形内角和为180°"的学习,如果是事先给出了这一命题,学习的任务是以若干具体三角形的例证来检验其正确性或者通过几何推理证明命题的正确性,那么这一学习就属于接受学习;如果学生事先没有被告知命题的内容,命题及其正确性都是通过学生自己的探索而发现和论证的,也就是说,学习的主要结果对学生来说是通过直接经验和亲自的探索而获得的,那么这一学习就属于发现学习。

总体来说,学生的学习过程是一个新旧知识相互作用的过程,其中,既有可能通过同化来完成,也有可能通过顺应来完成,有时甚至需要通过同化、顺应的结合来完成。因而,发现学习与接受学习往往同时存在于数学学习过程之中。

思 考 题

1. 如何理解学习的含义?学习与经验、行为之间有什么关系?
2. 学生学习有哪些基本特点?学生的数学学习有哪些突出特点?
3. 接受学习与发现学习有何区别?数学知识学习、数学活动经验的学习与创造性数学活动经验的学习,又有何异同?

拓展性问题[①]

★ 如何理解接受学习等传统的学习方式,与自主学习、合作学习、探究学习等新的学习方式之间的关系?

[①] 这里的拓展性问题,主要是指,立足于本章内容,需要进一步研究的前沿性、前瞻性问题,这些问题往往没有现成的答案。当然,这也不是(将本书作为一门课程学习的)读者必须完成的任务。——作者注

第二章　心理学经典理论概要及其对数学学习的影响

学习心理是教育心理学的传统研究领域和核心部分。究其原因，一方面，学生是教育实践中的学习活动的主体，另一方面是由于众多心理学家都把学习心理作为教育教学的理论基础来看待。因此，在 20 世纪初教育心理学正式诞生之前，心理学家们就十分重视学习心理的研究。经过百余年的发展和完善，学习心理研究已经取得长足进步，并由此引发了一系列教育教学改革。

在整个 20 世纪中，数学学习理论经历了从行为主义到认知主义的发展历程。其中，20 世纪上半叶，行为主义占主导地位，其基本立场在于：学习研究不应涉及不可能观察到的心理过程，而应只局限于可见的行为，这样的研究才是科学的。

美国心理学家桑代克(E. L. Thorndike，1874—1949)是行为主义的代表人物，他提出了以"刺激—反应联结"和"试误"为主要特点的学习理论，认为学习就是形成刺激—反应联结，这种联结是直接的、无中介的，是在反复的尝试（不断摒弃错误反应，保留正确反应）中所形成的。

桑代克在实验的基础上提出了三条学习定律：准备律、练习律和效果律。他在 1922 年出版的著作《算术的心理学》中指出，算术无非是一组针对某种数量关系的特殊化的行为习惯。桑代克的观点为数学学习中的机械练习和训练提供了一定依据。

另一位行为主义代表人物斯金纳(B. F. Skinner，1904—1990)进一步发展了行为主义的主张，提出了操作性条件原理，认为单纯的练习不能保证行为的重复出现，应借助于操作性条件的作用，而这种作用的形成取决于强化。由此，他提出了"刺激—反应—强化"的学习模式，并设计了教学机器和程序用于实际教学。斯金纳的理论为后来的教育技术学的发展奠定了一定基础。

从 20 世纪六七十年代开始，数学学习理论中的认知主义逐渐取代行为主义从而成为主流。布鲁纳(J. S. Bruner，1915—2016)提出了发现学习理论，强调学习进程是一种积极的认知过程，提倡发现学习。他进行了大量的数学学习实验，并从中总结出数学学习的四条原理，即建构原理、符号原理、比较和变式原理、关联原理等。此外，奥苏贝尔提出了"有意义学习"理论，加涅提出了"信息加工"学习理论。而 1924—1934 年间由俄国心理学家维果茨基(Lev Vygotsky，1896—1934)提出的社会文化历史学说,后来渐渐被西方心理学界所接受,特别是,维果茨基的代表性理论——最近发展区理论,历经时间的考验,步入了当代教育心理学的话语中心,在动态评估、同伴合作等方面启发了当代的教育教学改革,融入了支架式教学、合作性教学、互惠式教学、情景性教学等一系列当代教学模式。正是如此众多认知学习理论的出现,使数学心理研究范式发生了重要转变,并预示着认知理论将会有新的发展。

随着研究的深入,建构主义渐渐从认知主义理论中发展出来。维果茨基与皮亚杰的论争代表了发展心理学两条迥然不同的研究路线,开创了两种不同形式的建构主义——社会建构主义与认知建构主义,两者互动互补,见证了20世纪发展心理学的前进轨迹。

分析、研究重要的心理学理论,有助于我们更好地探究数学学习心理的特殊规律。

第一节 巴甫洛夫条件反射理论及其对数学学习的影响

俄国生理学家巴甫洛夫(Ivan Pavlov,1849—1936)曾担任俄国科学院院士。1904年,由于他在消化生理学方面的卓越贡献而成为世界上第一个获得诺贝尔生理学或医学奖的人。他最早提出经典性条件反射。他首先用实验方法研究他所命名的条件反射,关于条件反射的这套理论为美国行为主义学习理论的建立奠定了基础。行为主义代表人物华生(J. B. Watson,1878—1958)、格思里(E. R. Guthrie,1886—1959)等深受他的影响。他的科学贡献分别属于三个领域,即心脏生理、消化生理和高级神经活动生理。

图 2-1 巴甫洛夫

巴甫洛夫在心理学界的盛名首先是由于他关于条件反射的研究,而这种研究却始于他的老本行——消化研究。巴甫洛夫对心理学界的第二大贡献在于他对高级神经活动类型的划分,而这同样始于他对狗的研究。他发现,有些狗对条件反射任务的反应方式和其他狗不一样,因而他开始对狗进行分类。后来他又按同样的规律将人划分为四种类型,并和古希腊人提出的人的四种气质类型对应起来,由此,他又向心理学领域迈进了一步。

巴甫洛夫在研究狗的消化生理现象时,把食物呈现在狗面前,并测量其唾液分泌,通常狗吃食物时才会分泌唾液。然而,巴甫洛夫偶然发现狗尚未吃到食物,只是听到送食物的饲养员的脚步声,便开始分泌唾液。他没有放过这一现象,而开始做一个实验。先给狗听一个铃声,狗没有反应;然而在给狗铃声之后紧接着呈现食物,并经反复多次结合后,当单独给铃声但不给食物时,狗也"学会"了分泌唾液。铃声与无条件刺激(食物)的多次结合从一个中性刺激变成了一个条件性刺激,引起了分泌唾液的条件性反应。巴甫洛夫将这一现象称为条件反射,即经典条件反射。

一、经典条件反射的形成

所谓条件反射(即经典条件反射),就是某种刺激—反应的连续关系的形成,这种刺激—反应连续关系的形成,或者会导致有机体的行为模式的持续变化,或者会导致有机体反应的可能性的持续变化。

巴甫洛夫把条件反射分为两大类,即无条件反射和条件反射。

(1)无条件反射:食物吃到嘴里,引起唾液分泌增加,这是自然的生理反应,不需要学习,这种反应叫作无条件反射。此时,引发反应的刺激是食物,为无条件刺激,作出的反应是无条件反射。

(2)条件反射:"助手的脚步声"与"狗的唾液分泌增加"本来没有必然的联系,属于一种无关刺激,或称中性刺激。但是,当脚步声与食物相伴随出现,且多次重复后,狗听到脚步声,唾液分泌就开始增加。这时中性刺激由于与无条件刺激联结而变成了条件刺激,由此引起的唾液分泌就是条件反射。

综上所述,狗形成条件反射的机制如表 2-1 所示。

表 2-1　经典条件反射形成的三个阶段

形成前 (阶段1)	无条件刺激→无条件反应→中性刺激 (肉)　　(唾液分泌)　　(铃声)
形成中 (阶段2)	中性刺激　(铃声) ＋ 无条件刺激→无条件反应 (肉)　　(唾液分泌)
形成后 (阶段3)	条件刺激→条件反射 (铃声)　(唾液分泌)

二、经典条件反射的规律

在大量试验的基础上,巴甫洛夫总结出经典条件反射的基本规律。

(一)学习是大脑皮层暂时神经联系的形成、巩固与恢复的过程

条件反射是个体通过模仿、学习,在无条件反射的基础上形成的反射。在巴甫洛夫看来,"所有的学习都是联系的形成,而联系的形成就是思想、思维、知识"。他

所说的联系就是指暂时神经联系。他说:"显然,我们的一切培育、学习和训练,一切可能的习惯都是很长系列的条件的反射。"巴甫洛夫利用条件反射的方法对人和动物的高级神经活动作了许多推测,发现了人和动物学习的最基本的机制。

(二)学习的一些基本机制在于习得律、消退、泛化与分化等方面

在巴甫洛夫看来,学习是一种刺激替代另一种刺激建立条件反射的过程。

1. 习得律

条件刺激与无条件刺激的一次成对呈现称为一次试验,对有机体学习来说,这两个刺激之间的联结关系的过程叫作条件反射的习得阶段。

在这一阶段中,条件刺激与无条件刺激呈现的时间可以有三种关系:同时性条件反射、延迟性条件反射与痕迹性条件反射。

在同时性条件反射中,条件刺激与无条件刺激在时间上是同步出现的;在延迟性条件反射中,条件刺激先出现一段时间,在它还未消失时,无条件刺激开始出现,然后两种刺激同时消失;在痕迹性条件反射中,条件刺激先出现,它消失一段时间后,无条件刺激才开始出现。

在这三种不同的时间关系中,延迟性条件(条件刺激先出现 0.5 秒)最易形成条件反射;其次是同时性条件反射;再次是延迟时间增长的延迟性条件和痕迹性条件反射。如果条件刺激在无条件刺激之后出现,即使有条件反射形成,其效果也是微弱的。

2. 消退

条件反射形成后,如果得不到强化,条件反射会逐渐削弱,直至消失。例如,狗对铃声形成唾液分泌的条件反射以后,得到了食物(强化),条件反射将进一步巩固;如果只给铃声不给食物,那么,已经形成的条件反射也将会减弱并且消退。这种无强化的条件刺激物的重复出现称之为条件反射的消退。

3. 泛化与分化

泛化指在条件反射形成后的初期,另外一些类似的刺激也会引起条件反射。如狗形成了对三声铃声的条件反射(唾液分泌)后,也会对一声或两声铃声作出相同的反应,新刺激越接近原来的条件刺激,泛化现象越容易发生。

与泛化作用互补的是分化过程,就是指对事物的差异的反应。例如,狗可以学会只对三声铃声作出唾液分泌的条件反射,而对一声或两声铃声没有唾液分泌的反射。实现分化的手段可以是选择性强化或消退。

4. 二级条件反射

在已经形成的条件反射的基础上,如果将条件刺激用作无条件刺激,使它与另一个中性刺激伴随出现,就能建立一种新的条件反射,称为二级条件反射。例如,当铃声与唾液分泌的联结建立起来以后,将灯光与铃声反复伴随着(无食物)出现。

狗经过学习，灯光也会引起它的唾液分泌。

在二级条件反射中，有机体在建立条件反射时不再需要借助于具有生物学力量的无条件刺激（如食物）。有机体可以在已有的条件反射的基础上建立新的、更复杂的条件反射。

研究二级条件反射，有助于我们理解人类的许多复杂行为。[①]

巴甫洛夫的条件反射学说被公认为，发现了人和动物学习的最基本的机制。这种学说至今仍在心理学、辩证唯物主义哲学、医学、生理学等领域产生影响。

三、对数学学习的影响

巴甫洛夫所做工作的重要性是不可估量的。他的研究结果公布不久，一些心理学家，如行为主义学派的创始人华生，开始主张一切行为都以经典性条件反射为基础。在美国这一极端的看法虽然后来并不普遍，但在俄国，以经典性条件反射为基础的理论在心理学界曾长期占统治地位。无论如何，人们一致认为，相当一部分的行为，用经典性条件反射的观点可以作出很好的解释。

对于数学学习来说，习得律、泛化与分化等基本规律有一定的借鉴意义。

在数学学习的初级阶段，"熟能生巧"的道理其实就可以归结为巴甫洛夫的经典性条件反射理论。尤其是习得律、泛化与分化等基本规律对于数学技能的学习、数学情感态度的积淀、数学经验的学习、数学思想的感悟都能够给出一定的合理解释。

第二节 桑代克"试误说"学习理论及其对数学学习的影响

桑代克是美国著名的心理学家和教育学家，动物心理实验的首创者，教育心理学体系和联结主义心理学的创始人，美国教育测验运动的领袖之一。

他通过对动物和人的实验研究，首次提出学习过程在于形成一定联结的理论。他设计了有名的迷箱实验（如图2-3所示）：把一只饥饿的猫放入设有门闩装置的迷箱，迷箱外有一盘食物。在猫第一次偶然打开门闩逃出迷箱之后，又将它放回迷箱，进行下一轮尝试。"逃出—放回"如此重复多次。

桑代克记下猫每次逃出迷箱所需要的时间，发现经过多次连续尝试，猫逃出迷箱所需的时间越来越短，以致到了最后，猫一进迷箱，就能打开门闩，跑出来并获得食物。桑代克由此否定了顿悟类型的学习并指出，如果猫是突然获得观念的话，那么学习曲线应呈一种突然改善之势，但是，实际上呈现的是一种由慢到快的渐进过

---

① 彭聃龄.普通心理学（修订版）[M].北京：北京师范大学出版社，2002：460—464.

程。猫学到的不是观念之间的联结,而是刺激和反应之间的直接联结。行为改进是通过一种机械过程自动完成的,不需要观念和顿悟。学习是在一种几乎没有意识和思维参与的情况下自动地形成刺激—反应联结的过程。

图 2-2 桑代克

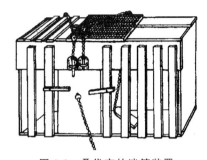

图 2-3 桑代克的迷箱装置

在此实验的基础之上,桑代克提出了他的试误学习理论。

一、基本观点

学习即形成刺激—反应联结。所谓联结,指的是特定的刺激一定能引起特定的反应(S—R)。学习是一种渐进的、盲目的、尝试—错误的过程,教学则是安排各种情境,以便导致理想的联结并令人感到满意。人是伟大的学习者,主要是因为人可以形成很多的联结,一个人的理智、性格和技能,是他对各种刺激情境及其各种要素作出反应倾向的总和。

二、学习律

桑代克根据动物实验,提出三条学习的定律,即准备律、效果律、练习律。

1. 准备律。即学习者是否会对某种刺激作出反应,与他是否已做好准备有关。

2. 效果律。即只有当反应对环境产生某种效果时,学习才会发生。如果反应的结果是令人愉快的,那么学习就会加强;如果反应的结果是令人烦恼的,那么这种行为反应就会削弱而不是加强。

3. 练习律,包括使用律(law of use)与失用律(law of disuse)。前者即一个已形成的可变联结,若加以应用,这种联结的力量便会增强。失用律,即一个已形成的可变联结,若不予使用,这种联结的力量便会减弱。

同时,桑代克也指出,只有当学习者发现重复练习能获得满意的效果时,练习才会有助于学习,没有强化的练习是没有意义的。这样练习律就被消融于效果律中去了。

除了上述三个主要学习律(其中最主要的是效果律)之外,桑代克还提出了一些从属的附律,或称为学习的原则。

(1) 多重反应律。学习者对同一刺激情境可能会作出多种多样的反应。当某一反应不能产生满意的效果时,就会作出其他反应,直到有一种反应最终导致满意的效果为止。学习者的学习之所以成功,原因便在于此。在桑代克看来,多重反应的原则至少遍布动物和人类90%的学习中。

(2) 定势律。或称"态度"或"顺应"的原则,桑代克在实验中发现,动物可能会以某种特定的态度对待某种外部情境,这取决于它的年龄、饥饿状态、精力状态或瞌睡程度等。反应是学习者态度的产物。

(3) 选择性反应律。桑代克发现,有机体在学习时往往会有选择地对刺激情境中的某些要素作出反应,而对其他要素不予理会。鉴于在学习过程中,刺激情境的部分要素便能有效引起反应,桑代克有时又把这一学习律称为"部分活动"的原则。

(4) 同化律,或称"类推"的原则。即当有机体对新的刺激情境作出反应时,这种反应往往是与其在以往类似情境中习得的反应相类似的。

(5) 联想性转换律。即有机体已习得的对一组刺激的反应,可以逐渐转换成对一组新的刺激的反应。具体的做法是:先在刺激情境中加上一些新的刺激成分,然后减去原来的刺激成分,直到只需新的刺激,完全没有原来刺激时也能唤起这种反应为止。

上述几条学习定律都是从动物学习中归纳出来的,但是,桑代克还是把它们作为人类学习的基础。另外,桑代克还提出了所属律,这是从以人做被试的语言学习实验中概括出来的。此原理是指,如果学习者认识到两个项目在某一方面彼此具有相属关系,那么在它们之间就比较容易形成联结。

三、对数学学习的影响

桑代克"试误说"学习理论对数学学习有一定积极影响,集中表现为三个方面:

(1) 学生的学习在一定程度上表现为"尝试—错误"的过程,只不过学生的"尝试—错误"是有目的、有意识的。

(2) 根据桑代克的练习律,数学学习中的练习环节不可缺少。

(3) 在学习前,要让学生做好充分准备(包括心理的和生理的,主观的和客观的)。

第三节 斯金纳操作性条件反射理论及其对数学学习的影响

图 2-4 斯金纳

斯金纳(B. F. Skinner,1904—1990)是行为主义学派最负盛名的代表人物,也是心理学史上最为著名的心理学家之一,直到今天,他的思想在心理学研究、教育和心理治疗中仍然被广泛应用,成为行为主义学派的领袖。

他在华生等人的基础上向前迈进了一大步,提出了有别于巴甫洛夫的另一种条件反射理论,并将二者做了区分,在此基础上提出了自己的行为主义理论——操作性条件反射理论。他长期致力于研究鸽子和老鼠的操作性条件反射行为,提出了"及时强化"的概念以及强化的时间规律,形成了自己的一套理论。

一、斯金纳操作性条件反射理论

(一) 操作性条件反射理论

斯金纳有一种著名的实验仪器"斯金纳箱"(如图 2-5 所示),他利用这个巧妙的装置做了许多实验研究,从中掌握了大量的客观材料,他的操作性条件反射理论就是从这些实验中总结出来的。

在哈佛大学研究老鼠时,他对所用的装置做了一些重要的修改,制成了一只迷箱,后来这种箱子在研究中广为应用,并被称作"斯金纳箱"。这种箱子的基本形式是一只可以让白鼠舒舒服服地待在里面的小笼子,一面的箱壁上有一根横杆,恰巧装在一个小食盘和喷水口上面。老鼠在笼子里面爬来爬去,当它碰巧把前爪放在横杆上并压下它时,一粒饲料会自动落下到食盘里。笼子外面连接的

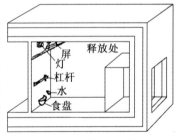

图 2-5 斯金纳箱

一些设备会自动地在移动纸带上画出一条线,准确地记录压下横杆的次数,从而记录老鼠的行为。这比桑代克的迷箱方法先进了很多,更容易收集数据,实验者所做的工作也更为简单、容易,他们不需要时时盯着老鼠,更不需要在横杆压下时及时递送饲料,而只需要查看纸带上的记录就行了。

斯金纳在自己习得的研究和观察中发现,无论是巴甫洛夫的条件反射理论还是桑代克"试误说"理论,都不能解释人类习得的所有行为,而只能解释其中的一部分,解释那些经历了类似于从"非条件刺激—非条件反射"到"条件刺激—条件反

射"过程的反射行为。但是,人类的行为并不都是通过这种方式习得的,例如吹口哨、走路,就不是通过这种方式习得的,它们也不具备巴甫洛夫所谓的条件反射的种种条件。首先,没有任何一种刺激物可以算得上是人们吹口哨的"非条件刺激物",所以,吹口哨并不是一种"非条件反射";其次,人们吹口哨或走路并不是因为某种刺激的出现,有时候根本是自发的动作。

因此,斯金纳认为,人类习得的行为可以分为两种:一种是经由巴甫洛夫的条件反射过程建立起来的,服从巴甫洛夫的条件反射理论,是对一定刺激的应答反应,因此,他把这类行为称为"应答性条件反射"。而另一类习得的行为最初出现的时候并没有明显的刺激出现,也许有刺激(但不明显),也许纯粹是一种自发的行为,这一类行为称作"操作性条件反射"。

斯金纳以反射和强化为基础,提出了操作性条件反射理论。所谓操作性条件反射,是指以有效的反应作为达到目的的手段。

斯金纳认为,凡是能增强反应概率的刺激,都称为强化物。所谓强化,就是通过强化物增强某种行为的过程。如果某个操作发生之后呈现一个强化刺激,那么强度就增加了。越是可能被强化的行为,就越可能发生。

(二)操作性条件反射和应答性条件反射的区别

斯金纳认为,操作性条件反射和应答性条件反射的区别主要在于以下两点:

1. 刺激在反射形成过程中的作用

所有的应答性条件反射都可以用一个公式来表示:S-R(刺激-反应)。S在行为的形成中扮演至关重要的决定作用,在条件反射的训练过程中,条件刺激总是伴随着非条件刺激而出现。例如,要想让狗对铃声形成条件反射(一听见铃声就分泌唾液),就必须在每次出现铃声之后紧接着向食盘中倾倒食物,这样持续多次,狗才会形成对铃声的条件反射,一听见铃声就分泌唾液。另外,条件反射的分化、消退也都取决于铃声和食物以何种方式结合,如果只给铃声不给食物,条件反射很快就会消退,以后即使再给铃声,狗也会认为是在欺骗它,不会再分泌唾液了;同样,如果出现高频铃声的时候给狗食物,不出现高频铃声的时候不给狗食物,狗就学会了区分高频和低频铃声,只有当出现高频铃声的时候才分泌唾液。巴甫洛夫认为,非条件刺激物必须紧接着条件刺激物出现,而不能在反射行为做出之后才出现,因为在反射行为之后出现的非条件刺激物根本不起任何作用。

然而,在斯金纳的操作性条件反射行为的形成过程中,刺激几乎不起任何作用,操作性条件反射也可以用一个公式来表述,但不是刺激-反应,而是"反应-强化",在行为形成过程中起重要作用的不是反应前出现何种刺激,而是反应后得到何种强化。

2. 强化在反射形成过程中的作用

在应答性条件反射中,人们重视的是反应前的刺激而不是反应后的结果,没有人关心反应以后会得到何种结果,因此,"强化"在这类反射行为中没有任何意义。但在操作性条件反射行为中,强化才是最重要的。斯金纳认为,如果人们在无意中作出某种行为之后得到了奖赏,人们以后就会多作出这类行为;如果人们无意中作出的某种行为导致了惩罚,那么以后会回避这种行为,会尽可能少这种行为。恰恰是行为的后果而不是行为前的刺激决定了行为的保持或消退。

在斯金纳看来,人和动物并没有两样。在人的各种行为中,哪些行为会得以保持,哪些行为最终会消失,都取决于这些行为的后果,取决于人们做出这些行为之后是受到了奖励还是惩罚。因此,培养人们的行为习惯只需要不断地应用奖励和惩罚来进行控制就足够了。

按照这个方法,还可以塑造很多更加复杂的行为反应。马戏团的动物就是用这种方式训练成功的,还有人利用这一方法教会一只兔子捡起一枚硬币含在嘴里,然后扔进一只小猪储蓄罐里;也有人教会了一头猪打开电视,捡起脏衣服扔进一个大篮子里,以及用吸尘器打扫房间。

二、操作性条件反射理论在教育上的应用:程序教学法

斯金纳把这种操作性条件反射的理论引入到人的学习行为中,用于学生的学习过程。他认为,学习过程是作用于学习者的刺激和学习者对它作出的反应之间的联结的形成过程。一种复杂的行为,可用逐步接近、积累的办法,用简单的行为联结而成。其基本图式是:刺激—反应—强化。

(一) 程序教学法

斯金纳提出,可以按照如下的程序开展教学。

把教材分成具有逻辑联系的"小步子":
→要求学生作出积极的反应;
→对学生的反应要有及时的反馈和强化;
→学生在学习中可以根据自己的情况自定进度;
→使学生有可能每次都作出正确的反应,把错误降低到最低限度。

其基本操作程序是:解释—提问—解答—确认。

(二) 教学原则

按照斯金纳的程序教学法开展教学,需要着重思考下列三个问题。

首先,要仔细考虑在特定时间内计划教学的内容是什么,而这些教学内容最终是要通过学生行为的获得来表示的。

其次,要考虑有哪些可以利用的强化物。这种强化物一方面表现为学习者在学习过程中对所操纵的材料具有强烈的兴趣;另一方面表现为在学习过程中教师给予学生的奖励,譬如教师的一个善意的微笑,一句肯定的赞语,一件奖品,等等。

最后,强化的最有效安排,即教师要把非常复杂的行为模式逐渐精致地做成小的单位或步骤,也就是,把教学目标进行具体分解,确定每个步骤所保持行为的强度,以使强化的效果能提高到最大限度。

编制程序教学法的学习流程,一般要遵循以下四个原则:

1. 积极反应原则

一个程序教学过程,必须使学生始终处于一种积极学习的状态。也就是说,在教学中,使学生产生一个反应,然后给予强化或奖励,以巩固这个反应,并促使学习者作进一步反应。

2. 小步子原则

程序教学所呈现的教材是被分解成一步一步的,前一步的学习为后一步的学习作铺垫,后一步学习在前一步学习基础上进行。由于两个步子之间的难度相差很小,学习者的学习就容易获得成功,并建立起自信。

3. 即时反馈原则

程序教学法特别强调即时反馈,即让学生立即知道自己的答案正确,这是树立信心、保持行为的有效措施。一个学生对第一步(学习的前一个问题)能作出正确的反应(回答),便可立即呈现第二步(第二个问题),这种呈现本身便是一种反馈:告诉学生,你已经掌握了第一步,可以展开第二步的学习了。

4. 自定步调原则

程序教学法允许学习者按个体各自的情况来确定掌握材料的速度。这与传统教学法在课堂传授中一般以"中等"水平的学习者为参照点的教学法不同,传统教学法使掌握快的学生被拖住,而掌握慢的学生又跟不上,致使班级学生之间学习水平差距越来越大。程序教学法显得相对"合理":每位学生可以按自己最适宜的速度进行学习。由于有自己的思考时机,学习较容易成功。

程序教学法的设计当然要按照教材内部的逻辑程序,既要保证学习者在学习中把错误率减小到最低限度,又要合理地设计教材,使每一个问题(每一小步)都能体现教材的逻辑价值。

(三)教学的模式——直线式程序

这是斯金纳首创的一种教学程序,是经典的程序教学模式。在这一程序里,教师把材料分成一系列连续的小步子,每一步一个项目,内容很少。系列的安排由浅入深,由简到繁。一位教师要实施程序教学,必须借助于程序式的教材,或者进行机器教学。用机器来代替教师在课堂教学中的大量机械行为,教师才有可能集中精力设计"小步子",提出适应程度不同的学生的学习要求,并做到及时反馈。

20世纪50年代,斯金纳的教学机器曾经风靡一时,如今出现在课堂里的很多自动的电子教学机,其中都有斯金纳程序教学思想的影子;在大部分教师的课堂教学中,也在不时地运用程序教学法的原则,大家常说的"步步清""降低坡度""及时反馈"等,也都体现了程序教学的基本思想。

三、对数学学习的影响

斯金纳认为,学生学会某门学科正是通过操作性条件作用而形成的一个又一个的反应,有效的教学就是要提供良好的教学程序,用以诱发出学生的合适行为。他认为,在教学过程中,教师的作用应该在两方面得到体现:一方面是设计教学程序以进行刺激控制(包括辨别刺激和强化刺激),具体表现为组织教材、设计教案、进行教学以及准备促进学生作出预期反应的有关刺激,等等;另一方面是在适当时刻给以恰当的强化刺激物。强化刺激按反应与强化之间间隔时间的长短,分为即时强化和延时强化。在学习形成期,运用即时强化,而在学习保持期则运用延时强化。

总之,操作性条件反射理论对数学学习的最大影响集中表现在如下两个方面。

一是对学生的学习效果要及时作出评价,而且要以正面评价为主。

二是把复杂的学习内容分解为几个较为简单的内容,采用"各个击破"的方针进行。

第四节　加涅"信息加工"学习理论及其对数学学习的影响

著名的学习理论,除了前文所述的行为主义学派的理论,认知学派的理论也引人注目。认知学派又名认知主义。

认知主义源于格式塔心理学派,这个学派认为,学习是人们通过感觉、知觉得到的,是由人脑主体的主观组织作用而实现的,并提出学习是依靠顿悟、而不是依靠尝试与错误来实现的观点。该理论关于"学习"的基本观点是:关于学习的心理现象,否定刺激(S)与反应(R)的联系是直接的、机械的。并认为,人们的行为是以"有机体内部状态"——意识为中介环节,受意识支配的,他们以S—O—R这一公式代替S—R这个公式(O为中介环节);学习并不在于形成刺激与反应的联结,而在依靠主观的构造作用,形成"认知结构",主体在学习中不是机械地接受刺激,被动地作出反应,而是主动地有选择地获取刺激并进行加工;对学习问题的研究,注重内部过程与内部条件,主要研究人的智能活动(包括知觉、学习、记忆、语言、思维)的性质及其活动方式。认知学派的代表人物有皮亚杰、布鲁纳、奥苏贝尔、托尔曼(E. C. Tolman,1886—1959)和加涅。

从这节开始,我们简要分析认知学派与建构主义的学习理论。

加涅于1933年进入耶鲁大学主修心理学,受到新行为主义的严格训练,1937年获学士学位。毕业后进入布朗大学攻读实验心理学,于1939年和1940年分别获理科硕士学位和哲学博士学位。随即在康涅狄克学院任教。1969年以后一直在佛罗里达州立大学任教。

加涅在教育心理学方面做出了很大贡献。他所关注的重点,是把学习理论研究的结果运用于教学设计。加涅的主要代表著作《学习的条件》(*The Conditions of Learning*)使他享誉世界。该书自1965年首版以来,被认为是"关于学与教的最重要的著作之一"。

加涅把人的学习过程看成类似于计算机的操作,提出了学习的信息加工理论。他的学习理论是在行为主义和认知观点相结合的基础上,运用现代信息论的观点和方法,通过大量实验研究工作建立起来的。他认为,学习过程是信息的接收和使用的过程。学习是主体和环境相互作用的结果,学习者内部状况与外部条件是相互依存、不可分割的统一体。在他看来,学习是人的倾向或能力的改变。与激进的行为主义(如斯金纳)相比,加涅更强调有机体对刺激的选择。

加涅关于学习的基本模式是

$$Ss-R$$

其中,S表示外部刺激,s表示伴随的内部刺激,R表示反应。

一、加涅"信息加工"学习理论的基本观点

加涅认为,学习是一系列认知过程,这些过程把来自环境的刺激转化为获得一种新能力所需的信息加工的几个阶段。这就是说,学习是学习者通过自己对来自环境刺激的信息进行内在的认知加工而获得能力的过程。

加涅还提出了一个学习的信息加工模式,加涅将学习过程看作是信息加工流程,1974年,他描绘出一个典型的学习结构模式图,如图2-6所示。

加涅的学习结构模式分两个部分。

第一部分是图2-6的下半部分,它是一个信息流。来自环境的刺激作用于学习者的感受器,然后到达感觉记录器,信息在这里经过初步的选择处理,停留的时间还不到一秒钟,便进入短时记忆,信息在这里也只停留几秒钟,然后进入长时记忆。以后当需要回忆时,信息从长时记忆中提取而回到短时记忆中,然后到达反应发生器,信息在这里经过加工便转化为行为,作用于环境,这样就发生了学习。

第二部分是图2-6上半部分,包括预期事项(期望)和执行控制两个环节。预期环节起着定向的作用,使学习活动沿着一定方向进行。执行环节起调节、控制作用,使学习活动得以实现。第二部分的功能是使学习者引起学习、改变学习、加强学习和促进学习,同时使信息流激化、削弱或改变方向。

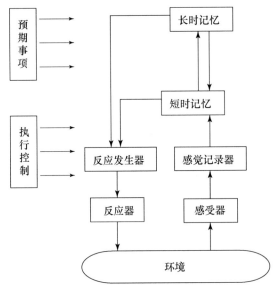

图 2-6 学习、记忆信息加工模式

加涅认为,学习的外部条件和内部条件应加以区别,发生在学习者头脑里(中枢神经系统)的内部活动是学习过程,它是在外界影响下发生的。教学是有目的、有计划地发动、激发、维持和提高学习者学习的一整套外部条件。

加涅在《学习的条件》(1970 年)中承认,他所阐述的学习原理,无法解决教育上的一些重大问题,例如,师生之间的人际互动关系的许多方面,严格说来,与获得通常作为课程内容的知识、技能没有什么关系。这些人际互动包括引发学习的动机、说服学生,以及形成态度和价值观等。形成这些心理倾向,对现代社会的教育来说是极为重要的。从广义上来说,论及学习时,也必须考虑到动机与态度等问题。但他不试图探讨这些问题,而是把讨论局限在理智内容或教材内容的范围之内。

二、对数学学习的影响

按照加涅的理论,数学学习过程是一个信息传递的过程。加涅的学习理论按照由低到高的分类思想,这对研究数学学习以及进行数学学习是很有利的。根据加涅的连锁学习、言语联结学习的思想,可以把数学技能划分成操作技能、心智技能,有利于讨论数学技能的学习过程。根据加涅的观点,数学概念、定理、法则的学习是不同的,它们有层次之分,这是对传统数学教学观点的补充和发展。

加涅的"信息加工"学习理论启示我们,教师的教应从学生的学出发,而且要落实到学生的学上;教学的手段和教学方式要有利于促进学生的学习;教师要依据学习的层次精心组织好教材,要重视教学反馈作用,并在学习过程中要注意引导学生直接探索和钻研教材。

第五节 布鲁纳认知-发现理论及其对数学学习的影响

布鲁纳(J. S. Bruner,1915—2016)是美国心理学家和教育家,是结构主义教育流派的代表人物之一。1952 年起任哈佛大学教授。1960 年,他同乔治·米勒(G. A. Miller,1920—2012)一起创建了哈佛大学认知研究中心,并担任该中心主任(1961—1972)。他是美国认知学说的主要代表人物,他的认知—发现理论起源于完形说。①

布鲁纳于 1959 年担任了美国科学院教育委员会主席。同年年底,美国科学院在伍兹霍尔召开讨论中小学数理学科教育改革会议,布鲁纳担任会议主席。会后,他在题为《教育过程》的小册子中综合了与会者的意见,阐述了结构主义教育思想。1972—1978 年,布鲁纳任英国牛津大学心理学教授。1978 年退休回到美国。他的主要教育著作有:《教育过程》《论认知》《教学论探讨》《教育适合性》等。

图 2-7 布鲁纳

布鲁纳的研究尤其关注儿童是如何在头脑中表征所学的概念和观念的。他认为,学习就是类目及其编码系统的形成。一个类目指一组有关的对象或事件,它可以是一个概念,也可以是一条规则。布鲁纳否认刺激与反应之间的直接联系,认为学习是通过认知获得意义和意象,从而形成认知结构的过程。他认为,学习包含三种几乎同时发生的过程:新知的获得、知识的改造、检查知识是否恰当和充足。学习的本质在于发现。

一、布鲁纳学习理论的基本观点

(一)学习的实质在于主动地形成认知结构

现代认知心理学对学习的基本看法是:学习是认知结构的组织与重新组织。认知结构是人的认识活动赖以形成的心理结构。认知结构是递进的、多层次的,由低级向高级水平发展。

皮亚杰认为,认知结构是经过同化与顺应两种机能间的平衡而形成的,并把这种认知结构的单元称为图式(Schema)。布鲁纳受皮亚杰观点的影响,也强调认识

---

① 完形说(configuration theory),是以苛勒(Wolfgang Kohler,1887—1967)等人为代表的格式塔学派在对知觉的新实验中逐渐形成的一般理论。

活动中的认知结构。布鲁纳认为,认知结构是人对外界物质世界进行感知和概括的一般方式,是在过去经验的基础上形成的,并在学习过程中不断变动。形成的认知结构是进一步学习和理解新知识的重要内部因素和基础。

布鲁纳把认知结构称为"表征"(representation),并认为表征有三种:动作性表征、映象性表征和符号性表征。这三种表征在儿童智慧发展过程中不断演变,经历三个阶段:第一阶段,婴幼儿时期(1~2岁),主要是依靠动作去应对世界;第二阶段:3岁至7岁儿童,开始在头脑中利用视觉和听觉的表象或映象代表外界事物并尝试借助映象解决问题;第三阶段:大约从6~7岁开始即符号表征阶段,这时个体能运用语言、数字等符号代表经验,同时应用这些符号来学习和获得经验。

随着个体发展到一定阶段,个体认知结构中三种表征同时存在,相互补充,共同完成认知活动。这三种不同的认知方式体现了三种不同的学习方式。

布鲁纳非常重视人的学习的主动性,认为人的学习是主动学习。具体表现在:

(1)重视已有经验在学习中的作用,认为学习者总是在已有经验的基础上,对输入的新思想进行组织和重新组织。

(2)重视学生学习的内在动机与思维发展。他认为,学习的最好动机是对所学材料本身的兴趣,不宜过分重视奖励、竞争之类的外在刺激。他把思维分为分析思维和直觉思维,强调教学要把发展直觉思维能力放在重要地位。因为直觉思维是和直觉相联系的创造性思维,科学的发明创造往往是从直觉思维开始的。

(二)对学习过程的观点

布鲁纳认为,"学习一门学科,包含着三个差不多同时发生的过程",即新知识的获得、知识的转化与评价。

新知识的获得是与已有知识经验、认知结构发生联系的过程,是主动认识理解的过程,通过"同化"或"顺应"使新知识纳入已有的知识结构;知识的转化是对新知识进一步分析和概括,使之转化为另一种形式,以适应新的任务;评价是对知识转化的一种检验,看对知识的分析、概括是否恰当,运算是否正确等。

布鲁纳认为,学生学习任何一门学科都有一连串的新知识,每一知识的学习都要经过获得、转化和评价三个过程。

(三)学习应注意各门学科的基本结构

布鲁纳主张,"不论我们选教什么学科,务必使学生理解(掌握)该学科的基本结构"。所谓基本结构,包括该学科的结构和学习态度、方法两方面。他还说,"学习结构,就是学习事物是怎样相互关联的",可见,他的结构就是指事物之间的相互联系或规律性,具有"普遍而强有力的适用性"。因而,他提出学校课程设计要把基本知识结构放在中心地位。

布鲁纳认为,重视学习学科的基本结构是有好处的:懂得了基本原理,使得学科更容易理解,这有助于对学习内容的记忆,有助于增进学习中的迁移,有助于激发学习动机或学习兴趣。

他认为,"学习的最好刺激,乃是对所学材料(好的结构)的兴趣,而不是诸如等级或往后的竞争、便利等外来目标"。即好的结构本身具有巨大的吸引力,容易产生强烈的兴趣和求知欲。

同时,重视学习学科的基本结构,能缩小高级知识与初级知识之间的间隙。他提出,"任何学科的任何内容都能够用适当的方式,有效地教给任何发展阶段的任何儿童",并强调基础学科的早期学习。例如,他认为,高等数学的概念可以用直观方式教给小学低年级学生,课程设计、教材编写要重视一门学科基本概念或原理的连续性,打通中小学和大学同一门学科的界线是可取的。由此,形成了他主张的螺旋式课程。

(四)提倡发现学习

发现学习就是让学生独立思考,改组材料,自行发现知识,掌握原理、原则。

布鲁纳认为,"发现不限于那种寻求人类尚未知晓的事物的行为,正确地说,发现包括用自己的头脑亲自获得知识的一切形式或方法"。可见,他强调发现是一种方法。布鲁纳认为:"不论是在校儿童凭自己的力量所作出的发现,还是科学家努力于日趋尖端的研究领域所作出的发现,按其实质来说,都不过是把现象重新组合或转换,使人能超越现象进行组合,从而获得新的领悟而已"。即学生也要像科学家那样通过发现的方法进行学习。

布鲁纳之所以强调发现学习,首先应归因于他对教学目标的看法。他认为,教学不仅应当尽可能使学生牢固地掌握科学内容,还应当尽可能使学生成为自主且自动的思想家;当正规的学校教育结束之后,这样的学生将会独立地向前迈进。

二、对布鲁纳学习理论及发现学习的评价

(1)布鲁纳的学习理论强调学生学习的主动性,强调学生已有认知结构和学生的独立思考,强调内在动机和思维能力的培养等方面的重要作用。较之建立在动物心理研究基础上的一些学习理论,认知发现说更能说明人类学习的某些特点和规律。

(2)布鲁纳将认知学习理论付诸教学实际,为教改提供了理论基础,并引发了教育工作者在教学过程、教材编写等方面观念上的变革,国际影响较大。

(3)布鲁纳所倡导的发现学习,不仅成为一种学习方式,而且作为一种教学方法得到广泛的研究和应用。发现法是至今仍采用的一种教学方法。

(4)布鲁纳的学习理论忽视了学生学习的特殊性,把学生的学习与科学家的

发明创造等同起来是不对的。他的某些观点,如"任何学科的任何内容都可以用适当的方式,有效地教给任何年龄的任何儿童",则缺乏有力的论据。

(5) 布鲁纳过分强调发现学习,过分强调学生的主观能动性,没有充分考虑到学校教育的特点,教师的主导作用被削弱。事实上,有些内容并不适合于发现,而且,在学校教育条件下,其他的学习方式也有较大的适用范围。同时,发现学习在时间与经费上也常常是不经济的。

三、布鲁纳学习理论对数学学习的影响

布鲁纳和他的同事们在大量数学学习实验的基础上,总结出数学学习的四个原理。

(1) 建构原理——学生开始学习一个数学概念、原理或法则时,要以最合适的方法建构其理解,布鲁纳认为,学习的本质在于主动地形成认知结构。

(2) 符号原理——应当用螺旋式的方法来建构数学中的符号体系。这里的螺旋式指的是以直观的方式分层次逐步引进每个数学概念,并使用熟悉的和具体的符号表示数学概念的方法。

(3) 比较和变式原理——从具体形式到抽象形式的过渡,需要比较和变式,比较是帮助学生直观地学习数学概念、提高其抽象水平最有用的方式之一。

(4) 关联原理——应当把各种概念、原理联系在一起,在一个统一的系统中学习。要使学生的学习卓有成效,就必须说明和理解数学概念之间的联系。

此外,布鲁纳对教育心理学做出突出贡献,集中体现为:注重认知能力的培养,提倡发现学习(强调学生学习的主动性);教师的作用在于向学生提供学习的材料并加以引导,使其自己去"发现"结论、规律。同时,他提出的结构主义教学论,对世界教育产生了重要影响。

第六节　奥苏贝尔认知-接受理论及其对数学学习的影响

奥苏贝尔是美国现代著名心理学家。主要关注学校学习理论的研究,同时在理论医学、临床医学、精神病理学和发展心理学等领域也有研究。

其代表作《教育心理学:认知观点》(*Educational Psychology, A Cognitive View*)[①]主要讨论了学校学习的本质、成果以及评价诸方面,同时,对认知结构变量、发展、智能、练习、动机、人格、教学材料、社会以及教师等影响学习的成分进行

---

① 中文版由余星南等译,1994 年由人民教育出版社出版,本节主要参考该版本。

了深入的探索。

一、奥苏贝尔的认知－接受理论

（一）基本观点

（1）学习过程是在原有认知结构基础上,形成新的认知结构的过程。

（2）原有的认知结构对于新的学习始终是一个最关键的因素。

图 2-8　奥苏贝尔

（3）一切新的学习都是在过去学习的基础上产生的,新的概念、命题等总是在与学生原来的有关知识相互联系、相互作用条件下转化为主体的知识结构。

奥苏贝尔从两个维度对学习做了区分：从学生学习的方式上将学习分为接受学习与发现学习,从学习内容与学习者认知结构的关系上又将学习分为有意义学习和机械学习。

机械学习是指学生并未理解由符号所代表的知识,仅仅记住了某个数学符号或某个词句的组合。而有意义学习的实质,就是在符号所代表的新知识与学习者认知结构中已有的适当知识之间建立非人为的(非任意的)和实质性的(非字面的)联系。

区分"有意义学习"和"机械学习"的标准在于,学习者原有认知结构中的适当知识是否与新的学习材料建立非人为的(非任意的)和实质性的(非字面的)联系。

接受学习指学习的全部内容是以定论的形式呈现给学习者。这种学习不涉及学生任何的独立发现,只需要将他所学的新材料与旧知识有机地结合起来(即内化)即可。与此相对应,发现学习则不把学习的主要内容提供给学习者,而必须由学生独立发现,然后内化。

奥苏贝尔认为,学生的学习主要是接受学习,而不是发现学习。接受学习是教师将学习内容以定论的形式直接呈现给学生,教师传授,学生接受。自实行班级授课制以来,接受学习一直是课堂学习的主要形式,但这种学习形式一直被误解为机械学习。奥苏贝尔认为,接受学习既可以是有意义的,也可以是机械的,只是因为一些教师使学生进行的是机械学习而采取的又是接受学习方式,才使接受学习被认为是机械的。同样,发现学习既可以是有意义的学习,也可以是机械学习,那种只发现点滴的事实,而不理解其中的规律的发现学习便是机械的发现学习。学校中的学习应该是有意义的接受学习和有意义的发现学习,但他更强调有意义的接受学习,并认为,它可以在短时间内使学生获得大量的系统知识,这正是教学的首要目标。

(二) 奥苏贝尔关于有意义学习的基本观点

奥苏贝尔在教育心理学中最重要的一个贡献就是他对有意义学习的描述。他认为,有意义学习的实质就是在以符号代表的新观念与学习者认知结构中原有的适当观念之间建立起非人为的和实质性联系的过程。并且认为:一方面,在学校条件下,学生的学习应当是有意义的,而不是机械的。另一方面,好的讲授教学是促进有意义学习的唯一有效方法,发现学习在学校里不经常使用。

奥苏贝尔所定义的认知结构是人的一个观念的全部内容与组织,或一个人在某个知识领域的观念的内容与组织。认知结构中原有的知识是"观念的支架",或称之为起固定作用的观念。有意义学习的过程就是新观念被认知结构中起固定作用的观念同化、贮存并相互作用,原有的观念同时发生变化,新知纳入原有的认知结构中,从而获得意义。

所谓非人为的、实质性的联系是指新知与学习者认知结构中已有的表象、已有意义符号、概念或命题之间的联系。

建立起非人为的、实质性的联系,是有意义学习的最重要的鉴别标准之一。非人为的联系是指新的观念与原有观念建立了内在的联系,而不是任意的联系;实质性是指用不同语言或其他符号表达的同一认知内容的联系。机械学习中的新知与原有认知结构只能建立起人为的、表面的、非实质性的联系。

(三) 产生有意义学习的条件

奥苏贝尔认为,有意义学习必须具备三个前提条件:

第一,学习材料本身必须具备逻辑意义。所谓逻辑意义,是指学习材料可以和学习者认知结构中的适当观念建立起非人为的和实质性的联系。

第二,学习者必须具备有意义学习的心向,即积极主动地把新知识与学习者认知结构中原有的适当知识联系起来的倾向。

第三,学习者认知结构中必须具有同化新知识的适当观念。

以上三个条件必须同时具备,才能实现有意义学习。学习者必须积极主动地使具有逻辑意义的新知识与其原有认知结构中的有关的旧知识发生相互作用,旧知识得到改造,新知识获得实际意义。

奥苏贝尔认为,在有意义学习中,影响新知识学习的最重要的因素是学习者原有认知结构的适当性,包括认知结构中是否有适当的、起固定作用的观念可利用,新观念与同化它的原有观念的可辨别性,原有观念的稳定性和清晰度三个方面。

奥苏贝尔在其所著《教育心理学:认知观点》一书的扉页上写道:"如果要我用一句话说明教育心理学的要义,我认为,影响学生学习的首要因素,是他的先备知识。研究并了解学生学习新知识之前具有的先备知识,配合之以便设计教学,从而产生有效的学习,就是教育心理学的任务。"

(四) 有意义学习的过程

有意义学习的过程即原有观念对新观念加以同化的过程。奥苏贝尔称自己的学习理论为"同化论"。

原有观念一般通过三种方式对新观念进行同化,即类属学习、总括学习、并列结合学习。

类属学习是把新观念归入认知结构中原有观念的适当部分,并使之相互联系的过程。在类属学习过程中,原有观念是总观念,新学习的观念是从属观念,因而这种学习称为下位学习。类属学习又有派生类属学习与相关类属学习两种形式。

(1) 派生类属学习:认知结构中的原有观念是一个总的观念,当所学的新观念只是它的一个特征或一个例证时,这类学习就是派生类属学习。例如,原有观念是"四边形"(A),而"四边形"的观念是通过概括矩形(a_1)、菱形(a_2)、梯形(a_3)等从属观念构成的。现在要学的新观念是正方形(a_4)。正方形纳入原有的"四边形"观念之中,既扩充了"四边形"的观念,又使"正方形"这一观念获得了意义。但是派生类属学习中,新观念只是使原有总的观念的扩张,并不能使原有观念的本质发生改变。

(2) 相关类属学习:认知结构中原有观念是一个总的观念,所学的新观念只是原有观念的加深、修饰或限定,通过同化,总的观念的本质要发生变化。这种学习就是相关类属学习。例如,原有观念是"函数"(A),原有的理解是"在某个变化过程中,变量 y 因变量 x 的变化而变化,y 是 x 的函数,"即初中函数的含义,现在学习的观念是"函数是两个数集 A、B 之间的一种关系,对于任意的 $x \in A$,都有唯一确定的 $y \in B$ 与之对应,即函数包括对应法则、定义域 A、值域 B",即高中函数的含义(x)。当把 x 类属于"函数"时,原有的"函数"的观念被扩充,新的学习内容也获得了意义。

总括学习是指在若干已有的从属观念的基础上归纳出一个总的观念。例如,掌握了有理数(a_1)、无理数(a_2)观念之后,再学习更高一级的总观念"实数"(A)时,原有的从属观念 a_n 可以为学习总观念(A)服务。总括学习所形成的新观念在概括和包摄程度上高于原有的一些观念,所以称为上位学习。

并列结合学习是指新观念与认知结构中原有观念既非从属关系,也非总括关系,只是和原有认知结构中的整体内容具有一般的联系。例如,新学习的观念是"双曲线"(A),原有观念是"椭圆"(B)、"抛物线"(C)之间的关系。在此条件下,新观念既不能类属于某一特殊关系,也不能总括原有的关系,但它们具有某种共同的关键属性。由于新知识与原有知识具有某种共同属性（都是圆锥曲线），因而也可以被原有的知识同化，获得意义。

奥苏贝尔的有意义学习理论有一个基本的假定，即认知结构本身是一个按层次组织的观念系统，最具概括性的观念处于这个结构的顶端，在其下面是概括性较少的观念、较分化的从属观念和具体材料。在类属学习中，学习者利用认知结构中抽象概括水平较高的观念固定和同化新观念，而每一次类属都进一步证实、扩展或深化了原来的"固定观念"，使原来的认知结构不断分化。

奥苏贝尔非常强调类属学习，并认为多数有意义学习都具有自上而下渐进分化的特征。总括学习通常在进行归纳、推理或综合部分与整体的关系时需要采用；而在并列结合学习中，由于缺乏最适当的起固定作用的观念，学习时一般比较困难，而且不易保持。

二、奥苏贝尔学习理论在教学中的应用

（一）课堂教学的原则

根据有意义学习的过程，奥苏贝尔提出了渐进分化和综合贯通两条教学原则。

渐进分化原则是指教学要先教比较一般的或广泛的观念，再将其一步步分解成具体的或初级的观念，通过逐步分化，直到把最广泛的观念分解为最初的观念。

运用这一原则进行教学的过程被称为演绎教学，它依据的是类属学习过程的规律。

综合贯通原则是指在教学中比较观念间的相同点与不同点，在观念间建立起联系。通过综合贯通，使分化的观念相互联系起来。这一原则保证了总括学习和并列学习过程的进行。

这两条原则是相辅相成的。渐进分化把总观念一步步分解为从属观念，分解为组成部分；综合贯通强调观念之间的联系，将观念作为连贯的整体的一部分进行学习。

要使学生进行有意义的学习，在教学中必须贯彻这两条原则。

（二）促进有意义学习的教学策略——先行组织者

为了促进有意义学习的进行，奥苏贝尔提出使用"先行组织者"的教学策略。

先行组织者（advance organizer）是奥苏贝尔在 20 世纪 60 年代初提出的一个概念。根据奥苏贝尔的经典解释，组织者是先于学习材料呈现之前呈现的一个抽象概括水平较高的引导性材料。组织者可以是一个概念、一条定律，或一般概括性说明文字，它是新知识与旧知识发生联系的桥梁。组织者与学习者认知结构中已有观念相联系，提供一个能将新旧知识联系起来的一般观念，为学习新观念提供一

个"观念固着点",使新知识顺利地纳入已有的认知结构中去,有效地帮助学习者组织要学习的材料。

奥苏贝尔指出,组织者最适宜在下列两种情况下运用。

第一,当学生面对学习任务时,倘若其认知结构中缺乏适当的上位观念同化新知识,则可以设计一个概括与包容水平高于要学习的材料的组织者,使学生获得一个可以同化新知识的认知框架。这样的组织者被称为陈述性组织者。

第二,当学生面对新的学习任务时,倘若其认知结构中已具有了同化新知识的适当观念,但原有观念不清晰或不巩固,学生难以应用,或者他们对新旧知识之间的关系辨别不清,则可以设计一个对新旧知识的异同点进行比较的组织者,这种组织者被称为比较性组织者。

(三)课堂教学的过程

在课堂教学中,奥苏贝尔提出讲解式教学,即教师运用言语讲授的方法,使学生进行有意义的接受学习。

在准备教学阶段,教师要根据学习内容的内在逻辑,同时考虑到学生认知结构中的已有观念,在此基础上为教材设计出不同层次的组织者。

在正式教学时,教师首先向学生呈现先行组织者,并将这种组织者贯穿于一节课之中。接着采用渐进分化的方式,把范围较广的、抽象的观念分解成范围较窄的、具体的观念。在渐进分化的同时,通过综合贯通方式将分化出的观念相互联系起来。

奥苏贝尔强调教学中的师生相互作用,强调学生认知结构中的新旧知识的相互作用。并且指出,这里的讲解式教学并非布鲁纳批评的"教师讲,学生静静地听"的那种教学。

三、对奥苏贝尔有意义学习理论的评价

奥苏贝尔的有意义学习理论,其合理性集中表现在两个方面:一方面,强调学生的学习主要是有意义的接受学习,强调学生认知结构中已有知识和新知识的相互作用,同时,提出了有意义学习的过程和条件。另一方面,奥苏贝尔将有意义学习理论的观点运用于教学实际,提出了"渐进分化""综合贯通"的教学原则和"先行组织者"的教学策略,对实际教学工作有重要参考价值,受到广大教育实践工作者的欢迎。

然而,奥苏贝尔过分强调由教师安排层次结构使学生接受,忽视了学习者的主动性和创造性。同时,他的学习理论主要论述了学生的知识学习,而忽视了技能和品德等方面的学习。

四、奥苏贝尔有意义学习理论对数学学习的影响

首先,有意义学习理论可以很好地诠释发现学习与接受学习的关系。事实上,教学方法的作用不能离开特定的教学情景,并非发现学习就是有效的学习方式,接受学习就是不好的学习方式,问题的关键在于学习内容对学生来说是否有意义。

其次,教学应当是有意义的接受和有意义的发现并举。教学最重要的一个出发点是学生已经知道了什么。教学有法,教无定法,贵在得法。

最后,教学的重要策略就在于,怎样建立学生原有数学认知结构中相应的知识与新知识之间的联系,以及如何有效激发学生有意义学习的心向。

第七节 皮亚杰发生认识论及其对数学学习的影响

瑞士心理学家皮亚杰是当代认知主义的重要代表人物,他对心理发生发展的阶段性、认知结构及其机能等问题,进行了深入研究,并提出了著名的认知建构理论、认知发展理论。

图 2-9 皮亚杰

一、认知建构理论

皮亚杰认为,认知的形成与发展是一种建构过程,是个体在与环境不断的相互作用中实现的。这个过程涉及图式①、同化、顺应及平衡四个方面。

图式是指认知或心理的结构,个体正是通过这种结构对环境进行智力的适应和组织。图式与生物适应环境所具有的生物结构一样,它适应心理的发展并随着心理的发展而变化。图式可以被简单地视为个体所拥有的概念或类别,它像是索引存储器一样,其中每一张索引卡片代表一个图式。这些图式对输入的刺激进行加工和鉴别,进而把不同的刺激物加以区分和概括。

同化是指将外界元素整合到一个有机体正在形成或已经形成的结构之内,即把外部信息直接纳入自己已有的认知结构的过程。当个体面对一个新的刺激情境时,如果能够利用已有的图式或认知结构把刺激整合到自己的认知结构中,这就是同化。也只有通过这一过程,主体才能对新刺激作出反应。

---

① schema,也译为"基模"。——作者注

顺应是指主体通过调整自己的认知结构，以使其与外界信息相适应的过程。当个体不能利用原有图式接受和解释新刺激时，其认知结构由于刺激的影响而发生改变，这就是顺应。顺应过程对主体认知结构的发展具有十分重要的意义，通过这个过程，主体认知结构会不断得到修正。

同化和顺应是相辅相成的两个方面。有同化，必然有顺应。皮亚杰把同化和顺应之间的"均衡"称为平衡。皮亚杰认为，同化和顺应过程对于认知的生长与变化是必需的，同化和顺应所产生的相对量也同样重要。假如一个人总是去同化刺激物而不去顺应刺激物，其智力就难以有质的发展。这样他最后将会得出少数几个很粗略的图式而不能发现事物的差异，许多事物被看成是类似的东西而不能区分。相反，假如一个人总是去顺应刺激物而不去同化，其结果将导致他具有很细小、而概括性欠缺的图式。许多事物被看成是独立的、不相同的且难以归类。这两种极端对于个体来说都是灾难性的。因此，皮亚杰指出，同化和顺应之间需要"均衡"。皮亚杰还认为，在个体认知发展中，同化和顺应之间若出现不平衡，个体就产生寻求平衡的动机，去寻求进一步的平衡。同化和顺应的协调与整合是认知结构的生长与发展的原因。

皮亚杰认为，心理发展就是个体通过同化和顺应在日益复杂的环境之中达到平衡的过程。个体也正是在平衡与不平衡的交替中不断建构和完善其认知结构，实现认知的发展。

二、认知发展理论

（一）个体认知发展特征

认知发展阶段论是皮亚杰对教育心理学的独特贡献。皮亚杰对认知发展过程进行了深入研究，并提出个体认知发展特征。

（1）阶段出现的先后顺序固定不变，不能跨越，也不能颠倒。它们经历不变的、恒常的顺序，并且所有的儿童都遵循这样的发展顺序，因而阶段具有普遍性。任何一个特定阶段的出现不取决于年龄而取决于智力发展水平。皮亚杰在具体描述阶段时附上了大概的年龄只是为了表示各阶段可能出现的年龄范围。事实上，由于社会文化不同，或者文化相同但教育不同，各阶段出现的平均年龄有很大差别。

（2）每一阶段都有独特的认知结构，这些相对稳定的结构决定儿童行为的一般特点。儿童发展到某一阶段，就能从事水平相同的各种性质的活动。

（3）认知结构的发展是一个连续构造（建构）的过程，每个阶段都是前一阶段的延伸，是在新水平上对前面阶段进行改组而形成新系统。每阶段的结构形成一个结构整体，它不是无关特性的并列和混合。前面阶段的结构是后面阶段结构的先决条件,并为后者所取代。

(二) 认知发展阶段论

"运算"(即思维操作)是皮亚杰理论中的关键概念,他据此将儿童认知发展分为四个主要阶段:

1. 感知运动阶段(出生至2岁),主要是动作、活动并有协调感觉、知觉和动作的活动,属于智慧萌芽时期

出生至2岁左右,是人智力发展的感知运动阶段。在此阶段的初期(即新生儿时期),婴儿所能做的只是为数不多的反射性动作。通过与周围环境的感觉运动接触,即通过他加以客体的行动和这些行动所产生的结果来认识世界。也就是说,婴儿仅靠感觉和知觉动作的手段来适应外部环境。这一阶段的婴儿形成了动作格式的认知结构。

感知运动阶段,儿童智慧的成长突出表现在下列三个方面。

(1) 逐渐形成物体永久性(不是守恒)的意识,这与婴儿语言及记忆的发展有关,物体永久性具体表现在:当一个人或物(如爸爸妈妈、玩具)在他面前时,婴儿不知道这个人或物,而当这个物体不在眼前时,他能认识到此物尽管当前看不见、摸不着也听不到,但仍然是存在的。爸爸妈妈离开了,但婴儿相信他们还会出现,被大人藏起的玩具还在什么地方,翻开毯子,打开抽屉,还应该能找到。这标志着稳定性客体的认知格式已经形成。近年来的研究表明,儿童形成母亲永久性的意识较早,并与母婴依恋有关。

(2) 在稳定性客体永久性认知格式建立的同时,儿童的空间-时间组织也达到一定水平。因为儿童在寻找物体时,必须在空间上定位来找到它。由于这种定位总是遵循一定的顺序发生,故儿童又同时建构了时间的连续性。

(3) 出现了因果性认识的萌芽,这与物体永久性意识的建立及空间-时间组织的水平密不可分。儿童最初的因果性认识产生于自己的动作与动作结果的分化,然后扩及客体之间的运动关系。当儿童能运用一系列协调的动作实现某个目的(如拉枕头取玩具)时,就意味着因果性认识已经产生了。

2. 前运算阶段(2～7岁),出现了语言、符号,具有表象思维的能力,但缺乏可逆性

与感知运动阶段相比,前运算阶段儿童的智慧在质的方面有了新的飞跃。在感知运动阶段,儿童只能对当前感觉到的事物施以实际的动作进行思维,在这个阶段的中、晚期,已经形成了物体永久性意识,并有了最早期的内化动作。到前运算阶段,物体永久性的意识巩固了,动作大量内化。随着语言的快速发展及初步完善,儿童频繁地借助表象符号(语言符号与象征符号)来代替外界事物,重视外部活动,儿童

开始从具体动作中摆脱出来,凭借象征格式在头脑里进行"表象性思维",故这一阶段又称为表象思维阶段、前运算阶段。这对于儿童动作的内化具有重要意义。

在表象思维的过程中,儿童主要运用符号(包括语言符号和象征符号)的象征功能和替代作用,在头脑中将事物和动作内化。而内化事物和动作并不是把事物和动作简单地全部接受下来而形成一个摄影或副本。内化事实上是把感觉运动所经历的东西在自己大脑中再建构,舍弃无关的细节,形成表象。内化的动作是思想上的动作而不是具体的躯体动作。内化的产生是儿童智力的重大进步。

总结起来,前运算阶段的儿童认识活动有以下四个特点。

(1) 相对的具体性,借助于表象进行思维,还不能进行运算思维。

(2) 思维的不可逆性,缺乏守恒结构。

(3) 自我中心性,儿童站在自己经验的中心,只有参照他自己才能理解事物,他认识不到他的思维过程,缺乏一般性。他的谈话多半以自我为中心。

(4) 刻板性,表现为在思考眼前问题时,其注意力还不能转移,还不善于分配;在概括事物性质时缺乏等级的观念。

皮亚杰将此阶段的思维称为半逻辑思维,与感知运动阶段的无逻辑、无思维相比,这是一大进步。

3. 具体运算阶段(7~11、12岁),出现了逻辑思维和零散的可逆性,但一般还只能对具体事物或形象进行运算

以儿童出现了内化了的、可逆的、有守恒前提的、有逻辑结构的动作为标志,儿童智力进入运算阶段,首先是具体运算阶段。具体的运算意指儿童的思维运算必须有具体的事物支持,有些问题在具体事物帮助下可以顺利获得解决。

具体运算阶段的儿童所获得的智慧成就集中在以下四个方面。

(1) 在可逆性(互反可逆性)形成的基础上,借助传递性,能够按照事物的某种性质如长短、大小、出现的时间先后进行顺序排列。

(2) 产生了类的认识,获得了分类和其中包含的智慧动作。

(3) 把不同类的事物(互补的或非互补的)进行序列的对应。简单的对应形式为一一对应。

(4) 自我中心观进一步削弱。在感知运动阶段和前运算阶段,儿童是以自我为中心的,他以自己为参照系来看待每件事物,他的心理世界是唯一存在的心理世界,这妨碍了儿童客观地看待外部事物。在具体运算阶段,随着与外部世界的长期相互作用,自我中心逐渐被克服。

概括起来,进入具体运算阶段的儿童获得了较系统的逻辑思维能力,包括思维的可逆性与守恒性;分类、顺序排列及对应能力,数的概念在运算水平上掌握(这使

空间和时间的测量活动成为可能);自我中心观削弱等。

4. 形式运算阶段(11、12~14、15岁),能在头脑中把形式和内容分开,使思维超出所感知的具体事物或形象,进行抽象的逻辑思维和命题运算

在具体运算阶段,儿童只能利用具体的事物、物体或过程来进行思维或运算,不能利用语言、文字陈述的事物和过程为基础来运算。而当儿童智力进入形式运算阶段,思维不必从具体事物和过程开始,可以利用语言文字,在头脑中想象和思维,重建事物和过程来解决问题。这种摆脱了具体事物束缚、利用语言文字在头脑中重建事物和过程来解决问题的运算就叫作形式运算。

除了利用语言文字外,形式运算阶段的儿童甚至可以把概念、假设等作为前提,进行假设演绎推理,得出结论。因此,形式运算也往往称为假设演绎运算。由于假设演绎思维是一切形式运算的基础,包括逻辑学、数学、自然科学和社会科学在内,所以,儿童是否具有假设演绎运算能力是判断他智力高低的极其重要的尺度。

当然,处于形式运算阶段的儿童,不仅能进行假设演绎思维,皮亚杰认为他们还能够进行一切科学技术所需要的一些最基本运算。这些基本运算,除具体运算阶段的那些运算外,还包括这样的一些基本运算:考虑一切可能性;分离和控制变量,排除一切无关因素;观察变量之间的函数关系,将有关原理组织成有机整体等。

形式运算思维是儿童智力发展的最高阶段。在此有下列两个问题应加以说明。

(1) 并非儿童成长到12岁以后就都具备形式运算思维水平,最近几年美国的相关研究发现,在美国大学生中(一般18~22岁),有约半数或更多的学生,其智力水平或仍处于具体运算阶段,或者处于具体运算和形式运算两个阶段之间的水平。

(2) 15岁以后人的智力还将继续发展,但总的来说属于形式运算水平,可以认为,形式运算阶段还可分出若干个阶段,有待进一步研究。皮亚杰认为,智力的发展是受若干因素影响的,与年龄没有必然的联系。因而,达到某一具体阶段的年龄即使有很大的差异也并不构成皮亚杰理论的重大问题。

三、皮亚杰理论对数学学习的影响

皮亚杰关于结构的概念或多或少与数学上关于结构的定义是一致的。在皮亚杰的定义中,结构是一组状态(数学家称之为状态空间),一套变换(运算)和一套控制运算如何应用的总的规则。由于皮亚杰以逻辑的或者说以数学的方式定义了结构这一概念,因此,他选择用于深入研究的课题所涉及的内容也主要是基本的逻辑结构,包括数、几何、时间、空间、速度和运动等方面的问题。

皮亚杰尤其对数学学习特有的心理特征给予关注,他甚至运用数学方式定义了其认知理论中的一些概念[如思维结构,自反抽象(reflective abstraction)等]。

20世纪70年代以后,皮亚杰对数学教育,尤其是对于儿童在学习数学中使用的方法给予了极大的关注。他提出,形式运算结构发展的基本过程是与数学思维能力的发展过程相一致的,它们都是逻辑数学结构。而数学思维能力的结构是通过儿童在逻辑数学的经验中从事反思性的抽象活动而获得发展的。即儿童从反思的活动中学习。

这一观点类似于现代心理学术语"反省认知",即元认知,指个体对自己的思维过程的意识与监控。一个新的分支——建构主义理论,就是最近在皮亚杰的思想上发展起来的。

皮亚杰发生认识论关注的是儿童知识的发展。其基本的假设是"知识的逻辑组织的过程与相应的心理形成的过程是平行的"。不过这一观点在皮亚杰理论的早期应用中并没有得到体现。

其关注的焦点集中在发展阶段和促进阶段之间过渡的环境组织方式上。关于早期儿童的不少研究项目用皮亚杰的任务(如守恒任务)来训练儿童,并把促进儿童阶段上的发展作为教育目标。

由于皮亚杰的任务和学校数学的任务之间存在差异,也由于从一个阶段过渡到另一个阶段的年龄是其理论中最重要的成分,因而,研究中关注更多的是方法。

值得一提的是,皮亚杰理论并没有提供介于皮亚杰任务和学校数学任务之间的一个桥梁,即使他的阶段可以被看作是提供了建构这一桥梁的手段。也就是说,儿童在学校数学上的行为不太可能通过清楚地训练皮亚杰的这些任务而得到提高。

第八节 建构主义理论及其对数学学习的影响

建构主义是认知主义的进一步深化和发展,是在吸取了众多学习理论,尤其是皮亚杰、维果茨基[①]思想的基础上发展和形成的。

在皮亚杰有关理论的基础上,科尔伯格[②]在认知结构的性质与发展条件等方面作了进一步的研究;斯腾伯格(R. J. Sternberg,1949—)和卡茨(David Katz,1884—1953)等人则强调了个体的主动性在建构认知结构过程中的关键作用,并对

[①] 维果茨基是俄国心理学家,社会文化历史学派的创始人。其研究成果可以概括为三方面:社会交往、最近发展区理论、认知发展的潜能受限于最近发展区。维果茨基理论的教育意义在于,学生需要与教师和伙伴一起在大量的社会环境中探索相关主题。

[②] 科尔伯格(L. Kohlberg 1927—1987),美国教育心理学家,被誉为除皮亚杰之外对道德发展研究贡献最大的人。

认知过程中如何发挥个体的主动性进行了认真的探索;维果茨基创立的"文化历史发展理论"则强调认知过程中学习者所处的社会文化历史背景的作用,在此基础上,以维果茨基为首的维列鲁学派[①]深入地研究了"活动"和"社会交往"在人的高级心理机能发展中的重要作用。所有这些研究都使建构主义理论得到进一步的丰富和完善,为实际应用于教学过程创造了条件。

建构主义对"什么是学习活动的本质"基于认识论的一种视角、从整体上作出了科学的分析。

一、建构主义的认知论

建构主义的核心观点认为:认识并非主体对于客观实在的简单的、被动的反映(镜面式反映),而是一个主动的建构过程,即所有的知识都是建构出来的;在建构过程中,主体已有的认知结构发挥了特别重要的作用,而主体的认知结构亦处在不断发展之中。

现代的建构主义中,影响较大的是极端建构主义(radical constructivism)和社会建构主义(social constructivism)。

极端建构主义有两个基本特征:首先,强调认识活动的建构性质,认为一切知识都是主体的建构,我们不可能具有对外部世界的直接认识,认识活动就是一个"意义赋予"(sense making)的过程,即主体依据自身已有的知识和经验建构出外部世界的意义;其次,是对认识活动的"个体性质"的绝对肯定,认为各个主体必然具有不同的知识背景和经验基础(或不同的认知结构),因此,即使就同一个对象的认识而言,相应的认识活动也不可能完全一致,而必然具有个体的特殊性。

极端建构主义的主要代表人物是冯·格拉斯菲尔德(Von Glasersfeld)和斯戴福(Steffe),其理论基础可以追溯到皮亚杰的认知发展理论,正是皮亚杰花费了60年的时间为有关认识的动态的建构主义理论奠定了基础。在极端建构主义者看来,个人的建构有其充分的自主性,即是一种高度自主的活动,也就是说"一百个人就是一百个主体,并会有一百个不同的建构"。也正是在这样的意义上,极端建构主义也常常被称作"个人建构主义"(personal constructivism)。

社会建构主义的理论基础在很大程度上受到维果茨基著作的影响。其核心在于对认识活动的社会性质的明确肯定,认为社会环境、社会共同体对于主体的认识活动有重要作用,个体的认识活动是在一定的社会环境中得以实现的。所

[①] 维列鲁学派又称"社会文化历史"学派,其创始人是维果茨基。维列鲁学派的"文化历史发展理论"认为,人的心理发展受社会的文化历史发展规律制约,与当时流行的行为主义发展观和格式塔心理学的直觉主义相抗衡,在世界心理学界有着广泛影响。

谓"意义赋予"包含有"文化继承"的含义,即经由个体的建构活动所产生的"个体意义"事实上包含了对于相应的"社会文化意义"的理解和继承。

作为建构主义的不同流派,极端建构主义者侧重个人的认知,而社会建构主义者将心理定位于社会中的个人行为,因此特别注意学习者环境中的文化惯例。学习首先是进入某一实践共同体的文化的过程,这包括对社会交互作用的参与以及按文化方式组织的能影响学习和发展的活动。个人的认知加工过程受到社会和文化加工过程的影响。

再次,它们都重视学习者先前所建构的知识和经验,并将学习者已有的知识作为新知识的生长点。最后,它们在强调学习者的自我发展的同时,并不排斥外部的引导,但是反对简单的、直接的知识传递。

我们认为,建构主义不同观点的形成恰恰反映了它们从各自不同的视角挑战传统认识论,因而,每一种观点都有其合理成分,但又都不可能穷尽真理。为此,我们主张,在汲取各派学说合理内核的基础上,通过互补统整各派建构主义,尤其要关注它们对教育实践层面的影响。同时,我们将努力在理论与实践的结合点上,用基于我们自身经验建构的知识充实、丰富建构主义。

二、建构主义的学习观

皮亚杰、维果茨基和其他很多理论反映了建构主义的思想。尽管持不同观点的建构主义者提出问题的角度不同,使用的术语也有很大差异,有的假设是完全的自我建构,有的认为是社会性媒体的建构,还有些则主张认知建构要与现实相匹配。但是,它们对学生学习则有如下共识:

(1) 学习是一个积极主动的建构进程,学生不是被动地接受外在信息,而是根据先前认知结构主动地和有选择地知觉外在信息,建构其意义。因而,学习者已有的知识可以作为新知识的生长点。

(2) 课本知识并不是对现实的准确表征,它只是一种解释,一种较为可靠的假设,学生对这些知识的学习是在理解基础上对这些假设作出自己的检验和调整的过程。因此,知识可以视为个人经验的合理化,而不是说明世界的真理。在学习中,在学习者自我发展的同时,不排斥外部的引导,但是反对简单的、机械的知识传递。

(3) 学习中知识建构不是任意的,它具有多向社会性和他人交互性。知识建构的过程应有交流、磋商,并进行自我调整和修正。

(4) 学生的学习过程是多元化的,由于对象的复杂多样化、学习情感的某种特殊性、个人经验的独特性,学生对对象意义的建构也是多维度的。

在建构主义者看来,知识并不是自动获得的,而是学习者建构起自身的理解而形成的。这就启发我们:在组织教与学的活动时,必须使学生的思想受到充分的挑战,以使学生们能建构起新的知识。①

三、建构主义学习观在教学中的应用

建构主义者以其对学习的理解为基础,对教学过程中的教学目标、教师的作用、促进教学的条件、教学方法、教学设计等问题提出了自己的观点,进而形成了建构主义的教学观。

(1) 教学并非传递客观世界的知识,而是教育者根据明确的知识目标,指导和促进学生按自己的情况对新知识进行的建构活动,最后建构起关于知识的个人意义。

(2) 教师不应被看成是"知识的传授者",而应成为学生学习活动的促进者。

(3) 学生主体、实际情境、协作学习和充分的资源是促进教学的重要条件。首先,学习要以学生为中心,注意学生主体的作用,教师的作用只在于帮助和引导学生建构意义;其次,学习情境要与实际情境相符合,因为只有在实际情境中,才能使学生借助已有的经验、经历进行有关概念、公式、法则、定理等的自我建构,才能使学生进行高级的学习;第三,学习要注重师生之间以及学生之间的协作,强调讨论和合作学习;第四,要注重教学环境的设计,为教育者提供充分的资源。

(4) 教师要超越单纯讲座或讲授式的教学方法,灵活采用情境性教学、支架式教学及交互式教学等方式。

(5) 强调自上而下的教学设计。即在教学过程中,首先选择一些与学生生活经验有关的整体性的任务并呈现有关的问题,让学生尝试解决问题,然后让学生单个地或在小组中通过探索,自己发现完成整体任务必须首先完成的子任务,以及完成各级子任务所需的基础知识、基本技能,在掌握这些知识技能的基础上,最终使问题得以解决。

四、对建构主义学习理论的评价

建构主义学习理论是学习理论的一种新发展。该理论强调学习过程中的积极主动性,强调对新知识的意义的建构性和创造性的理解,强调学习的社会性质,重视师生之间和学生之间的社会相互作用对学习的影响,将学习分为初级学习和高级学习,强调学生通过高级学习建构网络结构知识,并在教学目标、教师的作用、促

---

① 戴尔·H.申克.学习理论:教育的视角:第3版[M].韦小满,等,译.南京:江苏教育出版社,2004:249.

进教学的条件以及教学方法及其设计等方面提出了一系列新颖而富有创造性的主张,这些观点和主张对于进一步认识学习的本质,揭示学习的规律,深化教育教学改革都具有积极意义。

建构主义学习理论是在吸收了各种学习理论观点基础上形成和发展起来的,其中一些观点的论述往往失之偏颇,甚至相互对立,这在一定程度上暴露了该理论的不足和缺陷,有待于进一步发展和完善。

五、建构主义学习理论对数学学习的影响

建构主义学习理论对指导数学学习有多方面的意义:

首先,应该用建构主义的观点看数学。数学本身也是主体建构的产物,它应该是鲜活的、动态的、开放的、表现多维度的,并非绝对正确的数学活动的结果。这样的数学观将直接导致数学课程观和数学教学观的变化。

其次,应强调知识学习是一个建构过程,必须突出学习者的主体作用。教师的讲解并不能直接将知识传输给学生,教师只能凭借组织者、合作者和引导者的身份,使学生主动参与到整个学习过程中来。

此外,应更加关注学生学习的个性化特征,使其在知识学习中获得合理的个人经验的内化。但是,又要看到知识的建构不仅是个人的,也是社会的。因此,课堂上师生的交互和共同的活动显得至关重要,学习共同发展机制的形成以及对课堂社会环境和情景的营建,成为获得数学学习成效的重要途径。

第九节　近几年备受关注的几种心理学理论及其对数学学习的影响

诚如学生对知识的学习是一种主体的建构一样,人们对学习心理发展规律的认识也是一种主体的建构,这就必然形成对学习心理发展的多元化认识,促使若干学习新理念不断出现。

一、加德纳——多元智能论

加德纳(H. Gardner,1943—　)是美国哈佛大学教育研究发展心理学教授,在人类认知才能的发展方面已进行多年研究。他在1983年出版的《心智架构》(*Frame of Mind*)一书中发表"多元智能论",强调他对人类认知的跨文化观点。因为这些智慧就像是所有人的共通语言,而且

图2-10　加德纳

有一部分是受到每个人所处文化的影响,它们是人类用来学习、解决问题及创造的工具,是每个人都会使用的工具。

(一) 多元智能基本理论

1. 多元智能理论的基础

加德纳打破了一般传统智慧理论所信奉的两个基本假设,即:(1)人类的认知是一元化的;(2)只要用单一、可量化的智力就可适切地描述每个人。

他认为,人的智能应该是多元的,而我们每个人在各种智能上所拥有的量参差不齐,组合和运用它们的方式各有特色,所以,每个人都有其长处所在。相对于许多只能测量人类能力狭小范围的标准化智力测验,加德纳的理论对人何以为人,提供了一个更开阔的诠释,而且让我们深信"天生我才必有用""行行出状元"不再只是一种理想。

2. 多元智能的基本理论

该理论认为,每个人都或多或少具有多种智能,每个人都有自己的优势智能所在。它试图通过扩大学习的内容领域与知识的表征方式促进以往被忽视的智能的开发,充分发挥每个人的潜能。

这九种智能是:语言智能,逻辑－数学智能,视觉－空间智能,身体－运动智能,音乐－节奏智能,人际关系智能,自我认识智能,自我观察智能,存在智能。

九种智能的特点在于:一方面,每个人与生俱来都在某种程度上拥有九种智能,各种智能在相当程度上是彼此独立存在的。另一方面,每个人都是具有多种智能组合的个体,解决问题时需要多种智能组合起来。

(二) 多元智能理论近年来的发展

随着研究的深入,多元智能理论得到不断完善与发展,原来的九种智能被修正为十种智能:

1. 语言智能

这种智能的基本成分在于:对词语顺序和意思的理解,使人信服某人的行为过程,解释,教学和学习,幽默,识记和回忆,元语言分析。也就是指听、说、读、写的能力。这种智能在诗人、小说家、公开演讲者、雄辩家等人身上有着比较突出的表现。

为了训练这种智能,采用如下课程内容往往是有效的:阅读,词汇量,正式发言,写日记,创造性写作,作诗,辩论,即席演讲,幽默和开玩笑,讲故事等。

2. 逻辑－数学智能

这种智能的主要成分在于:抽象的模式识别、归纳推理、关系辨别,主要是指运算和推理的能力,表现为对事物间各种关系如类比、对比、因果和逻辑等关系的敏感以及通过数理运算和逻辑推理等进行思维的能力。这种智能在科学家、数学家、逻辑学家、统计学家、侦探、律师等人身上有比较突出的表现。

为了训练这种智能,采用如下课程内容往往是有效的:对符号和公式进行抽象处理,编写大纲,图形组织,数量顺序,计算,译解代码,表达关系,演绎推理,问题解决,游戏模仿等。

3. 音乐—节奏智能

这种智能的基本成分在于:对音乐结构的理解,音乐听觉模式辨认,对声音的敏感性,音调和节奏的创造,对音调质量的敏感性。主要指感受、辨别、记忆、改变和表达音乐的能力,表现为个人对音乐包括节奏、音调、音色和旋律的敏感以及通过作曲、演奏和歌唱等表达音乐的能力。这种智能在作曲家、指挥家、歌唱家、演奏家、乐器制造者和乐器调音师等人身上都有比较突出的表现。

为了训练这种智能,采用如下课程内容往往是有效的:节奏练习,发音练习,作曲,创作,打击乐器,低音练习,环境声音的辨别,乐器声音的辨别,唱歌,音调模仿练习,音乐表演等。

4. 身体—运动智能

这种智能的基本成分在于:自主运动的控制,预设运动的控制,身体运动的知觉和表达,运动模仿能力,对体能状态的改良。这种智力主要是指运用四肢和躯干的能力,表现为能够较好地控制自己的身体、对事件能够做出恰当的身体反应以及善于利用身体语言来表达自己的思想和情感的能力。这种智力在运动员、舞蹈家、外科医生、赛车手、杂技艺人和发明家等人身上有比较突出的表现。

为了训练这种智能,采用如下课程内容往往是有效的:民间舞蹈和自编舞蹈训练,角色扮演,身体姿势训练,戏剧演出,武术,身体语言,身体锻炼,模仿,发明创造,运动和游戏等。

5. 视觉—空间智能

这种智能的基本成分在于:不同角度的感知,空间关系再认,绘画表征,图形操作,身体的空间定位,心理表象的形成,积极想象。主要是指感受、辨别、记忆、改变物体的空间关系并借此表达思想和情感的能力,表现为对线条、形状、结构、色彩和空间关系的敏感以及通过平面图形和立体造型将它们表现出来的能力。这种智力在水手、飞行员、画家、雕刻家、建筑师、航海家等人的身上有比较突出的表现。

为了训练这种智能,采用如下课程内容往往是有效的:肖像指导,想象训练,配色训练,构图和设计,着色练习,素描练习,心理地图,异想天开,雕刻练习,摄影欣赏等。

6. 人际智能

这种智能的主要成分在于:对他人观点的感知,群体合作,对他人特征的区别,非言语沟通。主要指与人相处和交往的能力,表现为觉察、体验他人情绪、情感和意图并据此作出适宜反应的能力。这种智能在教师、社会工作者、演员、政治家、推销员、售货员、公关人员、谈话节目主持人、管理者和政治家等人身上有比较突出的表现。

为了训练这种智能,采用如下课程内容往往是有效的:反馈发出训练,直觉他人感情,合作学习,人际沟通,移情训练,劳动分工,合作技能练习,反馈接受训练,他人动机觉察训练,小组计划练习等。

7. 内省智能

这种智能的主要成分在于:专注,留心,元认知,不同感受的识别和表达式,自我意识,思维和推理的顺序性。主要是指认识、洞察和反省自身的智能,表现为能够正确地意识和评价自身的情绪、动机、欲望、个性、意志,并在正确的自我意识和自我评价的基础上形成自尊、自律和自制的智能。这种智能在哲学家、小说家、律师、心理学家、禅师等人身上有比较突出的表现。

为了训练这种智能,采用如下课程内容往往是有效的:沉思方法,元认知技术,思维策略,自知之明训练,留心练习,心理聚焦技巧训练,高层次的顺序推理,复杂的自我表象,自我中心训练等。

8. 情感智能

这种智能的主要成分在于:识别(自己、他人)情绪,表达情绪,对情绪强度的评估,控制(管理)自己的情绪,理解他人的情绪,延迟满足,减轻压力。这在宗教领袖、群众领袖等人身上有着突出的表现。

为了训练这种智能,采用如下课程内容往往是有效的:检查有无自我压抑的消极想法,寻找情绪产生的原因,找出减少恐惧、焦虑及悲伤的方法,学习减轻压力的方法(如运动、想象放松等),表达自己的感受,学习建立亲密的人际关系,培养自豪感及培养自我解嘲的能力,学习合理地争论等。

9. 意志智能

这种智能的基本成分在于:决心、信心、恒心;对顽强、主动、勇敢、果断、独立、坚定等品质及其作用的认识。这种智能在运动员、政治领袖、军事家、信仰追求者等人身上往往有着突出的体现。

为了训练这种智能,采用如下课程内容往往是有效的:体育运动(长跑、游泳、摔跤、爬山等),做单调的工作,挫折(耐挫力)训练,多诱因训练,责任训练等。

10. 道德智能

这种智能的成分包含:公平、正义、平等、诚实;对弱者(老幼、小动物)的同情、对社会道德规范的认同,对游戏规则的遵守,对错误的忏悔,对伤害的抱歉。其代表人物包括教师、社会工作者、宗教领袖、信仰追求者等。

为了训练这种智能,采用如下课程内容往往是有效的:遵守游戏规则训练,热爱生命观(对花草树木的珍惜)的训练,感恩训练,致歉训练等。

(三)多元智能理论的主要作用

多元智能理论提倡的有关人类智能的观点,从根本上打破了以往以科学、理性为中心的智能观,对于形成不同于传统教育的学生观、教师观、教学观和评价观具有极大的促进作用。正是多元智能理论所蕴含的学生观、教师观、教学观、评价观,使得多元智能理论的作用集中体现在重构学习过程、重构教学实践、重构课程设计、重构评估等四个方面。

1. 重构学习过程

多元智能理论下的学习过程,让我们树立这样一种信念:每位学生都具有在某一方面或几方面的发展潜力,只要为他们提供合适的教育,每位学生都可能成才。教育工作者应该做到的,就是为具有不同智力潜能的学生提供适合他们发展的不同的教育,把他们培养成为具有自身特点的人才。也就是说,在教育的过程中,应该平等地看待每位学生的智能发展,同时也要关注他们的智能差异,给每位学生创造发展的机会。承认每位学生的智能发展特点,是多元智能理论对待学生的基本理念。

2. 重构教学实践

多元智能理论认为,教师对于帮助学生智能的发展应该起到主要作用。而教师要完成这个任务,必须进行以下几个转变:(1)教师应由学生的控制者转变成为学生的观察者,教师要在日常学习生活中,观察每位学生的智力特点以及行为特点;(2)教师应该从学生的监护者转变为学生的协助者,帮助、鼓励每位学生表现自己的智能倾向,以便于教师了解他们的兴趣爱好、学习强项等;(3)教师应该从知识的传授者转变成为学习情景的提供者,并具有根据每位学生的智能发展特点而为其提供有利于其发展的学习环境的能力。

3. 重构课程设计

多元智能理论所倡导的是一种典型的因材施教观。其一是对不同智能特点的因材施教,其二是对不同学生的因材施教。这就需要重新构建课程设计的理念,把握影响人智能发展的三种因素,即先天资质、个人成长经历和个人生存的智能背景,构建适合每位学生发展的课程体系。

4. 重构评估

按照多元智能理论开展评估活动,首先要先对学生的智能发展背景进行鉴别,而后在此基础上再开展评价。

(1)在多元智能平等原则的指导下,加强对音乐、美术、劳动技能、品德、自然等学科的评价,促进学生多种智能的发展。

（2）多元智能理论指导下的评价主张多样化评价方式，同时，评价要遵循适度适时原则，体现对每位学生的尊重和有针对性的评价。

总之，多元智能理论为教育提供了更加广阔的智能领域，为学生的个性发展提供了理论指导。同时，多元智能理论将活动作为促进智能发展的主要方法，这为学生智能的多维度发展提供了可能。

（四）多元智能理论存在的不足

作为一种理论，多元智能理论并不是建立在科学实验基础之上，而是根据一定的个案和假说开展的阐述，虽然其合理性已经得到很好的验证，但是，其弊端也的确存在。

首先，存在逻辑错误，即定义智能和能力概念时二者交叉，同时相互作为定义的初始概念。

其次，对于多元智能的分类也有交叉，而不是不重不漏。

最后，现实中有被滥用的嫌疑，出现了诸多"搞花架子"的现象。

此外，还将会学与学会对立，将研究性学习的优势绝对化，误把动作技能当作智能，等等。

（五）多元智能理论对数学学习的影响

按照多元智能理论，数学评价应该提供数学领域的问题。分数不代表一切，这种评价过程应该向家长、教师，甚至向学生提供信息。学生能够结合自己智能的强项加强他们自己智能的弱项，以便将来更好地满足职业和事业的需要。

多元智能理论对我国基础教育数学课程改革有五条极为有益的启示。第一，中小学数学教育教学改革应该以培养多元智能为重要目标，相信每位学生都能学好数学。第二，中小学数学教育教学改革应该以培养创新精神和实践能力为重点，关注学生对数学活动的经验和体验，而不是仅仅关注基础知识、基本技能的习得。第三，中小学数学教育教学改革应该树立人人都能成功的学生观。第四，中小学数学教育教学应该树立因材施教的教学观。第五，中小学数学教育教学评价应该树立多元多维的评价观。

二、成功智力说

斯腾伯格是美国心理学家，他最大的贡献是提出了人类智力的三元理论。此外，他还致力于人类的创造性、思维方式和学习方式等领域的研究，提出了大量富有创造性的概念与理论。1996年，斯腾伯格在其《成功智力》一书中集中阐述了成功智力理论的内容，赋予智力以新的含义，将成功引入智力研究范围，试图从智力活动的产品在现实生活中成功与否的角度评价智力。

对于成功，斯腾伯格并未给出一个明确的定义，但如下观点贯穿全书：成功就意味着个体在现实生活中达到自己的目标。这里的"目标"是个体通过努力能够最终达到的人生理想,而不是遥遥无期的空中楼阁;"成功"也不是伟人巨匠的专属,它同样属于那些充分发挥自身潜能和智慧在现实生活中找准自己位置的平凡人。因此,成功智力能导致个体以目标为导向并采取相应的行动,是对现实生活真正起到举足轻重作用的智力。也可以说,脱离现实活动的成功来空谈智力则类似于纸上谈兵。

成功智力包括三个方面的智力,即分析性智力、创造性智力与实践智力。其中,分析性智力是解决问题、制定决策和评判思维成果质量的一种智力。创造性智力是能超越既定内容,产生新异有趣思想的一种能力。实践智力是将理论转化为实践,将抽象思想转化为实际成果的一种能力。以上三个方面智力的协调与平衡,是增强人的创造力和促使人在生活中成功的保证。成功智力理论以新的框架构建出更直观、更易理解的智力结构,并正确处理了智力整体与部分之间的关系。

另外,斯腾伯格将创造力纳入智力范畴虽可能因此而引发诸多争议,却无疑丰富了原有智力概念的内涵。同时,斯腾伯格还相当重视实践智力,将解决实际问题的能力归为智力,在一定程度上改变了人们对学习能力的理解,因为学习能力不只表现在学习明确的书本知识和接受他人经验的过程中,还包括在实际生活中主动学习、领悟、体验不明确知识的能力。

斯腾伯格的成功智力理论可以给教育实践一些启示,在他看来,每个正常的人都有发展的潜力,成功智力尤其具有发展变化的可能,因而,必须发展学生的成功智力,重视个性化教育,重视培养批判思维和问题解决能力的培养,从分析性智力、创造性智力和实践智力等角度全面评价学生,而不能把智育评价仅仅局限在其中某一个方面。

凡此种种,为我们从更新的角度、更深的层次、更广的维度认识数学学习与身心发展关系提供了更富时代内涵的理论依据,值得深入学习探讨。

三、班杜拉的社会学习理论

社会学习理论是从古典学习理论发展而来的,用以解释人的社会行为。

由于巴甫洛夫等新老行为主义的学习理论主要是以动物实验为依据的,将其应用到人类毕竟有一定差距,于是出现社会学习理论。提出全面的社会学习理论首推罗特(J. B. Rotter,1916—2014),他的社会学习理论形成于20世纪40年代末至50年代初,其代表作有《社会学习与临床心理学》和《人格社会学习理论的应用》。

班杜拉(A. Bandera,1925—　)出生于加拿大艾伯特省的蒙达,于20世纪60—70年代补充和发展了罗特的社会学习理论。这个理论解释了人们在社会情境中获得各种复杂社会行为的方式,而这正是罗特的理论所缺乏的。班杜拉的代表作是 1963 年出版的《社会学习和人格发展》和 1977 年出版的《社会学习理论》。班杜拉成为当代社会学习理论的代表。

(一) 关于社会学习理论

班杜拉的社会学习理论主要试图阐明人类怎样在社会环境中学习,从而形成和发展个性特点的。这里的社会环境主要指由人提供的功能性刺激。

1. 关于行为的习得过程

班杜拉认为,人的行为,特别是人的复杂行为,主要是后天习得的。行为习得有两种不同的过程:一种是通过直接经验获得行为反应模式的过程,这种行为习得过程是"通过反应的结果所进行的学习",即我们所说的直接经验的学习;另一种是通过观察示范者的行为而习得行为的过程,班杜拉称之为"通过示范所进行的学习",即我们所说的间接经验的学习。

2. 关于交互决定论

班杜拉提倡心理学的中心任务是要研究人类行为的起因。这种观点突破了单向决定论把行为看成是一种独立的变量而忽视了真正的相互作用的动力学的观点,提出了交互决定论。即认为"行为、个体和环境是作为相互交错的决定因素而起作用的,而且这些决定因素相互影响、相互制约,相互交错的决定因素所起的作用会因不同的人、不同的活动和不同的环境而有所不同"[①]。

3. 关于观察学习

班杜拉的社会学习理论强调观察学习。

所谓观察学习,指观察者只是观察榜样的行为而不作出直接的反应就能够模仿学习。

在模仿学习中,观察者以整体知觉的方式观察到示范者在一定情景中对某一刺激物做出的反应,这个过程今后以表象的方式在观察者意识中再现,同时他利用语言符号系统对其进行思维表征,大大强化了他对该情景中特殊刺激物与示范者反应之间联系的认识以及对示范者反应细节的掌握。这样,观察者若在类似的场景中遇到类似的刺激,即使示范者不在场,他也能独立完成从示范者那里习得的反应。

班杜拉认为,观察学习是非常普遍的一种学习现象;模仿学习不具有决定作用,只是对习得的行为反应再现起强化作用。班杜拉特别强调人通过语言符号作用发现和掌握刺激与特殊反应之间的连接,并在以后的适当场合再现这些连接,而反应与强化之间的连接不是模仿学习的关键所在。

按照班杜拉的观点,人通过模仿进行社会学习可以获得示范效果、抑制与去抑

---

① 施良方.学习论[M].北京:人民教育出版社,1994:5.

制效果,以及易化反应效果。

这里的"示范效果"指观察者通过观察示范者的某种新奇行为活动从而掌握新的行为模式。这种学习不仅使观察者学会行为反应本身,而且掌握做出这种行为的适当场合。人具有使用语言符号的能力,对行为模式掌握的过程是在内部完成的,无须"尝试错误"。

而"抑制与去抑制效果"中的"抑制",是指观察者发现示范者的某种行为反应获得负的强化结果,观察者自己以后也会减少这种行为反应;"去抑制"则反过来,即观察者发现示范者做出某种被社会道德规范禁止的行为时,没有得到应有的惩罚,却得到酬赏,他今后做这种负性行为的可能性会增加。班杜拉用"替代性强化"这个概念说明这一过程:虽然观察者没有亲自接到酬赏或惩罚,但示范者的结果被他(她)替代性地体验到了,原情景中对示范者起作用的特殊刺激对观察者而言获得了经典条件的强化效果。以后,当他自己做出与此替代性强化结果有关的行为时,不必经过"尝试错误"阶段。

而"易化反应效果"是指示范者的反应成为观察者的辨别性刺激,它使观察者类似的本已掌握的行为更容易发生。

班杜拉的社会学习理论侧重于个体认识活动的作用,这种认识活动通过表象和语言编码被贮存下来。这个理论体现了班杜拉的基本倾向。他认为,人具有主动性,有选择和自我调整的能力;而且,他比较面向现实,将理论与现实问题的解决相结合。班杜拉等人围绕这一理论做了大量的实验研究并获得相当丰富的结果,这些结果不仅被用来证明理论,也被用于说明和指导当代人的社会生活,如人的侵犯行为,顺从现象,电视宣传的效果,等等。

(二) 自我调节与自我效能

1. 关于自我调节

班杜拉认为,自我调节是个人的内在强化过程,是个体通过将自己对行为的计划和预期与行为的现实成果加以对比和评价,来调节自己行为的过程。人能依照自我确立的内部标准来调节自己的行为。自我调节由自我观察、自我判断和自我反应三个过程组成,经过上述三个过程,个体完成内在因素对行为的调节。

2. 关于自我效能

自我效能是班杜拉最早于1977年提出的一个概念。经过20年的理论探索和实证研究,他在1997年出版了《自我效能——控制的实施》[①]一书,对自我效能问题进行了全面系统的论述。

自我效能(self-efficacy)是班杜拉创建的社会学习理论中的一个重要概念,指

---

① 班杜拉.自我效能:控制的实施[M].缪小春,等,译.上海:华东师范大学出版社,2003:52.

的是个体对自己具有组织和执行达到特定成就的能力的信念。他认为，个体与环境，自我与社会之间的关系是交互的，人既是社会环境的产物，又是影响他人的社会环境中的一个因素。自我效能感就是人对自己作为动因的能力信念，它控制着人们自身的思想和行动，并通过它控制着人们所处的环境条件。因而，自我效能是自我系统中起核心作用的动力因素。

（三）班杜拉的社会学习理论对数学学习的影响

班杜拉对观察学习进行了大量的实验研究，揭示了观察学习的规律。他的社会学习理论以交互决定论为基础，以观察学习为主要内容。这种理论对数学学习有重要启示：

1. 一般启示——重视榜样的作用，强调观察学习在人的行为获得中的作用，强调自我调节的作用，主张建立自信心

社会学习（核心是观察学习）理论的提出，是班杜拉对学习理论的创造性贡献。

一方面，班杜拉的社会学习理论强调自我调节的作用，提出榜样具有替代性强化的作用，使人们对榜样在儿童教育中的重要性有了更进一步的认识。

另一方面，班杜拉强调观察学习在人的行为获得中的作用，这种理论对我们有效地传授知识、培养技能、积累经验、获得思想观念，也有启发作用。

社会学习理论突破了传统行为主义学习理论的框架，把强化理论和信息加工观点有机地结合起来，既强调了行为的操作过程，又重视行为获得过程中的内部活动，是对行为主义学习理论的重要发展，使解释人类行为的理论参照点又发生了一次重要的变革。

2. 对数学学习的启示

有研究[①]表明，班杜拉的社会学习理论对数学学习具有一定启示。

首先，"数学教学中存在交互决定"。事实上，在班杜拉看来，个人的认知、行为与环境因素，三者及其交互作用对人类的行为产生影响。而数学学习也是如此。

其次，"数学教学中应重视榜样的作用"。这在以往的数学学习理论中多有阐述。

最后，"要重视数学教学中的强化，培养学生的自我调节能力"。在数学教学中，可以将班杜拉的观察学习的基本要素理解为，数学教师的教学行为、来自各方面的强化，以及学生的自我调节过程，这就要求数学教师提供示范，通过各种强化培养学生的自我调节能力。

思 考 题

1. 20 世纪数学学习心理学的发展历程有哪些显著特点？

---

① 康世刚，冯国平，杨明，何万生，侯维民，杨钟玄. 班杜拉的社会学习理论与数学教学[J]. 河西学院学报，2005, 21(05): 108—110.

2．运用条件反射理论，分析、解释数学学习中的哪些活动比较合理、有效？试举一例加以说明。

3．与皮亚杰的理论相比，布鲁纳的认知理论有哪些突出特点？

4．奥苏贝尔认知－接受理论在哪些方面与布鲁纳的理论产生重大分歧？你是如何看待二者的理论差异的？

5．社会建构主义的核心观点是怎样的？简述建构主义的学习观。

6．简要评述多元智能理论的利弊。

拓展性问题

★ 在学生的数学学习中，概念的建构方式与定理的建构方式有哪些显著的差异？

★ 在数学问题解决的学习中，恰当的问题情境对于学生的自我建构有什么影响？

第三章 数学学习的一般认知过程

第一节 数学认知结构

一、数学认知结构的概念

学生学习数学的过程实际上是一个数学认知的过程,在这个过程中,学生在教师的指导下把课程教材知识结构转化成自己的数学认知结构。

所谓数学认知结构,就是学生将头脑里的数学知识按照自己的理解深度、广度,结合着自己的感觉、知觉、记忆、思维、联想等认知特点,在学生头脑中形成的一个具有内部规律的整体结构。

简单地讲,数学认知结构就是数学知识结构与学生心理结构相互作用的产物,其内容包括数学知识(技能)、相关的数学活动经验、数学思想观念以及这些数学知识(技能)、经验、思想观念在头脑里的组织方式与特征。

如有关有理数的意义及四则运算的认知结构,一方面要反映有理数的概念和性质、有理数四则运算的意义及运算法则等知识内容,另一方面更要体现学生在头脑里对这些知识内容的接收、编码、储存、提取等一系列活动的组织方式。

建构主义认为,数学新知(即新的知识、技能、经验、思想、观念等的统称)的学习就是典型的建构学习的过程;数学学习的实质在于主体通过对客体的思维构造,在心理上建构客体的意义。"建构"同时是建立和构造关于新知的认识结构的过程。这里的"建立",一般是指从无到有的兴建;而"构造"则是指对已有的材料、结构、框架加以调整、整合或者重组。主体对新知的学习,同时包括建立和构造两个方面,既要建立对新知的理解,将新知与已有的适当内容建立联系,又要将新知与原有的认知结构相互结合,通过纳入、重组和改造,构成新的认知结构。

学生的数学认知结构是在后天的学习活动中逐步形成和发展起来的,由于不同主体对新知内容的理解和组织方式不同,所以,数学认知结构是有个体差异的。

数学学习是一个复杂的心理过程,它包括了认知过程和个性心理特征在内的心理活动。在这一特殊的心理过程中,表现出两类心理因素:一类是与认知过程直接有关的智力因素,另一类是与认知过程的启动、维持、调节有关的非智力因素。

智力因素直接起着加工与处理信息的作用,而非智力因素能起到推动信息的加工和处理,加快新知和原有数学认知结构相互关联的特殊作用。因此,在一个完整的认知结构里,应该有智力因素和非智力因素,不兼顾这两者的关系,就不能深入探索认知结构的整体性,也谈不上建立和完善学生的认知结构。

二、数学认知结构与数学知识结构

数学认知结构和数学知识结构是两个不同的概念,它们之间既有密切的内在联系,又有严格的区别。

两者的联系主要表现为,学生的数学认知结构是由数学科学中的数学知识结构经过内化而形成的,知识结构是认知结构赖以形成的物质基础和客观依据。

两者的区别主要表现在以下几个方面:

1. *主观改造的产物与科学真理的客观反映*

数学知识结构是由数学概念和命题以及概念、命题所蕴含的思想、观念等所构成数学知识体系,它以最简约、最概括的方式反映了人类对数量关系和空间形式的认识成果,是科学真理的客观反映。

而数学认知结构则是经过学生主观改造的数学知识结构,它是数学知识结构与学生心理结构高度融合的产物,其内容既反映了数学知识的客观性,又体现了认知主体的主观性。

2. *具有个性特征的表达方式与严谨系统的规范表达方式*

数学知识结构和数学认知结构都是表达信息的,但两者在信息表达的方式上却有着明显的区别。

数学科学中的数学知识结构是用文字和符号详尽表达有关数量关系和空间形式认识成果的有关信息。它表现为一个逻辑严密、结构相对完善的数学知识体系,并在其载体——数学书中都有明确而具体的表述。而学生头脑里的数学认知结构则主要是以语义的方式概括地、简约地表达信息,并且通常以直觉的方式将信息储存在头脑里。这种表达方式表明,认知结构已经将知识表征和个人智力活动方式融为一体。

3. *个性化的朦胧结构与数学的科学结构*

数学知识具有高度的抽象性和严密的逻辑性。作为中小学课程内容的数学,虽然经过了教材编写者的教学法处理,但其内容前后连贯有序,整个结构相对完善,仍在一定程度上具有数学科学的结构特征。

而学生头脑里的数学认知结构,内容之间并无严格的逻辑顺序,它既不是一种条理清楚的线性结构,也不是一种排列有序的网状结构。数学知识结构一旦被学生内化为认知结构以后,其内容之间的逻辑顺序和层次性往往就被淡化了,不同内容之间表现出一种相互融合的态势,其内部结构也不像数学教材的知识结构那样清晰可辨。

4. 不完备而需完善的结构与相对系统完备的结构

数学知识结构在内容上都是相对系统的、完备的、无缺口的,结构本身就涵盖了它的全部组成内容。

如"有理数的意义和运算"这一知识结构,其内容就包括有理数的意义和有理数的加、减、乘、除、乘方及简单的混合运算,等等。这些内容构成了一个相对完整的、无缺口的单元知识结构。

而数学认知结构,由于学习者本身在接收、理解上的偏差(甚至是失误)和学习后的遗忘等原因,在内容上常常是有缺口的、不完备的。

如"有理数的意义和运算"知识结构转化成学生的数学认知结构以后,学生并不一定对每一内容都非常清晰,某些内容可能是模糊的,甚至是被完全遗忘了的。

因而,对学习主体来说,它可能是一个内容不完备的数学知识结构。

由此表明,学生的数学认知结构的形成尽管与数学知识结构关系十分密切,但是,由于受学生原有知识背景、智能水平、教师教学、课程教材编排、教学内容的呈现方式等诸多因素的影响,在其内容上经常有可能出现某些缺口。

5. 似真的内容特征与数学科学真理

数学知识结构中的内容都是经过严格逻辑论证和实践检验的,它是能正确反映客观世界数量关系和空间形式普遍规律的科学真理,通常不存在什么错误。

而数学认知结构中的内容,由于是数学知识结构与学生心理结构相结合的产物,是经过学生主观改造过的数学知识结构。所以,它并不一定都是科学的,其内容可能是正确的,也可能是错误的,更可能是部分正确、部分错误的。

很明显,学生头脑里掌握的数学知识,其内容的科学性是有待检验的。我们不能把学生数学认知结构内容的科学准确的程度简单地与数学知识结构内容的科学准确的程度等同起来,从而掩盖学生在学习过程中可能产生的某些认识错误。

三、数学认知结构的主要变量

所谓认知结构变量,是指学习者在某一特定内容领域内的现有知识的实质特征和组织特征。数学认知结构变量就是指学生头脑里的数学知识在内容和组织方面的特征。

奥苏贝尔有句名言,"影响学习的唯一因素是学习者已经知道了什么",并且指出,要"根据学生原有认知结构进行教学"。学生已有的知识是其进一步学习的基础,奥苏贝尔提出,原有认知结构对新知学习发生重要影响的变量主要有三个,即"可利用性""可辨别性""稳定性"。

(1) 原有认知结构中对新的学习起固定作用的观念的可利用性。

这是对数学学习影响特别大的一个认知结构变量。在新的数学知识学习中,学生原有认知结构中是否有用来同化新知识的适当观念,是决定数学学习活动能不能顺利进行的关键因素。这是因为学生构建新的数学认知结构总是以他们原有认知结构中的有关内容为基础,如果他们原有认知结构里缺乏适当的观念作为新的学习的固定点,新内容输入头脑之后就不会有相应的旧知识与之发生相互作用,没有新旧内容的相互作用就不可能有原有数学认知结构的扩充和新的数学认知结构的建立。

例如,在学习分式加减法的有关内容时,学生原有认知结构里如果没有分式的基本性质、通分和加减法计算法则等观念起固定作用,就根本不可能形成有关分式加减法的认知结构。

(2) 新知识同原有认知结构中起固定作用的观念之间的可辨别性。即,原有知识和新知识的异同点是否可以清晰地辨别。

国外有关研究认为,在教学中强调概念之间的共同点和不同点是奥苏贝尔理论的一个重要观点。在学习中,如果学生原有认知结构中的有关内容(特别是那些在新的学习中起固定作用的内容)是按照一定的结构严密地组织起来的,面对新的学习任务,他们不仅能迅速地在认知结构中找到学习新知的固定点,同时还能清楚地辨别出新旧知识之间的联系和区别,由此顺利实现教材知识结构向学生数学认知结构的转化。反之,如果学生不能清晰地辨认新旧知识之间的联系和区别,那么,在学习中,学生就难以建立起以新的数学知识为内容的数学认知结构。

如学习不等式概念时,如果学生不能清楚地辨认不等式与等式的区别,他们就不能正确理解不等式的意义,也就不能建立起不等式的数学认知结构。但是,如果能够认识到 $a>b \Leftrightarrow$ 存在 $c \in \mathbf{R}^+$ 使 $a=b+c$,那么,学生则能够真正理解不等式与等式的辩证统一。由此表明,新旧知识内容之间的可辨别性也是影响学生数学认知结构形成的一个重要变量。

(3) 原有认知结构中起固定作用的观念的稳定性和清晰性,即已有知识的掌握程度,尤其是原有知识结构中"固定观念"的掌握程度。在数学学习中,如果学生原有认知结构中的有关观念(主要是指那些与新知识有密切联系的旧知识)不稳定甚至模糊不清,那么这种认知结构就不仅不能为新的学习提供适当的关系和强有力的固定作用,而且还会影响新旧知识之间的可辨别性,进而影响新知识同原有认知结构之间的相互作用和数学认知结构的建立。

比如,学习分数的基本性质时,如果学生对原来已学过的分数与除法的关系和除法中商不变性质等旧知识的认识是模糊不清的,那么他们就不能真正理解"分数的分子和分母同时乘以或者除以相同的数(零除外),分数的大小不变"的普遍规律。很明显,只有学生原有认知结构中的相关内容既稳定又清晰,他们才能顺利实现原有数学认知结构的扩充和新的数学认知结构的建立。

认知结构的三个变量对新知的学习和巩固起着重要作用。由于它的重要性,奥苏贝尔强调如何操纵认知结构变量,更好地促进新知的学习,从而形成良好的认知结构,这是数学教学的首要目标。

四、数学认知结构的基本特点

把握数学认知结构的基本特点,对于促进学生的数学学习具有十分重要的作用。

一般的,数学认知结构具有如下七个基本特点。

1. 数学认知结构是数学知识结构与学生心理结构相互作用的产物

学生的数学认知结构是由数学知识结构转化而来的,它保留了数学知识结构的抽象性和逻辑性等特点,又融进了学生感知、理解、记忆、思维和想象等心理特点,它是科学的数学知识结构与学生心理结构相互作用的结果。

在其发展过程中,两者表现出互相影响、互相促进、辩证统一的发展态势:一方面,数学知识结构直接影响着学生心理结构的发展,不仅规定着数学认知结构的内容和发展方向,同时还制约着学生感知、理解等心理活动的过程和方式;另一方面,学生的心理结构又不断改造着数学知识结构,使数学知识结构变成与他们心理发展水平和认知特点相适应的数学认知结构。

正是由于学生心理结构对数学知识结构的主观改造,导致了学生数学认知结构的个体差异。

2. 数学认知结构是学生已有数学知识、经验在头脑里的组织形式

从学生构建数学认知结构的过程和方式来看,他们都是以原有知识为基础对新的数学知识进行加工改造或者适当调整自己的数学认知结构,然后按照一定的方式将所要学习的新知内化到头脑里,使新旧内容融为一体,形成相应的数学认知结构,并通过这种形式把所学数学新知储存下来。

由此表明,就其形态而言,数学认知结构又是学生已经获得的数学知识和数学经验在头脑里的组织形式,这种组织形式反映了数学新知内化到学生头脑里以后的结构状态。

有关研究表明,数学认知结构在学生头脑里呈板块结构。具体来讲,源源不断的新知内化到头脑里以后,在新旧内容相互作用的基础上,学生将所掌握的数学知识形成若干系统,由此在头脑里组成相应的数学知识板块,板块的大小和多少直接受所学数学新知内容的多少的制约和影响。呈板块结构状态的数学新知,既便于储存,又便于提取。

3. 数学认知结构是一个不断发展变化的动态结构

由于学生的数学认知结构是在后天的学习活动中逐步形成和发展起来的,所以,它又是一个不断发展变化的动态结构,其动态性主要表现在以下三个方面。

(1) 数学认知结构的建立要经历一个逐步巩固发展的过程。对某一具体数学知识的学习来说,学习初期,学生在教师的帮助下通过原有认知结构和新知识的相互作用,只能在头脑里形成相应数学认知结构的雏形,其结构极不稳定,需要紧跟其后的有效练习和在后继内容学习中的进一步应用,所形成的数学认知结构才能逐步巩固和稳定。

(2) 学生头脑里的数学认知结构经过不断分化逐步趋于精确。学习初期学生头脑里形成的数学认知结构是笼统的,甚至是模糊的,随着认知活动的不断深入,他们头脑里的数学知识经过不断分化才能形成比较精确的数学认知结构。

例如,学习三角形,学生首先获得的是"由三条线段围成的封闭图形""三角形有三条边、三个角"的笼统认识。随着学习的不断深入,学生会逐步发现:就角而言,三角形可以分为锐角三角形、直角三角形、钝角三角形;从边来看,三角形有等腰三角形和不等边三角形。这一过程的完成,标志着学生对三角形有了比较准确的认识。

(3) 学生的数学认知结构是逐步扩充和完善的。随着学习过程的逐步深入和数学知识的不断积累,学生的数学认知结构将会随之不断扩充和完善。

例如,有关数系的认知结构,小学生仅形成了完整的自然数系、分数系的认知结构,在五、六年级分别形成了正负数的初步的认知结构,在初中又进一步形成了有理数系、实数系的认知结构。经过九年的系统学习,学生最终才在头脑里形成了一个相对完善的从自然数系列到实数系的认知结构,每次新的学习对学生原有的认知结构都是一次新的扩充。

4. 数学认知结构是一个多层次的组织系统

数学认知结构是一个相对的概念,它的内容是一个多层次的庞大系统。既可以是大到包括整个中小学数学知识系统在内的数学认知结构,也可以是小到由一个概念、命题或观念、方法组成的数学认知结构。

数学认知结构的层次性主要是由数学知识结构内部的层次性和逻辑系统性决定的,从原则上讲,数学知识有怎样的分类,学生的数学认知结构就有怎样的划分。

例如,分数可以分为真分数和假分数,假分数又可以分为整数和带分数,相应地,学生头脑里的分数认知结构在层次上也可作出相应的划分。

数学认知结构的层次性还体现在认知结构的发展水平上,对学生来讲,既有直观水平上的数学认知结构,也有抽象化水平上的数学认知结构。

5. 每位学生的数学认知结构各有其特点

数学认知结构受多种心理因素的影响,每位学生的认知方式和认知水平往往表现出一定的差异,因而他们的认知结构往往表现出自身的个性特征。例如,有的学生习惯于知识经验的纵向组织,有的则偏重于横向的编排;有的学生善于知识经验的概括和整理,有的则习惯于知识的堆积,从而,学生认知结构的状况往往因人而异,导致了他们在学习上(特别是认知能力上)的差异。

6. 数学认知结构是一个积极的组织,它在数学认知活动中乃至一般的认知活动中发挥重要作用

形成了一定的数学认知结构以后,一旦出现新的数学信息,人们总是立即用相应的数学认知结构对所面临的信息进行加工处理,从而表现出数学认知结构的能动性,这种活动如图3-1所示,而同化和顺应是学生原有数学认知结构和新的学习内容相互作用的两种基本形式。

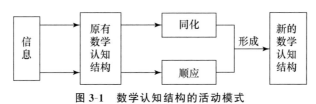

图3-1 数学认知结构的活动模式

7. 数学认知结构是在数学认知活动中形成和发展起来的

数学认知结构是学生数学学习过程中的一个核心的心理成分,是在数学认知活动中形成和发展起来的,随着认知活动的不断进行和学生认知水平的逐步提高,学生的数学认知结构将不断被分化和重组,并逐渐达到精确化和完善化的程度。

五、完善学生数学认知结构的基本策略

在中小学数学学习中,完善学生的数学认知结构,通常可以从如下四个方面着手。

1. 引导学生亲身经历知识的生成过程,充分发挥学生在建构认知结构中的自主性

认知是认知结构发展的主观因素。再完善的知识结构也只有通过学生自己的主动认知,才能转化为其头脑里的认知结构。数学认知的核心的心理成分是思维,数学认知结构的主体成分是学生对数学基础知识、基本技能、基本思想、基本活动经验及数学观念的认知所形成的,有鲜明的个性色彩。在教学过程中,只有引导学生自主参与数学认识活动,才能把学生的思维启动起来,作为客体的知识才能转化为学生自身的知识。学生参与活动的自主性越强,思维越活跃,认知结构的建构速度就越快,质量就越高。

传统的教学方法对新知的形成过程谈得很少,甚至不谈,仅是教师个人思维活动在学生思维中的再现,学生的任务只是顺着教师的思路而被动地思维,其结果是学生只记住了数学结论,却没有学到为什么会产生这个结论和如何得到这个结论的方法。学生在这种被动的学习状态下,是不利于认知结构的建构的。"建构主义"学习观强调,"学习并非是学生对于教师所授予的知识的被动接受,而是一个以其已有的知识和经验为基础的主动建构的过程"。因此,在教学过程中,要促进学生个体的思维活动,给学生营造一个主动发展、自主建构的思维空间,需要引导学生参与新知发生与形成的过程、体现学生获知的思考过程,使学生在积极的思维活动中,自主获得新知识。

2. 在数学活动中充分暴露数学思维的过程

数学认知的核心是数学思维。只有把学生的思维启动起来,作为客体的数学知识才能转化为学生个体的知识。要做到这一点,最根本的一条就是充分暴露数学思维活动的过程。暴露数学思维过程,简单地说,就是重现数学知识的发生和发展过程,把数学知识的教学变成数学活动的教学。教育心理学的有关研究指出,学习过程不仅是学生掌握知识的过程,更是一个主动发现问题、提出数学问题、分析问题、解决问题的过程。知识是思维的产物,但反映到课本中常常是不明显的、隐蔽的。这就需要教师依据认识论的一般规律和数学方法论的基本原理,对有关知识的产生过程进行合乎逻辑的思维模拟,进而根据学生的实际设计出切实可行的教学方案,当学生的思维充分启动起来时,作为客体的知识才能转化成他们的个体知识。如此这样,学生头脑中的数学认知结构既包括了数学的概念、公式、定理,也包括了数学思想、方法、活动经验以及数学观念等。

3. 注重数学思维方式方法

数学思维方式方法是数学能力的核心问题,抓住了这一问题,才能从根本上提高发现问题、提出问题进而分析问题和解决问题的能力。因而,教师在向学生传授知识时,要重视对其进行数学思维方式方法的训练和培养。

关于数学思维方式方法的教学,这些年来,中小学数学教学一直重视不够。

在数学教学中,开展数学思维方式方法的教学,既要关注传统的数学思想方法的教学,更要关注对于数学思维过程、数学基本思想的教学。而对于前者,应向学生渗透以下数学思想方法。

(1) 思维方式类的思想方法,如抽象概括、化归、数学模型、数形结合、归纳猜想等。

(2) 逻辑类的思想方法,如分类、类比、完全归纳、反证法、演绎法等。

(3) 技巧类的方法,如换元法、配方法、待定系数法等。

目前,在数学教学中,只对演绎法及一些具体的技巧类的思想方法有所重视,而对其他方法则重视不够。在今后的数学教学实践过程中,应在保持重视技巧类的数学方法训练的同时,加强对思维方式类和逻辑类的思想方法的教学,这也是培养数学素养的要求之一。

对于后者而言,最重要的数学思想在于那些对数学科学发展起到重大影响的基本思想,诸如抽象、推理和模型。对于数与数量关系的抽象,史宁中的专著[①]的阐述就是非常精辟透彻的。

4. 注重知识的整体性

数学知识是一个充满联系的有机整体,数学是一门结构化的学科。在数学教学中,教师不仅要了解数学内容本身的规定和含义,还要以整体观念为指导,随时把它与其他内容联系起来去理解和掌握,使学生在头脑里形成一个知识网络,这样才有利于学生对所学知识的深化理解、巩固及保持。

例如,在初中生学习四边形、平行四边形、梯形、矩形、菱形、等腰梯形、正方形等知识后,将这些前后分散的知识,重新整理、提炼形成一个知识结构图,如图3-2所示:

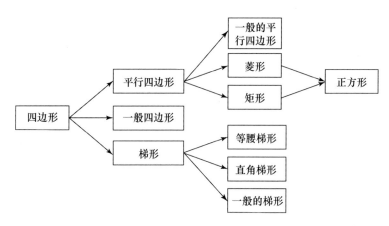

图3-2 四边形知识结构

图3-2反映了数学概念的逻辑系统性,其中,既反映了从整体到部分的概念限定过程,也反映了从简到繁、从部分到整体的概括、抽象过程。

在日常教学中,弄清相关概念之间的种属关系,有利于巩固有关概念的理解,强化知识的系统化。

---

① 史宁中. 数学思想概论(第1辑)——数与数量关系的抽象[M]. 长春:东北师范大学出版社,2008:1—56.

第二节　数学学习过程的一般模式

根据认知学习理论,数学学习的过程是新的学习内容与学生原有的数学认知结构相互作用,形成新的数学认知结构的过程。

依据学生数学认知结构的变化情况,可以将数学学习的一般过程划分为三个阶段,如图 3-3 所示。

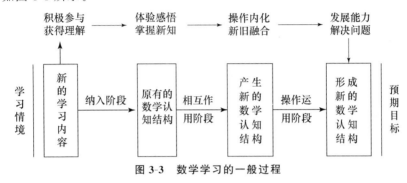

图 3-3　数学学习的一般过程

从图 3-3 可以看出数学学习的过程包括三个阶段:纳入阶段、新旧知识相互作用阶段和操作运用阶段。

如果把数学学习内容分为三个层次:数学知识、数学活动经验和创造性数学活动经验,那么新的数学认知结构就是在完成这三个层次的学习内容的基础上形成的。

(一) 纳入阶段

学习活动起源于新的学习情境。纳入阶段实质上就是给学生提供新的数学信息和新的学习内容,并创设有利于学生观察思考、分析辨别和抽象概括的情境,使新内容更好地纳入学生已有的认知结构之中。在这样的学习情境中,学生原有的数学认知结构与新学习的内容之间发生认知冲突,使他们在心理上产生学习新知识的需要,这是纳入阶段的关键。为了引起学习,在这一阶段中,教师一方面要设法激发学生强烈的学习动机和学习热情;另一方面要通过一定的手段(例如必要的复习)强化与新知有关的内容,使学生做好必要的认知准备。

(二) 相互作用阶段

在学生有了学习的需要和一定的知识准备之后,当新的学习内容被纳入后,数学学习便进入相互作用的阶段。这时学生原有的数学知识结构与新的学习内容之间就发生相互作用。相互作用的基本形式有两种:同化和顺应。

例如,学生掌握了整数的加、减运算以后,再学习整数的乘除运算时,就可以用整数加减的意义来理解整数乘除的意义:乘法是加法的综合,除法是减法的综合。

所谓同化,就是利用自己已有的数学认知结构,对新学习的内容进行加工和改造,并将其纳入原有的数学认知结构中去,从而扩大原有的数学认知结构。

所谓顺应,就是当原有的数学认知结构不能接纳新的学习内容时,必须对原有的数学认知结构进行调整和改造,以适应新的学习内容的需要。

例如,初中一年级学生学习负有理数,就是把负有理数同化到正有理数结构中去的过程。学生在小学已初步认识了 -1、-2 等一些负数,形成了 0 和正有理数的认知结构,因此,当把负有理数的概念输入时,学生就在他们头脑中筛选出可以纳入负有理数的数学认知结构和正有理数认知结构。根据这个结构,对负有理数进行加工改造,建立起负有理数和正有理数之间的联系:在数轴上,负有理数是 0 左边的数,负有理数的性质和正有理数的性质相反,负有理数的加、减运算可用正有理数来定义等。这样,负有理数就被同化到正有理数认知结构中去了,原有的正有理数认知结构被扩充成有理数认知结构;同时,当学生将负数与减法联系在一起,认识到 $a-b=a+(-b)$ 时,"-"作为运算表达关系,与"-"作为数的属性,统一起来,学生才能真正明白,之所以引入负数,解决减法运算的封闭性才是最关键的。这个过程可用图 3-4 来表示。

图 3-4 有理数认知结构的形成过程

再如,初中生学习函数概念的过程就是顺应的过程。初中生刚学习函数时,原有的认知结构不能适应新的认知需要。在此之前,学生原有的认知结构中只有常量数学的有关内容,主要是代数式的恒等变形和方程、不等式的等价变形,以通过运算求得结果为目的,其主要手段是运算。而学习变量的概念,要以变化的观点来考察变量之间的相互依赖关系,研究的着眼点是"关系",其表达的主要手段是列出表格、明确解析式或描绘图像。比如,在学习函数概念之前学习圆的面积公式,是为了利用圆的半径去计算圆的面积;而在学习函数概念时,则要换个角度来考察圆的面积公式,将其看成圆的面积与半径之间相互变化所遵循的规律。显然,学生原有的认知结构不能和新的认知需要相适应,学生必须对原有的认知结构进行调整,以适应新的学习需要,并建立新的数学认知结构。而到高中,"函数是一种对应关系"的新认识将取代初中的"y 是 x 的函数"这种"关系"的观点,产生再一次的顺应过程。我们可以用图 3-5 再现这一过程。

图 3-5 函数概念的形成过程

同化和顺应是在学习过程之中,原有数学认知结构和新学习内容相互作用的两种不同的形式;它们往往同时存在于同一个学习过程之中,只是侧重点不同而已。例如,上面所说的负有理数的学习,原有的正有理数认知结构也有所改变,以顺应新知识的学习;上文所说的乘除运算的学习,对运算方法的意义而言是同化,而从运算的方式上来看则包含顺应;而在函数概念的学习中,也存在着同化过程。

如果说数学学习是数学认知结构的建立、扩大或重新组织的话,那么,同化就是改造新的学习内容使之与原有的认知结构相吻合;顺应则是改造原有的数学认知结构,以适应新学习内容的需要。

新旧知识相互作用阶段的关键——学生头脑中是否有相应的知识与新知识发生作用,因此,教师的作用就是查明学生是否具备相应的知识,为学生创设"最近发展区"。

这一阶段实质上是在第一阶段产生新的数学认知结构雏形的基础上,通过练习、自我感受、体验等活动,使学习的知识得到巩固,已获得的体验得到巩固和强化,初步形成新的数学认知结构的过程。通过这一阶段的学习,学生通过操作,内化使新旧内容相互融合在一起,积累了初步的相关活动经验,使获得的新知与原有的认知结构之间产生较为密切的联系。

(三) 操作运用阶段

这一阶段是运用在相互作用阶段形成的新的数学认知结构去解决问题的过程。这里的操作指智力活动,也就是数学思维活动,操作的主要形式是学生解决数学问题,是学生利用习得的知识,通过解决数学问题,使新的知识完全融入原有的数学认知结构之中,形成完善的认知结构的过程。这一阶段的主要任务就是要使刚刚产生的数学认知结构趋于完善,达到预期的教育目标。通过这一阶段的学习,学生的能力将会得到进一步的发展。

在实际的数学教学中,我们常常会发现这样的现象:教师尽管在课堂上讲得头头是道,但学生对此却充耳不闻。教师在课堂上详细分析过的数学习题,学生在作业或测验中仍然可能是谬误百出。尽管教师强调数学的意义,但学生仍然认为数学是毫无意义的符号游戏。在这里,可以根据建构主义的观点做如下分析:

建构主义认为,学生学习活动的本质是以学生已有的知识和经验为基础的主动的建构过程。学生对数学知识的真正"理解"并不是指学生弄清教师的本意,而是指学生运用已有的知识和经验,对教师所讲的内容重新加以解释、重新建构意义;学生真正获得对知识的内化,是把新的学习内容正确地纳入已有的认知结构,从而使其成为整个结构的有机组成部分。教师的主要作用在于帮助学生从已有的知识、经验中抽象出新的概念,归纳、概括出新的规律。

总之,依据学生数学认知结构的变化,可以将数学学习的一般过程用图3-6

表示：

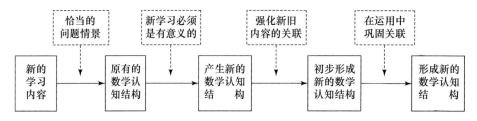

图 3-6　数学认知结构的变化

值得一提的是，在实际的数学教学中，数学学习的一般过程除了输入阶段、相互作用阶段、操作运用阶段三个阶段之外，还常常增加一个新的阶段——输出阶段。这一阶段主要是在操作运用阶段的基础上，通过发现问题、提出数学问题，分析问题并加以创造性解决的过程，使业已形成的数学认知结构臻于完善，新、旧数学认知结构最终融为一体，而学生的能力得到发展，数学思维水平得到明显提高，进而达到数学学习的预期目标。而这个过程正是图 3-6 中的最后一个箭头所体现的内容。

数学学习过程的三个阶段是紧密联系的。任何一个阶段的学习出现纰漏，都会影响数学学习的质量。[①] 无论数学新内容的接受还是纳入，都取决于学生原有的数学认知结构。[②] 因此，学生已有的数学认知结构总是学习新数学内容的基础。有效的数学学习，要求新知识应与原有的数学认知结构处于相互容纳的动态平衡之中。

数学学习的这一过程向我们展示了学生成长的两条途径：从新的学习情境到预期的学习目标，一是学生的数学认知结构由"旧"到"新"，学生的数学认知结构不仅是"量"的变化，更重要的是"质"的飞跃；二是学生以数学知识的学习为载体，形成了数学能力，获得数学上的发展，而这正是我们进行数学教育所追求的目标之一。这就是说，学生在数学学习的过程中随着新的数学认知结构的形成，学生的数学能力、数学思维水平同时也得以提高。

<h2 style="text-align:center">思 考 题</h2>

1. 何谓数学认知结构？数学认知结构与数学知识结构有哪些异同和关联？
2. 数学认知结构有哪些特点？

[①] 李吉宝.数学认知结构的特征与数学学习过程研究[J].数学教育学报，2005，14(3)：80—82.
[②] 刘孝书，梁红亮.论数学认知结构与数学学习[J].教育探索，2004(4)：68—69.

3. 完善学生数学认知结构的基本策略有哪些?
4. 简述数学学习的输入阶段、相互作用阶段、操作运用阶段的关键环节。
5. 在数学学习中,如何将顺应的学习变成同化的学习?

拓展性问题

★ 试用同化、顺应的有关理论,分析当前数学学习中的问题情境创设的必要性及其价值。

第四章　数学学习的特殊认知过程

数学学习不仅具有人类一般学习的特征,而且更具有数学学习的自身规律。数学学习既遵循数学认知结构发展变化的普适规律,也会因具体的数学学习内容的不同而有所差异。具体来说,数学知识的学习、数学技能的学习与数学问题解决方法的学习,彼此之间具有比较明显的差异。这一章,我们主要阐述这些差异。

第一节　数学知识的学习

一、数学知识的分类

(一) 知识的分类

在知识的分类方面,现代认知心理学家普遍的观点是把知识分为两大类型,即陈述性知识和程序性知识。

陈述性知识是用于回答"世界是什么"的知识,是个人有意识地提取线索,因而能直接回忆和陈述的知识。从个体获得知识的心理品质来看,则属于通过感觉、知觉、记忆等心理品质获得的知识。

程序性知识则是用于回答"怎么办"的知识,是个人无意识地提取线索,因而只能借助某种活动形式间接推测出来的知识。从个体获得知识的心理品质来看,则属于通过思维活动获得的知识。

加涅曾把认知领域的学习分为三类:言语信息、智慧技能和认知策略。这一观点与上述分类存在着吻合对应关系。言语信息实际上就是陈述性知识,而智慧技能和认知策略则属于程序性知识。根据这一观点,认知心理学家又把程序性知识分为两个亚类,即用于处理外部事物的程序性知识和用于调控自身认知过程的程序性知识。前者相当于智慧技能,而后者则被称为策略性知识。

认知心理学认为,陈述性知识与程序性知识的表征有着本质不同。陈述性知识主要以命题网络或图式表征,命题指语词表达意义的最小单元,如果两个命题之间具有共同的成分,那么这两个命题就可以通过这种共同的成分彼此联系起来,这样许多彼此相互关联的命题组合在一起就在头脑中构成了一个命题网络。程序性知识则以产生式和产生式系统的方式来表征,所谓产生式,指一条"条件-行动"规则,即一个产生式总是对某一或某些特定的条件满足时才发生的某种行为的一种程序。当一个产生式的行动成为另一个产生式的条件时,这两个产生式便建立了相互的联系,若一组产生式有这种相互联系,便形成一个产生式系统。产生式系统代表了人从事某一个复杂行为的程序性知识,经过充分的操作练习后,产生式系统中的一系列动作会自动发生,而不需回忆每一个动作产生的条件。

(二)数学知识的分类

广义的知识分类对数学知识分类是合适的,但需要做一定的延拓。数学知识可分为陈述性知识、程序性知识和过程性知识三类。

过程性知识是伴随数学活动过程的体验性知识。体验分为四个阶段:① 对知识产生的体验。体会知识产生的缘由,明晰新旧知识之间的关联和因果关系。② 对知识发展的体验。体悟知识发展的动因,包括数学学科的内部因素和促进知识发展的外部因素,习得探究数学问题的方法(逻辑的和非逻辑的)和策略。③ 对知识结果的体验。领会蕴含在知识中的数学思想与方法,感受数学结构的美。④ 对知识应用的体验。体会数学应用的广泛性,积累解决问题的认知策略和元认知知识,形成自我监控的意识和习惯。

过程性知识是一种内隐的、动态的知识。首先,过程性知识没有明确呈现在教学材料中,而是隐性地依附于学习材料,在学习的过程中潜性地融会贯通,因而表现为内隐性。其次,过程性知识始终伴随着知识的发生和发展过程,学习者只能在学习的过程中去体悟和习得,体现出过程性知识的动态性。

程序性知识又分为智慧技能和认知策略:将经过练习后自动激活产生式系统从而达到熟练技能的一类称为智慧技能;将受意识控制而难以达到自动激活程度的产生式系统称为认知策略。从受意识控制到自动化是一个连续不断变化的维度,有大量的程序性知识介于两者之间,对于数学知识而言,这种情况尤为突出。我们将在受意识控制和自动化之间但又偏向自动化的程序性知识称为复杂操作性技能,并将其归入智慧技能。于是智慧技能又分为简单操作性技能与复杂操作性技能两类。

对于认知策略,在两个层面上予以刻画,一层是数学思维方法,称为策略性知识;另一层为个体对自己认知过程的思维,包括对自己的信息表征、组织、贮存、提取方式及对思维过程本身的调节和监控,称为反省认知或元认知。综上,广义的数学知识的分类如图4-1所示[①]。

---

① 喻平.数学教育心理学[M].南宁:广西教育出版社,2004:66.

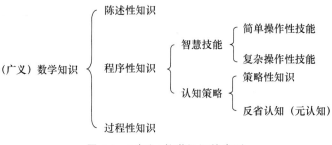

图 4-1 （广义）数学知识的类别

以上知识的分类体现了教学的一种动态趋势，一般地，程序性知识是通过陈述性知识转化而来的。学习的第一阶段是个体对陈述性知识进行加工，然后一部分知识作为陈述性知识以命题网络的形式贮存，一部分知识则通过练习而内化为程序性知识，这些程序性知识又进一步分化，使一部分技能达到相对自动化形成智慧技能，另一部分难以达到自动化而形成对个体内部调控的认知策略。

当然，数学知识的分类标准不同，其分类的结果自然不同。数学心理学界部分学者持图 4-1 的观点，而数学课程界比较认同"将数学知识分为结果性知识与过程性知识"的观点，[①]在这种观点下，结果性知识包括数学概念、命题、法则等内容，而过程性知识包括数学活动经验、数学思想、数学情感、意志等。在这里，我们采用后者的观点。

二、数学知识学习的一般过程

在数学知识体系中，数学概念是其最基本的构成元素，而数学命题则反映了数学概念之间的关系。在数学知识学习中，概念、命题的学习占有较大比重。

（一）数学概念的学习过程

1. 数学概念的特点

概念是思维的产物，在思维领域，概念用来反映思维对象的特有属性（或称为关键属性）或本质属性。而属性是指事物的性质及其与其他事物的关系，并非所有的属性都可以用来表达概念。特有属性是指一类事物都具有并且独有（其他种类的事物不具有）的某种属性；而本质属性是指决定一事物之所以成为该事物并区别于其他事物的属性。

数学概念是反映事物在空间形式与数量关系方面的关键属性或本质属性的基本单位。与一般的概念相比，数学概念具有鲜明的特点。

---

① 《全日制义务教育数学课程标准（实验稿）》与《义务教育数学课程标准（2011 年版）》就是这个观点.——作者注

(1) 数学概念在一定范围内具有普遍意义,这是数学抽象的必然结果。

(2) 学习数学概念,意味着学习、掌握一类对象关于空间形式与数量关系方面的关键属性。

(3) 特定的数学符号往往是数学概念的重要标志之一。

(4) 数学概念具有抽象性和具体性双重属性。一方面,数学概念需要在具体事物基础上进行逐级抽象,抽象程度越高,其普适性就越强;另一方面,抽象程度很高的数学概念,往往具有非常具体的模型。

2. 掌握数学概念的方式

掌握数学概念,意味着掌握一类事物共同的关键属性,这些属性是这类事物在空间形式、数量关系上的标志性特征。因而,掌握数学概念意味着,不仅能够辨别概念的关键属性和一般属性,而且能够将这些关键属性概括表示为定义;不仅能够指出概念的肯定例证和否定例证,而且能够从抽象到具体。

例如,在学习了"方程"的概念之后,如果遇到问题"是否存在一个数 a,使得 $4a$ 与 $a+3$ 的值相等"却茫然不知所措,正说明学生并没有掌握"方程"(特别是一元一次方程)的概念。其实,这个问题本质上就是"方程 $4x=x+3$ 的解是否存在"的问题。因而,掌握一个概念,并不意味着仅仅会背定义。

3. 学生学习数学概念的基本方式

学生学习数学概念,其基本方式包括以下两种,即概念的形成与概念的同化。

(1) 概念的形成

从宏观上分析,概念的形成所要揭示的是各种概念是如何通过个体思维的活动,转化为个体所掌握的概念的过程。

从具体过程上分析,概念的形成实际上就是,从观察到的一些事实中归纳、概括出有关的一类事物的共同点,得出一般规律的过程。这个过程可以细化为如图 4-2 所示的几个阶段。

在图 4-2 中,从低级到高级的各个阶段依次是辨别、分化、类化、抽象、检验、概括与形式化。而数学概念的形成的重要标志之一就是"形式化",即用符号表示。

形式化	用符号表示
概括	形成概念
检验	确认
抽象	本质属性、关键属性
类化	共同属性
分化	各种属性
辨别	刺激模式

图 4-2 数学概念的形成

(2) 概念的同化

所谓概念的同化，实际上就是利用学生已有的知识经验，以定义的方式直接向学生揭示概念的本质的过程。

在教学条件下，概念的同化一般包括若干基本过程，如图 4-3 所示。

如果说概念的形成主要依靠的是对具体事物的概括的话，那么，概念的同化则主要依靠的是对经验的概括和新旧知识之间的联系。

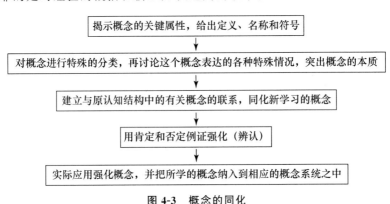

图 4-3 概念的同化

4. 影响学生数学概念学习的因素

一般地，影响学生数学概念学习的因素，主要包括感性材料或经验、学生已有的知识经验、学生的概括能力，以及语言表达能力。

其中，后三个因素恰恰是学生的个性特征，它对学生概念的学习发挥直接作用。不仅如此，学生的个性特征还包括原有的理解能力、抽象概括能力、个性品质等，它们是影响概念学习的内部因素。其中，学生的概括能力的强弱、先前知识经验的多寡，都会直接制约着学生数学概念的学习效果。

相比之下，感性材料或经验的典型性、代表性起间接作用，特别是感性材料、经验等背景的适切程度、概念的陈述方式，都间接影响着概念的学习。其中，概念的形成主要依赖对感性材料的概括，而概念的同化主要依赖对感性经验的概括。[①] 无论是感性材料，还是感性经验，都是从其数量、变式以及典型性等三个方面，影响着数学概念的学习，这里的变式就是通过变更对象的非本质属性而得到的另一种表现形式，它对于突出对象的关键属性(本质属性)非常重要，而典型性也在于强调关键属性(本质属性)。

5. 启示

数学概念所包含的关键特征，是在数学活动中逐步发现与认识的，没有相应的

---

① 曹才翰，蔡金法. 数学教育学概论[M]. 南京：江苏教育出版社，1989：72.

数学活动是不可能认识到概念的关键属性的。在数学家的著作中,往往将概念放在前面,这是整理数学的必备手段。而学生的数学概念学习几乎是重演人类对于数学概念的探索历程,在一定程度上还原人类发展史中的概念的发展历程,对于学生的数学发展具有鲜明的教育意义。

6. 中小学数学概念学习的建议

正如前文所分析的,概念的形成与概念的同化是数学概念学习的两种基本方式,虽然概念的形成在低年级用得较多,而概念的同化在高年级用得相对较多。但是,在日常的数学教学中,将概念形成和概念同化结合起来,就可以扬两者之长,避两者之短。而有的学者就给出将两者结合起来形成如图4-4所示的基本模式。①

图 4-4　概念形成与概念同化相互结合的模式

值得指出的是,在中小学教育教学改革不断深入的今天,人们不仅重视概念的形成过程,也更加关注概念的抽象过程,特别是,无论接受式的概念学习,还是发现探究式的概念学习,都强调创设恰当的问题情境,诱发学生产生有意义学习的心像,在此基础上,通过问题串,揭示概念的关键属性,而揭示的方式既可以是以定论的方式由教师传输、学生接受,也可以是以问题形式由学生自己探究发现,前者就是有意义接受式,而后者就是探究发现式。但是,后面的环节则多采用图4-4所示的流程。

无论如何,概念学习一般要经历引入、理解、巩固和系统化等几个阶段,每一个阶段又可以选择和利用不同的方法组织教学活动。而数学概念的学习过程正是教师帮助学生建构理解、巩固和应用概念的过程。

为了真实反映当前中小学数学教学实际,我们给出概念引入的一个实际事例。

例　概念的引入

概念的引入是概念学习的开始,是引起学生学习兴趣、激发学生学习动机不可缺少的环节,是学生理解和掌握概念的基础。概念的引入主要有如下几种方法。

1. 通过直观引入概念

低年级学生(特别是小学生)的思维特征是以理解具体形象为主,而对理解抽象的概念存在一定的难度。通过具体直观的形式引入概念,为学生提供充分的可感知的材料,有利于学生建立与概念有关的具体形象,为理解概念的意义打好基础。因此,在引入概念时,教师常常需要为学生提供充分的可感知的材料;运用学生喜欢的图片、模型、幻灯、实物等教具和

---

① 曹才翰,蔡金法.数学教育学概论[M].南京:江苏教育出版社,1989:71.

> 学具;让学生通过看一看、听一听、摸一摸、做一做等活动,建立感性认识。
>
> 　　2. 运用生活实际引入概念
>
> 　　数学来源于现实生活,在人们的生活中有许多事物都与数学有关系。结合生活实例引入数学概念,一方面有助于学生理解概念,另一方面也会使学生体会数学的价值,认识数学与现实的联系。
>
> 　　例如,学习比较分数大小的时候,先向学生展示一个实际问题,"小明、小刚、小方三个人各带同样长的线到郊外一起去放风筝,小明把线放出 $\frac{2}{5}$,小刚放出了 $\frac{3}{5}$,小方放出了 $\frac{2}{7}$。问他们三个人谁的风筝放得最高?"面对这个实际问题,学生的积极性很高,但又不能马上知道结果。这时教师就可以引导学生思考,要想办法知道这三个分数哪一个更大一些。这就为学生认识通分的概念提供了一个现实背景。
>
> 　　3. 在已有概念基础上引入新概念
>
> 　　数学概念之间有着密切联系,许多新概念是学生已有概念的发展和延伸。当学生建立了一些基本的数学概念之后,可以在学生已有的知识基础上,引申出新的概念。由已有概念引出新概念,可以使教学过程简化,同时也使学生了解新旧概念之间的联系。
>
> 　　例如,在讲公倍数、最小公倍数时,利用学生已经掌握的倍数概念,直接引入。让学生写出若干个 2 的倍数,再写出若干个 3 的倍数。即,
>
> 　　2 的倍数有:2,4,6,8,10,12,14,…
>
> 　　3 的倍数有:3,6,9,12,15,18,21,…
>
> 　　它们共同的倍数有 6,12,…,就是 2 和 3 的公倍数,其中最小的那个就是最小公倍数。

(二) 数学命题的学习过程

在一个演绎系统中,不需要证明而把它们作为判断其他命题的真假的初始命题称为公理。从公理或从已被证明的其他真命题出发,用逻辑推理的方法推导出来,并可进一步作为判断其他命题真假的依据的真命题,称为定理。数学中的公式也可作为命题的一种形式。公式一般是指用数学符号表示几个量之间的关系的式子,它具有普遍性,适用于同类关系的所有问题。数学中大量有明确结论的习题也可作为数学命题。一部分带有探索性或创造性的问题,以及一些可以构成多种真命题的开放性命题都是数学命题的组成部分。

我们将数学公理、定理、公式等内容的学习,称为数学命题学习。其目的是为了掌握这些数学命题,并能应用数学命题解决实际问题,或为进一步学习其他数学命题做必要准备。命题是由概念或一些更简单的命题复合而成的,因而命题学习的复杂程度高于概念学习。

1. 数学命题学习的主要形式

数学命题学习主要有以下两种形式。

(1) 数学命题发现学习

发现学习是学生独立地获得知识的学习方式。学生从具体例子出发,通过操作、实验、分析、推理,得出一般结论。

数学命题发现学习的过程,大致包含探索发现、提出假设、验证假设、得出结论、理解和应用五个环节。

(2) 数学命题接受学习

接受学习是将学习的内容以定论的形式呈现给学生,学生将这些内容加以内化。数学命题接受学习的过程大致包含分析命题、激活原有的知识、证明命题、理解和应用四个环节。

数学命题发现学习和接受学习两种形式各有利弊,发现学习有助于培养学生的探究精神,但往往需要花费较多的时间。接受学习是由教师控制的,它比较紧凑,节约时间。但在激发学生学习的兴趣、引起学生对实际问题的关注等方面显得不足。教师应根据所学命题的特点选择适当的学习形式。

奥苏贝尔将有意义学习分为符号学习、概念学习、命题学习等类别,在这里,奥苏贝尔将命题学习单独列为一类学习,而且根据原有观念(命题)与新观念的关系,将命题学习的形式分为三类,即下位学习、上位学习和并列学习,这样就对命题学习进行了比较细致的刻画。这种划分比较符合数学学习的实际。例如,"矩形的两条对角线互相平分,而且彼此相等"的学习,相对于学习"正方形的两条对角线互相垂直、平分并且相等"来说是上位学习,而对于学习"平行四边形两条对角线互相平分"是下位学习,对于学习"菱形的两条对角线互相垂直平分"是并列学习。

2. 数学命题学习的阶段

数学命题学习分为命题获得、命题证明和命题应用三个阶段,最终使个体形成由数学命题构成的数学认知结构。

(1) 命题获得

命题获得通常采用两种方式。

一种方式是命题的同化,即直接给学习者展示要学习的新命题,学习者将原有观念与新命题中的各有关概念联系起来,这种联系的最初阶段是刺激与反应的联结,学习者要在工作记忆中将一些激活的结点联结起来,然后将新命题纳入认知结构,对原有的认知结构进行改组和加工,形成新的认知结构。显然,这是对信息的一个加工过程。

另一种方式是命题的形成,即学习者通过考察命题的特例,然后抽象、概括,得出命题的过程。

例如,要学习命题:$a+b=b+a$,该命题的教学不是先给出命题,而是先让学生考察一些特例,$1+2=3,2+1=3,1+2=2+1;4+5=9,5+4=9,4+5=5+4;\cdots$;

让学生通过对特例的证明进而观察出这些特例的共同特征：两个加数可以交换，而和不变。这样便可以抽象概括出一般性命题。可见，命题形成是一种上位学习的形式。

命题同化所对应的学习方式是接受式，其学习过程包含"刺激—反应"的联结和对信息进行加工的认知因素，如果学习者只是完成了联结的心理过程而没有同化过程，那么这种学习就是机械学习，而只有将新命题纳入原有的认知结构，才能成为有意义学习。一般说来，命题同化的学习方式在命题获得阶段为学生提供的主要是知识的信息。命题形成对应的学习方式是发现式，学习过程是以辨认、分化、假设、验证、抽象、概括等为主的一系列认知加工过程，给学习者提供的不仅包括知识信息，而且还包括智能信息。

命题获得是命题学习的第一阶段，要使命题表象进入长时记忆从而形成稳定而相对完善的命题认知结构，必须经过命题的证明和应用两个阶段去强化。

（2）命题证明

命题证明是下位学习形式，即要利用已学过的某些命题来推理出当前的命题，其心理过程可以这样诠释：首先，学习者通过命题同化或形成的方式获取命题，并将该命题作为结点纳入原有的认知结构中，然后激活有关命题或概念，并对每一个激活的结点进行评判，选择合适的结点连成一条欲证命题的题设和结论之间的通路，一旦通路形成，命题即得证明。由于原有认知结构中的命题之间的连线按联系的紧密程度而有长短之分，激活的强度又会受到个体选择结点的加工策略制约，这样就会造成连线长、强度弱的结点难以利用，从而造成命题证明难易程度不同的情形。

在具体教学中，命题证明这一过程的学习主要是在教师引导下完成的，提供给学习者的信息主要是智能信息。在理解命题的过程中，学习者要以已获得的原有若干命题为逻辑依据，同时将新命题纳入认知结构，于是形成一个关于新命题的不太稳定和不十分清晰的数学认知结构，其保持依赖于包括命题应用在内的认知结构的进一步完善过程。

（3）命题应用

命题应用包括两方面，一是数学命题在解决数学问题中的应用，二是数学命题在解决实际问题中的应用，这里我们只讨论前者。

我们将公式、法则称为程序性命题，把不含公式、法则的公理、定理称为推理性命题。这样，命题的应用就相应地分为程序性命题的应用和推理性命题的应用。

程序性命题，实质上是解决一类问题的规则和程序，个体在程序性命题的应用中，只需将待解决的问题输入工作记忆，再与长时记忆中的命题联系起来，进行一种较简单的模式识别，然后按照规则和程序操作即可解决问题。而在推理性命题的应用中，个体则需要进行模式识别、策略选择、激活扩散等一系列的信息加工，而且还要受到元认知的调控,解决问题往往伴随着"顿悟"的过程。如果说程序性命题应用的一个功能在于训练学生的智慧技能,那么推理性命题应用的一个功能则在于发展学生的数学推理能力(既包括逻辑推理能力,也包括合情推理能力)。

要对命题有更深层次的理解,在命题应用中,进一步丰富和完善原有的命题认知结构至关重要。

例如,对于命题:$a^2+b^2=0(a,b\in \mathbf{R})\Leftrightarrow a=0$ 且 $b=0$。要对该命题有深刻理解,就应把握与此相关的一些等价命题,如 $|a|+|b|=0\Leftrightarrow a=0$ 且 $b=0$,或 $\sqrt{a}+\sqrt{b}=0\Leftrightarrow a=0$ 且 $b=0$,等等。进一步,还应掌握该命题的一些弱抽象的命题。如:$a^n+b^n=0(n$ 为偶数,$a,b\in \mathbf{R}^+)$ 当且仅当 $a=0$ 且 $b=0$ 成立,等等。这样就进一步丰富了原有的命题之间的关联,逐步丰富和完善了原有的命题认知结构。

3. 命题学习的本质

数学命题学习的整个心理过程包含着"刺激—反应"的联结因素和信息加工的认知因素。数学命题学习是一个知识信息获取和智能信息获取并存的过程。数学命题学习的高级目标是通过上位学习、下位学习、同位学习、并列学习,从而改组、丰富和完善个体原有的数学认知结构。这就是数学命题学习的本质。

第二节 数学技能的学习

一、数学技能的含义及作用

一般认为,技能是通过练习而获得的能够完成一定任务的一种动力系统。它是一种接近自动化、复杂而较为完善的动作系统,是通过有目的、有计划的练习而形成的。也有学者把技能界定为"通过学习而形成的合乎法则的活动方式"。[①] 我们采用后者的界定,并认为,技能包括外显的操作技能和内蕴的心智技能。

数学技能作为一种特殊的技能,符合技能的一般规律,同时,又具有其自身的规律。

所谓数学技能,是指能够完成一定的数学任务而必需的活动方式,既包括外显的操作技能,也包括内蕴的心智技能。

数学技能通常表现为完成某一项特定的数学任务所必需的一系列动作的协调和活动方式的自动化。这种协调的动作和自动化的活动方式是在已有数学知识、经验、思想、观念等基础上经过一定的练习而形成的。

如学习有关乘数是两位数的乘法计算技能,就是在掌握其运算法则的基础上

---

① 伍新春.儿童发展与教育心理学[M].2版.北京:高等教育出版社,2013:236.

通过一定程度的实际计算而形成的。

数学技能与数学知识和数学能力既有密切联系,又有本质区别。它们的区别主要表现为:技能是对动作和动作方式的概括,它反映的是动作本身和活动方式的熟练程度;而知识是对经验的概括,反映的是人们对事物和事物之间相互联系的规律性的认识;能力是对保证活动顺利完成的某些稳定的心理特征的概括,它所体现的是学习者在数学学习活动中反映出来的个体特征。三者之间的联系,可以比较清楚地从数学技能的作用中反映出来。

以一元一次方程为例,学生能够识别出"是否存在一个数 a,使得 $4(a-1)+1$ 的值与 a 的值相等"本质上就是求一元一次方程 $4(x-1)+1=x$ 的解,表明他已经掌握了一元一次方程及其解的概念,而通过去括号、移项化为 $4x-4+1-x=0$,进而合并同类项 $4x$ 与 $-x$,-4 与 1,得到 $3x-3=0$,化为 $x=1$,即求出了方程的解 $x=1$,表明已经掌握了解方程的技能。而想到把 $x-1$ 看作一个整体,先移项,化为 $4(x-1)-(x-1)=0$,进而得到 $3(x-1)=0$ 则是能力的体现。

在数学学习中,数学技能具有突出的作用:数学技能的形成不仅有助于数学知识的理解和掌握,而且数学技能的形成还可以进一步巩固数学知识。上面解方程的过程,实际上深化了一元一次方程的概念;数学技能的形成不仅有助于数学问题的解决,而且数学技能的形成可以促进数学能力的发展,上面的例子中将 $x-1$ 看作一个整体,作为一个新的未知数,实际上是一元一次方程 $4x=x$ 的变形和泛化的结果,技能的熟练化形成了能力;同时,数学技能的形成不仅有助于激发学生的学习兴趣,而且有助于调动学生数学学习的积极性。

二、数学技能的分类

学生的数学技能,按照其本身的性质和特点,可以区分为外显的操作技能(又叫动作技能,亦简称为操作技能)和内蕴的心智技能(也叫作智力技能,亦简称为心智技能)。

(一)操作技能

操作技能是指为了完成数学任务、主要通过外部机体运动或操作而完成的技能。它是一种由各个局部动作按照一定的程序连贯而成的外部操作活动方式。

如学生在利用测量工具测量角的度数、测量物体的长度,用作图工具画几何图形等活动中所形成的技能,就是这种操作技能。

此外,按操作的连续性来分,操作技能可分为连贯型操作技能和断续型操作技能两类。[①] 前者由一系列连续动作组成,后者则由一系列不连续的动作组成。这

[①] 引自:中国大百科全书数据库(http://h.bkzx.cn)高级检索,2020 年 11 月 10 日检索.

两类在数学的操作技能中都有具体表现。例如,解方程的技能,既可以表现为一种连贯型操作技能(诸如按照"去分母、去括号、移项、合并同类项"解一元一次方程时就是如此),也可以表现为断续型操作技能;又例如,在熟练地掌握了解一元一次方程的解题技能时,解形如 $4(x-1)+1=x$ 一类方程时,能力高的学生往往并不是马上动手,而是表现为,观察、顿悟、尝试操作、选择简洁的技能解决问题。

操作技能具有有别于其他数学技能的一些比较明显的特点在于:一是外显性,即操作技能是一种外显的活动方式;二是客观性,意指操作技能活动的对象是物质性的客体或肌肉;三是非简约性,就动作的结构而言,操作技能的每个动作都必须实施,不能省略和合并,是一种展开性的活动程序。如用圆规画圆,确定半径、确定圆心、圆规一脚绕圆心旋转一周等步骤,既不能省略也不能合并,必须详尽地展开才能完成画圆的任务。

(二)心智技能

心智技能是指能够完成一定的数学任务所必需的、起到调节和控制心智活动的活动方式。它是借助于内部言语而进行的,包括感知、记忆、思维和想象等心理成分,并且以思维为其主要活动成分。如学生在心算、解方程和解答实际问题等活动中形成的技能更多的是一些心智技能。

心智技能同样是经过后天的学习和训练而形成的,它不同于人的本能。同时,心智技能是一种合乎法则的心智活动方式,所谓合乎法则的活动方式,是指活动的动作构成要素及其次序应体现活动本身的客观法则的要求,而不是任意的。这些特性,反映了心智技能和操作技能的共性。

心智技能作为以思维为主要活动成分的一种认知活动方式,它也有着区别于操作技能的个性特征,这些特征主要反映在观念性、内隐性、简缩性三个方面。

第一,动作对象的观念性。心智技能的直接对象不是具有物质形式的客体本身,而是这种客体在人们头脑里的主观映象。

如 20 以内退位减法的口算,其心智活动的直接对象是"想加法算减法"或其他计算方法的观念,而非某种物质化的客体。

第二,动作实施过程的内隐性。心智技能的动作是借助内部言语完成的,其动作的执行是在头脑内部进行的,主体的变化具有很强的内隐性,很难从外部直接观测到。

如口算,我们能够直接了解到的是通过学生的外部语言所反映出来的计算结果,而学生计算时的内部心智活动动作是常态下无法看到的。

第三,动作结构的简缩性。心智技能的动作不像操作活动那样必须把每一个动作都完整地做出来,也不像外部言语那样对每一个动作都完整地说出来,它的活动过程是一种高度压缩和简化的自动化过程。因此,心智技能中的动作成分是可以合并、省略和简化的。

如 20 以内进位加法的口算,学生熟练以后计算时根本没有去意识"看大数""想凑数""拆分小的数""凑十"等动作,整个计算过程被压缩成一种脱口而出的简略性过程。

三、数学技能的形成过程

(一) 操作技能的形成过程

操作技能作为一种外显的操作活动方式,它的形成大致要经过以下四个基本阶段。

1. 准备阶段

操作技能形成的准备阶段,主要是学习者在头脑里建立起完成某项特定的数学任务的操作活动的定向映象,包括明确学习目标,激起学习动机,了解与数学技能有关的知识,知道动作的难度、操作的基本程序和动作要领以及活动的最后结果等内容。

以解一元一次方程技能的学习为例,此时主要了解什么是一元一次方程、解一元一次方程的基本步骤是什么等。

其中,准备阶段的作用在于,在头脑里初步建立起操作的自我调节机制,进而保证在操作中更好地掌握其动作的活动方式。

2. 分解、示范、掌握局部动作阶段

这是操作技能进入实际学习的重要阶段,是把某项数学技能的全套动作分解成若干个局部动作,通过教师示范,学生逐个学习,进而一一掌握。

以解一元一次方程的技能为例,这个阶段需要逐个学习去分母、去括号、移项、合并同类项、由 $ax=b$ 求方程的解等各个具体的操作技能。通过对这些具有连续性的局部动作的依次练习,即可掌握解一元一次方程的基本要领。

此时,学生的模仿是重要的、必需的,但是,明确其中的道理也是十分重要的,否则,很容易成为被动的、机械的模仿,而不可能变成再造性的、创造性的模仿。以上面的解一元一次方程技能为例,只有学生真正明确理解和掌握了方程的含义以及解方程的道理,才能够利用移项、变量替换等技能,简洁地解决形如 $4(x-1)+1=x$ 的方程式。

3. 动作的连锁阶段

在这一阶段,把前面所掌握的各个局部动作按照一定的顺序连接起来,使其形成一个连贯而协调的操作程序,并固定下来。

以解一元一次方程的技能为例,在逐个掌握了去分母、去括号、移项、合并同类项等技能之后,必须各个步骤综合起来形成一体化的操作系统。毕竟此时局部的各个动作之间尚处在衔接阶段,还难以维持稳定性和精确性,而且,动作系统中的某些环节在衔接时甚至还会出现停顿现象。只有经过适当的组合式的实际练习,动作之间的相互干扰逐步得到排除,操作过程中的多余动作也明显减少,才能够逐步形成相对完整而有序的动作系统。

4. 动作熟练进而达到自动化的阶段

在这一阶段,通过练习而形成的技能能够适应各种变化情况,其操作表现出高度完善化的特点。动作之间相互干扰和不协调的现象完全消除,动作具有高度的正确性和稳定性,并且不管在什么条件下,全套动作都能够流畅地完成。

以解一元一次方程的技能为例,这个阶段已经能够根据方程的具体情况而适时采取相应的步骤,而不是严格按照"去分母、去括号、移项、合并同类项"的顺序,解决相应的方程。

上述分析表明,操作技能的形成要经过"准备→示范→连锁→自动化"的发展过程。在这一过程中每一个发展阶段都有自己的任务。

准备阶段的主要任务是掌握操作的结构系统和每一个步骤操作的要领;分解示范阶段的主要任务是对活动的操作过程进行分解,并逐一模仿练习;连锁阶段的主要任务是在动作之间建立联系,使活动协调一体化;自动化阶段的任务则主要是使整个操作过程高度完善化和自动化。

值得一提的是,操作技能的学习,"先让学生进行错误尝试,而后进行行为矫正",也就是说,在定向阶段之前,增加一个尝试错误、诱发学习动机的环节,往往是十分必要而有效的。

(二) 心智技能的形成过程

关于心智技能形成过程的研究,人们比较普遍采用苏联心理学家加里培林(П. Я. Гапьперин,1902—1988)的研究成果。加里培林认为,心智活动是一个从外部物质活动到内部心智活动的转化过程,即内化的过程。据此,加里培林于1959年提出了著名的心智活动形成的五阶段理论。在这里,我们将学生心智技能的形成过程概括为以下四个阶段。

1. 定向阶段

这是数学心智活动的认知准备阶段,主要是让学生了解并记住与活动任务有关的知识,明确活动的过程和结果,在头脑里形成活动本身及其结果的表象。

如利用平方差公式进行速算,是初中数学的一项计算技能,在这一步就是让学生回忆并记住平方差公式 $a^2-b^2=(a+b)(a-b)$ 的知识,在此基础上明确此时的 a、b 分别表示什么,而 $a+b$、$a-b$ 又分别是什么,以此在头脑里形成这两个和与差的乘积的表象。

通过这一阶段,学习者可以建立进行数学心智活动的初步自我调节机制,为后面顺利进行认知活动提供内部控制条件。这一阶段的主要任务是在头脑里确定心智技能的活动程序,并让这种程序的动作结构在头脑里得到清晰的反映。

2. 示范模仿阶段

这是数学心智活动方式进入具体执行过程的开始,此时,学生把在头脑里已初步建立起来的活动程序计划以外显的操作方式付诸执行。

在教师的语言指导和操作提示相结合的指导方式帮助下,学生一方面根据教师的示范进行模仿,另一方面也可以根据有关操作规则的文字描述进行模仿,如根据几何作图规则对各个动作活动方式的表述进行模仿。模仿不一定都是被动的和机械的,"缺乏定向映象的模仿是机械的模仿"。[1] 模仿是操作技能形成的一个不可缺少的条件。

这一阶段学生的活动执行水平还比较低,通常停留在物质活动和物质化活动的水平上。所谓物质活动,是指动作的客体是实际事物,所谓物质化活动是指活动不是借助于实际事物本身,而是以它的代替物如模拟的教具、学具,乃至图画、图解、言语等进行的。如解答复合应用题中,在"示范模仿阶段"学生通常就是借助线段图进行分析题中数量关系的智力活动的。

3. 外部言语阶段

这一阶段的智力活动离开了活动的物质和物质化的客体而逐步转向头脑内部,学生通过自己的言语指导而进行智力活动,通常表现为一边操作、一边口中念念有词。有些学者也称之为"发声思考"。很明显,这时的计算过程往往是伴随着对法则、运算规定的复述进行的。

在这一阶段,学生出声的外部言语活动还会逐步向不出声的外部言语活动过渡。这一活动水平的出现,标志着学生的活动已开始向智力活动水平转化。

4. 心智技能阶段

在这一阶段学生的智力活动过程有了高度的压缩和简化,整个活动过程达到了完全自动化的水平,无须去注意活动的操作规则就能比较流畅地完成其操作程序。

如,用简便方法计算 102×98,在这一阶段学生无须去回忆平方差公式,而是直接先分解 $102=100+2$ 以及 $98=100-2$,然后利用公式直接进行计算,即原式 $= (100+2)(100-2) = 100^2 - 2^2 = 9996$,整个计算过程完全是一种流畅的自动化演算过程。

在这一阶段,学生的活动完全是根据自己的内部言语进行思考的,并且总是用非常简缩的形式进行思考,活动的中间过程往往简约得连自己也察觉不到了,整个

---

[1] 伍新春.儿童发展与教育心理学[M].2版.北京:高等教育出版社,2013:251.

活动过程基本上是一种自动化的过程。

此外,我国学者(如冯忠良)在长期的教学实验过程中发现,加里培林所划分的阶段,有的可以合并,有的也可以简化。从而,将心智技能的形成归结成原型定向、原型操作、原型内化的心智技能形成三阶段论(冯忠良,1992)。[①] 其中,原型(prototype)也叫原样,通常指那些被模拟的某种自然现象或过程。原型定向就是了解心智活动的实践模式,了解外化或物质化了的心智活动方式或操作活动程序,了解原型的活动结构(动作构成要素、动作执行次序和动作执行要求),从而使主体知道该做哪些动作和怎样去完成这些动作,明确活动的方向。原型定向阶段也就是使主体掌握操作性知识(即程序性知识)的阶段。这一阶段相当于加里培林的"活动的定向阶段"。所谓原型操作,即依据心智技能的实践模式,把主体在头脑中建立起来的活动程序计划以外显的操作方式付诸执行。在这一阶段,活动的执行是在物质与物质化水平上进行的,因而在加里培林及其学派的著作中称之为"物质或物质化活动阶段"。所谓原型内化,即心智活动的实践模式向头脑内部转化,由物质的、外显的、展开的形式变成观念的、内潜的、简缩的形式的过程。也就是动作离开原型中的物质性客体及外显形式而转向头脑内部,借助语言来作用于观念性对象,从而对事物的主观表征进行加工改造,并使其发生变化。原型内化阶段包括了加里培林及其学派所称的"出声的外部言语动作阶段""不出声的外部言语动作阶段"和"内部言语动作阶段"三个阶段。

四、数学技能的学习方法

(一) 操作技能的学习方法

示范、讲解在操作技能形成过程中是不可缺少的,准确的示范与讲解有利于学习者不断地调整头脑中的动作表象,形成准确的定向映象,进而在实际操作活动中可以调节动作的执行。学习任何动作都必须以动作表象为基础,而熟练的操作技能都包含着非常清晰、准确的动作表象。

因而,操作技能的基本要领是示范、讲解与模仿、练习,为此,对学生来说,需要采取模仿练习和独立的程序练习。

对于前者,教师的示范对学生数学动作技能的形成尤为重要。为此,教师要充分运用示范与讲解相结合、整体示范与分步示范相结合等措施,让学生准确无误地掌握操作要领,形成正确的动作表象。

对于后者,需要教师事先运用程序教学的原理将所要学习的数学动作技能按活动程序分解成若干局部的动作,而后进行逐项的单项练习,最后将这些局部的动

[①] 冯忠良.结构—定向教学实验研究总结[J].北京师范大学学报(社会科学版),1992(05):95—112.

作综合成整体,形成程序化的活动过程。

如用直尺、圆规画平行线等技能的学习都可以采用这种形式。用这种方法学习数学动作技能,分解动作时应该注意突出重点,重点解决那些难以掌握的局部动作,这样可以有效提高学习效率。

(二) 心智技能的学习方法

由于心智技能的形成和完善是通过主观映象加工完成的,依靠内部语言,而内部语言具有简化、合并的特点,从而,心智技能的学习需要密切结合日常的数学学习进行一定的训练。对此,一些优秀教师进行过一些尝试,例如,李连英(2011)[①]进行过利用"说题"培养学生的数学心智技能的尝试。

> **例** 在李老师看来:"说题"是训练心智技能的好策略,因为"说题"程序将心智技能养成中的原型定向阶段、原型操作阶段、原型内化阶段贯穿于始终。"说题"就是把解决问题的程序讲出来,用语言把思维程序逐渐固定下来,使思维更富有条理、更加有序。"说题"的本质是让学生知其所以然。对思维迟缓的那些学生,教师可以用"说题"作为撬动他们主动思维的支点,让他们自己真正动起来。"说题"的实质是在说思考的程序,做过的题已经有了现成的程序,只要把它们从运算中提炼出来即可。为此,李老师指出:一要注意程序完整;二要注意语言精练;三要说出声来;四要根据不同阶段内容所提出的要求和学生的语言水平与思维水平,恰当运用合乎不同年级学生的语言,恰如其分地表达;五要尽可能给予学生表述的机会,采用自说、同桌说、小组说、全班说等形式给予学生锻炼的机会。

我们认同李老师的做法,而且,其做法符合一般心智技能培养提出的"原型定向阶段、原型操作阶段、原型内化阶段"[②]三个阶段的有关要求。

值得指出的是,在数学学习中,心智技能获得的主要途径是日常的数学学习,特别是,通过范例学习和问题解决、实践与综合活动而获得:

在范例学习中,学生按照课本提供的范例、教师提供的范例,将数学技能的思维操作程序一步一步地展现出来,然后根据这种程序逐步掌握相应技能的心智活动方式。

而在问题解决、实践与综合活动之中,学生自己去尝试发现一个问题、提出一个数学问题并加以分析和解决,特别是探索问题解决的方法和途径,并在不断修正错误的过程中找出解决问题的操作程序,进而获得相应的数学心智技能。

---

① 李连英.说题:培养数学心智技能的好策略[J].小学教学参考(数学版),2011(3):54—55.
② 冯忠良.结构—定向教学实验研究总结[J].北京师范大学学报(社会科学版),1992(05):95—112.

第三节 基本活动经验的学习

基本活动经验是进入 21 世纪以来,特别是,《全日制义务教育数学课程标准(实验稿)》的修改、完善过程中,才出现的新观点、新概念,目前已经变成支撑我国小学、初中数学课程的"四基"之一,即基础知识、基本技能、基本思想和基本活动经验。

本节[1]主要分析基本活动经验的含义、主要成分和主要功能,讨论基本活动经验的功能和教育价值,识别基本活动经验在中小学数学课程教学中的具体体现,进而揭示基本活动经验在中小学数学不同领域中的具体表现形式,以便于在数学教学中帮助学生获得基本活动经验。

一、基本活动经验的概念与类别

基本活动经验是近年来才出现在义务教育阶段数学课程教学中的新概念,但是,业已成为义务教育数学课程的四个基本内容之一,即基础知识、基本技能、基本思想、基本活动经验,成为义务教育阶段数学课程教学的核心概念和需要培养的核心目标之一。

(一)基本活动经验的概念

在通常意义下,所谓经验,就是按照事实原样而感知到的内容。哲学中的"经验"通常有两种解释,即来源于感官、知觉的观念,和来源于反思的(即我们由内省而知道的)那些观念。《义务教育数学课程标准(2011 年版)》指出,"义务教育数学课程的目标在于,获得适应社会生活和进一步发展所必需的数学的基础知识、基本技能、基本思想、基本活动经验"。这里的基本活动经验,实际上是指"学生亲自或间接经历了活动过程而获得的经验"。

对于学生而言,所谓数学的基本活动经验是指,围绕特定的数学课程教学目标,学生经历了与数学课程教学内容密切相关的数学活动之后,所留下的、有关数学活动的直接感受、体验和个人感悟。

基本活动经验是经验的一种,属于学习数学课程过程中,学生与数学学习活动相互作用的结果。由于经验的层次、水平(特别是经验获得者的抽象、概括和反思的水平)所限,个体之间的数学活动经验有较大差异,即使在同一个活动中,不同的

---

[1] 本节主要参考:
孔凡哲.基本活动经验的含义、成分与课程教学价值[J].课程·教材·教法,2009(3):33—38.
孔凡哲,张胜利.基本活动经验的类别与作用[J].教育理论与实践,2009,29(6):42—45.

个体所获得的基本活动经验也会有所不同,这往往取决于个体对活动的感知水平与反思能力。

(二) 基本类别

学生的基本活动经验包含三类基本内容:体验性内容;方法性内容;模式性、策略性内容。

1. *体验性内容*

这种经验成分更多地表现为,学生在经历了活动之后在自己的情感、意志世界所形成的有关数学学科活动的、稳定的心理倾向。

在"中小学数据统计活动初步"中,数学课程标准明确提出:"(1)能按照给定的标准或选择某个标准(如数量、形状、颜色)对物体进行比较、排列和分类;在比较、排列、分类的活动中,体验活动结果在同一标准下的一致性、不同标准下的多样性。(2)对数据的收集、整理、描述和分析过程有所体验。"

在这里,体验性的内容一方面包含在"体验活动结果在同一标准下的一致性、不同标准下的多样性",另一方面表现在"体验数据的收集、整理、描述和分析过程"。

作为"基本活动经验"的一个重要成分,"体验性的内容"属于一种典型的情感、意志成分,有时甚至带有个人的人格色彩。其主体是个体对于相应活动而感觉、知觉到的直接内容(属于直接经验),部分属于直接经验基础之上经过初步体验及其简单加工的结果。

在初中"概率"的学习中,需要学生"体验事件发生的可能性以及游戏规则的公平性,会求一些简单事件发生的可能性",而在"调查两支球队以往比赛的胜负情况,预测下场比赛谁获胜的可能性大,并说明自己的理由"的活动中,具有典型的体验性色彩。

在初中"综合与实践"领域的教学中,需要学生积累"综合运用数与运算、图形与几何、统计与概率等相关知识解决一些简单实际问题的成功体验",进而"初步树立运用数学解决问题的自信心"。

2. *方法性内容*

即学生获得了这种活动经验之后,积累了开展类似活动的一种或几种基本的方法。这种策略既有方法学知识的意味,更有学生对这些策略、方法的自我诠释、自我解读。它属于典型的个体知识,而不是作为严格的数学学科知识出现的一般知识。

例如,在下面的活动中,不同的学生活动的方法性的经验彼此往往不同。

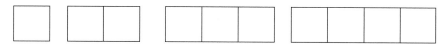

图 4-5

搭 1 个正方形需要 4 根小棒(如图 4-5 所示)。按照图示的方式,搭 2 个正方形需要多少根小棒?搭三个正方形需要几根小棒?搭 x 个正方形,需要几根小棒?

有的学生是这样思考的:

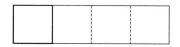

搭第一个正方形需要 4 根,再每搭一个需要 3 根,因而,搭 x 个正方形需要 $4+3(x-1)$ 根。

而有的学生是这样思考的:

将图形中的小棒看作三排:第一排有 x 个正方形的每个最上面的边(横着排的),共 x 条边;第二排是 x 个正方形的边(竖着排的,左右的),共 $x+1$ 条边;第三排有 x 个正方形的每个最下面的边(横着排的),共 x 条边。因而,共 $x+(x+1)+x$ 条。

还有的学生是这样思考的:

先放 1 根小棒,每搭一个正方形需要 3 根,因而,搭 x 个需要 $1+3x$ 根。

也有的学生是这样思考的:

每个正方形需要 4 根小棒,每两个正方形之间重复一根,因而,重复了 $x-1$ 根,从而,总共有 $4x-(x-1)$ 根。

显然,在这里,不同的学生经历这种活动之后所留下的方法性的经验是有所差异的,有的善于想象(例如,第四种做法),有的善于分类(例如,第二种),而有的善于总结共性规律,如第一种、第三种方法。几种思考方法有一个共性的特点,这就是,必须从具体的单元分析,寻找出规律性的内容。

3. 模式性、策略性内容

这种内容与第二类类似,都是在学生获得了这种活动的初步经验之后,经过个人反省而提升出来的、开展类似活动的一种或几种基本模式、基本策略。它仍属于典型的个体知识。

例 表 4-1 是某月的月历,观察分析其中的规律。

表 4-1 某月的月历

			1	2	3	4	5
6	7	8	9	10	11	12	
13	14	15	16	17	18	19	
20	21	22	23	24	25	26	
27	28	29	30	31			

(1) 彩色方框中的 4 个数字之间有什么规律?

(2) 用 7 与 15 相乘、8 与 14 相乘,所得的积有什么关系?

(3) 如果将彩色方框里的第一行第一列的数字用字母 a 表示,那么,其他三个数字应该如何表示?此时,四个数字交叉相乘所得乘积的差有什么规律?

(4) 你还能提出哪些问题?

在解决上述问题的过程中,几乎所有的学生都会有一种惊奇,这就是,几乎天天见到的月历中竟然有这样奇妙的规律,这种经验属于"体验性内容"。而在解决类似问题时,也需要先思考,找到规律,再动手解决问题,而不要贸然动手计算,那样往往事倍功半。这种经验就是基本活动经验的第三成分,即"模式性、策略性的内容"。

例如,在月历中选择两行两列的四个数字,四个数字交叉相乘的积再做减法,就得到一个固定的数字 7,譬如,1、2、8、9,交叉相乘再作差的结果是 $2 \times 8 - 1 \times 9$,即 7。而更一般的规律是,对于两行两列的四个数 a、$a+1$、$a+7$、$a+8$,交叉相乘再做差的结果是 $(a+1) \times (a+7) - a \times (a+8)$,即 7,与 a 无关。

从哲学上讲,在数学学科的教学中,让学生获得数学的基本活动经验,本质上是让学生获得数学学科直观,这是学生获得数学发展的源泉。无论是作为普适性方法而出现的经验,还是作为模式性、策略性内容出现的经验,都是建立在直接的、感性的经验基础之上,经过个体的自我反省(反思)而形成的,它们带有明显的"再抽象"、再加工痕迹,都是基于个体对活动过程的再现所致。因而,数学学习必须诱发学生主动参与,积极思考,教师的使命和责任在于帮助学生建构其数学理解。

二、基本活动经验与相关概念的关系

作为基础教育数学课程教学中的重要概念,基本活动经验已经成为数学课程教学中的核心概念,并与其他核心概念一起发挥着主导作用。为此,理清基本活动经验与相关概念的关联,十分必要。

(一) 基本活动经验与数学活动、基础知识、基本技能和基本思想的关系

在数学学习中,基本活动经验是对有关数学活动过程的个体反映,是个体针对相关数学活动过程的直接感知及其之上的自我反省的结果。数学课程教学不仅要教给学生知识,更要帮助学生形成智慧。知识的主要载体是书本,智慧则形成于经验的形成和积累的过程之中,形成于经历的数学活动之中,诸如教师为学生创造的思考的过程、探究的过程、抽象的过程、预测的过程、推理的过程、反思的过程等。智慧形成于学生应用所学的各类知识,发现问题、提出数学问题并加以分析和解决问题的各种教育教学实践活动之中。

因而,数学的基本活动经验直接来源于数学活动之中。在经历同一个数学活动过程之中,不同的人所获得的基本活动经验往往有所不同,往往存在着个体差异。这些差异,一方面来自个体的感觉、知觉的水平差异,另一方面,这些差异与个体针对感觉、知觉到的内容的自我反省的水平和深广度密切相关。同时,这些差异也与个体对活动的参与程度有着必然的关联。

只有学生亲身参与数学活动,不仅有行为参与,而且有认知参与,更有情感参与,学生才能获得深刻的基本活动经验。

(二) 基本活动经验与活动过程的关系

基本活动经验是对有关数学活动过程的个体反映,是个体针对相关数学活动过程的直接感知及其之上的自我反省的结果。

从培养创新型人才的角度说,数学课程教学不仅要教给学生知识,更要帮助学生形成智慧。知识的主要载体是书本,智慧则形成于经验的形成和积累的过程之中,形成于经历的数学活动之中,诸如教师为学生创造的思考的过程、探究的过程、抽象的过程、预测的过程、推理的过程、反思的过程等。智慧也形成于学生应用所学的各类知识,发现问题、提出数学问题并加以分析和解决问题的各种教育教学实践活动之中。

在经历同一个数学活动之中,不同的人所获得的基本活动经验往往有所不同,往往存在着个体差异。这些差异,一方面来自个体的感觉、知觉的水平差异,另一方面,这些差异与个体针对感觉、知觉到的内容的自我反省的水平和深广度密切相关。与此同时,这些差异也与个体参与活动的参与程度有着必然的关联。而高层次的参与,既包含着行为参与,也包含着认知参与(思维参与)、情感参与,高层次的参与总与高水平的思维活动相伴。

在这里,行为参与指学生在数学教学中的行为努力程度,它包括课堂表现(努力和钻研两个变量)和时间参与(每天完成作业时间和每周补充学习时间)两个方面;认知参与是指学生在数学教学过程中反映其思维水平的学习策略,它分为深层次、浅层次和依赖策略的三种变量;情感参与是学生在数学教学中的情感体验,分为乐趣感、成功感、焦虑感和厌倦感四个变量。

(三) 经历、体验、经验的区别和联系

基本活动经验与经历、体验密切相关,而彼此又有一些区别和关联。

人的经历可以分两种,即直接经历与和间接经历,其中,前者是主体亲身见过、做过或遭遇过某事件的过程而获得的经历,后者是主体从他人处听说或从其他媒介得到他人的经历。

而体验是一种感受经历的过程,是通过主体亲身体验事件发生的过程,从而获得经历,让主体在实践中实现自我领域的充实,感受经历的产生,领悟经历产生的意义,并在反思中进行情感的升华,因而,体验必须从直接经历中得到。

体验具有很强的、个体的情感色彩,停留在经历本身的、感性的层面。

为了提高到认知层面,形成主体自己的新的认知结构,尚需要主体体验、亲身感受,进行抽象、去粗取精,提升为具有一般意义的"模式",这就得到了直接经验,亦即,直接经验是从体验、经历中总结而来,是理性的,可以推广、迁移或类比的模式,而间接经验是主体以他人的间接体验和经历为抽象对象而获得的经验。因而,经验既可以从直接经历中获得,也可以从间接经历中获得。

经历是为了进行体验,而体验不是目的,是为了获得直接的经验和感受,增强对知识、技能的理解,实现主体在情感、态度、价值观上的升华和发展,同时,能够对知识技能的理解和认识予以强化。然而,并不是所有的体验都会抽象提升为经验,若没有对体验抽象提取,也可能只是将情感升华为信念。主体在情感升华过程中,会与其对事件的原有兴趣进行对比,如果情感升华与原有兴趣一致,那么,其信念将会被强化,反之,则会被弱化。也就是说,体验其实也不是万能的。

(四) 基本活动经验与基础知识、数学能力的区别

基本活动经验与基础知识不同,知识可以传递,基本活动经验不能被传递,需要亲身经历和感悟;基本活动经验不同于数学能力,能力被人为细化,直接影响活动效率,数学基本活动经验更为综合,没有直接载体说明经验有无或强弱,但一定时间积淀的思维模式反映数学基本活动经验积累的结果。数学基本活动经验是经历和感悟了数学归纳推理和演绎推理后积淀的思维模式,最终建立一定的数学直观。[①]

三、关于基本活动经验的有关理论

1984 年,美国组织行为学教授库伯(David Kolb,1939—2020,也译作科尔比)在总结杜威、勒温、皮亚杰关于经验学习研究理论的基础上提出的经验学习理论[②]

---

① 郭玉峰,史宁中."数学基本活动经验"研究:内涵与维度划分[J].教育学报,2012,8(05):23—28.

② Kolb A. Y. Kolb D. A. Eight important things to know about the experiential learning cycle [J]. Aust Educ Leader. 2018,40(03):8—14.

Kolb D. A. Experiential learning: experience as the source of learning and development second edition [M]. New Jersey: Pearson Education. 2015:31—137.

在学习领域中有着广泛的应用。它的基本观点是：

知识是经验的构成与再构成，学习是"始于经验、然后回归于经验""改造或者转化经验、创造知识"的过程。在这个过程中，学习从经验的"领悟"和"转化"两个相互独立的维度展开，通过参与具体活动直接领悟、创造活动经验获得具体经验，然后对所经历的活动通过回顾、反思等内在的思考，内化为能够理解的合乎逻辑的、抽象的经验，并将之在新情境中进行证实和运用，重新领悟和创造新的经验，在这样不断循环往复的连续过程中实现经验的创造、领悟与转化。处于理想状态的经验至少要经过这样四阶段（具体经验，反思性观察，抽象概括，主动实践）的循环过程才能完成。其中，各个阶段经验的获得或者转化过程又受到学习者学习风格的影响。经验学习理论中四阶段的依次循环往复的目的既是强化和提升获得的经验，也是方便学习者能够根据各种学习情境灵活做出"选择"，以适应于学习环境，并在各种学习风格领域都得到均衡的发展（如图4-6 库伯的"经验学习过程"）。

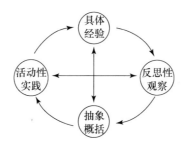

图4-6 库伯的"经验学习过程"

"经验之塔"理论是关于个体经验获得与发展的理论研究和实践经验总结相结合的一种关于学习经验分类的理论模型，同时也是一种具有很强实用性的教学操作指南。

20世纪上半叶，戴尔（Ernest Dale，1914—1996）等提出了关于视听教育的"经验之塔"理论[①]，并在20世纪60年代末进一步完善了该理论。他认为，经验就是学习的途径，一切学习应"从经验中学习"，最好是从直接参与的动作性经验学习开始，以获得直接经验。当直接经验无法获得时，应该寻求观察的经验作为"替代性经验"以弥补、替代直接经验的不足。戴尔进一步指出，学习应当尽可能始于具体经验，但不能止于具体经验，教师应当启发和引导学生把具体经验向抽象的、概念性的经验转化，使其获得和发展抽象经验。戴尔着眼于研究提供给学生刺激物的特性，依据学习经验和教育媒体呈现的基本形态按照从具体到抽象、从实物到印象

---

① 叶力汉."经验之塔"理论及其现实指导意义[J].电化教育研究,1997(02):20—24.

和符号的思路，把人们获取经验的途径按照从实际操作出发，到采用视听教具、视听方法直至抽象符号的抽象程度的层级变化和发展走向的顺序，形象地描述成一个从塔的底部向上累积的"塔"的模型，并称之为"经验之塔"。在塔的不同层级，学生获得经验的方式不同：从塔底向上的方向，在塔的底层，学生是实际经验的参与者，从"做中学"获得直接经验，即"做"的层次的经验，包括有目的的、直接的经验、设计的经验和参与的经验；在中间层，学生作为实际事件的观察者，获得"观察"的经验，涉及现实观察、校外学习考察、参观展览、电视、广播、录音以及静物画等；在最后一层次，学生作为符号世界的参与者和观察者，获得抽象形态的经验。"经验之塔"实际上刻画了学生经验的获得是从具体逐渐向抽象过渡的过程，越往上越抽象（如图 4-7 所示）。该模型中，越是靠近"塔"底的经验越具体，越是靠近"塔"顶的经验越"抽象概念化"。

著名心理学家布鲁纳十分肯定戴尔关于有效的学习应该尽可能从直接经验的学习开始但又应向抽象的、概念性的经验提升的观点，他进一步认为，学生接触各种学习材料的顺序对达成学习目标有直接的影响，并坚持"教学的过程首先应从直接经验入手，然后是经验的映像性表象，再过渡到经验的符号性表象"的观点。他着眼于学生的心理操作特性，把戴尔的"经验之塔"中十多个不同层次的学习经验进一步浓缩为三个类别，并从教学活动的角度设计了一个与戴尔"经验之塔"平行的说明性图解[①]（如图 4-8 所示）。

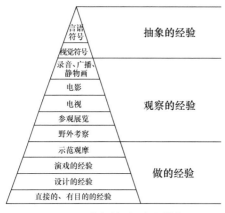

图 4-7 戴尔的"经验之塔"

图 4-8 布鲁纳的"经验之塔"

首先，他将各种教学活动归纳为动作性、映像性和抽象性活动三类，塔的最下层是动作性学习，包括各种直接的、参与性的学习活动，学生必须亲身经历去获得

---

① 陈维维.审视与反思：戴尔"经验之塔"的发展演变[J].电化教育研究，2015,36(04)：9—14,27.

真实的感受；塔的中间层次是映像性学习，是指用直观表象操作代替实物操作的学习，包括各种形象直观、声音直观等可用多媒体技术表现出的视听材料的学习；顶层是抽象性学习，它包括"经验之塔"中最上面两层所涉及的媒体。

库伯的经验学习理论表明，经验学习是指学习者通过经历各种情境获得经验，并将其融入自身的经验之中进行概括化，然后再将其应用于新的实践再获得新经验的过程。新经验获得的关键不仅是通过全身心地投入到活动中搜集信息获得具体经验，更重要的是对这些具体经验的评价、反省和再应用。但是，在通常的教学中，经验的教学常常并没有经过上述的完整四阶段：有时我们只是让学生经历了某些活动，却没有及时对活动进行回顾、观察、反思和提炼，学生并没有真正从自己经历的活动中领悟到应该获得的经验；有时即使学生对活动过程进行了及时的反思和总结，却对活动的内容又没有达到理解的程度，也很少主动在新情境中去验证和应用。因此，学生获得的经验常常是欠缺的、不完整的。库伯经验学习理论的不足是，过分强调了学习者个体的认知作用，相对忽视了活动中的社会因素比如师生关系、生生关系的相互影响，无形之中将获得经验的主体绝对化了。反过来看，这种不足，也启发我们在教学中要积极创造条件，充分发挥社会因素和环境因素在学生获得经验过程中的积极作用。

戴尔的"经验之塔"理论对各个层次经验的特性和获得途径以及视觉媒体、视觉教具的分类、视觉教材的使用的分析，尤其是布鲁纳从学生掌握经验的心理特性出发对该模型进行的简化，对教师在操作层面上如何选择教学媒体的策略和方法具有很强的指导意义。随着现代计算机技术、多媒体教学手段在基础教育中的广泛应用，"经验之塔"理论强调的是为学生提供直观、生动、十分接近学生生活现实的多样化情境、提供丰富的"替代性经验"等观点，越来越受到教育者尤其是素来以较强抽象性著称的数学学科的教学工作者的重视。

四、基本活动经验的教育价值与基本功能

经验是课程设计的基础和内容来源，是学生构建理解的直接素材。在人的可持续发展中，直观能力和思维水平起主要作用。而只有将"先天的存在与后天的经验"有机结合才能形成人的直观能力，进而实现可持续发展。这里的"先天的存在"主要是指学生身心的原有的物质基础，而"后天的经验"则是指学生在生活中和数学学习中所获得的生活经验和数学活动经验。

因而，让学生获得必要的基本活动经验，就成为基础教育课程的重要目标之一，也是学生获得终生可持续发展的基本源泉。

（一）基本活动经验的基本功能

基本活动经验是数学学习的重要目标，也是数学学习的阶段性目标。获得基本活动经验，不仅是学生数学学习的重要目标之一，而且，对于基础知识、基本技能

和基本思想的达成,也具有十分重要的影响。这正是基本活动经验的基本功能的具体体现。

1. 有些经验的获得可以强化对有关知识、技能的理解,个体的基本活动经验是构建个人理解、形成理解性掌握不可缺少的重要素材

在数学学习过程中,基本活动经验是学生对于数学活动内容、活动形式进行抽象概括的结果,这是构建个人理解、形成理解性掌握不可缺少的重要素材。

一方面,基本活动经验的获得,时常可以促进、强化有关知识的理解和掌握。

> **例** "利用一张纸,折出一组相互平行的折痕"的折纸活动,可以深化对于平行、垂直概念的理解和认识:如图4-9,将一张矩形的纸对折,得到一个折痕 AB;在折痕上分别取点 C、点 D,过这两点分别将纸对折,使得第一条折痕 AB 位于点 C、点 D 两侧的部分重合;打开并将其铺平。
>
>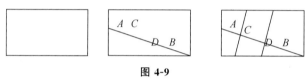
>
> **图 4-9**
>
> 此时,纸上的、经过点 C,D 的两条折痕就是一组平行线。
>
> 事实上,第一条折痕 AB 是一条直线段,沿其上的点 C 将折痕对折,等价于将过平角 $\angle ACD$ 二等分,也就是,过点 C 的折痕相交成 $90°$ 角,从而两条折痕互相垂直;同理,过 D 点的折痕也互相垂直。进而,第二条、第三条折痕互相平行。从中小学数学课堂教学实际来说,有的学生很有可能说"不用折叠了,最初的纸的两条相对的边缘线就是相互平行",但是,此时的他很难说出其充分的理由。事实上,仅仅说"相邻的两条边缘线构成 $90°$ 角"是不够的,这里的" $90°$ 角"仅仅依靠目测是无法确认其真实性的。这也意味着,虽然不同的学生采用不同的操作方式方法,但是,作为数学教师,我们必须清楚,不同的操作方式其背后的数学含量往往是不同的。
>
> 无论如何,具有这种方式的折纸的直接经验,对于形成有关垂直、平角与直角之间的关系的深刻理解,往往起到明显的促进作用。

另一方面,基本活动经验是数学活动的派生物,对于那些技能性的学习内容而言,技能性的操作活动本身就可以积淀一些经验,而这些经验往往与相应的技能密不可分。例如,"利用一根绳子、一个粉笔头和一个图钉,在黑板上画出一个圆"的活动,可以深化对于圆的画图技能的理解和把握,其中,活动经验起主要作用。事实上,在积累"画圆"经验的过程中,最为核心的内容就是"要保持粉笔头与图钉之间的距离不变",这恰恰是画圆技能的核心。

2. 基本活动经验可以强化动机、情感、态度、价值观,而有些学科的基本活动经验有助于净化心灵、完善人格

基本活动经验之中含有体验性成分,而这些体验性的经验,对于个体从事相关的活动具有重要的诱导和指向作用,如果个体对于发现新知所形成的经验和体验已经凝聚成稳定的情绪特征(如,兴趣、爱好),那么,这些情绪特征对于进一步开展类似的活动具有导向作用。因而,让学生经历科学研究的基本过程,"重走科学家走过的发现之路",这种经验的积累,对于培养中小学生的创新素养具有不可替代的作用,这正如一个论断所表明的观点,"一个人在 18 岁之前从来没有独立地发现一个问题、提出一个学科问题,进而深刻地思考过一个问题,这个人在成人阶段成为创新人才是不可能的"。

不仅如此,不同学科的基本活动经验,对于学生良好的人格塑造具有不可替代的作用——数学的基本活动经验有助于学生形成严谨、务实的思维习惯,定性思考、定量把握往往成为数学活动经验积淀和升华的结果之一;哲学思考的活动经验,往往可以诱发学生慎思、明事理,辩证地处理问题……因而,引导学生积累活动经验并进行及时的积淀升华,就成为基础教育课程教学的重要目标之一,而不同学科的基本活动经验的均衡发展,才有可能实现学生的全面发展。

(二) 基本活动经验的课程教学价值

人类的一切知识都是从直观开始的,从那里进到概念,而以理念结束。直观能力的存在是先天的,但一个好的直观能力的养成却是依赖于经验的积累。直观的培养更依赖本人参与其中的活动,包括观察、思考、判断等。如此,积累活动经验就成为学校教育的一个更加直接的目标和追求。[①]

1. 获得必要的学科活动经验和与学科学习有关的生活经验,是进行科学建构、实现学生在学科上的全面发展的基本前提

一般说来,数学知识的形成依赖于直观,数学知识的确立依赖于推理。不仅仅是数学,在许多学科中,对于结果的预测和对于原因的探究,起步阶段依赖的都是直观,而数学直观能力的培养依赖于数学活动经验的积累。

因而,让学生获得必要的数学活动经验,以及与数学学习有关的生活经验,是建构理解、进而实现学生在数学学科上的全面发展的基本前提。这些经验,不仅是概念、定理、定律等基本内容建构的原始素材,也是学生数学直观能力发展的土壤,而其中的基本活动经验的全面性、准确性,对于学生形成有关数学学科的基本素养、能力,具有十分重要的影响。

---

① 史宁中.数学思想概论(第 2 辑)——图形与图形关系的抽象[M].长春:东北师范大学出版社,2009:224—225.

当前,中小学生的数学学习普遍采用有意义接受学习与探究发现学习,但是无论是有意义接受式学习,还是探究发现式学习,已有的经验和知识基础,对于新知的形成都是十分重要的,而教师的作用恰恰体现在搭建"起点是学生已有经验(已知)、终点是学习目标(未知)"的一座桥梁,其间,学生原有的策略性、方法性的经验、原有的认知风格等,对于自我建构起主要作用,而用于建构理解的那些素材性经验的多寡优劣,对于学生学习的效率将起重要影响。

2. 一定数量的基本活动经验,是实现过程方法目标的基本载体

自实施基础教育新课程以来,人们对于"知识技能""过程方法""情感、态度价值观"三维目标的认识,基本上停留在这样的理解,即,"过程方法"突出的是让学生"学会学习",使学生获得知识的过程同时成为获得学习方法和能力发展的过程。

这种理解并没有错误,而其理解的深度是不够的。我们认为,"过程方法"的确突出"学会学习",但是,达到"学会学习"最直接的学习结果就是让学生积累基本的活动经验,获得学习方法和能力发展。其中,有些活动经验进一步发展为学科思维方式、思考模式,有些活动经验积淀为策略性知识、学科的基本思想,而有些活动经验则积淀为学科智慧、学科能力。

在积累活动经验的过程中,学生所掌握的学习方法也往往依附于活动经验而存在,至少具有典型的个性化特征,具有学生对于这些方法的个人诠释的特征,而这种诠释往往与活动经验交织在一起。因而,学生是课程实施中的主体,他们在这一过程中的亲身体验和活动经验,本身就是一笔财富,将会对其未来发展起到十分重要的作用。

3. 获得基本活动经验,是"实践与综合"领域的基本目标之一

众所周知,各科课程标准将本学科内的"实践与综合"领域,以及作为一门课程出现的"综合实践"的课程目标定位在"综合运用所学知识分析问题、解决问题",因而,多数人士认为,这个领域仅仅是"综合应用"而已。

其实不然,这个领域除了"综合应用"之外,一个十分重要的课程目标就是"获得基本活动经验",这种经验就是发现问题、提出(学科)问题,进而分析问题、解决问题的直接经验,其中,往往既包括了归纳式(即合情推理式)的经验,又包含了逻辑、演绎推理式的经验。前者往往体现在将"现实问题学科化"的过程之中,这种建立模型的思维过程积淀下归纳、抽象的经验;而后者体现在将已经建立的模型、已经发现的问题,运用本学科的有关原理、方法加以解决的过程,这个过程通常是演绎式的,是从一般到特殊的过程。

在中小学数学中,"参与综合实践活动,积累综合运用数学知识、技能和方法等解决简单问题的数学活动经验";不仅如此,中小学数学教学还需要根据具体的教

学内容,使学生在获得间接经验的同时,也能够有机会获得直接经验,即从学生实际出发,创设有助于学生自主学习的问题情境,引导学生通过实践、思考、探索、交流等,获得数学的基础知识、基本技能、基本思想、基本活动经验,促使学生主动地、富有个性地学习,不断提高发现问题和提出数学问题的能力,以及分析问题和解决问题的能力。

4. 获得基本活动经验,是情感态度目标实现的必要前提,也有助于知识技能目标的实现

人的思维过程其实是认知、情感、意志相伴的过程,是"情知对称"的过程。正如美国学者布卢姆指出的,"在一门学程中,每个情感目标都伴随着一个认知目标"。而基本活动经验之中含有体验性的成分,这些成分与学习情感、意志密不可分。不仅如此,基本活动经验既包含着在知识技能学习过程中"思考的经验"和体验,也包含着学生对于知识技能的自我诠释。因而,获得基本活动经验就成为情感态度目标实现的必要前提。

从本质上来说,学生的数学学习过程是一个自主构建自己对数学知识的理解的过程。他们带着自己原有的知识背景、活动经验和理解走进学习活动,并通过自己的自主与主动的活动,包括独立思考,与他人交流和反思等,去建构对数学的理解。因此,学生数学学习的过程可以说是一种再创造过程,而且是真正意义上的再创造(指主观意义上,非客观意义上)。学生从事对数学知识的提炼和组织——通过对低层次活动本身的分析,把低层次的知识变为高一级层次的常识,再经过提炼和组织而形成更高一级的知识,如此循环往复;再把数学放到现实中去加以使用。在这个活动过程之中,获得数学活动经验,对数学活动经验的分析与理解,和对获得过程以及活动方式的反思(元认知),至关重要。

5. 有些经验直接派生出智慧、方法、思维模式,特别是,积累学生全面的学科活动经验,有助于全面提高学生的思维水平,更好地培养创新性人才

由思考的经验、亲身探究的经验,有可能派生出一种思维模式、思维方法。事实上,基本活动经验之中含有策略性的成分、方法模式性的成分,这些成分对于学生开展创新性活动具有十分重要的奠基作用,特别是,个体已有的关于归纳的活动经验,对于发现真理具有重要启迪作用。相比之下,如果个体已有经验之中不具备归纳的经验,那么,他只能习惯于演绎思维方式(即演绎思维的经验在发挥作用),让其发现新知几乎是不可能的,真理的发现毕竟靠归纳思维,而演绎思维的作用在于验证真理,通常所说的"一个人18岁之前没有独立思考过一个问题,没有经历发现问题、提出问题进而分析解决问题的全过程,长大以后成为创新人才几乎是不可能的",正是说明"思考的经验"的作用和策略性经验的价值。

从学理上说，一个人创新能力的形成依赖于知识的掌握、思维的训练和经验的积累。因而，有计划地使学生获得有关归纳思维、演绎思维的基本活动经验，是培养创新人才所必需的。全面积累学生的基本活动经验，将有助于培养和提高学生的归纳思维、演绎思维的水平，进而，提高中小学人才培养的整体水平。

将基本活动经验确立为基础教育课程教学的基本目标之一，是对于我国课程理论的进一步完善和发展。

（三）基本活动经验在课程教材中的地位和作用

随着基础教育课程改革研究的不断深入，课程教材的功能发生深刻变化，教科书不再仅仅承担输送基础知识、基本技能的任务，也具有提供活动载体、让学生积累必要的基本活动经验的功能。

1. 使学生获取基本活动经验是问题驱动式教材呈现方式的基本目的之一

作为义务教育课程标准实验教科书的基本结构之一，"问题情境→建立模型→解释应用→拓展反思"成为问题驱动式教材呈现方式的具体表现形式。其中的问题情境乃至整个活动设计，旨在促进学生在独立思考、自主探索的过程之中真正理解和掌握相应的知识、技能、思想，同时获得广泛的基本活动经验。例如，某套小学数学教科书是这样呈现"周长"的内容的：

例 周长的教科书呈现

Ⅰ. 情境引入：教材首先通过"一个小蚂蚁沿树叶的边缘线爬行""一个枫叶的边缘线"两个情境，引入周长的概念，从学生的生活实际中寻找学生熟悉的例子，使学生对周长有了直观的认识。

Ⅱ. 动手操作：通过"描树叶的边线"以及"摸课桌面和数学书封面的边线"，让学生对周长有更加切身的感知，加深了对周长表象的感性认识，初步认识周长的意义。

Ⅲ. 实践活动：通过"量一量你的腰围、头围，并与同伴说一说""量一量一片树叶的周长，并与同伴说一说"实践活动这个环节，让学生再次体验周长的意义，最主要的是通过学生的自主、合作、探究等学习方式，选择自己喜欢的测量方法，加深对周长概念的认识和理解。在这一环节中，最重要的是让学生亲身体验周长就在我们身边，周长的意义重大。

其中，通过生活中的不规则图形，抽象出数学中的周长概念，试图给学生这样的认识：生活中的不规则图形有很多，不只是规则图形才有周长。另外，通过让学生测量周长，感受测量方法的多样性。如此，教科书更强调从一般性的角度引入周长的概念，体现知识的形成过程，关注学生直接操作经验和体验基础上的自我建构。即从任意图形（包括不规则图形）入手，使学生体会到周长是一个一般概念，避免学生产生"只有长方形、正方形、圆等规则图形才有周长"的思维定式；同时，通过对一般图形周长求法的探索，使学生经历长方形、正方形周长求法的知识形成过程，为进一步学习周长的求法（周长公式）等内容做好铺垫。其中，积累必要的操作经验，就成为"周长"内容呈现的主线和关键。

2. 基本活动经验是学生获得学科理解的催化剂和黏合剂

基本活动经验作为学生亲自或间接经历了活动过程而获得的经验,它是学生获得学科理解的重要载体,起到催化剂和黏合剂的作用。

> **数学课堂上的"反对声"** 在小学数学"认识周长"课堂上,教师提出"如何测量树叶的周长"的问题,而当教师正引导大家采取估算的方法估计树叶的周长时,一位学生低声插话说,"我可以用红领巾来测量树叶的周长,这样更方便"。对于这位"调皮"的同学,多数同学不以为然,而任课教师敏锐地觉察到这是一次机遇,迅速调整教学进程,请这位同学到讲台上向大家讲述自己的想法,"我将红领巾绕在树叶的外圈,绕一圈,卡住节点,量一量红领巾在两个节点之间的长度,就可以了"。在教师的循循善诱下,学生们展开激烈讨论,最后,大家一致认为这个思路是可行的,但是,如果改成(几乎可以忽略弹性的)绳子就更精确了。学生们沉浸在"胜利"后的欢乐之中。
>
> 正是任课教师的适时调控,那位"调皮"的学生向大家贡献了自己的智慧——尽管其中有些问题,而教师的引导让大家共同修正这种思路、找到测量不规则图形周长的新方法。不仅这位同学获得新的认识,而且,全班的大部分同学都能获得类似的感受。正是这种思维的碰撞,才能真正促进学生思维水平的提高,而教师对于这种突发事件的随机应变恰恰反映了教师良好的专业素养和教学智慧。

3. 基本活动经验是过程性目标的内容之一

作为"知识技能、过程方法、情感态度价值观"三维目标之一,"过程方法"一直未能得到很好的落实,其中的一个重要原因在于,与知识技能目标相比,这个目标没有"抓手",不便于课程实施中的实际把握。

事实上,过程方法目标体现了课程对于学生学科素养、学科能力的要求,而这些要求完全可以通过积累基本活动经验来完成。

> 在初中数学课堂教学中,一架梯子靠在墙上,太陡了容易跌倒,太平了无法登到合适的高度。"陡"不"陡"是生活中的事,这里又是数学的事,"陡"不"陡"其实就是梯子长度和梯子的影子这两条"边"的比的大小问题,这个"比"的大小就是数学的学问了。伴随着思考和讨论的深入,渐渐地,"正切"就自然出场了。梯子"陡"不"陡"是情景,研究三角比从这里开始肯定比直接从抽象的直角三角形开始好。学生的经验派上用场,发现成了实实在在的教学活动目标,不仅数学味道浓厚,而且学生不会被动。这种探究活动正是帮助学生将原有的生活经验逐步抽象为数学活动的经验,构成数学概念抽象的必要素材。

正如一位教师[①]总结的,"活动与探究"不仅让学生学到了一些知识,更重要的是,通过一次次的活动,学生学会了动手、动脑,并形成了一种情感、态度与价值观,

---

① 黄嘉妙."活动与探究"的化学课堂教学探索[J].福建教育学院学报,2003(6):87.

养成了一种探求、思索的好习惯。

我们赞成他的观点,但是,让学生活动与探究,获得基本活动经验也是其中的最重要目标之一,而且也是最直接的目的。以往的思考恰恰忽略了这一点。

五、基本活动经验的成分与类别

我们大体上可以把经验分为感性经验和逻辑经验。感性经验也依赖思考,但更多的是依赖观察;逻辑经验也依赖观察,但更多的是依赖思考。这是关于活动经验的最基本的分类。

(一) 基本活动经验的"基本"的含义及其具体表现

基本活动经验是一个学科、一门课程之中从事相应的学科活动所积淀的经验,虽然属于个体知识(即广义的知识),具有个体特征,但是,这些经验属于个体对于这类学科活动的自我诠释,就群体而言,这些经验能够比较全面地反映相应学科活动最基本的活动特征。因而,这里的"基本"是相对于具体的学科而言的,一般而言,每个学科的基本活动经验都包括基本的操作经验、本学科特有的思维活动经验、综合运用本学科内容进行问题解决的经验、思考的经验等类型。

在义务教育阶段数学课程中,数学的基本活动经验具体表现在,基本的几何操作经验,基本的数学思维活动经验(包括代数归纳的经验,数据分析、统计推断的经验,几何推理的经验,类比的经验,等等),发现、提出、分析、解决问题的经验,以及思考的经验等若干方面。

1. 基本的操作经验

基本的操作经验是数学学科所特有的活动经验的重要组成部分,其核心内容在于,体现本学科基本思维特征,全面反映数学学科的思维方式和学科属性。

在义务教育数学课程中,基本的几何操作经验,诸如解代数方程的直接操作经验等等,就是义务教育阶段基本的操作经验之一。

例如,学生在经历了"图画还原"活动之后,可以获得有关图形的平移、旋转、轴对称等图形运动的活动经验。

> **例** 打乱由四块积木或者图画构成的平面画面,请学生还原并利用平移和旋转记录还原步骤,尝试寻找步骤最少的还原方案。
>
> 在这里,问题中的积木块相当于方格纸的作用,通过实际操作,进一步理解平移、旋转,不仅能增加问题的趣味性,还可以让学生感悟几何运动也是可以记录的,体验选取最佳方案的过程,获得有关图形运动、变换的基本活动经验。
>
> 特别地,恰当的问题情境往往是引发学生主动获取操作经验的催化剂。在实际教学中,如果设计如图 4-10 所示的问题情境,往往可以实现更深刻的操作和体验,进而获得更深刻的操作经验。

还原的步骤一定要从简单到复杂,如先打乱四块积木中的上面两块,让学生尝试思考的过程——先想再操作;可以分小组进行。为了记录准确,事先要确定代表符号;小组活动时,可以先讨论,确定一个大概的还原路线,然后操作验证;小组呈现并操作结果,进行讨论,比较。

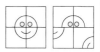

图 4-10

在中小学数学课程教学中,基本的操作经验,不仅体现在图形与几何的学习中,而且,也体现在统计与概率、实践与综合等之中,甚至在数与代数的学习中,也需要基本的操作经验。

特别地,九年义务教育阶段的学生认识图形与几何,是从空间到平面、再到空间的过程,其学习内容不能仅仅局限于二维的平面图形,有相当一部分内容应当是直观几何、实验几何。与演绎几何相比,直观几何、实验几何更贴近学生的现实生活和日常经验,更有利于把图形与几何学习变成一种有趣的、充满想象和富有推理的活动。为此,必须追求恰当的问题情景,积累学生直接的操作经验,让学生认识到多姿多彩的图形,对于他们形成对图形的完整而广泛的认识有良好的促进作用。在中小学数学课程实施中,不仅可以通过传统的几何学习内容丰富学生的操作经验,而且,也可以通过专题的形式,使学生了解更多的与图形相关的知识。

2. 数学学科特有的思维活动经验

每个学科都有其特有的思维活动,这些思维活动集中反映了本学科的学科属性,体现本学科研究的侧重点和研究手法。使学生获得更为丰富的学科思维活动经验,是实现学生在本学科上的全面、可持续发展的关键。

在义务教育阶段数学课程中,最具代表性的数学学科思维活动经验,主要包括代数归纳的经验,数据分析、统计推断的经验,以及几何推理的经验。

(1)代数归纳的经验

在义务教育阶段的数学课程内容中,数与代数领域具有突出的特点,就是代数思维。其中,代数归纳的表现尤为突出。

例 代数归纳经验的一次获得过程

在代数计算中,学生思考如下系列问题时会积累一些代数归纳的经验:

比较下列每组算式的计算结果,能发现什么规律?能用只含一个字母的式子表达这个规律吗?能证明你的规律吗?

$$\begin{cases}1\times 3=?\\2\times 2=?\end{cases} \begin{cases}11\times 9=?\\10\times 10=?\end{cases} \begin{cases}13\times 15=?\\14\times 14=?\end{cases} \begin{cases}25\times 25=?\\24\times 26=?\end{cases}$$

> 学生在具体的计算过程中,认真分析每组算式中出现的数字之间的关系,可以发现,这里涉及三个连续的自然数,彼此之间相差1,即
>
> $$1,2,3;\quad 9,10,11;\quad 13,14,15;\quad 24,25,26。$$
>
> 而积的结果之间也相差1,即
>
> $1\times 3=3,2\times 2=4$,有 $1\times 3=2\times 2-1$;
>
> $11\times 9=99,10\times 10=100$,有 $11\times 9=10\times 10-1$;
>
> $13\times 15=195,14\times 14=196$,有 $13\times 15=14\times 14-1$;
>
> $25\times 25=625,24\times 26=624$,有 $24\times 26=25\times 25-1$。
>
> 归纳四组算式中的共同规律,可以发现:
>
> 比某数小1与比这个数大1的两个数分别相乘,所得的积比这个数的平方小1。
>
> 由此,很容易做出这样的猜测:
>
> 如果用字母 a 代表一个数,那么,有下列规律:
>
> $$(a-1)\times(a+1)=a^2-1$$
>
> 但是,这样的猜测正确吗?需要给出证明,这就需要利用多项式相乘的法则,于是,有
>
> $$(a-1)\times(a+1)=a\times a+a\times 1-1\times a-1\times 1$$
> $$=a^2+a-a-1=a^2-1$$

上面这个过程,恰恰是由具体数值计算到符号公式表达的过程,即由特殊到一般的过程。

让学生亲身经历这个过程,学生就可以获得相应的代数归纳经验,即对于有些问题,可以通过特殊情况归纳发现的规律,而后再通过一般性的证明验证自己的发现,进而感悟数学的严谨性,增强数学学习的兴趣。

有关这种思维方式的基本经验,不仅是学生数学学习所必需的,也是学生终生可持续发展所必需的。

(2) 数据分析、统计推断的经验

"统计与概率"是义务教育阶段数学课程的重要内容之一,是不同于其他数学内容的"不确定性的数学内容"。其中,经历数据分析、统计推断的过程,获得相应的直接经验,进而发展数据分析观念,是统计与概率学习的核心目标,对于学生获得数学上的全面发展,具有其他数学内容不能替代的作用。

让学生体验和掌握数据分析观念的最有效方法,就是让他们真正投入到产生和发展数据分析观念的活动之中,使学生在收集、整理和描述数据的活动中,探索如何以简单而直观的形式最大限度地描述数据,理解平均数、极差、方差、频数分布等内容,并据此做出合理的判断。正是经历了猜测、收集、描述和分析处理数据的全过程,能够在新的问题情境中,特别是在具有现实背景的问题情境中,进行数据分析,进而做出统计推断,学生才能真正掌握统计的有关内容。

显然,在这种活动中,学生在具体的现实问题解决中,能够体会到统计的思维方式和活动特点,积累统计活动的直接经验,进而促进数据分析意识和能力的形成。

(3) 几何推理的经验

几何推理是几何课程内容的核心内容之一,学生是否获得了几何推理的活动经验,对于掌握几何推理的技能、形成推理能力,具有十分重要的促进作用。

这里的推理包含两部分:一是归纳推理(即包括归纳、类比、猜想等在内的推理,也称为合情推理),二是演绎推理。

演绎推理又称三段论推理,是由两个前提和一个结论组成,大前提是一般原理(规律),即抽象得出一般性、统一性的成果;小前提是指个别对象,这是从一般到个别的推理,从这个推理,然后得出结论。演绎推理又称从规律到现象的推理,是从普通回到特殊再回到个别。演绎推理正确的条件:若大小前提正确,则结论正确;若大前提或小前提错误,则结论错误。

所谓归纳推理,就是从个别性知识推出一般性结论的推理。一般地,根据前提所考察对象范围的不同,把归纳推理分为完全归纳推理和不完全归纳推理。完全归纳推理考察了某类事物的全部对象,不完全归纳推理则仅仅考察了某类事物的部分对象。更进一步,还可以根据前提是否揭示对象与其属性间的因果联系,把不完全归纳推理分为简单枚举归纳推理和科学归纳推理。现代归纳逻辑则主要研究概率推理和统计推理。归纳推理的前提是其结论的必要条件:首先,归纳推理的前提必须是真实的,否则,归纳就失去了意义。其次,归纳推理的前提是真实的,但结论却未必真实,而可能为假。

在当前的中小学数学课程教学中,通常有三种推理方式,即:① 典型的不完全归纳推理,其结论仍是"猜想",这种推理常常用来佐证、猜想;② 借助图形直观的操作(图形运动),有时可以用来进行不严格意义下的证明,在某些条件下也可以用来进行严格的证明,这种推理形式常常用来说理;③ 典型的演绎证明。

三种活动的直接经验,对于获得的有关推理的理解程度是截然不同的,是否经历过这种推理活动,对于学生关于推理的掌握程度有着显著影响。

不完全归纳推理是根据某类事物部分对象都具有某种属性,从而推出该类事物都具有该种属性的结论。不完全归纳推理包括简单枚举归纳推理、科学归纳推理。在一类事物中,根据已观察到的部分对象都具有某种属性,并且没有遇到任何反例,从而推出该类事物都具有该种属性的结论,这就是简单枚举归纳推理。

在中小学数学课程中,许多公式、法则的导入都是通过不完全归纳推理获得的。例如,小学加法交换率 $a+b=b+a$,就是通过有限组算式,每一组都是形如

"$a+b$"与"$b+a$",通过分别计算各自的结果,最后发现二者的结果总是相同的,由此,就获得一个有用的法则。这里运用的就是不完全归纳推理。

许多小学数学教师为了让学生确信无疑,往往通过具体的数字,在左手中拿 a 个物体,而右手中拿 b 个物体,问学生一共有多少个物体(列算式计算)?结果是,多数学生列出了算式 $a+b$,这是从左向右数的结果,而有的学生列出了算式 $b+a$,这是从右向左数的结果,而"加"就是将两者的数量合在一起,于是,学生们往往确信无疑。其实,这里运用的就是利用实物的说理、佐证。

例 表 4-2 是某月的月历:

表 4-2 某月的月历

		1	2	3	4	5
6	7	8	9	10	11	12
13	14	15	16	17	18	19
20	21	22	23	24	25	26
27	28	29	30	31		

(1) 彩色方框中的 9 个数之和与该方框正中间的数有什么关系?
(2) 这个关系对其他方框成立吗?你能用代数式表示这个关系吗?
(3) 这个关系对任何一个月的月历都成立吗?为什么?

在上面的问题中,教师引导学生对月历中的一个三行三列的 9 个数组成的方框中的 9 个数进行分析,发现 9 个数的和恰好等于最中间的那个数字的 9 倍;换另外一个方框,重新验证,结论还是这样;再换一个方框,结论与第一次的仍然相同。于是,可以做出这样的猜想:是不是月历中的所有类似方框都具有这样的属性呢?

为此,必须进行一般性的分析、论证。在月历中任取一个三行三列的 9 个数组成的方框,为方便,将第二行第二列的数设为 a,根据同一周前后两天日期的关系,以及相邻两周的同一个星期 X 的日期数的关系,我们可以依次发现,其他 8 个数分别为 $a-8, a-7, a-6, a-1, a+1, a+6, a+7, a+8$,从而,9 个数组成表 4-3 所示的规律。

表 4-3 9 个数的规律

$a-8$	$a-7$	$a-6$
$a-1$	a	$a+1$
$a+6$	$a+7$	$a+8$

从而,九个数的和是:$(a-8)+(a-7)+(a-6)+(a-1)+a+(a+1)+(a+6)+(a+7)+(a+8)=9a$。也就是说,九个数的和是第二行第二列的那个数字 a 的九倍。

由此可见，合情推理与演绎推理是相辅相成的两种推理形式，都是研究图形性质、代数问题的有效工具。让学生经历从不完全的归纳或佐证、说理，到严格演绎证明的过程，就是让学生获得数学推理的直接经验，这对于学生的终生可持续发展，具有十分重要的意义。

3. 综合运用数学学科内容进行数学问题解决的经验、思考的经验

这部分内容主要包含两层含义。一是综合运用数学学科内容发现问题、提出学科问题，并加以分析和解决的经验。这是问题解决在本学科中的综合体现。二是作为各个学科所共有的思维方法层面的经验，诸如类比的经验、思考的经验（作思维试验的经验等）。

(1) 发现问题、提出问题、分析问题、解决问题的直接经验

分析问题与解决问题能力的培养作为中小学教育的基本目标要求，经历了多年的历史验证，无疑是合适的、正确的，但从逻辑层次和难易程度分析，在中小学教学过程，分析问题与解决问题涉及的是已知，而发现问题、提出问题涉及的是未知。

因此，发现问题、提出问题，比分析问题、解决问题更重要，难度也更高。对中小学生来说，发现问题更多的是指发现了书本上不曾教过的新方法、新观点、新途径以及知道了以前不曾知道的新东西。这种发现对教师可能是微不足道的，但是对于学生却是难得的，因为这是一种自我超越，可以获得成功的体验和必要的经验。学生可以在这个发现过程中领悟很多东西，可以逐渐积累创新和创造的经验。更重要的是，可以培养学生学习的兴趣，树立进步的信心，激发创造的激情。在发现问题的基础上提出问题，需要逻辑推理和理论抽象，需要精准的概括。在错综复杂的事物中能抓住问题的核心，进行条分缕析的陈述，并给出解决问题的建议，不是一件简单的事情。提出问题的关键是能够认清问题、概括问题。问题的提出必须进行深入思考和自我组织，因而，可以激发学生的智慧，调动学生的身心进入活动状态。提出问题需要找到疑难，发现疑难就要动脑思考，这与跟着教师去验证、推断既有的结论，是不同的思维方式。学生只有在这种思维方式训练下，才能逐渐形成创新意识和创新能力。

(2) 类比的经验

类比（推理）是人们经常应用的一种推理方法，类比推理是一种由特殊到特殊的推理，即根据两个（或两类）事物的某些相同或相似的性质，判断它们在别的性质上也可能相同或相似。能否广泛而又恰当地运用类比推理，是衡量一个人创造性思维能力的标志之一，善于思考，举一反三，触类旁通，运用类比推理，是锻炼独立分析和解决问题能力的有效方式之一。类比作为一种重要的思考方式方法，对其

的理解和掌握,仅仅依靠理论上的学习是不够的,往往需要亲身经历类比的过程,获得一定的类比经验,才能逐渐掌握这种思维方法。

> **例** 分别思考下面的两个问题,学生所获得的经验相同吗?
>
> (1) 观察圆周上 n 个点之间所连的弦,发现两个点可以连一条弦,3 个点可以连 3 条弦,4 个点可以连 6 条弦,5 个点可以连 10 条弦,由此你可以看出什么规律?
>
> (2) 平面内有这样的结论:
>
> 如果一条直线和两条平行直线中的一条相交,那么必和另一条相交。如果两条直线同时垂直于第三条直线,那么这两条直线互相平行。
>
> 对于空间中的平面是否有类似的结论呢?如果有,应该是什么?用你现有的知识和你的理解,能证明你得到的结论吗?
>
> 在上面的问题中,对于第(1)问题的思考过程,其实就是从 2 点、3 点、4 点……,逐点进行归纳的过程,而这个归纳的过程其实就是在寻找规律,由此猜想一般的结论,圆周上的 n 个点可以连成 C_n^2 条弦,即 $0.5n(n+1)$ 条弦。这个思维过程所获得的经验就是归纳的经验。
>
> 对于第(2)问题,其思考的过程核心在于类比推理,即从平面上的直线与直线之间的平行关系、垂直关系,类比到空间中的平面之间的平行关系、垂直关系,进而,获得诸如"如果一个平面和两个互相平行的平面中的一个相交,那么必和另一个平面相交""如果两个平面同时垂直于第三个平面,那么这两个平面互相平行"的推断,而其中的第一个推断是正确的,而第二个推断却是错误的,应该是"如果两个平面同时垂直于第三个平面,那么这两个平面互相平行或垂直"。
>
> 不难发现,两种思考过程,对于学生思维的训练和启发,是不同的。

(3) 思考的经验

主要指在思维操作中开展活动而获得的经验,即思维操作的经验。亦即不借助任何直观材料而在头脑中进行归纳、类比、证明等思维活动而获得的经验。它既可以是直接经验,也可以是间接经验。

就人的理性而言,思维过程(特别是基于逻辑的思维过程)也能够积淀一种经验(这种经验就属于思考的经验)。直观不是一成不变的,随着经验的积累其功能可能逐渐加强。一个经历丰富并且善于反思的人,他的直观能力就必然会得到增强。

不仅如此,思考的经验既可以产生于逻辑思考的过程,也可以产生于归纳思考的过程,甚至产生于某些实验过程之中。下面的案例虽然来自物理学,但是,却可以很好地体现包括数学学科在内的众多学科的"思考的经验"(其中,主要体现反证法的思考方式)。

例　伽利略的思维实验　传说中的伽利略①先进行了"思考的实验",而后才进行实际的抛球实验,亦即:伽利略所在的那个时代普遍的认识是"重的物体下落的速度更快一些",对于物体 A、B 而言,A 更重一些,于是,按照当时的观点,A 下落的速度应该更快一些;如果将 A、B 两个物体绑在一起,成为一个新的物体 C,那么,这个物体比 A 更重一些,从而,C 下落的速度应该比 A 下落的速度更快一些;从常理上说,一个速度快的物体绑上一个速度慢的物体,这个"合成"的物体的速度应该比快的慢一些,而比慢的快一些,从而,物体 C 的速度应该比 A 的慢一些,而比 B 的快一些。事实上,这两种分析方式都是"合理"的,只有一种情况下,才不会产生矛盾,这就是"将物体 A、B 绑在一起与不绑在一起,其下落的速度不受影响",亦即,物体的下落速度与其重量无关。

正是基于这种"思考的实验",伽利略已经从"思维实验"中预测到实验的结果,而后只需要在真实实验中验证自己"思维实验"的结果,从而在比萨斜塔上将两个体积相同的木球与铁球同时自由下落,可以看到二者几乎同时落地。

显然,在上面的两种实验中,前者的实验是在思维层面上进行的,而并没有依附实在的器材、真实的现实物体等,而是在个体的头脑中进行的;后者的实验是在真实的状态下进行的,是经过个体的直接操作而获得的。两种实验所获得的经验是不同的。相比之下,从比萨斜塔实验获得更多的是体验性的经验(感性的成分更多一些),而从"思维实验"中获得的更多的是策略性、方法性的经验(理性的成分更多一些)。

对于听众来说,在听到上面的故事之后,经过自己的独立思考,也可以获得思考的经验(即一种策略性的经验),而相对于"物体下落"这件事来说,获得经验是间接经验,而相对于经验本身来说,这种思考的经验又是直接的。

(二)基本活动经验的类别

在开展活动中,人的活动可以区分为思维的操作活动和行为的操作活动,同时,由于活动对象与现实的距离有别、抽象程度的差异,而导致思维层次有高低之分。因而,可以将基本活动经验区分为更细致的若干层次或类别。

1. (行为)操作的经验

这里的操作主要是指行为的操作,而不是指思维的操作。这种操作是进行抽象的直接素材,一般是直接经验。这种操作的直接价值取向不是问题的解决,而是获得第一手的直接感受、体验和经验,亦即在实际的外显操作活动中来自感官、知觉的经验。

---

① 历史上对于伽利略是否真的到比萨斜塔上亲自做过抛球实验,是有争议的,对此,我们用"传说"来表述这个故事。——作者注

> **折纸活动的经验** 如果一位学生亲身经历了如下活动,并且在活动中进行适当的反思、回味,那么,他对于"圆"概念的理解一定非常深刻:将一张较软的纸对折,再对折;而后,不断对折,从第三次对折开始,每次对折的折痕都经过第一次、第二次折痕的交点;直到对折不能进行为止。将折出的扇形的多余部分撕掉,保证将折叠的每层纸都撕到,而且撕口线尽可能平整。将剩余的部分打开铺平,就得到一个近似于圆形的纸片。

在日常的课程教学中,我们平时所说的"让学生亲身经历操作的过程"就是期望学生获得这种操作的经验(属于直接经验)。

2. 思考的经验

在思维操作中开展活动而获得的经验,即思维操作的经验,比如:归纳的经验、类比的经验、逻辑证明的经验。它既可以是直接的经验,也可以是间接的经验。就人的理性而言,思维过程(特别是基于逻辑的思维过程)也能够积淀出一种经验(这种经验就属于思考的经验),一个经历丰富并且善于反思的人,他的直观能力必然会随着经验的积累而增强。而直观能力也不是一成不变的,随着经验的积累其功能也可以逐渐加强或拓展。不仅如此,思考的经验既可以产生于逻辑思考的过程,也可以产生于归纳思考的过程,甚至是产生于某些实验过程之中。

> 著名数学家华罗庚在《数学归纳法》一书中,对简单枚举归纳推理的或然性做了很好的说明,正好体现了思考的经验。①
>
> 从一个袋子里摸出来的第一个是红玻璃球,第二个是红玻璃球,甚至第三个、第四个、第五个都是红玻璃球时,我们立刻就会猜想"是不是袋子里所有的球都是红玻璃球"。但是,当我们有一次摸出一个白玻璃球时,这个猜想失败了。这时,我们会出现另一个猜想"是不是袋里的东西全都是玻璃球",当有一次摸出一个木球时,这个猜想又失败了。那时我们又会出现第三个猜想"是不是袋里的东西都是球",这个猜想对不对,还必须继续加以检验,要把袋里的东西全部摸出来,才能见分晓。

在上面的实验中,有的实验是在思维层面进行的,而没有依附实在的器材、现实的物体等,仅仅在头脑中进行的;而有的实验是在真实状态下进行的,是经过个体的直接操作而获得的。

相比之下,从亲身尝试中获得的经验,其体验性的成分更多一些,而从"思考的实验"中获得的经验更多的是策略性、方法性的经验,其理性的成分更多一些。

---

① 华罗庚.数学归纳法[M].上海:上海教育出版社,1963:3—4。

3. 探究的经验

这里的"探究"指的是,立足已有的问题,围绕问题的解决而开展的活动,这里的活动既有外显行为的操作活动,也有思维层面的操作活动。但是,无论如何,这种操作活动并没有完全脱离行为操作,而是融行为操作与思维操作于一体。同时,这种探究的直接价值取向是问题解决,而不仅仅为了获取第一手的直接感受、体验和经验,但是,探索所获得的经验一般是直接经验。

探究的经验不仅表现在某个具体的学科领域,而且也表现在,综合运用多学科知识解决一个综合的课题而获得的直接经验。这些经验既可以是在探索直接源于生活、社会中的活动而获得的经验,也可以是探索间接来源于生活、社会的活动中获得的经验;这里的活动,既可以是为了学生的学习而设计的纯粹的学科活动,也可以是源于学科本身的活动。但是,无论如何,在这里,供探索的活动都有直接的活动材料、内容(情境一般比较真实,相对具体),而不是间接的、纯粹思维层面的活动。

> 在高速公路上行驶的汽车中,如何估计汽车行驶的平均速度?对于这个问题的探究,就是一个很好的综合课题。对此,学生有很多种方案,如借助自己脉搏的跳动次数,当汽车行驶到两个里程标志之间时,测量出自己的脉搏在其间跳动的次数,将其换算成时间,就可测算出汽车行驶的平均速度。如平时自己的脉搏每分钟跳动 63 次,而在第 352 千米与 353 千米之间行驶时,脉搏跳动了 32 次,也就是说,在大约 30 秒的时间内汽车行驶了 1 千米,从而,车速大约是 2 千米/分钟,即 120 千米/小时。其间,不仅用到医学、物理学知识,也用到了估算等数学内容。

4. 复合的经验

指兼有上面所述的(行为)操作的经验、思考的经验、探究的经验等三种类型中的两种以上的经验。

在现实状态下,特别是教育教学活动中,活动经验既有可以是直接操作的经验,也可以是思考的经验、探究的经验,更有可能包含操作、探索、思考等多种成分在内。例如,在购买物品、校园设计等直接的行为操作活动中,对大多数人来说,活动之初往往需要先进行思维上的深思熟虑而后再操作,这就是"思考的经验"产生的基础。在开展预测结果、探究成因等活动中,运用分析、归纳等方法开展活动有时也需要借助部分的实物操作而进行,因而,在一些思考的活动中所获得的经验,一般是思考的经验,有时也混杂着操作的经验。

总之,在基本活动经验中,"操作的经验"中的"操作"实际是广义的,凡是动手实践都可以理解成(行为)操作;而"思考的经验"中的"思考",既可以是预测性的思考,也可以是反思性的思考,也可以是调查性的思考,只要是依据思维材料(而不是借助外在的实在物体)而获得的,都可以理解成思考的经验。

六、基本活动经验的学习途径

(一) 精心设计数学课堂教学环节,让学生在理解性掌握中获得基本活动经验

积累学生的数学活动经验,需要教师精心设计,不仅需要深刻体会课程标准的有关规定要求,而且需要细心揣摩教科书的编写意图,在深刻了解学生原有的生活经验和数学活动经验的基础上,进行恰当的课堂教学设计。

> 例如,在中小学"生活中的轴对称现象"的教学中,可以有如下教学设计:
>
> Ⅰ.课题:义务教育课程标准实验教科书数学(7～9年级,北京师范大学出版社)七年级下册第七章第一节轴对称现象。[①]
>
> Ⅱ.教学内容分析
>
> 轴对称是现实生活中广泛存在的一种现象。它不仅是探索一些图形的性质、认识、描述物体的形状和空间位置关系的必要手段之一,而且也是解决现实世界中的具体问题,并进行交流的重要工具。学习生活中的轴对称,欣赏并体验轴对称在现实生活中的广泛应用,不仅可以领略数学抽象的过程,即"现实问题数学化",而且,体会数学应用的过程,即"数学内容现实化";认识和掌握"生活中的轴对称",不仅是中小学数学学习的重要目标之一,而且也是使数学与现实之间联系更密切的重要桥梁之一。
>
> 直接从生活的角度学习轴对称,是课程标准实验教科书数学"轴对称"教学内容设置的基本出发点,这不同于"变换几何"中的轴对称变换(即反射变换)。
>
> 教学重点:理解轴对称的概念。
>
> 教学难点:对轴对称有关活动的正确把握和基本定位。
>
> Ⅲ.教学目标分析
>
> 1. 在丰富的现实情景中,让学生经历观察、折叠、剪纸、"扎眼"、印墨迹以及欣赏与分析图形等数学活动过程,逐步发展学生的空间观念。
>
> 2. 通过丰富的生活实例认识轴对称现象及其共同特征,初步掌握轴对称图形、对称轴、两个图形成轴对称的基本含义,能够识别简单的轴对称图形及其对称轴。
>
> 3. 欣赏现实生活中的轴对称图形,体会轴对称在现实生活中的广泛存在性和丰富的文化价值。
>
> 4. 通过观察、折叠、剪纸、"扎眼"、印墨迹以及欣赏与分析图形等数学活动过程,培养合作、交流和反思的主动意识。
>
> Ⅳ.教学过程设计
>
> (Ⅰ)情景导入
>
> 展现生活中的大量图片和录像片段。
>
> 片段1:古典建筑的设计过程、建造过程。

[①] 相应教材中的这节内容,由孔凡哲执笔编写,后经过教材编写组反复讨论,于2001年年初完成,2001年6月出版。——作者注

片段2:山东潍坊风筝艺人正在扎制风筝,画外音介绍"风筝"的对称性。

片段3:风筝在空中随风翩翩起舞,飞机在凌空翱翔,画外音"飞机、轮船的平衡"。

片段4:一幅漂亮的山水倒影画,照镜子正好将镜子中的影子和人一块出现;北京某地高速公路立交桥的俯视图。

评注:为学生的学习提供多种思考途径,是教学设计必须考虑的,对于满足学生个性化的学习需求来说尤其重要,当然,这也是学生学习个性化、数学学习地域化的基本要求。

(Ⅱ)学生思考、讨论

(1)从上面的片段中你有什么收获?

(2)你能举出生活中的类似现象吗?

(它反映了现代生活中非常普遍的轴对称现象)

(Ⅲ)分析、归纳、整理、抽象

1. 教师收集学生讨论中的图片,增加自己的图片(其中,有一幅是通过剪纸得到的——这个图案如果学生能提出,更好,否则,教师出示或提供一段录像"中国民间艺人正在剪纸,一剪下去,立即得到一幅漂亮的轴对称剪纸图案"),如图4-11中展示的一些图片。

图 4-11

2. 学生分组讨论

● 上面这些图形有什么共同的特征?

● 有人用"轴对称"一词描述上面的这些现象,你认为这个词是什么含义?

● 你能将上图中的一些图案沿某条直线对折,使直线两旁的部分完全重合吗?

评注:在这里,不仅要展现对称(二维图形的对称和三维图形的对称)给人以视觉上的美感,而且也应当反映其中的一些科学道理(如飞机、轮船的对称能使飞机、轮船在航行中保持平衡;建筑上的对称多半是为了美观,但有时也考虑到使用上的方便和受力平衡等问题)。

(Ⅳ)明晰

教师给出轴对称图形的定义以及对称轴的概念:

如果某个图形沿某条直线对折,图形在直线两旁的部分能完全重合,那么,这样的图形称为轴对称图形,这条直线叫作对称轴。

注意：

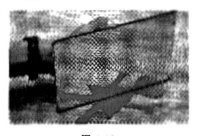

图 4-12

1. 强调"如果对折"——有时可能是假想的对折活动;左右匀称、协调;左右在一定条件下能重合。

2. 讨论轴对称现象,有时并不需要真正的折叠。沿图中的每个图形上所画的直线直立放置一面镜子,在镜子所反映出来的一半正好把图补成完整的(和原来的图形一样,如图 4-12 所示)。你也可以按照镜子所示的方式验证前面的一些图形是轴对称图形。能说明其中的道理吗？

评注：采用不同于概念引入时的问题情境,强化学生对初步获得的概念的认识,是激发学生数学学习兴趣、深化认识的重要手段。

（Ⅴ）应用与深化

1. 问题："如何做出一个轴对称图案"。

让学生先分组讨论"如何做"的方案,然后分别合作完成。小组完成后,两个组之间分别交流。大班交流各自的做法,尤其是,要说明这种做法的道理,以及你是如何想到这样做的。

2. 备用方案(万一学生不能按照上面的思路,还可使用如下方案)。

图 4-13 是在一张质地较软、吸水性能较好的纸(如,餐巾纸)上滴一滴墨水,沿纸的中部将纸迅速对折、压平,并用手指压出清晰的折痕,将纸打开、铺平,所得到的图案。

图 4-13

图 4-14

（1）位于折痕两侧的墨迹图案彼此之间有什么关系？与你的同学交流、讨论。

（2）取一张质地较硬的纸,将纸对折,并折出一条比较清晰的折痕,用剪刀沿折痕随意剪出一个图案(或用手撕出一个图案)。将你剪出的图案与图示中的墨迹图案相比较,你能发现什么？

（3）如果想剪出图 4-14 所示的小人以及"十"字,你该怎样剪？你可以先想一想,并说明你设计的做法。也可以亲自动手剪一剪。

（4）有什么简单方法(即剪的刀数尽可能少)剪出每个图形吗？

（5）在教室里、校园里以及街道两旁,尽可能多地找出具有对称特征的物体或建筑物,与你的同学交流一下这些物体做成这种形状的优点。

3. 教师选择上面做轴对称图形的几种方法,分别请一位同学在班上演示自己的做法。

评注："制作出一个轴对称图形",有的学生通过"在纸上滴一滴墨水,沿纸的中部将纸对折、压平、然后打开,通过对折得到一个墨迹",有的学生则是通过对折一张纸、用针扎眼的方式得到一张轴对称图案,也有的学生是通过将纸对折、利用手撕或剪刀剪等方式得到一个或偶数个轴对称的图案,在这里,不同的学生所依附的生活经验(墨迹、剪纸、扎眼)有所不同,他们对制作轴对称纸片的活动经验也有所差异。

实际的教学显示,不同的学生从不同的生活背景和生活阅历出发,都能得到轴对称图形,彼此之间的交流可以实现他们对轴对称图形关键特性的理解和认识,同时,大家在交流中都能获得理解、分享成功的快乐!在整个过程中,学生在自主探索和合作交流的过程中,经历了观察、实验、归纳、类比、直觉、数据处理等思维过程,而这样的过程能够促进学生对数学的真正理解和把握,从中不仅获得了数学知识、技能,而且经历了数学活动的过程,体验了数学活动的方法,同时,情感、态度、价值观都能得到很好的发展。

(二)让学生经历数学概念、公式、法则的抽象过程以及问题解决的思维过程,帮助学生积累数学抽象的基本活动经验

让学生经历数学概念的抽象过程,不仅可以使学生获得针对概念的理解性掌握,而且可以帮助学生积累数学抽象的活动经验。

例如,在探索三角形全等的条件时,在"直接给出 SAS、ASA 和 SSS[①] 等条件,分别作出符合条件的三角形,经过比较确认这几个条件"的教学过程,可以尝试着提出"已知两个三角形的哪些边或角的条件,就能保证这两个三角形全等""知道的条件能够尽可能少吗"等问题,通过画图、观察、比较、推理、交流等活动,在条件由少到多的过程中,逐步探索出最后的结论。其中,学生不仅得到了两个三角形全等的条件,同时体会了分析问题的一种方法,积累三角形的相关数学活动经验。

在"函数"概念教学中,要注重亲身经历探索现实世界变化规律的过程。也就是说,引导学生认真观察身边的事物,主动发现生活中的各种问题,然后通过分析数据,得到变量关系。例如,在探索小车下滑过程中下滑时间与支撑物体的高度的关系时,我们尽可能充分地从表格中获取信息,运用我们自己的语言进行描述,并与同伴进行交流。与此同时,我们不仅可以从表格中获取数据信息,也可以想办法亲自实践,进而获得变量之间的变化关系,体会收集数据、整理数据、由数据进行分析、推断的思考方式。

不仅基本概念、定理、法则的学习中充分体现数学活动的过程,而且,可以体现在问题解决的过程之中,以鸡兔同笼问题的学习为例。

---

① S指三角形的边,A指三角形的角。——作者注

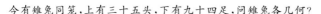

今有雉兔同笼,上有三十五头,下有九十四足,问雉兔各几何?

这是我国古代数学著作《孙子算经》中的一道名题。翻译成现代文,即:

一个笼子里有鸡和兔共35只,一共有94只脚。问有鸡和兔各几只?

作为我国古代著名趣题之一,鸡兔同笼问题有很多解法,我们选择其中具有代表性的两种方法解决,核心在于帮助学生积累数学活动经验。

1. 列表法——积累归纳、猜测、验证的直接经验

即将兔子和鸡的所有可能的头数和总脚数,分别列出来(如表 4-4 所示)。为此,可以让学生列表尝试:

表 4-4　兔子和鸡的数量问题列表分析

鸡头数	兔头数	脚的总数
0	35	2×0+4×(35−0)=140
10	25	2×10+4×(35−10)=120
20	15	2×20+4×(35−20)=100
21	14	2×21+4×(35−21)=98
22	13	2×22+4×(35−22)=96
23	12	2×23+4×(35−23)=94
…	…	…
35	0	2×35+4×(35−35)=70

我们取极端情况:鸡头数为 0 时,总脚数为 140;而鸡头数为 35 时,总脚数为 70。由此,可以判断,笼中的鸡、兔都会有。

我们尝试着取鸡头数为 10,此时,总脚数为:

$2\times10+4\times(35-10)=120$;

取鸡头数为 20,此时,总脚数为:$2\times20+4\times(35-20)=100$;

取鸡头数为 30,此时,总脚数为:$2\times30+4\times(35-30)=80$;

由此不难猜测,鸡头数应在 20~30 之间(更贴近 20)。

为此,我们从 21 开始尝试,发现:

随着鸡头数的增加,鸡、兔脚的总数在递减(其规律是,鸡头数每增加一个,总脚数将减少 2 只)。

因而,还需继续尝试着增加鸡头数、减少兔头数,最终找到符合条件的结果:

笼中的兔子为 12 只、鸡为 23 只时,一共有 94 只脚。

在上面的方法中,我们采取列表法,同时渗透了尝试、猜测、验证的思路,即先取极端情况,确定鸡头数的大致范围,而后有针对性地逐步尝试,最终找到所求的答案。

2. 列方程法——充分再现方程模型构建的过程,帮助学生积累概念抽象的经验

① 发现问题中的等量关系,即"鸡脚数与兔脚数之和,就是总脚数;鸡头数与兔头数之和,就是总头数;每只鸡的脚数比每只兔的脚数少 2",并用自然语言表达出来。

② 用等式表达关系,即:

鸡脚数 + 兔脚数=总脚数;

鸡头数 ＋ 兔头数＝总头数；
每只鸡的脚数＝每只兔的脚数－2。

③ 用符号语言表达关系，即：

2×⑨+4×⑨=94；

⑨+⑨=35；

其中，⑨表示鸡的总头数，⑨表示兔的总头数。

④ 用含有未知数的方程表达关系，即：

用 x 表示上面的⑨，即笼中的兔的只数，那么，由第二个关系知道，鸡有 $35-x$ 只，于是，鸡的总脚数为 $2(35-x)$，兔的总脚数为 $4x$。将这个关系带入第一个等式，得到

$$2(35-x)+4x=94$$

在上面的过程中，核心在方程建模的过程，即：

发现问题中的等量关系

⇒用等式表达关系

⇒用符号语言表达关系

⇒用含有未知数的方程表达关系

⇒一元一次方程

而解方程的要点在于"化繁为简、化生为熟"的化归思想。

其实，课堂学习不仅仅是获知的过程，更是发展学生数学思维水平的过程，教师之所以要尽量还原数学抽象的过程并使学生亲身经历这个过程，其深层次的目的在于，帮助学生积累直接的数学思考经验，进而有效发展学生的数学抽象能力。

（三）让学生经历发现问题、提出问题、分析问题、解决问题的全过程，帮助学生获得问题解决的经验

积累学生的数学活动经验需要教师有一双慧眼——发现大千世界中的数学现象，并加以适时地分析和解决。我们以三角形的教学为例。

作为最简单的平面图形之一，三角形几乎是无处不在的。它们既是构成缤纷世界的基本元素，也是日常生活的"好帮手"。

图 4-15 晾衣架

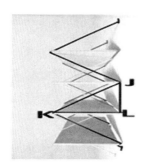
图 4-16 墙上置物架

图 4-17 收纳架

图 4-18 书架

图 4-19 台式日历

无论是晾衣架、墙上置物架,还是收纳架、书架、台式日历等物品中,都有三角形哦!你想过没有?这些物品既是三角形的生活原型,也是三角形广泛应用的具体体现。

而其中的要害在于——正是三角形的存在,保持了物体的稳定性,也就是,这是三角形的稳定性在发挥作用!

1. 发现问题、提出猜想

大千世界中的许多物体,其形状之所以要做成三角形状的才能保持物体的稳定性,很可能是由于"三角形本身具有稳定性"所致。

2. 提出数学问题

三角形是否具有稳定性?如何验证三角形的稳定性呢?

3. 分析问题

要想验证三角形是否具有稳定性,就要去用实物做出一个三角形,然后去探索我们的猜想。

4. 解决问题

(1) 制作实物三角形

先用硬纸板或小木棍制作三个细长的矩形,作为三角形的边,然后用大头针、图钉将三条边首位顺次地钉在一起。

(为了保证探索过程的安全性,我们将钉好的图钉的尖端固定在小块的橡皮上,这样保证我们在探索时不会被图钉扎伤。如图 4-20 所示)

图 4-20

(2)扭动三角形,观察它的形状是否发生改变

当我们扭动三角形的三条边或者顶点,在硬质条或木板本身没有发生形变的基础上,三角形的形状是没有发生变化的。也就是印证了三角形具有稳定性这一猜想。

大家还可以联想人教版教科书第七册(下)第 73 页的例子:

盖房子时,在窗框未安装好之前,木工师傅常常先在窗框上斜订一根木条。为什么要这样做呢?

可以重复验证三角形具有稳定性的过程进行猜想和验证。

首先是发现问题、提出猜想:为什么要在四边形的窗框上斜钉一根木条呢?是因为四边形不具有稳定性吗?

提出数学问题:验证四边形不具有稳定性。

分析问题:要想验证四边形是否具有稳定性,就要去用实物做出一个四边形,然后去证明我们的猜想。

解决数学问题:

(1)制作实物四边形(制作方法请参照三角形,如图 4-21 所示)

图 4-21

(2)扭动四边形,观察它的形状是否发生改变

我们扭动四边形的边或者顶点,在硬质条或木板本身没有发生形变的基础上,四边形的形状是发生变化的。换言之,就是四边形是不具有稳定性的。

在发现问题、提出问题并加以分析和解决问题的过程中,除了帮助学生积累问题解决的直接经验之外,还可以帮助学生理解数学的建模思想,积累将生活中的错综复杂的问题抽象出方程、三角形、函数等概念的本质内涵的直接经验和体验,进一步提高学生的抽象概括能力,以及从错综复杂之中把握本质与核心的能力。

总之,经验是在活动中积累的,学生必须亲身参与数学活动,在独立思考之中不断积累直接的数学活动经验,正所谓"数学活动经验需要在'做'的过程和'思考'的过程中积淀"。[①] 同时,只有不断积累,才能达到学会独立思考与如何思考的数学学习目标。

第四节 数学问题解决的学习

数学问题解决是指学生在新的情景状态下,运用所掌握的数学知识对面临的问题采用新的策略和方法寻求问题答案的一种心理活动过程。

数学问题解决是以思考为内涵,以问题目标为走向的心理活动过程,其实质是运用已有的知识去探索新情景中的问题结果,使问题由初始状态达到目标状态的一种活动过程。

一、数学问题和数学问题解决的含义

(一) 数学问题的含义

1. 数学问题

数学问题是指不能用现成的数学经验和方法解决的一种情景状态。

如计算$(+1)-(+2)$,对于尚未学习负数的学生来说,就是一个不能直接运用原有的运算法则进行计算的情景状态,它就是一个问题。

就信息加工而言,数学问题对学生来讲是一组尚未达到目标状态的、有待加工处理的信息。如果把一个数学问题看作一个系统,那么这个系统中至少有一个要素是学生还不知道的。假如构成这个系统的全部要素都是学生已知的,那么这个系统对学生来说就不是问题系统了,而是一种稳定系统。

数学问题有两个特别显著的特点:一是障碍性,即学生不能直接看出问题的解法和答案,必须经过深入的研究与思考才能得出其答案;二是可接受性,即它能激起学生的学习兴趣,学生愿意运用已掌握的知识和方法去解决。

2. 数学问题的结构

数学问题作为一种有待加工的信息系统,它主要由以下三种成分构成。

(1) 条件信息。条件信息是指问题已知的和给定的东西,它可以是一些数据、

[①] 中华人民共和国教育部. 义务教育数学课程标准(2011年版)[S]. 北京:北京师范大学出版社,2012:47.

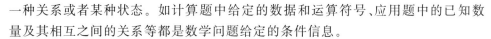

一种关系或者某种状态。如计算题中给定的数据和运算符号、应用题中的已知数量及其相互之间的关系等都是数学问题给定的条件信息。

（2）目标信息。目标在这里是指一个数学问题求解后所要达到的结果状态，即通常所说的要求什么。如问题"课外活动时,体育委员到保管室领球,按5个人一个篮球、8个人一个排球、10个人一个足球计算,一共要领17个球。全班共有多少人参加课外活动？篮球、排球、足球各要领多少个？"中的"全班共有多少人参加课外活动"和"篮球、排球、足球各要领多少个"就是问题给定的目标信息。数学问题一旦由问题状态转化成目标状态以后,它就不再是一个问题系统了。如在上例中,未求出全班参加课外活动人数和三种球的个数之前它是一个问题系统,一旦求出答案达到目标状态以后,它就是一个稳定系统了。

（3）运算信息。运算在这里是指条件所允许采取的求解行动,即可以采取哪些操作方式把数学问题由问题状态转化成目标状态,它是问题求解的依据。如 $56.28\div0.67$,可以利用除法商不变性质把除数是小数的除法转化成除数是整数的除法,然后按照除数是整数的除法法则进行计算,这就是问题给定的运算信息,没有这些信息就无法计算出结果。

（二）数学问题解决及其特征

问题解决是数学教育界、心理学界非常关注的重要话题。但是,对于问题解决的含义是什么,国际上有着各种不同的理解,因而赋予"问题解决"以多种含义,归纳起来有以下几种观点：

观点1：问题解决是一种教学目的。

美国全美数学教师理事会2000年制定的《学校数学教育的原则和标准》指出"问题解决不仅是学习数学的一个目标,也是学习数学的一种主要方式"。[①]"教授数学的真正理由是因为数学有着广泛的应用,教授数学要有利于解决各种问题""学习怎样解决问题是学习数学的目的",这也是把问题解决作为一种学习目的的观点。

观点2：问题解决是一种技能。

美国教育咨询委员会(NACOME)认为,问题解决是一种数学基本技能,他们对如何定义和评价这项技能进行了许多探索和研究,并坚持把问题解决作为一种技能来看待。

观点3：问题解决是一种教学形式。

把问题解决作为一种教学形式,这种观点曾在国内外数学教育界被深入讨论

---

① 全美数学教师理事会.美国学校数学教育的原则和标准[S].蔡金法,等,译.北京：人民教育出版社,2003:109.

过,如"问题解决教学"形式研究①、以"问题解决"为教学形式培养学生思维品质②等,而英国学校教育调查委员会提出的观点,如"应当在教学形式中增加讨论、研究问题解决和探索等形式","在英国,教师们还远远没有把问题解决的活动形式作为教学的类型",都是把问题解决作为一种教学形式的典型观点。

观点 4:问题解决是一种心理过程。

在数学学习心理学中,问题解决一般理解为一种操作过程或心理过程。所谓问题解决(Problem Solving),是一系列有目的指向的认识操作过程,是以思考为内涵、以问题为目标定向的心理活动过程。具体来说,问题解决是指人们面临新的问题情境,由于缺少现成对策和解决方法而引起的解决问题的思考和探索过程。问题解决是一种带有创造性的高级心理活动,其核心是思考和探索。

心理学中不同学派对问题解决的心理活动有着不同的解释。联结学派认为问题解决是"联结的激起",认知学派认为问题解决是"知觉的重组";现代认知学派则认为问题解决是"探求的过程";问题解决有两种基本类型——需要产生新的程序的问题解决是创造性问题解决,运用已知或现成程序的问题解决是常规性问题解决。数学中的问题解决一般属于创造性问题解决,不仅需要构建适当的程序达到问题的目标,而且更侧重于探索到达目标的过程。现代心理学的研究表明,问题分为三种状态,即初始状态、中间状态和目的状态。问题解决就是从问题的初始状态开始,寻求恰当的路径和方法达到目的状态的过程。因此,问题解决实质上是运用已知的知识去探索新情境中的问题结果和达到问题的目的状态的过程。

根据数学问题的含义,我们认为,数学问题解决是指学生在新的情境状态下,运用所掌握的数学知识、技能、经验、思想和观念等,对面临的问题采用新的策略和方法寻求问题答案的一种心理活动过程。

在这里,特别需要指出的是,数学问题解决中的问题指的是在接触这个问题之前从未接触过这种类型的问题、并不清楚这个问题(乃至这类问题)的解决策略和方法,即英文中的 Problem,否则,只能是英文中的 Question,即一个练习。例如,学生在学习了平方差公式 $(a+b)(a-b)=a^2-b^2$ 之后,对于 $100000001 \times 99999999$ 的问题,就不是一个真正的 Problem(问题),而只能是一个 Question(练习)而已——虽然学生尚未解决这个问题,但是,对于这类问题,学生已经知道了解决的一般策略和具体方法,对学生来说就不能构成一个真正的问题。

---

① "问题解决教学"研究课题组.綦明男,李红婷."问题解决教学"形式的数学教学研究[J].教育探索,2000(10):41—43.

② 蒋宗德.初探以"问题解决"为教学形式培养学生思维品质的途径和方法[J].数学教学通讯,1998(04):1—3.

与其他一般问题解决一样,中小学数学学习中的问题解决也具有以下基本特征:

第一,数学问题解决指的是学生初次遇到的新问题,如果是以前解过的习题,对学习者来说就不是问题解决了,而是做练习。

第二,数学问题解决是一种积极探索和克服障碍的活动过程。它所采用的途径和方法是新的,至少其中某些部分是新的,这些方法和途径是已有数学知识和方法的重新组合。这种重新组合通常构成一些更高级的规则和解题方法,因此,数学问题解决的过程又是一个探索、发现和创新的过程。

第三,数学问题一旦得到解决,学生通过问题解决过程所获得的解决问题的方法就成为他们数学认知结构的一个组成部分,这些方法不仅可以直接用来完成同类学习任务,还可以作为进一步解决新问题的已有策略和方法。

二、数学问题解决的功能

数学问题解决的过程是一个复杂的心理活动过程,它对学生的学习和发展具有重要作用,其功能可概括为以下几个方面。

(一) 问题解决有利于提高学生数学知识的掌握水平

数学问题解决,从根本上来讲是把已学到的数学内容,运用到新的情景中去的过程,并且这种运用不是一种简单的模仿操作,而是对已经掌握的数学概念、规则、方法、技能、经验和思想,重新组合的创造性运用。这个过程本身就是加深数学知识的理解并灵活运用所学内容的一种过程,因此,数学问题解决的学习有利于学生提高数学知识技能的掌握水平和对数学思想、经验的理解水平。

如计算异分母分数加减法,要综合运用分数的基本性质、通分和同分母分数加减法法则等知识才能使问题得到解决。很明显,这个过程本身就是提高分数基本性质、通分和同分母分数加减法法则掌握水平的过程之一。

数学问题解决和练习都有提高知识掌握水平的功能,但两者有着根本的区别:前者主要是通过对已有知识和方法的重新组合而生成新的解题策略和方法,它通过创新型的活动去实现已有数学内容在更高层次上的掌握;后者则更多的是对已有知识的重复学习,主要是通过巩固去加深知识、技能的理解和掌握。

(二) 问题解决能培养学生运用所学数学知识解决实际问题的能力

在数学问题解决的过程中,根据实现问题目标的需要,学生要主动将原来所学过的有关知识运用到新的情境中去,使问题得到解决。这个过程本身就是运用数学知识、使知识转化成能力的过程。

因此,数学问题解决对于培养学生的数学能力,特别是运用所学数学知识解决简单实际问题的能力具有重要意义。

首先，它促使学生在原有数学认知结构中去提取有用的知识和经验，运用于新的问题情境，培养学生根据学习目标需要，检索和提取有用信息的能力。

其次，数学问题解决促使学生将过去已掌握的静态的知识和方法转化成可操作的动态程序，这个过程本身就是将知识、技能内化成能力和智慧的过程。

另外，数学问题解决能使学生将已有的数学知识迁移到他们不熟悉的情境中去，并作为实现问题解决的方法和措施。这既是一种迁移能力的培养，同时又是主动运用原有的数学内容发现新问题并加以分析解决的能力培养。

（三）问题解决能有效培养学生的数学意识

在数学问题解决的过程中，学生对面临的问题要运用哪些数学知识，怎样去运用这些知识才能使问题得到解决，他们都有明确的认识，因此，数学问题解决能有效地培养学生的数学意识。

首先，在数学问题解决中，学生能更加明确认识到过去所学数学知识的重要作用。如加法交换律、结合律和乘法交换律、结合律、分配律，学生在学习这些定律时并没有完全意识到它们的作用，只有在用这些定律解决简便计算问题时，他们才真正体会到这些定律的重要性。

其次，长期的数学问题解决学习，能培养学生用数学的眼光去观察身边的事物，用数学的思维方式去观察、分析日常生活中的现象。

最后，在数学问题解决过程中，学生还能切身感受到运用数学知识解决问题后的成功体验，这不仅可以增强学生学好数学的信心，还可以使他们更加深刻地感受到自己所学的数学知识都是有用的。这对于学生良好数学观的形成，非常有帮助。

（四）问题解决能培养学生的探索精神和创新能力

数学问题解决中的问题对学生来说都是第一次遇到的新情境，一方面怎样去实现问题的解决并没有现成的方法和措施可采用，需要学生根据具体的问题情境去探索和发现能使问题达到目标状态的方法与途径，这个过程本身就是一个主动探索的过程。因此，数学问题解决有利于学生探索精神的培养。

另一方面，任何一个数学问题的解决都不能直接依赖已有的知识和方法，只有通过对已掌握的知识和方法的重新组合并生成新的策略和方法才能实现问题的解决。这个过程的创新要求，促使学生寻求新的途径和方法去实现问题的解决。它不仅可以使学生获得初步的创新能力，同时还可以让学生从小养成创新的意识和创新的思维习惯，为今后实现更高层次的创新奠定良好的基础。

在教学中，挖掘数学问题解决中隐藏的培养学生探索精神和创新能力的巨大潜力，引导学生加强数学问题解决的学习，充分发挥其培养学生探索精神和创新能力的功能，在当前也是素质教育赋予中小学数学学科教学的重要任务。

三、数学问题解决的心理过程分析

数学问题解决是一个连续的心理活动过程,对于这个心理过程,许多心理学家与教育家进行了实验研究,并提出了多种结构模式,下面介绍有代表性的三种。

(一) 数学问题解决典型的心理模式

1. 杜威模式

美国教育家杜威(John Dewey,1859—1952)认为,问题解决的过程可以划分为五个阶段,即:感觉疑难、确定疑难、提出可能的答案、考虑各种结果、选择解答方法。杜威的模式突出了问题解决中的三个因素,即感觉的敏锐性、思维的周密性和鉴别的能力水平。由于这些因素直接影响着问题解决的成败,是问题解决中实现认知决策的关键所在,因而杜威模式对于问题解决具有重要的指导意义。

2. 罗斯曼模式

罗斯曼(J. Rossmean)研究了700多位著名科学家的创造性活动经验,从中归纳出问题解决过程的七个阶段,即:观察疑难现象、形成问题、调查资料、建立答案、考验答案、形成新观念、检验新观念。

3. 吉尔福德模式

美国心理学家吉尔福德(J. P. Guilord)创立了智力活动的结构学说,并在此基础上提出了问题解决过程的结构模式,这个模式把问题解决过程划分为三个阶段:第一,初始信息分类阶段,即以认知为基础,觉察疑难,形成问题,搜集有关资料,为解决问题做好准备;第二,归类信息储存阶段,即以记忆为基础,将视觉、听觉以及符号、语义的行为等方面的有关材料进行记忆;第三,材料转换阶段,即以操作和评价为基础,将认知记忆的材料转换成新的概念,形成问题解决的假设方案,通过思维的评价作用检验对有关材料认知和记忆的确切程度,检验新观念和假设的可靠性并加以证实。

吉尔福德的模式是把问题解决看作智力操作过程,属于现代认知理论的范畴。从这个模式中可以看到,问题解决是一种十分复杂的智力活动过程。

(二) 数学问题解决过程

美籍匈牙利裔著名数学教育家波利亚(G. Polya,1887—1985)在《怎样解题》[①]一书中指出:数学问题解决的过程必须经过下列四个步骤,即理解问题、明确任务;拟订求解计划;实现求解计划;检验和回顾。

一般来说,解决问题的思维活动开始于问题情境,在分析问题的已知与未知条件,明确问题的意义和目的状态后,就进入了转换和寻求解决途径的阶段。所谓转

---

① G.波利亚.怎样解题[M].阎育苏,译,北京:科学出版社,1982:5—15.

换,即变换问题,是把问题变换为自己的语言和易于解决的形式。寻求问题解决的途径和求得解答并不是简单利用已知信息,而是要把各种信息进行加工和改造,通过对解决问题的各种可能途径的比较与筛选,确定出问题解决的方法并求得问题的解答。最后,还需要对解决问题的途径和问题的解答进行检验或评价。

四、中小学数学课程教学中的"问题解决"及其达成策略

(一)重视"问题解决"是世界各国中小学数学课程教学的一个普遍趋势

自进入 21 世纪以来,重视问题解决成为各国数学课程的一个显著的特点。诸如英国的数学课程标准,"让学生学会问题解决"的相关内容占有十分重要的位置。荷兰的数学课程的突出特点是重视问题解决。而韩国的数学课程提倡数学问题解决,引入开放性问题(实际问题、非常规问题等)。

纵观世界许多国家与地区数学课程中的"问题解决",普遍具有两个突出特点。

一是数学问题解决的方式是先将问题变成可用数或图形呈现的形态,做出一些个案,然后以归纳的方式,或演绎的方式,把个案的解法形成一个数学模式。这样的问题解决历程,在数学课程内应一再出现,使学生耳濡目染,在不知不觉中学到了一种新的思维方式。

二是在数学课程中,当学生习惯于面对非常规问题进行解决问题的一种新活动时,他就养成了主动思考的习惯。一旦学生步入社会,这种能力将会帮助他调整、适应,使他成为现代化社会的优良公民。

就数学教育的全球发展趋势而言,"数学问题解决"的一个普遍共识就是:数学教育的目标并不仅仅是为了让学生学到一些数学知识,更重要的是要让学生在这个充满挑战、问题及其答案常常都不确定的世界中,能够运用数学发现问题、提出数学问题并加以分析和解决问题,进而用数学提高自己的生存本领,拓展自己的生存空间。

(二)将"问题解决"列入义务教育数学课程的重要目标之一是我国数学课程标准的一个鲜明特点

《义务教育数学课程标准(2011 年版)》将 2001 年颁布的《全日制义务教育数学课程标准(实验稿)》之中表述为"解决问题"的课程目标,订正为"问题解决"课程目标,其内涵增加"发现问题和提出数学问题",其他内容没有本质变化,仅仅是个别词语的微调,即:

◇ 初步学会从数学的角度发现问题和提出问题,综合运用数学知识解决简单的实际问题,增强应用意识,提高实践能力。

◇ 获得分析问题和解决问题的一些基本方法,体验解决问题方法的多样性,

发展创新意识。

◇ 学会与他人合作交流。

◇ 初步形成评价与反思的意识。

2017年颁布的《普通高中数学课程标准(2017年版)》,将高中数学课程的性质和目的之一界定为:提高从数学角度发现和提出问题的能力、分析和解决问题的能力。

可见,无论义务教育阶段,还是高中阶段,都明确将"问题解决"作为显性的课程目标出现,即提高从数学角度发现与提出问题、分析和解决问题的能力。

事实上,提出问题的前提是发现问题。而"发现问题"特指能够在纷繁复杂的环境条件下能够发现困惑,其起点是质疑;"提出问题"是指能够在发现问题的基础上,提出数学问题,也就是,将现实问题进行数学化,抽象概括出数学表述形式。

毋庸置疑,分析问题与解决问题能力的培养,是我国中小学教育的基本目标和教育传统要求。但是,从逻辑层次和难易程度分析,在中小学教学过程中,分析问题与解决问题涉及的是已知,而发现问题与提出问题涉及的是未知。因此,发现问题与提出问题比分析问题与解决问题更重要,难度也更高。在发现问题的基础上提出问题,需要逻辑推理和理论抽象,需要精准的概括。在错综复杂的事物中能抓住问题的核心,进行条分缕析的陈述,并给出解决问题的建议,不是一件简单的事情。提出问题的关键是能够认清问题、概括问题。[①]

对中小学生来说,发现问题更多的是指发现了书本上不曾学过的新方法、新观点、新途径,以及知道了以前不曾知道的新内容。这种发现对教师来说可能是微不足道的,但是,对于学生来说,这是一种自我超越,可以获得成功的经验和体验。学生从中可以领悟很多新知、积累创新(乃至创造)的必要经验。尤为重要的是,由此可以强化学生浓厚的兴趣,进一步巩固数学学习的自信心,进而激发创造的激情。

问题的提出必须进行深入思考和自我组织,因而,可以调动学生的身心进入活动状态,诱发学生的智慧灵感。提问需找到疑难,发现疑难就要动脑思考,这与跟着教师去验证、推断既有的结论是不同的思维方式。学生只有多次在这样的思维方式训练下,才能逐渐形成创新意识、创新精神和创新能力。

由此可见,作为中小学数学课程目标出现的"问题解决",其核心内涵在于两点:一是把"问题解决"作为过程性目标的主要组成部分,将其纳入公民素养的重要组成部分之一的数学素养之中,并作为核心成分出现。二是将"从数学的角度发现问题、提出(数学)问题并加以分析和解决的能力"作为"问题解决"课程目标的核心内涵。

---

① 史宁中,柳海民.素质教育的根本目的与实施路径[J].教育研究,2007(8):10—14,57.

（三）数学问题解决教学的基本环节、有效策略及典型案例分析

在中小学数学教学中，开展数学问题解决的教学，基本遵循"质疑—发现问题—提出数学问题—分析问题、解决问题"基本步骤。为此，需要将每一步、每个环节的工作做扎实。

1. 引导学生敢于质疑、能有理有据地质疑

创新始于问题，问题往往产生于质疑。质疑是探索知识、发现问题的开始，是获得真知的必要步骤。没有质疑，就没有创新；没有反思，就没有提高。在日常教学中，要注意以下几个方面。

首先，要鼓励学生异想天开。"凡事都要问一问，都要试一试"，这正是问题意识的表现。当学生学习一个数学新知时，需要教师鼓励学生采用自己的方式进行探索发现，亲身经历由已知出发，经过自己的努力，或与同伴合作，获得对新知的理解，而不是采用"直接告诉"的方式；当学生面临一个困难时，引导他们寻找解决问题的思路，并在解决问题的过程中总结所获得的经验，而不是直接给出解决问题的方案；当学生对自己或同伴所得到的"数学猜想"没有把握时，要求并帮助他们为"猜想"寻求证据，根据实际情况修正猜想，而不是直接肯定或否定他们的猜想。

其次，要善待学生发问的行为，允许学生提问"出错"，允许补充，允许学生保留自己的看法。教师"善待"学生的问题是学生敢于提问的前提。当学生对他人（包括教科书、教师）的思路、方法有疑问时，应鼓励他们对自己的怀疑努力寻求证据，以否定或修正他人的结论作为思维的目标，从事研究性活动，即使学生的怀疑被否定，也应当首先对其遵循事实、敢于挑战"权威"的意识给予充分的肯定。同时，要培养学生尊重科学、尊重他人的习惯和意识，不仅敢于质疑别人的观点，而且，勇于质疑自己的观点，一旦发现自己的观点有问题，能够勇敢地面对，及时修正。

再次，运用激励评价，使学生"乐问"。例如，在问题解决的起始阶段，首先要引导学生善于收集信息并且加工整理、分离提取。以"读图"为例，要让学生知道读图的一般方法：先整体地了解图中的情境描述的是什么事，图中还有哪些其他信息，仔细、认真地把所有的信息收集起来。然后再梳理——哪些是条件，哪些是问题，哪些条件对这个问题有用，哪些条件对那个问题有用。

最后，要指导提问方法，使学生"会问"。

为此，一要有意识地传授给学生提问的一些基本要领。

其实，在不同的地方、不同的场合，根据不同的指向，可以提出不同类型的问题。例如，在数学应用问题的教学中，教师可示范提问："要求这个问题，必须知道哪些条件"（即针对题目的问题进行分析提问）"面积为 4 平方米的长方形，其一条边的长是 0.5 米，这句话是什么意思"（即针对文本内容进行理解提问）等。通过示范，让学生初步感受提问的指向性，借助模仿逐步形成一些基本的提问模式。

二要精心创设恰当的问题情境引导提问。即创设具体的、学生能感知的问题情境,充分激发他们强烈的求知欲,对蕴藏在情境中的疑问也就会自然而然地提出。为此,必须设法调动学生的眼、耳、手等多种感觉器官,而情境的创设应多以活动为主。

2. 培养学生发现问题的能力

(1) 培养学生的问题意识

所谓问题意识,通常是指,学生在认识活动中意识到一些难以解决的问题,并产生一种怀疑、困惑、探究的心理状态,这种心理状态可以驱使学生积极思维,不断提出问题和积极解决问题。

让学生认识到问题的存在、有意识地培养学生的问题意识,是问题解决教学非常重要而又经常被忽视的一个方面。

为此,在课堂教学中,对教师而言:一要鼓励学生大胆质疑,积极提问,要由原来的重视学生回答问题转变为重视学生提出问题,在课堂教学中"分配"一些时间、空间给学生提问,给学生创造参与课堂教学、积极提问的机会。二要发扬民主,要能放下教师的"威严",多和学生进行交流,建立平等和谐的师生关系。三要给学生创造良好的氛围,让学生敢于对教师提出问题。最后,课堂教学内容要紧密联系实际生活,让学生在学习过程中,乐意发现自己感兴趣的问题,有疑问可问、有问题可提。

对学生而言,平时学习中要有意识地多问几个为什么。课前要预习,找出不懂的问题,然后带着问题去听课;课后除了解决学习问题外,看到日常生活中与数学有关的问题,也要多思考、多提问。

(2) 帮助学生积累围绕数学问题的直接的数学活动经验

在中小学,如果说进行基础知识、基本技能教学的重要目标在于让学生在理解性掌握的前提下,掌握基础知识、基本技能,那么开展数学问题解决的教学,其重要目的则在于让学生经历数学问题解决的全过程,获得围绕数学问题的、直接的数学活动经验。

以"综合与实践"领域为例,教学的核心目标在于"帮助学生积累数学活动经验,培养学生应用意识和创新意识",突出"积累活动经验,培养发现问题、提出问题、并加以分析和解决问题的能力"。

(3) 创设恰当的问题情境,有意识地采取问题驱动的方式进行教学

问题情境是一种以激发学生的问题意识为价值取向的数据材料和背景信息,是从事数学教学活动的必要环境,是产生数学学习行为的重要条件和必要保障。

一个高质量的问题情境,能集中学生的注意力,诱发学生思维的积极性,引起学生更多的联想,也比较容易调动学生已有的知识、经验、感受和兴趣,从而更加自主地参与知识的获取过程、问题的解决过程。

一般地,问题情境应当满足三个基本条件:首先是,与学生的生活经验有关,适

宜充当数学课程内容与学生已有经验之间的接口和桥梁;其次,能成为学生应用所学内容做出创新与发现的载体;第三,帮助学生完成从现实内容到数学内容的抽象过程。

在中小学数学课程教学中,问题驱动式的教学实际上是,将数学知识、技能、经验、思想、方法等新知的学习,融入一个有趣的问题解决的过程之中,而不是"赤裸裸地"学习新知,通过"问题情境—建立模型—解释应用—拓展反思"的基本环节,诱发学生在有趣的、有个人意义的问题串之中,自觉地思考其中的问题,探索其"谜底",随着"谜底"的揭晓,新的概念、公式、法则、原理、观念、思维方法等"自然"登场,尔后在解释、应用之中,新学习的内容得到巩固、强化,而"拓展反思"将新旧内容更好地融为一体。

3. 再现并让学生亲身经历数学抽象的全过程,不断提高学生提出数学问题的能力水平

以"方程"概念的学习为例。无论哪类方程,其关键都在于建立方程"模型"的抽象过程,亦即方程建模过程,即

发现问题中的等量关系

⇒用等式表达关系

⇒用符号语言表达关系

⇒用含有未知数的方程表达关系

⇒解方程

而解方程的要点在于运用"化繁为简、化生为熟"的化归思想,表现在一元一次方程的解法之中,就是将含有未知数的项放在方程的一边,将不含未知数的项放在另一边,进行代数式化简和计算,将方程化归为 $ax=b$ 的形式,进而求出解 $x=c$,此为"化繁为简"。

学习方程的建模思想,重要目的之一就在于,帮助学生积累将生活中的错综复杂的问题抽象出方程本质内涵的直接经验和亲身体验,进一步提高学生的抽象概括能力,以及从错综复杂之中把握本质与核心的能力。

4. 教给学生归纳思维的方式方法,提高学生的归纳概括水平和探索规律的意识和能力

(1) 在基础知识、基本技能的教学过程中适时地渗透归纳、探索的方法

在小学"两位数乘以两位数"的教学中,①教师由情境导入,列出了算式"24×12"。在教师的引导下,学生基本理解了"两位数乘两位数"的算理,并初步掌握了列竖式计算方法。此时,教学转入巩固深化拓展阶段。

---

① 孔凡哲,崔英梅."巧算"背后的学科韵味——对知识技能教学的重新审视[J]. 人民教育,2011(11):44—46.

我们将原来仅仅用于巩固的练习,修正为如下的内容:

算一算、想一想、猜一猜:

① 列竖式计算:$12\times11,14\times11,15\times11,17\times11$。

② 仔细观察每道算式的因数与积,说一说你发现了什么?

通过笔算,从

$12\times11=132$

$14\times11=154$

$15\times11=165$

$17\times11=187$

之中,学生似乎可以发现:

积是一个三位数,百位都是1,十位数字似乎与这个两位数有关(似乎是这个两位数的两个数位上的数字的和),积的个位数与这个两位数的个位相同。

对学生来说,这是观察上面四道数学题而归纳猜想出的结论,属于第一次"发现"。

但是,这个猜想是否正确呢?有待验证。于是,在此基础上,教师再给学生出示:

③ 猜一猜11×24和11×45的结果,可能是多少?再列算式验证自己的猜测。

学生按照刚才的"猜想"会猜:"24×11"的结果应该是"164","45×11"的结果应该是"195"。

然而,学生通过列竖式计算后发现:

$24\times11=264$

$45\times11=495$

而"百位不再是1","猜想"需要修正!这是经过一次猜想和验证后归纳出的第二次"发现"。

如何修正呢?

在二次发现的基础上,教师引导学生思考第四问:

④ 观察上面的6个等式,它们有什么共同的特点?能有什么发现吗?能验证你的发现吗?

学生很快就能发现,"都是一个两位数乘11",而且"积的百位数字,与两位数的十位数字相同",此时,部分学生可以得出"积是把与11相乘的另一个因数分开,中间放它们的和",教师将其进一步归纳为"两边一拉,中间一加"。这是经过观察得出的第三次"发现"。

在此基础上,再验证我们的猜想,于是,教师出示第五个问题:

⑤ 运用上面发现的规律,自己编一个两位数,比如36,先猜测11×36的乘积是多少,并列竖式计算验证猜测。

果真,猜想正确!

当学生感到三次"发现"的结论可以成立时,教师出示第六问:

⑥ 按照你自己的猜想,先猜一猜11×57的结果会是多少?再用列竖式的方法验证。

学生们会发现,两位数之和5+7是超过10的数,前面的"猜想"需要修改!

借助此时的认知冲突,教师引导学生归纳出:只有在"两位数的十位数字与个位数字的和不满十时",才适用"两边一拉,中间一加"的方式。

而"满十"时,这个"十"应该怎么处理呢?是写成"5127"还是"627"?

再来分析竖式,学生可以发现,此时十位上的"12"应该向百位进一,要写成"627"。

对于修改后的结论,此时的学生往往会尝试一下,比如计算"11×59""11×67",发现的确是 $11×59=649, 11×67=737$。

最终,学生将猜想"两边一拉,中间一加"修进一步修改为"两边一拉,中间一加,中间满十,百位加1"。

这是学生根据观察若干个特例(个案)、归纳、猜想、验证、修正的第四次"发现"!

上面的过程是否啰唆呢?其实,如此"啰唆的过程"并非多余。让学生经历这样的过程,其真正的意图在于,在巩固"两位数乘两位数"的基础知识、基本技能的教学过程中,让学生多次经历归纳、猜想的思维过程,获得"个案1,……,个案 n → 归纳出一个共性规律,发现 → 猜想 → 验证自己的猜想 → 得出一般的结论"的直接经验和体验,让学生经历一次"数学家式"的思考过程,感受智慧产生的过程,体验创新的快乐。

(2) 在规律、法则的教学中充分展现发现探索、归纳概括的过程

我们以初中数学中的"能否将代数式 a^2-b^2 分解为两个代数式的乘积的形式呢"问题的教学为例。

我们该如何思考这个问题呢?

① 我们不妨从最简单的情况入手:

令 $b=1$,先讨论 a^2-1 的情形。

a^2-1 能否分解为两个代数式乘积的形式呢?

我们尝试着借助自然数的分解来思考:

如果 $a=1$,那么 $a^2-1=1-1=0$,$0=0×0$。结论很不明朗!

如果 $a=2$,那么 $a^2-1=4-1=3$,$3=1×3$。结论仍不明朗!

继续试验,如果 $a=3$,那么 $a^2-1=9-1=8$,而 8 除 1 和自身外,有两个因子 2、4,而 8 的确可以拆成 $2×4$,而 $2=3-1$,$4=3+1$。结论已经开始明朗!

继续试验,如果 $a=4$,那么 $a^2-1=16-1=15$,而 15 除 1 和自身外,只有两个因子 3、5,而 15 的确可以拆成 $3×5$,而且是唯一的,同时,$3=4-1, 5=4+1$。结论更开始明朗!不过,还可以继续试一试。

继续试验,如果 $a=5$,那么 $a^2-1=25-1=24$,而 24 除 1 和自身外,有 6 个因子 2、3、4、6、8、12,虽然 24 的确可以拆成 $4×6$,但是,并不是唯一的。结论迷茫了!再试一试。

继续试验,如果 $a=6$,那么 $a^2-1=36-1=35$,而 35 除 1 和自身外,只有两个因子 5、7,而 35 的确可以拆成 $5×7$,而且是唯一的,同时,$5=6-1, 7=6+1$。

此时,我们可以做出猜测:

$a^2-1^2=(a-1)(a+1)$,

并由此进一步猜测 $a^2-b^2=(a-b)(a+b)$。

② 当 $b=2、3、4、5、6$ 时，$a^2-b^2=(a-b)(a+b)$ 是否成立呢？我们还需要分别研究 $b=2,b=3,b=4,b=5,b=6$ 的情况，比如，$b=3$ 的情形：

a^2-3^2：如果 $a=4$，那么 $a^2-9=16-9=7$，$7=1\times7=(4-3)\times(4+3)$。结论成立！

如果 $a=5$，那么 $a^2-9=25-9=16$，$16=2\times8=(5-3)\times(5+3)$。结论也成立！但是，16 也可以是 4×4。

继续试验，如果 $a=6$，那么 $a^2-9=36-9=27$，而 27 除 1 和自身外，最为简单的分解方式是 3×9，而 $3=6-3$，$9=6+3$。结论已经开始明朗！

继续试验，如果 $a=8$，那么 $a^2-9=64-9=55$，而 $55=5\times11=(8-3)\times(8+3)$，而且是唯一的。结论更加明朗！

因而，可以推断，当 $b=3$ 时，$a^2-b^2=(a-b)(a+b)$ 也是成立的。

③可以考虑 $b=4$，$b=5$，$b=6$ 的情况，$a^2-b^2=(a-b)(a+b)$ 也能成立。

最终，综合各种情况，得出，$a^2-b^2=(a-b)(a+b)$。

至此，我们发现了一个新的公式 $a^2-b^2=(a-b)(a+b)$。而这个公式实际上是 $(a-b)(a+b)=a^2-b^2$ 的逆用，即：

按照多项式乘法法则 $(a+b)(m+n)=am+an+bm+bn$，取 $m=a,n=-b$，就可以得到 $(a-b)(a+b)=a^2-b^2$。而多项式乘法法则是可以左右逆用的。

这是否是多余的呢？

其实，许多似乎"多余"的学习环节，是为了让我们每一位学生都经历数学思考的过程，获得直接的经验和体验，建构真正的数学理解，最终形成良好的数学直观。

这种目的表现在数学学习中，就是让我们亲身经历数学概念的抽象过程、数学公式法则的推导过程，亲身经历算理的逐级抽象过程，亦即，这也是数学自身的需要。

总之，数学问题解决的课堂学习，不仅是培养学生的发现问题、提出问题并加以分析和解决的综合能力，而且，更是提高学生数学思维水平的过程，之所以尽量还原数学抽象的过程并诱发学生亲身经历这个过程，其深层次的目的在于，帮助学生积累直接的数学思考的经验，进而有效发展学生的数学抽象能力，以及质疑的意识和初步的创新能力。

思 考 题

1. 陈述性知识与程序性知识有何异同？过程性知识与它们的区别如何？
2. 概念同化与概念形成有何不同的侧重点？数学概念学习的基本过程是怎样的？
3. 数学命题学习主要包含哪几个阶段？
4. 数学技能学习有哪些类别？每类数学技能形成的过程有哪些基本特点？

5. 数学基本活动经验的学习有哪些类别?每类数学技能形成的过程有哪些基本特点?

6. 如何理解数学问题?有人说做数学题就是数学问题解决,试评判这个观点。

7. 在日常的教学条件下数学问题解决学习的一般步骤是怎样的?

拓展性问题

★ 影响学生数学问题解决的因素主要有哪些?如何利用实验数据印证你的观点。

第五章　数学学习的记忆与迁移

数学记忆在数学教育中占有重要位置,无论是数学问题解决、创造性数学活动经验的学习,还是数学基础知识、基本技能、基本经验、基本思想和数学观念的进一步学习,都需要以数学记忆为必要前提。而迁移作为教育教学过程中的重要目的和追求之一,对于数学学习至关重要,"为迁移而教、举一反三"等正是此意。

第一节　数学学习的记忆

一、数学记忆的一般概念

记忆是在头脑中积累、保存和提取个体经验的心理过程。运用信息加工的术语,记忆就是人脑对外界输入的信息进行编码、存储和提取的过程。人们感知过的事物,思考过的问题,体验过的情感和从事过的活动,都会在人们头脑中留下不同程度的印象(这就是记的过程)。在一定条件下,根据需要,这些储存在头脑中的印象又可以被唤起,参与当前的活动,得到再次应用,这就是忆的过程。从输入大脑存储,到再次提取出来应用,这个完整的过程称为记忆。

数学记忆是学生学习过的数学知识、技能、经验、思想观念在头脑中的反映,是学生通过数学学习积累知识、技能、经验、思想和观念的功能表现。

记忆对学习来说至关重要。知识学得怎样取决于知识怎样储存又怎样从记忆中提取。[1] 数学记忆是数学学习的重要环节。如果没有记忆的存在,那么数学学习几乎不能维持下去。

(一) 数学记忆的实质

著名的数学心理学家克鲁切茨基(Р. А. Крутецкий)经过大量的实践得出结论:"数学记忆的本质在于,对典型的推理和运算模式的概括的记忆力。至于对具体数据和数值参数的记忆,就数学能力说,它是'中性'的"[2]——这是最为贴切的

---

[1] 戴尔·H.申克.学习理论:教育的视角:第3版[M].韦小满,等,译.南京:江苏教育出版社,2004:12.

[2] 克鲁切茨基.中小学数学能力心理学[M].李伯黍,等,译.上海:上海教育出版社,1983:367.

解释。

与此同时,数学记忆的前提在于,对数学知识、技能、经验、思想、观念的理解性掌握。

(二) 数学记忆的分类

根据不同的划分标准,记忆可以分为不同的类别:

1. 依据记忆形式可以把记忆分为:机械记忆,理解记忆,概括记忆

(1) 机械记忆是指学生只能按照数学事实、数据、定理、概念、法则等所表现的形式进行记忆。

(2) 理解记忆是指根据学生对数学学习材料的理解,运用有关的知识、经验进行记忆。其特征之一是能够用自己的语言、事例说明对有关数学事实的含义或关系。

(3) 概括记忆指在理解的基础上,把所学习的材料进行概括,对其一般模式的概括进行记忆。

三种记忆形式的层次关系由低到高依次为:机械记忆,理解记忆,概括记忆。

首先,学习材料对学习者来说必须是有意义的,即材料所代表的客观事物的空间形式和数量关系,能与学生原有的某些知识、经验等内容建立一定的联系。

其次,在理解所要记忆的材料的基础上,认识所学习的材料代表什么样的空间形式和数量关系。

只有把记忆材料中特定的知识联系起来,才可能实现理解记忆。

例如,在数学教学中,揭示数学知识的背景和来龙去脉,从学生的现实和社会现实出发,都是为了达到理解记忆。

最后,只有在理解记忆的基础上,把所学的数学材料和原有的知识、经验进行比较,概括为一般模式,才能上升为概括记忆。

2. 依据记忆的内容,可以对记忆进行如下分类

(1) 陈述性记忆和程序性记忆

陈述性记忆处理陈述性知识,即事实类信息,包括字词、定义、人名、时间、事件、概念和观念。陈述性记忆的内容可以用言语表达。程序性记忆又称技能记忆,记忆程序性知识,如怎样做事情或如何掌握技能,通常包含一系列复杂的动作过程,既有多个动作之间的序列联系,也包括在同一瞬间同时进行的动作间的横向联系,这两方面共同构成的复合体是无法用语言清楚表述的。例如用圆规画圆,你所知道的规则和方法是储存在陈述性记忆中的;而假若你擅长折纸,那么这些操作性技巧则储存在程序性记忆中。

(2) 情景记忆和语义记忆

随着记忆研究的深入,到20世纪80年代后期,托尔文(Endel Tulving,1927—)

将陈述性记忆又进一步区分为情景记忆和语义记忆。①

情景记忆是指对个人亲身经历过的,在一定时间和地点发生的事件或情景的记忆。语义记忆是对字词、概念、规律和公式等各种概括化知识的记忆,它与一般的特定事件没有什么联系。对信息的这种意义特征的记忆不依赖于接收信息时的具体时间和地点,而是以语义为参照。情景记忆和语义记忆之间并没有严格的界限。

3. 依据记忆时间的长短,记忆可以分为感觉记忆、短时记忆和长时记忆

刺激作用停止后,它的影响并不立刻消失,可以形成后像。视觉后像最为明显,后像可以说是最直接、最原始的记忆。

(1) 后像只能存在很短的时间,即使最鲜明的视觉后像也不过持续几十秒钟,这就是感觉记忆。

(2) 短时记忆的时间间隔比感觉记忆要长些。但是,存储材料的时间也只有一分钟左右,甚至更短一些。

(3) 长时记忆是指保持时间在一分钟以上的信息存储。

4. 人类的记忆还可以分为过程记忆和命题记忆

(1) 过程记忆是保持有关操作的技能,主要由知觉运动技能和认知技能组成。

(2) 命题记忆是存储用符号表示的知识,反映事物的实质。命题记忆更进一步分为情景记忆和语义记忆。前者是存储个人发生的事件和经验的记忆形式。后者是存储个人理解的事件的本质的知识,即记忆关于世界的知识。

二、数学记忆过程

我们平时的记忆的过程如图 5-1 所示。

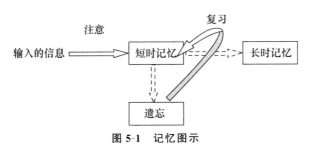

图 5-1 记忆图示

---

① 加拿大认知心理学家托尔文,因人类记忆方面的研究而著名。他将长时记忆分为情景记忆(episodic memory)和语义记忆(semantic memory),并认为记忆的存储和提取是两个彼此独立的功能。1983 年获美国心理学会颁发的杰出科学贡献奖,1988 年当选为美国国家科学院院士。主要著作为:*The Oxford Handbook of Memory*(Endel Tulving, Fergus Craik, 2000), Oxford University Press, US。

加涅认为,记忆的过程是人脑加工信息的过程,即信息的输入、编码和检索的过程。而奥苏贝尔认为,如果数学学习是改变数学认知结构,建立新的数学认知结构的话,那么,数学记忆则是保持数学认知结构的过程。

数学记忆一般包含编码、保持、提取三个阶段。

(一)编码

编码是记忆的第一个基本过程,它把来自感官的信息变成记忆系统能够接收和使用的形式。一般说来,我们通过各种感觉器官获取的外界信息,首先要转换成各种不同的记忆代码,即形成客观物理刺激的心理表征。编码过程需要注意的参与,注意使编码有不同的加工水平,或采取不同的表现形式。例如,对于一个汉字,你可以注意它的字形结构、字的发音或字的含义,形成视觉代码、声音代码或语义代码。编码的强弱直接影响着记忆的长短。当然,强烈的情绪体验也会加强记忆效果。总之,如何对信息编码直接影响到记忆的储存和以后的提取,一般情况下对信息采用多种方式编码会收到更好的记忆效果。

输入的信息在经过人的注意过程的学习后,便成为人的短时记忆,但是,如果不经过及时的复习,这些记住过的东西就会遗忘,而经过及时复习,这些短时的记忆就会成为人的一种长时记忆,从而在大脑中保持很长的时间。

(二)保持

保持也称储存,已经编码的信息必须在头脑中得到保存,在一定时间后才可能被提取。但信息的保存并不都是自动的,在大多数情况下,为了日后的应用,我们必须想办法努力将信息保存下来。已经储存的信息还可能受到破坏,出现遗忘。记忆在质与量上最明显的变化就是遗忘。遗忘是记忆的相反方面,是指对于识记过的事物错误的再认与回忆。用信息加工论的观点来说,遗忘就是信息提取不出来或提取错误。

遗忘可以分为暂时性遗忘与永久性遗忘两类。前者指已转入长时记忆的内容一时不能被提取,但在适宜条件下还可能恢复,后者是记忆的材料未经复习就已消失。

其实,心理学家研究记忆主要关心影响记忆储存的因素,以便与遗忘作斗争。

(三)提取

保存在记忆中的信息,只有被提取出来加以应用,才是有意义的。提取有两种表现方式:回忆和再认。日常所说"记得"指的就是回忆。再认比较容易,原因是当原刺激呈现在眼前时,你有各种线索可以利用,需要的只是确定它的熟悉程度。一些学习过的材料无法回忆或者再认出来,它们是否在头脑里完全消失了呢?不是的。记忆痕迹并不会完全消失,用再学习可以很好地证明这一点。即让被试先后两次学习同一材料,每次达到同样的熟练水平,再次学习所需要的练习次数或时间必定要少于初次学习,两次所用时间或次数之差就表示保存的数量。

三、记忆规律在数学教学中的运用

研究表明,每次信息的重复输入,其维持记忆的时间是各不相同的。以外语单词记忆为例,第一次可能几秒钟,第二次、第三次就可能由几分钟到几小时,再重复就能达到几天,甚至几个月。重复次数越多,记忆时间就越长。

当需要记忆的材料数量偏大时,会给记忆带来困难。在这种情况下,把记忆的组织适当分散成若干小单元后,再依次存储,记忆的效果就可能好些。

认知的循序渐进规律,揭示了新旧知识之间的内在联系。任何新知识的获得都是由原有知识发展、衍生或转化而来的。所以,对新信息的记忆,通过与原有知识的各种形式的联想(接近联想、类似联想、对比联想、因果联想等),形成新、旧知识之间有机联系的系统,是有利于知识储存的。

记忆是一个不断巩固的过程。由瞬时记忆到短时记忆再到长时记忆有一个转化过程;由感知保持到理解、到衍生新知也有一个转化过程。这个过程是一个由量变到质变的过程,质变之后外来信息就能长期、牢固地保存在脑海中。

当一个新的信息输入后,它与原有的知识储备之间会产生一种相互干扰。一是前后信息互相加强,称为"正干涉";二是前后信息互相干扰,称为"负干涉"。正干涉有利于记忆,负干涉则对记忆起抑制作用,所以,在学习时要充分利用正干涉,而避免负干涉。

强烈、新鲜的刺激能激起兴趣,使人感受突出,就会使记忆强化。

上述规律只是就一般情况而言的,中小学生在运用这些记忆规律时要因人而异、因记忆对象而异,每个人都要从自己的实际和特长出发,来理解和驾驭这些规律。为此,必须明确记忆的目的和任务,使学生理解所学的知识内容并概括成系统,并合理安排复习,复习要适量、适时;可以借助直观形象和语言的作用加强数学记忆,并在发展中巩固知识内容。例如,对于圆周率 π 的小数点后22位,可以用"山上的寺庙、两位和尚对饮"的形象帮助记忆,即

$$\pi = 3.14159\ 26535\ 8979323\ 846\cdots$$

山巅一石一壶酒　二侣舞扇舞　把酒沏酒扇啊扇　饱死啰……

第二节　数学学习的迁移

在学习活动和教学实践中,常常发现以前的学习会对当前的学习产生积极的或消极的影响。当前的学习也会对以前的学习产生积极的或消极的影响。这种现

象无论在知识学习还是在技能学习中均有发生。这便是学习的迁移。

学习的迁移现象早在两千多年前就被我国古代的学者们注意到,并在学习和教学中得以应用。中国古代很多学者都知道举一反三、触类旁通的道理。长期以来,中外学者对学习迁移现象极为重视,进行了大量学习迁移的理论探索和实践研究,探讨形成学习迁移的因素或原因,提出了解释学习迁移的各种理论和学说。这种研究至今仍然方兴未艾,不断取得新成果。

迁移是数学学习中的一种普遍现象。正是由于迁移,学生掌握的新的数学内容才能以某种方式联系起来,并能够在数学问题的解决中发挥作用。数学新内容的掌握总在某种程度上改变着已有的数学认知结构,学生对已经掌握的不同数学内容进行组合,往往可以形成新的数学内容,诸如此类的数学内容之间的相互影响,都是数学学习的迁移现象。例如,分数的认识和学习,有助于小数的理解和认识;估算技能的提高,有助于数的观念的形成。这些都属于迁移现象。

一、迁移的一般概念

学习的迁移也称训练迁移,指一种学习对另一种学习的影响或习得的经验对其他活动的影响。迁移广泛存在于数学学习的基础知识、基本技能、行为规范之中。比如,加法的学习影响着乘法的学习,而乘法的学习反过来也影响着对加法的重新理解;数学学习的审题技能的掌握可能会促进其他学科的审题技能的学习;数学解题的"举一反三,触类旁通"正是方法、行为的平行迁移。

从迁移发生的领域分类,可分为知识的迁移、动作技能的迁移、习惯的迁移、态度的迁移。如掌握了加减法的小学生,容易学好乘、除法运算,就是一种知识的迁移;在折纸活动中,掌握了折一个轴对称图形的技能,初中生往往会将这种技能技巧运用到图形的平移、旋转活动中,就是一种技能的迁移;而一个受到了数学教师不公正对待的小学生,一提到数学学习就很厌烦,甚至连最基本的数学课堂交流活动也不想参加,这就是一种情感和态度的迁移。

按迁移产生的效果分类,分为正迁移和负迁移。

所谓正迁移,又称为积极迁移,指的是一种学习对另一种学习的积极影响或促进作用。如已有的知识技能在学习新知识和解决新问题的过程中,能够很好地得到利用,产生"触类旁通"的学习效果。

所谓负迁移,又称为消极迁移,是指一种学习阻碍和干扰了另一种学习,即一种学习对另一种学习产生了消极影响。如学生在学习新概念时,与原有的概念混淆,产生干扰现象,加大了新概念获得的难度,或者歪曲了原有概念。这种迁移给学生带来的消极影响是明显的。比如掌握了分配率 $a(b+c)=ab+ac$ 的学生,在初学正弦函数的和角公式时,往往会因 $a(b+c)=ab+ac$ 的干扰而产生 $\sin(\alpha+\beta)=$

$\sin\alpha+\sin\beta$ 的误解和思维惯性,不少学生要花很长时间、很大精力才能摆脱这种消极干扰。

按迁移产生的方向,可分为顺向迁移和逆向迁移。顺向迁移是指先前学习对后继学习的影响;反之,后继学习对先前学习的影响则称为逆向学习。顺向迁移有助于新知识的理解和掌握,逆向迁移有助于已有知识的巩固和完善,因而,在教学中要充分利用这两种迁移,促进学生学习的主动性,增强其学习效果。

按学习产生的情景,可将迁移分为横向迁移和纵向迁移。横向迁移又称水平迁移,是指在内容及其难度上相似的两种学习之间的迁移。如数学课上学习了三角方程式之后,能够促进物理课学习计算斜面上下滑物体的加速度,这就是横向迁移。纵向迁移是指不同难度、不同概括性的学习之间的相互影响,包括较容易、较具体化的学习对难度较高、较抽象的学习的影响和较高层次的学习原则对较低层次的、具体学习情境的影响。

按迁移发生的方式分类,可将迁移分为特殊迁移和非特殊迁移。特殊迁移是指某种学习的内容只向特定内容发生迁移。也就是说,特殊迁移是指内容相关的两种知识、技能学习之间的迁移。非特殊迁移是指某种学习的内容向更广泛范围的迁移,常常表现为原则的迁移或态度的迁移。

在学习迁移的理论和实验研究中,我们主要考虑的是正迁移。因为正迁移是促进后续学习的迁移,对学习和教育有积极意义。而负迁移对后续学习造成干扰,是要避免和控制的迁移。在教学中,我们总是希望先行的学习给后续学习带来帮助和促进作用,所以,在后面介绍的迁移理论中,我们主要考虑学习的正迁移。

二、迁移的实质

(一) 官能—形式训练说

官能—形式训练说认为,迁移要经过"形式训练"的过程才能产生。这种理论以官能心理学为基础。官能—形式训练说是一种早期研究的迁移理论,它源于德国心理学家沃尔夫[①]创立的官能心理学。这种观点认为,固有的官能只有通过训练才能得以发展,迁移是心理官能得到训练发展的结果。其主要观点包括下列三个方面。

(1) 每个人先天所具有的一个个诸如注意力、记忆力、想象力、推理力等官能,唯有通过训练才能得到发展。

(2) 一种官能通过训练得到的发展,可自动转迁到其他官能上,以使整体官能都得到发展。

[①] 沃尔夫(C. Wolff,1679—1754),德国数学家、官能心理学思想的系统化者。

(3) 训练迁移的学习内容是否符合实际需要是无关紧要的,因为它们会遗忘;重要的是看训练在发展各种官能上的价值作用。

据此,官能—形式训练说把迁移理解为:通过某种学习,使某种心灵官能因训练而得到发展,并转移到其他学习上去,使其他官能及整个官能都得到发展的过程。

官能—形式训练说重视学习的迁移,重视能力的训练和培养,这种学说对后来的学习迁移理论研究有很大影响,至今在国内外教学实践中还起着一定作用。但是,心理的各种官能是否经过训练就能提高其能力,从而自动迁移到以后的学习活动中呢?在回答这个问题上,该学说缺乏充分的科学依据。例如,迁移要经过一个"形式训练"才能产生,这就片面强调"形式",而低估了实在内容的价值。诸如此类的观点,引起学习迁移研究学者们的极大怀疑。早期和后来的实验研究都用实验证据对这种学说提出了挑战。

(二) 相同要素说

相同要素说是由桑代克和武德沃斯(R. S. Woodworth, 1869—1962)①首先提出的,该学说反对官能—形式训练说,提出如下三个主张。

(1) 每个人先天具有的各种官能的迁移不受或很少受训练的影响,迁移主要在于训练方法的改善。

(2) 学习训练中还有负迁移存在。"任何单独心理机能的改善,未必使其他有同一名称的官能的能力得到改善,有时反而可以损害它……由于种种因素,训练的迁移可能得到,也可能得不到。"

(3) 迁移主要有赖于两种学习活动中的共同要素。"两个功用必含有共同的分子,然后这一个变化才能牵动那一个。第二个功用变化有多少,全视两个功用的共同分子有多少。"

依据上述观点,相同要素说认为,迁移的实质是"两种学习活动中目的观念、方法观念、普通原理观念和基本事实四个方面的共同分子在学习者脑神经中的联结"。

桑代克在学习迁移方面的大量实验研究,充分揭露了形式训练说的谬误,推进了学习迁移的实验研究。他提出的相同要素说揭示了产生学习迁移的一个方面的原因,对解释具有相同活动内容或相同知识内容的学习之间的迁移有一定的说服力,并有一定的实际参考价值。

---

① 旧译吴伟士,活跃在心理学界达70余年。1915年当选为美国心理学会主席。1956年美国心理学基金会授予他金质奖章,表彰他"对形成科学心理学的命运具有无可比拟的贡献",是"心理学知识的综合者和组织者"。

(三) 概括原理说

概括原理说是由贾德(C. H. Judd, 1873—1946)于1908年提出的。他认为,产生迁移的关键是学习者在两种活动中能否概括出它们之间的共同原理。该迁移说的主要观点有下列三个方面。

(1) 两种学习活动中的共同成分,是产生迁移的必要前提。但迁移发生的关键在于对学习课题里共同因素的概括化。

(2) 迁移不是自动发生的,它有赖于学习者对概括化了的结果——两种学习活动中共同原理的掌握和运用。

(3) "概括化"一般由教师指导,因此,迁移的产生与教师的教学方法有密切关系,概括化了的结果——原理和法则要为学生掌握,因此,学习者应用原理、法则的"心向"也影响迁移。

为此,概括原理说把迁移的实质说成是"学习者对两种学习活动共同因素进行概括化的结果——学习原理、法则的应用和转迁"。

贾德的概括原理说是对相同要素说的发展,它揭示出造成学习迁移的原因之一是两种学习遵循着共同的原理,而不仅仅是相同的成分。这就提示我们在教学中要让学生理解和掌握一般原理,总结经验,并将所掌握的原理和经验用到以后的学习活动中去。

(四) 认知结构观点的迁移理论

现代认知迁移理论以布鲁纳和奥苏贝尔等人的观点为代表,该理论科学且全面地解释了学习迁移的现象和实质。迁移的程度取决于学生认知结构的特点(即学生在一定知识领域内的认知结构的组织特征),只有概括的、巩固的和清晰的知识才能实现迁移。其主要观点有如下四个方面。

(1) 一切新的有意义的学习都是在原有的学习基础上产生的,不受学习者原有认知结构影响的学习是不存在的。由于学生学习和课堂教学是系统连贯的,因此,学习过程自始至终贯穿着迁移。

(2) 迁移不是单向的,而是双向的,即前后两种学习活动是互相影响的;其影响作用可能是促进的(即正迁移),也可能是阻碍的(即负迁移)。

(3) 迁移是学习者运用原有认知结构的观念对新课题进行分析、概括的过程,即认知结构与新课题内容的"同化过程"。

(4) 学习者认知结构的清晰性、稳定性、概括性、包摄性和辨别性的高低,影响学习迁移。此外,教师对学生学习方法的指导作用也不容忽视。

现代认知迁移理论把迁移定义为:

学习者利用认知结构的原有观念,通过思维对新课题内容进行分析、概括,在揭示新旧课题共同本质基础上发生学习转迁。

三、学习迁移的意义

学习迁移的研究十分重要,历来受到教育工作者、学者和研究家们的重视。这主要是因为学习迁移是一种普遍现象,广泛存在于各种学习材料和各种形式的学习和训练中,其中,尤其以知识的学习和技能的学习最为显著。学习迁移的意义不仅在于它给学习者带来事半功倍的学习效率,而且能够充分发挥教学的有效作用。在当今知识激增的时代,人们不可能在学校里学完全部的知识和技能,学生希望通过学校的学习对以后工作中的学习产生积极影响,教师也希望通过自己的有效教学,使学生在以后的工作和学习中发挥出更大的学习潜力。因此,在教学理论研究和教学实践中,"为迁移而教"成为当今的热门话题。

学习迁移的研究不仅具有十分重要的实践意义,还具有十分重要的理论意义。学习迁移的实质是什么?为什么一种学习会对另一种学习产生影响?学习迁移的条件和因素是什么?对这些问题的回答无疑要涉及学习的过程、机制、条件等多方面的基本理论问题。因此,学习迁移的研究所要解决的不仅仅是一个实践问题,更重要的是通过学习迁移的研究,探讨学习的实质和不同学习之间的内在联系。可以说,它是整个学习理论研究的一个重要组成部分,它对回答学习内容对学习过程的影响,学习过程的内在联系等问题有十分重要的帮助。如果没有迁移,那么,所有的学习都只能应用于特定的情境而不具有普适意义。

四、影响数学学习迁移的因素分析

行为主义理论认为,迁移有赖于情境之间的相同元素或相似的特征(刺激)。认知理论则认为,学习者只有懂得如何把知识应用于不同的情境中,迁移才会产生。[1]

基于对迁移的各种理论的分析,我们认为,影响数学学习迁移的因素主要取决于两种学习之间的类似性、数学活动经验的概括水平、迁移的认知技能水平、定势作用以及认知结构的清晰性和稳定性。

(一)两种学习之间的类似性

迁移需要通过对新旧学习中的经验进行分析、抽象,概括出其中共同的经验成分才能实现。因此,数学学习材料在客观上要有相似性。心理学的相关实验研究结果表明,相似程度的大小决定着迁移范围和效果的大小。许多心理学家从学习对象的结构来分析相似性对迁移的影响。学习对象的构成成分可以区分为结构的

---

[1] 戴尔·H.申克.学习理论:教育的视角:第3版[M].韦小满,等,译.南京:江苏教育出版社,2004:13.

和表面的。例如，一元二次方程根的判别式，字母是表面成分，"一次项系数的平方，减去二次项系数与常数项系数之积的4倍"，是其结构成分。

如果两个任务有共同的结构成分，那么容易产生正迁移；否则不能促进正迁移。学习任务之间的相似性是由共同因素决定的，共同因素越多，相似性越大。但不管是表面的还是结构的相似性，都将增加学生对两个任务的相似性程度的知觉，而知觉到的相似性决定了迁移量的多少，两种情景的结构相似性决定了迁移的正或负。因此，在数学教学中，注意抓共同因素，通过共同因素来促进迁移，可以增强学习效果。

（二）数学活动经验的概括水平

数学学习的迁移是学习中习得的一种数学活动经验对另一种学习的影响，也就是，已有经验的具体化与新课题的内化过程或新、旧经验的协调过程。因此，已有数学活动经验的概括水平对迁移的效果有很大影响。一般来说，概括水平越低，迁移范围就越小，迁移效果也越差；反之，概括水平越高，迁移的可能性就越大，效果也越好。在数学学习中，重视基本概念、基本原理的理解，重视数学思想、数学方法、数学观念的掌握，其意义就在于这些知识的概括水平高，容易实现广泛的、效果良好的迁移。

心理学家以专家和新手作为被试对学习情景的结构相似性和表面相似性进行了深入的研究。结果表明，当两种学习具有结构相似性但表面不相似时，专家比新手更易产生正迁移。而两种学习仅具有表面相似性时，新手比专家更易产生负迁移。其原因是新手一般根据看得见的表面特征来形成表象，而对抽象的结构特征往往注意不到。新手由表面特征来提取线索，只要两个问题具有相似的表面特征，他们就会用同样的方式来解决。但专家往往善于从抽象的结构水平上把握相似性，较少受表面特征的干扰。如果产生了负迁移，专家会在尝试使用错误程序后，以相似性和结构这两种特征作为提取线索，对两个任务的关系重新进行分析、加工，这就比较容易摆脱负迁移。专家之所以能够做到这一点，其原因就在于他们善于从深层结构上去理解知识，把知识与其应用的条件、应用方式结合起来，从而准确地把握知识的功能。

概括程度高的已有数学活动经验为正迁移的产生提供了最重要的先决条件。正如布鲁纳指出的，所掌握的知识越基础、越概括，对新学习的适应性就越广泛，迁移就越广泛。所以，在数学学习中，应当强调基础知识的掌握，即要强调理解抽象的、概括水平高的数学基本概念、原理、公式、法则，以及由内容反映出的数学思想方法。领会数学基本概念"是通向适当的'训练迁移'的大道"。

（三）迁移的认知技能水平

迁移过程是通过复杂的认知活动实现的，因此，对于具有普适意义的认知活动方式的理解掌握水平,将直接影响迁移的实现。学习对象有时有共同因素,或已有知识经验的概括程度也比较高,可学习者对新的学习内容却仍然不能实现迁移,原因在于学习者虽然掌握了有关的知识,但没有掌握解决迁移中问题的认知技能。在教学中,有时新旧知识的性质完全不同,也没有一般与特殊之间的原理关系,但分析问题的认知方法有相同之处,这种情况也能实现有效的迁移,这里迁移的就是认知技能。

(四)定势作用

定势也称心向,它是指先于一定活动而指向活动对象的一种动力准备状态。定势对于知识迁移的影响既可能是积极的,也可能是消极的。在定势作用与人们解决问题的思路一致时,会对问题的解决产生促进作用;反之,会产生干扰作用。因此,在教育实际中,我们要充分利用积极的定势,克服消极的定势,从而提高学习的迁移效果。

(五)认知结构的清晰性和稳定性

认知结构是由人们对外界事物已经进行感知的一般方式或经验所组成的观念结构。它的清晰性和稳定性直接关系到新知学习的效果。现代认知心理学家大都持同化论观点,强调原有的认知结构对新学内容的影响,因此,他们十分重视原有知识经验或认知结构在新学习中的作用。

五、迁移规律在数学教学中的应用

行为主义理论认为,迁移有赖于情境之间的相同元素或相似的特征(刺激);而认知理论认为,学习者只有懂得如何把知识应用于不同的情境中,迁移才会产生。这些观点对教学有不同的寓意。按照行为主义理论,教师应该提高情境之间的相似性并指出它们之间的相同元素。按照认知理论,增加学生对学习价值的感性认识则尤为关键。[①] 不仅如此,迁移的有关规律在数学教学中还有很多值得借鉴的内容。

所有这些内容,构成了迁移规律在数学教学中应用的理论来源。

(一)合理组织教学活动,加强新旧知识之间的联系

根据知识学习的同化理论,一切新知识的学习都是在原有知识的基础上展开的。因此,牢固掌握学过的知识将有助于新知识的学习。为了掌握学过的知识,就要使学习的时间和练习的次数达到一定的程度,使所学知识保持较高水平的可利用性、可辨别性和清晰性,使学生在新知识的学习过程中,迅速而明确地找到与新知识相对应的旧知识,及时为新知识的学习提供适当的固定点。这就

---

① 戴尔·H.申克.学习理论:教育的视角:第3版[M].韦小满,等,译.南京:江苏教育出版社,2004:13.

要求学生在学习中要对基本的概念或原理反复学习,勤于思考,熟练掌握。在这方面的努力学习是有助于学习迁移的。教师在教学中也要加强基本知识的教学,使学生充分理解和掌握知识的核心内容或主要内容,帮助学生建立稳定清晰的知识结构。

(二) 强调数学知识的系统性,提高数学知识的概括水平

在教学中,应注意启发学生对所学内容进行概括总结:

一方面,在教学中要注意引导学生自己总结出概括化的原理、提高其概括的实际水平,以便于更好地充分利用原理、原则的迁移。

另一方面,在讲解原理、原则时,要列举各种例子,枚举各种变式,使学生正确地把握其内涵和外延;同时应结合原理、原则的具体运用情境进行讲解和学习,使学生能脱离学习原理、原则和背景,把握其实质并能在遇到该原理、原则适用的背景时,准确地运用原理、原则去学习新知识或解决新问题,即达到对原理、原则的去背景化,以防止学生对某一原理、原则的理解和运用仅局限于习得该原理、原则时的特定情境。

总之,要将所学的内容与所用的情境联系起来,注意揭示数学概括的材料与数学概括的结论之间的必然关联。

(三) 注重规律,教会学生如何学习

有意识地教学生学会如何学习,帮他们掌握概括化的认知策略和元认知策略。布朗(A. L. Brown)等人在阅读理解的实验中,用矫正性反馈训练法教给学生元认知策略,其结果不仅使学生对阅读理解问题正确反应的百分数明显提高,而且使其学到的元认知策略迁移到了他们的常规课堂的其他学习之中。

大量实验研究(如杨春宏等[①]的结论"有意识、有目的地进行元认知策略训练是发展元认知能力的关键";路海东[②]的研究表明"问题情境理解训练、画图表征策略训练以及整体模型策略训练均能够显著提高小学生解决数学应用题的策略水平"),这些成果表明,认知策略和元认知策略是可教的,而且,教师在教学中有意识地教学生一些认知策略和元认知策略,将有助于学生学会如何学习,从而促进数学学习的迁移。

(四) 确立明确、具体、现实的教学目标

在每个新的单元教学之前,为学生确立明确具体的教学目标,如有可能可让学生一起参与教学目标的制定,并要求学生了解某一个阶段学习的目标。明确而具

---

① 杨春宏,张生春,李敏.问题解决中的元认知策略训练[M].数学通报,2002(9):9—10,封3.
② 路海东.小学生数学应用题解决的认知与元认知策略及其训练研究[D].东北师范大学博士论文,2004:116-118.

体的教学目标可以使学生对与学习目标有关的已有知识形成联想,即有一个先行组织者,更有利于迁移的发生。

例如,学习圆的周长时,可以让学生说说,看到这个题目时,你想了解点什么?引导学生形成如下系列问题,进而明确学习的目标:

(1)什么是圆的周长;(2)怎样计算圆的周长;(3)学习了圆的周长计算公式以后有什么用。

思 考 题

1. 何谓数学记忆?数学记忆一般包含哪些阶段?
2. 数学学习的迁移有何作用?试评判"为迁移而教"的观点。
3. 试用认知观点分析影响数学学习迁移的主要因素。
4. 结合当前中小学数学课程教学实际,分析如何促进学生数学学习的正迁移。

拓展性问题

★ 试用迁移的有关理论,分析当前数学课程的综合性的利弊得失。

第六章　数学学习中的情感、态度、价值观

数学学习不仅是数学认知活动,也是数学情感、态度、价值观相伴的过程,正所谓情知对称。事实上,人的发展既包括认知上的发展,也包括情感、意志上的发展,还包括人格、世界观、价值观等方面的全面发展。因而,研究数学学习中的情感、态度、价值观,对于提高数学学习效果,促进学生的全面、健康、和谐、可持续发展,具有十分重要的作用。

第一节　数学学习动机和学习兴趣

学习行为源于学习动机。学习动机是指个人的意图愿望、心理需求或企图达到目标的一种动因、内在力量。学习动机是学生学习的内部驱动力。学习动机愈明确,学习兴趣愈浓,学习积极性愈高,学习成绩愈好,形成良性循环。只有极大地激发学生学习的动机,才能调动学生学习的积极性,从而提高学习质量。正确的学习动机是完成数学学习、获得理解性掌握的必要条件,是学生逐步完善和发展的重要心理机制。

一、数学学习动机的意义、功能及其在教与学中的作用[①]

(一)意义

数学学习动机是指与数学学习有关的某种需要所引起的、有意识的行为倾向,它是激励或推动学生去实现学习行为、以达到一定的学习目的的内在动因。这种需要是社会和教育对学生数学学习的客观要求在学生头脑中的反映。

数学学习动机与数学学习的目的、行为密切相连:动机是个体(学生)的内在过程,行为是这种内在过程的结果,而目的则是动机和行为的指向和出发点。

(二)功能

数学学习动机对数学学习具有激活启发、指向选择、反馈强化等多种功能。

激活启发功能——学习动机是直接推动学生进行学习的内部力量,它对学习起到激活动力、促使活动始发的作用。

[①] 本部分主要参考:朱秉林,孔凡哲.数学学习动机[J].数学教育学报,1992,1(1):49—55.——作者注

指向和选择功能——学习动机把学习活动引向一个特定目标,对目标起到择优定向的作用。通常情况下,学生往往把强烈的动机所指向的目标作为学习活动的目标。

反馈强化功能——表现为学习动机与学习效果的相辅相成关系。效果好了,对动机起到强化作用;效果差了,反馈来的信息将动机弱化。

(三)在教与学中的作用

认知理论认为,动机有助于指引注意的方向,影响信息加工的方式。动机主要通过诸如目标设置、自我效能感和结果期待等对学习进行调节。[①]

数学学习动机对教与学的作用不仅表现为激活启发等多种功能的充分发挥,而且表现为,在课堂上是否激发学生的学习动机,已经成为体现学生学习主体性的标志之一,同时也是教师主导作用恰当发挥的主要表现之一。

学习动机对教学之所以重要,是因为它既可以作为数学教学的目标,又可以作为数学教学的手段。作为目标,增强学生数学学习的动机(尤其是学习兴趣和求知欲)本身就是教学的目的之一,我们要培养学生具有浓厚的数学学习兴趣、强烈的求知欲和良好的学习态度,并希望他们能把这种动机力量持续终身,学而不止,奉献人类。作为一种教学手段,动机因素就像智力、学习经验等认知因素一样影响着学生的学习行为,我们既可以通过激发学习动机来提高数学学习成绩,也可以通过强化学习动机来巩固良好的数学学习效果,对学生来说,数学学习动机不仅决定着数学学习的方向,而且决定着数学学习的进程;不仅影响着数学学习的效果,而且对学生今后的数学学习(乃至其他学习)起到迁移和泛化作用。

二、数学学习动机的结构分析

正如有关学者指出的,"当代的动机理论大都是认知取向的,虽然不同的理论强调的重点有所不同"。[②] 在本书中,我们对于学习动机的分析,原则上基于认知取向。

在数学学习中,每位学生都有其各自不尽相同的动机结构,表现出千差万别的个性特征。而各个结构之间又大致相同,表现出群体的共同特征。从整体上看,学生既是学习者,又是社会和家庭中的一员。这种双重身份决定了学生动机结构的共性——都是由内部动机和外部动机所组成,人与人之间的差别只是二者间量的比例的差别而已。

---

① 戴尔·H.申克.学习理论:教育的视角:第3版[M].韦小满,等,译.南京:江苏教育出版社,2004:13.

② 同上,p340.

(一)外部动机

外部动机主要是指作为社会一员的学生把获得别人的赞誉与尊重,或者升学就业等作为手段或诱因来推动其学习的动机。它表现出社会对学生的一种无形约束,是一种合理的要求,既可以对学习起到积极作用,也可能产生消极影响。

数学学习的外部动机突出表现在社会性动机上,它影响甚至决定着学生的各种社会性行为。美籍匈牙利裔数学家波利亚(George Polya,1887—1985)指出,在数学解题教学中,先让学生做猜想,其目的是为了利用学生的自尊心,利用学生的社会性动机;他要知道他的解答是否正确,他的工作是否能得到大家的认可。如果教师能对此引起充分的重视并加以合理利用,完全可能因此而调动起学生学习的积极性。

交往动机指社会性动机在课堂活动、课外学习研究等有关数学活动中的具体体现。一般的交往动机是指人们愿意与他人进行交往、建立起友谊关系的需要倾向。在数学教学环境中,学生的交往动机表现为主动参与探索数学讨论和小组学习活动,喜欢与其他同学交流数学学习经验和体会,积极参与课堂的教学活动,有将所学的数学知识联系实际的倾向。

由于数学具有鲜明的学科特征(即思维材料的形式化抽象、策略创造与逻辑演绎的结合,通用、精确而简约的科学语言等),它与中小学生的认知特点(年龄小,认知能力差,感性认识经验尚不丰富等)形成了明显的反差。数学教学将这两方面协调一致的倾向,决定了数学学习中的学生必须具备一定的交往动机。只有借助同学之间的互帮互学,通过教师的恰当点拨,利用教学条件并通过自己的努力,学生才有可能及时克服数学学习中的疑难和障碍,取得良好的学习效果。美国心理学家麦吉奇(W. J. Mckeachie)1961年的研究表明:在学习成绩方面,交往动机高的学生优于交往动机低的学生;教师对学生的态度以及课堂上的交往机会影响着学生交往动机的形成;在热情友好、热爱学生的教师所负责的班级里,交往动机高的学生占多数。一般地,在数学教学中,培养、激发和利用学生的交往动机,促进学生之间、师生之间的信息交流,既可以拓展思维,提高素质,又可以实现教学的目标。

(二)内部动机

数学学习的内部动机具体表现在成就动机与数学情感因素上。

成就动机指个人在学习、工作、科研等活动中追求成功带来的积极情感(如自豪、满足等)的内部因和倾向性。数学学习领域的成就动机是以求得学业成就为目标的学习动机,即通常所说的事业心、自我实现的需要和进取精神、上进心。它与外部动机、内部动机互有交叉,是决定一个人学业(甚至事业)成功与否的关键因素。由于它的心理机制源于学生的内部心理状态,对认知性动机有重大影响,所以通常把它放在内部动机中讨论。

成就动机主要是由认知的、自我提高的和附属的三种内驱力构成。它主要是教育的结果,与父母和教师对儿童期的"独立性训练"有关。在数学学习中,优等生(英才)的成就动机表现突出,他们要求获得优秀成绩的欲望特别强烈,表现出许多明显特征:勇敢面对挑战性强的数学问题并全力以赴追求成功;更想知道自己活动的结果如何;精力充沛,探新求异,具有一定的开拓精神;善于表现自己,选择有能力的人作为学习的同伴,而不肯选择亲近的人。掌握并恰当利用这些特征是做好数学英才教育的关键。

对一般的学生而言,把握好成就动机的产生和强化的原理也有助于数学学习。心理学家费伦奇(E. G. French)和托马斯(F. Thomas)1958年的研究表明,具有强烈成就动机的学生比成就动机低的学生有较高的学习劲头和直到把问题解决为止的学习毅力。

一般情况下,成就动机与归因方式互为相关,学生对学习成绩的具体的归因方式,直接影响到他们以后的学习行为和成就动机。我们常常看到,后进生往往把失败归因于数学太难,别人不帮助自己等。可见,提高学生的成就动机、增强学习效果的首要问题,乃是帮助学生树立积极的自我观念,掌握正确的归因方式。

此外,成就动机与学习行为有密切的关系,表现为成就动机与学生的学习成效和学习毅力正相关,对学习起着很大的推动作用。心理学家温特(H. W. Wendt,1901—1994)1955年对成就动机与数学学习的研究表明,成就动机水平高的被试能够尽快而准确地解决许多数学题,这些被试在没有时间限制的情况下仍能保持这种学习的速度和效率。

在实际教学中,帮助学生制定切合自己实际水平的远期目标和近景目标,是利用成就动机调动学生的学习积极性、促使学生主动学习的有效策略。

认知性动机指学生在数学学习的认知领域所表现出来的学习动机,主要包括如下几个层次:

1. **好奇心与学习的目的性**

好奇心指学习过程中当学生看到了以往不曾见过的各种数学事实所产生的本能的情绪性反应。实际上,它属于学习的准备状态,是产生学习动机的前提与条件。好奇心是一种情境性的、直接的、脆弱的、短暂的和不稳定的心理反应,一旦问题解决或受挫,好奇心也就消失或减弱,而强烈的好奇心往往是积极主动学习的良好开端,但它必须与一定的学习目的相联合,才能产生比较持久的作用。

学习目的是指学生进行学习所要达到的结果或实现的目标。学习动机作为促使学生达到学习目的的动因,就是以某种学习目的为出发点。一般地,学生可能会对某项数学学习活动产生好奇心,表现出即时热情,但是,如果他不知道为什么学习,或不知道要取得什么样的学习结果,这种好奇心和热情便不能转化为学习的动机力量。

2. 求知欲与兴趣

求知欲指人在数学学习活动中面临问题时所产生的一种缺乏相应知识的感觉,因而希望探究新知识、扩大知识结构的认知心理倾向。它是一种比较稳定的认知欲求,能促使人坚持不懈地进行探究数学知识的活动。

儿童的求知欲是在后天的生活、学习中产生并发展起来的,但并非随年龄的增长而自然提高,而需要有适宜的环境刺激和正确的教育引导与培养。为此,一些学者主张"利用好奇心,通过诘问来训练求知欲"。一方面,诘问激发了学生的好奇心;另一方面,诘问也揭示了学生认知结构与问题情境之间的差异。

所谓认知兴趣,是力求探求某种事物、获取科学文化知识的带有情绪色彩的意向活动,简称兴趣。它和一定的情感体验相联系,是学习动机中最现实、最活跃、带有强烈的情绪色彩的因素,是引起和维持注意的一个重要内部成分。在数学学习中,伴随着不断认识数学的价值和体会求解数学题的兴趣的过程,学生会逐渐对数学产生一种积极而强烈的认知情绪,成为推动其进一步学习的精神力量。

兴趣对数学学习的作用表现为三个方面。(1)智能作用——学习兴趣可以变被动为主动,变消极为积极。华东师范大学关于初三学生数学学习的一项测试表明,学习兴趣与好成绩(包括知识、能力等诸方面)基本上成正相关。(2)促进个性发展——学习兴趣有利于学生个性品质的发展,对数学的浓厚兴趣不仅能优化学生的数学认知结构,而且对数学相关学科的学习也能产生积极影响。(3)道德教育——数学学习兴趣能够改变学生对人类科学知识的认识,培养出正直、诚实、顽强的道德个性,加速其世界观的形成。

学习兴趣并不是先天就有的,能否产生学习兴趣,不仅主要取决于数学知识和数学活动本身的特性——凡是相对强烈、对比明显、不断变化、带有新异性和刺激性的事物,都会引起人的兴趣;而且,兴趣主要取决于学生已有的知识经验——大量的事物虽不新异,但与学生已有的知识经验具有密切关系,并且能满足学生获得新知识经验的需求,也能引起学习兴趣;同时,还主要取决于对数学知识、数学活动愉悦情感的体验——一个人在学习过程中获得别人的认可或内在的满足等积极情感的体验时,往往会强化其学习兴趣的稳定性。为此,教师可以采用灵活多变的教学形式,运用前后联系密切、立足学生已有认知特点和知识基础的教学素材,选用能使学生及时体验到成功快乐的教学评价标准,并及时运用数学信息反馈等,培养、激发和进一步增强学生的数学学习兴趣。

3. 自身个性发展与社会需要

在数学学习过程中,学生能逐步体会到数学认知价值和社会价值,能够体验到数学学习对自我发展、自我完善、自我发现的作用,便产生日趋稳定的心理需要。其中的社会需要成分成为学习的起因与归宿,而在社会需要的前提下自我实现的需要、自我激励状态的到达(即已体验到在学习数学中所表现出的自我价值,从而试图把获得好成绩的这种需要继续保持下去),成为学生数学学习的常态。

不仅如此,学生从产生好奇心发展为求知欲到形成学习兴趣、而后上升为个性发展与社会需要,是一个日趋成熟的螺旋式上升过程,前一层次是后一层次的基础,而后一层次的完成反过来强化了前两个层次,为下一个水平更高的小循环的形成奠定了基础。在每一个小循环中,认知性动机力量由短暂而强烈转变为持续而稳定,学生由对数学世界被动的感知,发展为对数学世界的主动感知、主动参与。其间,在外在因素(主要指交往动机、他人的期待以及教育环境因素)与内在因素(主要指认知性动机和数学情感因素)的交互作用下,学生经历了"动机→行为→动机→……"的过程,同时也经历了一定的情感体验,数学认知水平得到一定程度的提高。

数学学习动机并非仅仅产生于学习的始端,仅仅在学习的开始时发挥作用,而是产生并作用于数学学习的全过程。正如奥苏贝尔所指出的,"动机与学习之间的关系是典型的相辅相成的关系,绝非一种单向性关系"。在数学学习中,学生的学习动机是多方面的,学龄儿童中,多半常有混杂的学习动机,同一学习活动可能同时受多种动机支配,而不同的人在相同的学习活动中可能有不同的学习动机。社会性动机、认知性动机、成就动机并不是并列存在的,而是互有交叉、相互作用共同发挥效能。培养和激发数学学习动机是数学教育的整体目的之一。

三、数学学习动机产生的过程分析

动机是在自我调节的作用下,个体使自己的内在要求(本能、需要、驱力)与行为的外在诱因(奖赏、目标)相协调,从而形成激发思维行为的动因。因而,我们对学生学习动机的产生只能从学生的需要及外在诱因去分析。也就是说,学生的学习动机是建立在对学习的需要的基础上,蕴含在学生的需要的追求与满足、外在诱因的引导等行动之中。

(一)对社会需要的追求产生社会倾向性的学习动机

人是社会的人,是各种社会关系的总和。社会总是对社会中的每一个人提出不同的希望和要求。这些希望和要求通过不同的信息方式反映到学生的头脑中,在他们的认知结构的基础上经过自我的分析判断,便产生了具有一定倾向性的学习动机。尽管其倾向性不一定专一,但一旦在他们头脑中形成,就会朝着自己选择的方向努力。其实,社会的价值趋向也常常影响、制约着学生的未来发展。如目前社会上需要有音乐、美术、微机等特长的人才,结果许多学生都朝这些方向去努力学习,而不管自己是否有这方面的素质。这就导致趋向功利的社会风气。

学校的培养目标是使学生成为社会有用之才,社会的需求也影响着他们自觉或不自觉地根据社会的需要调整自己的方向。也就是说,社会价值趋向是促使学生形成远景学习动机的主要因素之一。虽然这种动机带有一定的主观色彩和理想色彩,但却长期地、时强时弱地激励学生为之付出努力。

(二) 对自身地位需要的追求产生学习动机

任何人都是一个独立的、有理想的主体。随着年龄的增长,学生的心理需要也不断增长,成人感和独立意识不断增强。他们逐渐认识到自己要在所处的集体中赢得一定的地位,而实现这一目标的重要途径是努力学习、表现自己,去创造条件,取得成绩。特别是,自尊心较强的学生有自己的近期目标和远景规划。他们在平时的学习中积极、主动,不断进取,去获得自己的地位。在学校创造条件去赢得老师、同学的好评;在家庭赢得家长、亲朋的夸奖。在平时教学中,我们常常看到学习成绩好的同学更加刻苦、认真,而成绩中等的同学及部分较差的同学却不是这样,不过他们有时也会不断努力,逐步提高。可见,对自身地位的追求与满足自尊的需求是激发学生产生学习动机的有利因素。

(三) 对学习兴趣需要的追求产生学习动机

学生对不断变化和发展的外部世界总是怀着强烈的求知欲和兴趣。而在教师指导下有计划、有目的、有步骤地学习对直接满足学生的这种求知欲极其重要。大教育家夸美纽斯(J. A. Comenius,1592—1670)曾经说过:"兴趣是创设一个欢乐和光明的教学环境的主要途径之一。"但在教学活动中,由于学生个体心理素质不同,原有的认知结构不同以及教师人格及其授课方式不同,往往导致学生学习兴趣的内容及程度不同。也就是说,学生对学习内容的兴趣有选择性和程度的差异性。从认知理论分析,学生所面对的知识与已有的经验水平产生矛盾时,会引起他们的认识行为的注意,产生认知冲突。因而,学习活动之所以有兴趣,其基本源泉首先在于它的内容;其次,学生还总是把教师的人格、知识、水平和授课能力与自己的学习兴趣紧密联系起来。我们平时经常看到,如果学生对某位教师的人格或授课能力产生信任感和崇拜感时,就会把极大的热情投入到这位教师所任教的学科中去,而且这门学科成绩相对较好。由此可以看出,学生对学习兴趣的追求是激发学生学习的直接动机,而教师是激发学生学习动机的外部推动力。

(四) 无意识的追求——习惯动机

在学习和认知过程中,并非所有的认知都是在明确的动机下进行的。有一部分认知是由一种无意识的追求即学习习惯所指导的。由于学校这个特殊的社会环境的作用,学生在潜移默化中形成了一种特定的行为方式,这就是学习习惯。在平时教学时,我们常常发现有一部分学生总是持之以恒、集中精力地学习,这是由以上几种追求长期相互作用的一种固定行为方式所致,这种行为方式即学习习惯,总是无意识地对学习起着重要作用。激发学生学习的这些需要和追求,最终被综合表现在学生身上,从而形成学生学习的动机系统和机制,共同作用于学生的学校学习和社会认识等活动之中。

四、数学学习动机的激发与培养

(一) 培养与激发的异同

学习动机的激发是把已经形成的潜在的学习需要充分调动起来,也就是把学习的积极性发动起来;而学习动机的培养则是使学生把社会和教育向他提出的客观要求变为自己内在的学习需要,是指学生从没有学习需要或很少有学习需要到产生学习需要的过程。培养是激发的前提,而在激发学习动机的同时又进一步培养和加强了已有的学习动机。从培养到激发的过程,是利用一定的诱因使已经形成的学习需要由潜伏状态转入激活状态,使之成为实际推动学习的内部动因,从而调动起学习的积极性来解决当前的学习任务,并使已经形成的学习动机不断得到巩固和深化。

(二) 培养与激发数学学习动机的过程剖析

正是由于数学学习动机有内部动机与外部动机之别,因而,培养与激发数学学习动机,就需要从以下两个方面区别对待。

1. 内部动机的培养与激发

对内部动机的培养与激发,可划分为以下三个阶段。

(1) 认知情绪背景的构建

学生缺乏数学学习动机常表现在缺乏数学认知的情绪背景。因此,应首先使学生粗略明确所学内容的必要性和意义,并在每章、每节的教学之前介绍"知识结构",使学生了解各部分内容的作用,在整体上把握知识结构。

其次,构建恰当的问题情境,揭示学生已有的认知结构与当前面临问题之间的差异、矛盾或冲突。事实上,使学生认识到自己的不足,才能有效地激发学生进一步学习的动机。一位日本学者提出教学的"矛盾课题":在实际教学中,故意让学生犯一些易犯的错误,然后再揭示错误的实质,给予纠正,常能取得理想的效果。

最后,增强教学的趣味性、新颖性、形象性和具体性等特质,也是培养学生数学学习兴趣的重要手段。

(2) 认知动机的保持和发展

首先,应将揭示认知矛盾的活动贯穿于数学教学的每一个环节。常用的启发式疑问能揭示认知矛盾,而在数学问题解决、概念学习等过程中,恰当的问题情境也能产生有意义学习的心向。事实上,波利亚的数学解题表就是不断揭示认知矛盾,使学生产生学习心向的程序表。其次,必须充分调动学生学习的主动性和参与意识。如果数学教学仅仅是识记需要、复现知识和机械学习,那么,学生便不可能感到有认知需要。数学教学必须在构建认知情境的基础上有进一步的探索性和扩展性,以便保持已激起的学习心向。再次,应遵循有效难度原则。学习中的每个问题都应有一个适当的难度,这个难度对学生来说既非轻易可得,经过一定努力又可达到。动机与学习相辅组成,恰当的学习难度使学生经过努力而获得成功、享受到创造性数学活动的成功喜悦,从而产生进一步学习的意向。瑞士心理学家克拉帕雷德(É. Claparède,1873—1940)提出"意识化原则",就是说,只有在不顺应时才能产生意识,只有在学习中不断造成必要的心理障碍才能取得好的效果。这在一定程度上与苏联著名教育家赞可夫(1901—1977)"高难度原则"不谋而合。可见,学习必须有一定的难度和适度的心理紧张才能保持和发展学习动机。在教学中可以通过不同的作业、"课本上的习题处理""教学中的较高要求和基本要求"等体现出有效难度,也可以通过适时的提问、板演以及个别教育等来区别对待,还可以采用留思考题、研究题等方式来体现。

最后,应遵循及时反馈原则。学习动机与学习效果相互促进、相互制约,让学生及时了解学习的结果、发现解答中的缺点和错误、知道目前的学习成绩状况等,皆可激发、巩固学生数学学习的积极性。事实上,学生不仅愿意主动参与课堂学习活动,而且更期望自己的学习行为得到老师和同学们的肯定。教师对学生行为示以满意微笑、点头称赞、口头表扬等,都会给学生增强新的动机力量。而教师、同学的消极反馈(嘲讽、不正当的批评、指责)则往往使学生丧失学习信心。反馈还须注意反馈的规律——正反馈优于负反馈,负反馈又优于中性反馈(即不表扬也不批评,或不做评价)。

(3)动机的强化

强化数学学习动机的基本策略有四个:首先,充分利用成就动机。由于成就动机是外部环境与学生的内部心理状态相互作用的结果,是社会性动机与认知动机的"联结点",恰当的成就动机能对学生的学习产生自我鞭策作用,而学生的成就动机往往是教师恰如其分的期望的结果。其次,引导学生将所学知识应用于解决一些实际问题。再次,加强数学教学中的数学美感教育。数学美的内涵相当丰富,但简洁美、统一美、和谐美是其中最基本的美感,它不仅能陶冶情操,同时还能激发学习情趣,对学习动机起到强化作用。最后,深挖教材的思想性,讲明科学认识的重大意义,中小学数学课程内容中蕴含有丰富的数学思想、数学方法,揭示出它们既是数学教学的目的,又是达到教学目的的重要手段。

2. 外部动机的培养与激发

由于数学自身的特点——研究对象抽象、难以揣摩,研究过程大多是推理过程,容易使人感到枯燥乏味,有时还需要一定的直觉、猜想能力等,这一切决定了持续的数学学习兴趣必须在学习者付出艰苦的努力获得成功并享受乐趣之后才能产生,如果没有一定的外部刺激,这个过程就很难持续进行。这种外部刺激就是以外部动机的形式作用于学生心理的。有关学习动机的研究表明,学生学习兴趣和学习成效如何,主要取决于教师的素质和工作态度。教学实践也证实,教师主导作用的表现形式主要在于依靠外部动机激起学生的内部动机。另外,学生数学学习的外部动机也受年龄和认知特征趋于成熟的程度的影响,随着学龄和年级的增高,外部动机的作用逐渐减小,而内部动机的地位日渐突出,并最终上升到主导地位。

在数学教学中,运用外部动机要特别注意下列两种情况。

其一,不适当的外部动机。如教师和家长期望过高,可能会削弱学生的内部动机。其二,如果使用外部动机的目的是为了控制学生的行为,那么,常常适得其反,不仅不能达到长期控制的目的,而且也往往使内部动机伤逝殆尽。

在外部动机的培养和激发问题上,罗森塔尔效应值得一提。1986年美国心理学家罗森塔尔(R. Rosenthal,1933—)和雅各布森(L. Jacobson)在某学校1~6年级的18个班假装经过认真的心理测试从中抽出一部分学生的名单交给任课教师,声称这是"未来发展很有前途"的学生,并要求不要向学生透露。8个月后,罗森塔尔发现名单上学生的学习效果都有明显的进步。这个现象表明,教师在平时教学中对学生所表现出的热情、认真态度和一定的期待性,能起到潜移默化的作用,对学生的学习起到促进作用。大量教学实践表明,在数学教学中,鼓励性原则是培养和激发外部动机的有效策略。对此,可采用期待性鼓励、评价性鼓励、谅解性鼓励。此外,在外部动机的培养和激发时,也不可忽视学生之间的影响作用。学生是否乐于积极参与课堂教学、问题探讨和第二课堂活动,是否乐于与其他同学交流数学的学习效果,在很大程度上反映出学生对动机的自我培养与激发策略的原认知水平。

五、数学学习兴趣的激发

兴趣是人们爱好某种活动或力求认识某种事物的倾向。学习兴趣是学生对学习活动和学习对象的一种力求趋近或认识的倾向,是内部动机中最现实、最活跃的成分,是推动、激励学习最有效的动力。学习兴趣可分为直接兴趣与间接兴趣两类。直接兴趣就是由知识自身和学习活动本身所直接引起的兴趣,如由数学的美、数学知识的引人入胜、解决问题后的成功感所引起的兴趣;间接兴趣是指对具体学习活动和知识本身并非直接感兴趣,而是对这种学习的未来结果感兴趣,如意识到应用广泛,并且是其他理科的基础,就能促使学生努力学习并感兴趣。在数学学习中,这两类学习兴趣都是必要的。激发学生的学习兴趣可从以下三个方面进行。[1]

---

[1] 陈明东.如何激发学生的数学学习动机与兴趣[J].校长阅览,2005(6):88.

(一) 以"多"激趣

这里的"多"并非多讲、多练、搞满堂灌、题海战术,而是抓住数学问题中的一题多解、多变、多问,培养学生的探究能力,激发学生的学习兴趣。

其中,多解旨在激发学生在数学天地里寻求最简捷、最独特的解法。多变旨在加强变式训练,把教师和学生都从"题海"中解放出来。如在讲概念、定理、例题时,不失时机地做变式示范,指导学生做变式训练;在习题课上边讲边练,选择典型习题,组织学生讨论各种变式,引导学生摸索变式与学习处理变式的方法。

(二) 以"疑"激趣

教学贵在设疑,疑可激发学生的好奇心、注意力和求知欲,使学生处于积极的思维状态。根据教学内容精心设计问题,学生通过解答,不断思考、联想,进而释疑,从而充分调动学生的学习主动性,使学生享受到对未知探索的愉快,唤发起学习兴趣。例如,在"等腰三角形定义"教学中,不少学生自以为"无疑",实际上,他们对于"如果一个三角形有两条边相等,那么,这样的三角形叫作等腰三角形"中的关键字眼"有"未必能够深刻理解。因此,教师可以不失时机地设疑,使之弄清含意。例如提出问题:"这里的'有'能否换成'只有'呢?"学生就会产生两种意见。继续问:"有三边相等的三角形叫等腰三角形吗?"通过反问,学生再思考之后,两种意见就能够很快得到统一。

(三) 以"爱"激趣

没有爱便没有一切。在数学教学中,教师在各方面关心学生、激励学生,让学生从教师的期待、信任、关怀中得到鼓励和勇气,往往可以强化学生的自信心;同时,教师拥有不厌其烦的耐心和高度的责任心,往往可以消除学生的自卑感,维护学生的自尊心,鼓励学生的上进心;而提倡民主,激励学生超越自我,鼓励学生提问题,讲出自己的见解,即使错了也要尽量做出积极评价,而当学生取得成功时,及时给予表扬。这样的行为,常常可以质疑反思,获得关于数学的理解性掌握。

第二节 数学学习态度

数学学习中的态度是情感的一类表现。它一般指有一定强度、适当稳定性的积极或消极的感觉和取向,是对事物的一种情感反应。例如,对数学有没有兴趣,对数学学习重视与否、爱好与否等。

一、关于态度的分析

态度在一定范围、一定程度上与信念有关联。如果一位学生认为,学习数学需要"数学细胞",靠天生的"数学脑袋",那么,在适当的条件下,如遇到困难,或得不到好成绩,就会表现出对数学的厌恶,对数学的不喜欢。

对数学学习的态度可以有两种形成途径。早先对数学学习及数学的感觉、反应在不同场合下重复发生,会逐步稳定下来,变为一种起自动反应的态度。例如,对解应用题总是不适应,经常出错,随着次数的增加,挫折感就演化为对解应用题的消极态度。

另一种情况是,在一定范围内的态度转变影响到另一个范围。例如,三角恒等式证明学得好,增强了信心,于是对证明变得较喜欢,从而可能使原先对学习几何证明的消极态度有所转变。

1987年,莱德(Gilah Leder)曾经指出,对数学的态度不应当看作是一个笼统的因素,需要进行具体的分析。数学课题的内容不同,各部分的方法也各异,所以,就会有各种不同的具体的态度表现。例如,有人喜欢算术,不喜欢代数,觉得后者枯燥。有人喜欢几何计算,不喜欢几何证明。然而也有人对抽象证明津津乐道,却不喜欢数值计算,觉得太烦琐,等等。因此,处理学生的态度问题不能"搞一刀切",要考虑到学科内容、年龄、性别、原有的数学基础等因素。

一些研究结果表明,学生的态度积极与否,与他们的学习效果或成绩高低是正相关的。正如我们平常所认为的"知之者不如好之者,好之者不如乐之者"。但是,态度与成绩之间并不一定存在一种紧密的依赖关系。有说服力的一个例子是,第二次国际数学学习调查中发现,日本学生的成绩很好,但日本学生不喜欢学习数学的比例却非常高。确切解释其中的复杂原因,可能是一件有意义的工作。

二、影响态度的若干外部因素

(一) 社会因素

影响学生的数学学习态度的重要因素之一,是对数学学习的重视与否。从社会环境看,可能与社会心理、文化背景有关。

例如,一位美国学者指出,在美国社会中,某人在读、写、讲等语言方面能力较差的话,会被别人看不起。但是,如果他在有关数学方面的能力不行,却并不被认为是一件窘迫的事情,他不会感到脸红。其现象背后可能与社会成员普遍的观念有联系。

事实上,许多美国人觉得,学习数学要靠天生的能力,而这种能力并不是很多人都具备的。在中国,从总体上看对数学的社会观念是比较有利于促进学生学习数学的。无论是教师还是家长,包括学生自己,绝大部分人认为数学是基础性的、很重要的学科,非常有用,对工作、升学都是必需的,而且只要肯下功夫,总可学好数学,所以,大家都鼓励孩子们学好数学,这种社会心理是很有利的。但是,不少社会成员又认为,真正学好数学要有很高的智力水平。于是,在遇到困难时又会怀疑自己的智力与天分,失去信心,缺少积极的态度。

(二) 师生感情

课堂教学中的师生之间的感情也影响着学生的学习态度。在不少学生的心目中,数学理解和问题解答的对错是无法由实际检验的,要靠教师来评定,"数学是一门艰深的学科,教师掌握着它的诀窍",所以,数学教师在学生心中有着不同于一般教师的特殊地位,是学生眼里的权威。于是,教师处于一种主动、主导的地位,帮助学生解决困难,提高学习成效。如果教师十分重视与学生的关系,例如建立一种亲切的、平等的、朋友般的关系,对学生有一种个人魅力,就可能有助于学生端正学习态度。如果学生对教师没有好感,那么,可能会连累到数学,对之也没有好感。

(三) 罗森塔尔效应

著名的罗森塔尔效应实际上构成心理上的正暗示,其结果告诉我们,当人受到别人的重视、关心以后,能改善自己的学习态度,激发学习兴趣,收到实际效果。

哲学家杜威曾指出:"人类本质里最深远的驱策力就是希望具有重要性",即内心希望受到重视、肯定和关心的本性。当这种天性得到满足之后,他就会在某些方面爆发出巨大的热情来。

因而,在数学教学中,教师要面对全班进行教学,重视每一位学生,让学生在每一阶段都各有所得;要因材施教,除了满足好学生的要求外,也要特别关心差生;学不好数学的因素多种多样,要仔细分析,个别指导。例如,让学生订正作业是必要的,但是罚抄则有诸多害处,会引起学生的反感。

第三节　数学情感及其规律[①]

数学活动是知、情、意统一的过程,即数学情感与数学认知相对称。因而,研究数学情感及其规律具有重要意义。

(一) 数学情感的概念及其变化特点

所谓数学情感,是指在人类数学活动中,需要的主体与对他有意义的客体,对满足与否所产生的心理体验。在这里,客体既可以是数学活动、数学知识,也可以是作为特定对象的人;主体则是指参与有一定目的方向的数学活动,并处于主体地位的人。在教学过程中,一般是指学生、教师,他(她)是情感的载体、体验的个体,离开了他(她),情感就不复存在。

[①] 本节主要参考:孔凡哲,朱秉林.数学情感及其规律[J].数学教育学报,1993,2(2):62—66.——作者注

数学情感不仅存在于数学活动的人与人之间，也能存在于人与物之间；不仅存在于数学教学的组织管理之中，而且广泛存在于数学教学过程的各个环节之中。

数学教学过程可以看作是以教师、学生和特定的数学内容为顶点，以学校、家庭、社会等为外部环境所组成的平面拓扑三角形结构。

在这个内部结构中，数学情感的作用突出表现在教师、学生和数学内容三者之间的连接之中。其中包含三个过程，即教师准备教学素材的过程、学生学习教学素材的过程、师生的数学交流过程。教师对数学教学素材所形成的数学情感的强弱将直接影响其他两个过程中数学情感的形成、发展及体验效果。

由数学需要引起的主观情感，不仅存在于主体的内心，而且在他的言语、行动中有着程度不同的真实表现。

数学情感的根源在于主体对极其多样的自然和文化的需要。凡是能激起主体的数学需要或能促进这种需要得到满足的事物，便能引起积极（或消极）的情绪状态，从而作为稳定的情感固定下来，表现为稳定性与多变性的统一。但并不是所有的简单反复都能强化数学情感，比如那些对学生曾有吸引力、但频繁使用的数学教具往往引起学生的反感。只有适时调控使用情境才能重新激起学生适度的数学情感。

（二）数学情感的基本品质与体验形式

数学情感具有积极性、消极性、双重性与不确定性等基本品质。其体验形式可以用情调、情绪、激情、应激状态、心境加以区分。

（1）情调是最初级的情感，作为心理过程中的一种特殊性质的色调而表现出来。它只是作为一种物体或动作的特殊属性，而被意识到、引起了主体一定的态度，就是情调。例如，感受到菱形的优美对称性。

（2）情绪是某种情感的直接体验，既可以是增力的，也可以是减力的。

（3）激情是短暂的、暴风骤雨式的数学情感。

（4）应激状态是应激情景下的情绪状态。其表现是：产生全身兴奋反应，行为在某种程度上发展急促甚至紊乱，出现不规则的动作、手势和断续、不连贯的言语。适度的紧张可以激化活力，引起旺盛的精力，使思维在"扩大再生产"时特别清楚、精确。例如，赞可夫的"高难度原则"就是充分利用学生的应激状态。

（5）心境是持续时间最长，并在较长时间内给学生的心理和行动涂上一层色彩。它实际上是情调、情绪在一定程度上的积累结果，是具有相同性质的数学情感多次笼罩、刺激学生心理的表现。从产生根源上看，它是学生在班级、学校甚至家庭、社会中所处地位的集中反映。

(三) 数学情感的内容分类

数学情感反映出主体在数学活动中的精神世界和个性特征。数学情感可分成：数学道德感、实践感、数学美感、数学创造感和数学理智感。数学情感的积淀有助于数学观的形成。

1. 数学道德感

用道德原则去感知各种数学现实所体验到的一切情感都属于数学道德感的范畴。

在数学活动中，主体对精确严密的逻辑推导、思维缜密的计算和充满丰富的直觉、创造等过程的数学情感长期积淀的结果，乃是诚实、坚强、谨慎、勇敢和一丝不苟等品质的形成过程。

正如著名数学家格涅坚柯（Б. В. Гнеденко，1912—1995）所言的，"数学内容本身无疑会激起正直与诚实的内在要求……教师本身酷爱课题就会使他积极培养学生类似的感情……这不由得参与到形成学生道德基础的过程中去了"。

2. 数学美感

对数学美感的体验，不仅扩大了美的范围，而且也丰富了人们的道德情感。真实、简洁、和谐对称、新奇明快，不同的数学内容表现出不同的美感内涵。而数学鉴赏力依赖于对数学美的直觉，依赖于对数学美的敏感性。

3. 数学实践感

数学实践感是指对数学活动全部的丰富性与多样性的情绪反应，这种数学活动可以呈现不同的复杂水平，对人具有不同的意义。

这一切都是由完成活动时的情绪色彩的性质及强度所决定的，而性质及强度又是由主体所进行的活动对他所具有的意义及他对客观实在的意义所感知的程度所决定的。

4. 数学创造感

罗杰斯（C. R. Rogers，1902—1987）、戈登（T. Gordon）都认为，"所谓创造性，本质上是一种情绪的、情感的过程"。

情感与思维相互作用、相互促进，对数学创造感的积极体验成为训练创造性思维、使数学课充满愉悦的重要而成功的手段。

5. 数学理智感

数学理智感是指在获得关于现实的数学知识而进行的各种活动中人所产生的情绪反映，它是与解决某些理论的和实践的任务过程相联系的情感，是获得知识并把知识运用于实际的过程之中所产生的情感。

在数学教学中，数学理智感不仅包括对于复杂的和尚未认识到的内容的求知欲等，而且，还包括对已经作出解答的正确性表示怀疑的情感（即异议、反思时的情感),将结论更一般化的情感,对于已取得的"发现"的愉悦感等等。其中,对知识的热爱是各种数学理智感体验的基础。

数学理智感侧重于对数学知识内容的情感,而数学实践感侧重于对数学活动形式的情感。人们对数学理智感的不断积累,乃是人类理性精神的重要组成部分。

(四) 数学情感体验的表现形式

通常情况下,学生在数学课上的情感感受有如下四种状态:第一,对学习内容和过程感到有趣;第二,虽然谈不上对学习有兴趣,但完成学习任务或者取得好的成绩总感觉到愉快和满足;第三,对考试和测验焦虑,对考试成绩很担心;第四,对数学学习活动厌倦。

具体来说,学生在数学学习中的情感体验主要有乐趣感、成功感、焦虑感与厌倦感四种典型状况。

1. 乐趣感

有乐趣感的学生认为数学学习内容和数学课很有趣。如应用问题、巧妙算法和美丽的几何图形都吸引了他们。他们在学习的过程中不断产生好奇心,而好奇心又不断得到满足。例如,有的学生说,我觉得上课中有的数学问题很有趣;有的学生说,我很喜欢解决应用题,解应用题可以把数学知识和自己平时的生活联系起来;有的学生说,爸爸妈妈总和我一起做数学游戏,我觉得很有趣;有的学生说,我认为自己比较擅长几何,所以一直对几何问题很感兴趣;有的学生说,我最喜欢数学课,觉得上数学课时间过得很快;有的学生在下课时说,数学课老师今天讲课很有趣,我觉得很开心。数学课堂上有一些讨论,同学们在一起讨论很愉快。

2. 成功感

许多学生认为,虽然数学对他们说来并不十分有趣,但是,他们努力学习主要是为了取得好的成绩。这一类学生认为,好的数学成绩总是给予他们愉快的体验。有的学生说,爸爸妈妈对我学习数学要求比较高,我这一段时间的数学成绩不错,我觉得很高兴。有的学生说,我的数学成绩有进步了,我很高兴。有的学生说,最近一次考试我的成绩在班级名列前茅,教师也表扬了我,我太高兴了。

3. 焦虑感

有一些学生对数学考试和测验存在焦虑。由于各种不同的原因,这些学生害怕数学测验和考试,在测验的过程中表现出不同程度的紧张,这种情感体验也影响了学生平时的学习。特别是在不理解数学知识或做不出数学问题等情况下。这些学生有的很希望能学好数学,有一定的上进心。有的学生说,爸爸妈妈对我的要求很高,希望我的数学成绩好一些,我的成绩总是不理想,上课时有的问题不会做,很着急。有的学生在课后说,我每次数学测验总是很紧张,以致影响测验的成绩,有一些本来能想出来的问题也想不出来了。有的学生说,我的数学成绩不好,我看到数学题很害怕,看到数学教师也不敢多说话。有的学生说,我每次测验很粗心,计算结果总是有错误,我对考试成绩很担心。

4. 厌倦感

也有一些学生对数学学习活动感到厌倦。这一类学生表现为在学习数学的过程中无精打采,有的学生讨厌做数学题,有的学生感到学习数学很疲劳,对学习新的知识厌倦。这些学生得过且过,并无很大的上进心。例如,有的学生在课后说,我觉得数学课上练习太多,内容很没劲。有的学生说,我觉得数学除了对付考试以外并无太大的用处,所以我一做数学题就感觉到没有什么劲头。有的学生说,在几门课中,我最不喜欢数学,学习数学使我觉得很疲劳。有的学生说,我学习数学是为了完成任务,其实,我对学习数学没有什么兴趣。

进一步研究发现,数学学习的情感具有如下五个特点。

(1)情感体验"有趣"的那些学生,在学习中显示出一种兴奋感,喜欢思考,经常主动表达自己的观点。

(2)对数学学习"厌倦"的学生大多数是由于数学成绩不太好,从而对数学产生恐惧感。

(3)虽然对同一位学生来说,对数学学习的体验并不是一成不变的,而是随着学习内容的变化也会发生改变,但在一定时期内,学生在数学课堂学习中,基本的情感体验具有相对的稳定性。

(4)对数学学习而言,学生上述四种情感体验并非总是只有一种情感体验单独产生。如觉得数学有趣的同学在一定程度上也会产生焦虑的感觉。

(5)在一定的时间内,学生虽然可能有不同的情感体验,但是,总有一种主要的情感体验占主导。

(五)数学情感的基本功能

在数学活动中,数学情感通过它的有关功能对主体的认知行为产生制约作用。

1. 调节功能

数学情感对数学活动起到促进或移植、组织或瓦解作用。日常教学表明,把握好学习数学的情感对提高数学教学质量有良好的促进作用。

而布卢姆所认为的决定教学效果的三大教学变量之一就是情感。

2. 动力功能与评价功能

良好的数学情感可以起到动机作用,使主体产生内驱力,自觉投入到数学实践活动中去。

数学情感的强弱、正逆,实际上是对主体从事数学活动的一种自我评价的反映。

3. 信号功能

数学情感是数学活动之中对人有意义的事物的信号系统。在数学课堂上的良好的情感体验和情感融洽,常常使学生受到感染而被数学所吸引,从此改变对数学的看法,甚至从此迷上数学。

4. 泛化功能、桥梁和凝聚作用

泛化功能意指情感具有迁移作用,即心理学上的移情。

人的情感可以在时间、空间上迁移。学生之间、朋友之间彼此的数学情感具有泛化作用,良好的数学学习氛围、适度的紧张等等都可以感染周围的人,影响他们的数学情感。

(六)在数学教学中促进数学情感的丰富和发展

在数学教学中,丰富和发展数学情感宜结合具体内容进行,并采取恰当而灵活的教学模式和教学方法,创设愉快、和谐的教学氛围。一般地,可以采取以下几种主要方式:创设恰当的教学情境,以民主、平等、积极的课堂教学氛围促进学生数学情感的发展;采用适当的学法指导来引导学生建立自信,找到数学学习的成功感。例如,向学生传授体验和领略数学情感的技巧;采取恰当的因材施教措施;注重操作和学生的主动参与,充分调动学生手、耳、脑、眼等器官,实现做中学、在体验和感受中实现数学情感的升华。

第四节 义务教育数学课程标准中的情感、态度、价值观的特点

一、概述

现代数学教学观认为,学生的情感发展不只是保证教学秩序的条件,更不是在数学教学中无足轻重的附属物,而是促进学生学习和发展的必要基础,其本身也是素质教育的基本内涵。

(一)教育价值

各版的数学课程标准认为,情感、态度、价值观是数学课程的重要目标之一,是知识与技能,过程与方法(包括数学思考、问题解决),情感、态度、价值观三维目标的重要组成部分之一,其教育价值不言而喻:

1. 学生良好的情感品质是学习数学的基本动力

在数学学习过程中,学生情感的发展具有重要作用。学生的情感因素对于数学认识活动起着启动、维持和调节的作用,是学生数学学习的催化剂。良好的情感品质是学生数学学习的内在动力。这种动力有别于评估、学习目标导向等外在动力,它有利于提高学习数学的积极性、主动性,同时也是学生学好数学的基本条件。

2. 形成良好的情感品质是学生获得可持续发展的基本条件

在学习数学的过程中,学生发展了兴趣、自信心等品质,有助于形成"乐学""爱学"的态度,获得进一步学习的基本动力。在学习化社会中,学校教育的基本目的在于使学生获得可持续发展的潜质,即在他们离开学校后,仍具有不断学习的意识和可持续发展的能力。因此,形成良好的情感品质是学生终身受用的,也是实现终身学习的基本条件。

3. 学生在情感方面的健康发展是素质教育的基本内涵之一

素质教育的基本目的在于使所有的学生都能获得全面发展,而全面发展包括认知发展、情感发展、意志发展和人格方面的健全发展。因而,提升学生的情感品质是素质教育的重要目标之一。

不仅如此,学生形成良好的情感品质也是实施素质教育的需要。学生在教学过程中形成良好的学习兴趣、学习的自信心和意志力等情感品质,这些情感品质有助于学生在教学过程中发挥主体性、独立性和创造性,促进他们的实践能力和创新精神的发展。

(二) 总体目标

1. 数学课程标准所规定的情感态度价值观的总体目标

《义务教育数学课程标准(2011年版)》对数学课程的总体目标做出明确规定,其中,也包括情感态度价值观的具体目标,即:

通过义务教育阶段的数学学习,学生能够:获得适应社会生活和进一步发展所必需的数学的基础知识、基本技能、基本思想、基本活动经验。体会数学知识之间、数学与其他学科之间、数学与生活之间的联系,运用数学的思维方式进行思考,增强发现问题和提出问题的能力、分析和解决问题的能力。了解数学的价值,提高学习数学的兴趣,增强学好数学的信心,养成良好的学习习惯,具有初步的创新意识和科学态度。

2. 目标表述

在义务教育数学课程的总体目标中,情感态度价值观目标实际上蕴含着这样的表述,即:

通过让学生主动参与精心设计的一系列数学学习活动,使他们在学习数学的过程中获得积极的情感体验,使他们在数学学习中体验学习的乐趣,逐步获得成功感,同时也体验克服困难的历程。在学生获得积极情感体验的基础上,逐步发展学生对数学和数学学习的兴趣,增强学好数学的自信心和克服学习困难的意志力,初步理解数学思维的方式方法,建立自信心,养成认真勤奋、独立思考、合作交流、反思质疑等学习习惯,形成坚持真理、修正错误、严谨求实的科学态度。

在这里,关于情感态度价值观目标的核心词在于:积极参与数学活动、好奇心、求知欲、体验乐趣、意志、自信心、了解价值(认识作用)、养成学习习惯、形成科学态度。

3. 情感、态度、价值观方面发展的内涵

义务教育数学教学中的情感、态度、价值观上的发展,主要包括下列相互关联的三个方面。

第一,学生对数学领悟、对数学学习活动的兴趣。主要包括对数学的好奇心与求知欲;在数学学习活动中的主动参与以及对数学学习的喜爱、对数学思维方式方法的认同、感悟和养成。

第二,学生对于自己能学好数学的自信心和在学习过程中克服困难的意志力。主要包括在数学学习中获取成功的体验,逐步树立学好数学的信心以及锻炼克服困难的意志。

第三,学习数学的态度与习惯。主要包括探索创新、合作交流、独立思考、质疑反思、坚持真理、严谨求实等。

二、教学建议

各版义务教育数学课程标准将1～9年级划分为三个学段,即第一学段(1～3年级)、第二学段(4～6年级)、第三学段(7～9年级),对于不同学段的情感态度价值观目标,提出了不同的教学建议。

(一) 第一学段

在第一学段,学生的思维水平尚处于具体运算阶段,对身边的具体的材料充满好奇心。因而,该学段的情感态度价值观的实施,应以外部动机为主,逐步激活内部动机。

1. 创设直观情境,激发学生学习的兴趣

为了激发学生学习的兴趣,教师应创设直观、生动的教学情境。

首先,应以问题为切入点来设置情境,通过问题激发学生的兴趣。

> **例** 让学生看雪地上的某个脚印,通过脚印的大小来判断此人的高度。有的学生说这个脚印与大约40厘米长的鞋相近,由此可以判断此人的身高为1.70米左右。由于这种问题情境比较有吸引力,能较好地调动学生学习的积极性。教师进一步提出问题,为什么人的身高与脚的尺寸有这样的对应关系? 有什么证据? 学生可能一时回答不出来,教师要引导学生查阅有关资料或调查有关的人群,分析一般1.70米的人的脚的尺寸究竟是多少,再根据统计规律,算出平均值,就可以得出两者之间的关系。这样就激发了学生进一步探求知识的欲望。

其次，情境中的材料的趣味性是比较重要的，学生可以由对材料趣味性而引发对其数量关系和空间形状的探索。由于这个时期学生心理发展水平是对具体实物的抽象，因此，材料的趣味性主要表现在可操作性、直观性。

比如，用积木搭成不同的图案，辨别不同图案中所用不同图形的个数。在学生学习视图时，可以借助钉子板，用皮筋做出不同的图形，说出这些图形有哪些特点，还可以用计算机数学游戏或游戏卡等，这样每位学生都有机会去尝试探索，在自主探索的活动之中，学生的数学学习兴趣也就油然而生。

2. 建立良好的教学环境，促进学生主动参与

学生刚刚踏入校门，良好的教学环境是他们学习的重要条件，也是他们情感发展的前提。具体来讲，良好的教学环境以师生关系、合作交流最重要。

(1) 良好的师生关系。现代教学论认为，教师不仅是教学的权威，学生学习的顾问，而且还是学生学习的同伴。因此，创设良好的教学氛围，增加教师与学生之间的亲密感，是学生主动参与的前提。这就要求教师与学生共同讨论，鼓励学生多提问题，创设教学中的民主氛围。

(2) 鼓励学生之间的合作与交流。教师可以设计一些合作课题，并明确每位学生的工作责任，通过合作与分工让学生体会到学生之间合作与交流的必要性。

3. 用鼓励的方法，让学生初步获得学好数学的体验

外部环境对于第一学段学生的自信心发展具有重要的作用，所以，在教学中，教师要多用鼓励、激励的方法，使学生产生学好数学的信心。

具体做法如下：

(1) 教师要多用鼓励的语言

教师对学生学习中的每一个进步都要给予表扬，即使学生在解决问题时只完成其中的某一步，也要给予肯定，尽量避免使用批评的言辞。因为教学的重要目的是鼓励他们积极参与数学活动，所以，教师所关注的不仅仅是学习的结果，还有学生学习的过程。如果言语不当，很容易挫伤学生学习的积极性，由此对数学产生陌生感和恐惧感。

(2) 采用分段鼓励的方式

这种方式有助于逐步树立学生的自信心。由于学生在此阶段自制力较差，持久性不长，对许多问题的解决往往是半途而废。教师可以将一个问题分割成难易适中的几部分，引导学生分步解决，逐步体会到成功后的愉悦感，进一步增强他们克服困难的信心。教师还可以通过许多科学家、数学家的实例，如化学中镭的发现、物理学中的万有引力定律的发现等，让学生体会到攀登科学高峰的艰辛，进一步增强学好数学的愿望和探索科学的坚韧不拔的毅力。

4. 耐心培养学生良好的学习习惯

学生具有良好的学习习惯，对于他们学好数学具有重要作用。从学生的身心

发展规律来看,第一学段是培养学生学习习惯的最佳时期。在这一学段的教学中,教师要重视培养学生的学习习惯。只有养成了良好的学习习惯,才能保证他们更好地发挥学习中的主体作用。

学生的学习习惯包括行为习惯和思维习惯两个层次,包括认真听课、积极发言、认真阅读、仔细审题的习惯以及独立思考、善于质疑、探索创新的习惯。

良好学习习惯的形成是一个较长期的过程。教师要耐心帮助学生,使他们意识到培养良好学习习惯的重要性,比如在简单应用题教学时,培养学生认真审题的习惯,题意清晰是正确解答应用题的前提,因此,必须教会学生正确读题、认真审题的方法,培养学生认真审题的习惯。

> **例** 学校要种12棵树,每人种4棵,需要几人?
>
> 要求学生一是要把题目读正确,不破句、不漏字添字,学会独立阅读题目;二是会解释题目中每一句话的意思,弄清题意;三是会用自己的话复述题目的意思。在这个案例中,要求学生能够说出:"学校要种12棵树"就是一共要种的棵数;"每人种4棵"就是每一个人都种4棵,即有4棵树就需要一个人来种;"需要几人"就是指12棵树需要平均分给几个人种。以后,教师进一步要求学生能够说出这三个数量分别是:种树的总棵数,每人种树的棵数和种树的人数。教师要求学生认真审题后,在大脑中建立起一个关于题目的完整认识。此外,还要特别耐心帮助成绩落后的那些学生,使他们逐步养成良好的学习习惯。

(二) 第二学段

与第一学段的学生相比,第二学段的学生开始关注内在动因,特别是,已经开始具有比较强烈的自我意识,常常按照自己的喜好决定数学学习的进程。因而,第二学段的情感态度价值观的教育,必须以学生的内在动因为主、以外在动因的诱发为辅。

1. 利用数学材料激发学生学习的兴趣

随着学生知识面的拓宽和年龄的增长,教师应逐步利用数学的材料培养学生数学学习的兴趣,以逐步形成数学学习的内在动机。

首先,在教学中,应从探讨数学知识的背景来启发学生数学学习的兴趣。

例如,教学"图形的认识"时,教师可以问学生:为什么车轮要用圆形的?不用圆形的行不行?为什么?这一类问题很容易引起学生学习圆的兴趣和动机。

其次,运用数学知识去解决各种各样的实际问题,既能体现学习数学的社会意义,又能唤起学生学习数学的兴趣。

例如,教师教过统计初步知识之后,可以让学生做一些小调查,然后制成统计图表,让学生充分感受学习数学很有用,从而进一步激发数学学习的兴趣。

2. 创设多样化的数学活动,提高学生的参与程度

在这一学段,教师可以运用多种活动提高学生在数学教学中的参与程度。所谓学生的参与程度,是指学生在课堂数学学习过程中的心理活动方式和行为努力程度。它包括了三个基本方面:行为参与、情感参与和认知参与。[①] 行为参与指学生在数学教学中的行为努力程度,包括课堂表现(努力和钻研两个变量)和时间参与(每天完成作业时间和每周补充学习时间)两个方面;认知参与是指学生在数学教学过程中反映其思维水平的学习策略,它分为深层次、浅层次和依赖策略的三种变量;情感参与是学生在数学教学中的情感体验,分为乐趣感、成功感、焦虑感和厌倦感四个变量。

为此,在数学课堂教学中,可以采用激疑、创设探索活动、精心安排课外活动等,提高学生的参与程度。

(1) 激疑

教学中平铺直叙的讲解,不容易调动学生学习的积极性。如果数学教师善于"激疑",那么可以使学生质疑问难,可以更好地让学生主动参与。如教"循环小数"时,教师可以先出一道除法题让学生计算。对这个问题,学生补了若干个 0 也无法除尽,于是,学生产生了困惑。这道除法题是怎么回事呀?与过去有什么不同?这时学生的学习兴趣和动机就会非常强烈。

(2) 探索活动

数学教师要注意引导学生进行探索,提高他们学习的积极性。

如在"通分"的教学中,教师可以提出问题,如比较两个较复杂的分数,可以让学生自己进行探索,如用 1 减分数进行比较、用倒数和图形进行比较,等等。最后引出通分的结论。在这一过程中,学生的参与程度就提高了。

(3) 课外活动

开展丰富多彩的数学课外活动,可以促进学生学习的积极性。教师应积极组织各种数学课外活动,为学生创造一种自由宽松、生动活泼的学习环境。

3. 让学生获得克服困难的成功感和愉悦感

学生的意志力是逐渐发展的。在教学中,教师要为学生创造锻炼的机会与条件。要让每位学生都能在他们自己原有的基础上,经过努力才能获得成功。要让学生获得克服困难的成功感和愉悦感。

在教学中,教师要特别关注学习有困难的学生。如果他们经常困难重重,就会丧失学习的自信心。因而,有经验的教师在教学中往往特别注意让学困生体

---

① 孔企平.数学教学过程中的学生参与[M].上海:华东师范大学出版社,2003:21.

验到克服困难后的成功感和愉悦感,以此来激发学困生的数学学习热情。

4. 适当采用小组教学形式,促进学生的合作与交流

教师可以适当安排小组教学形式,增加学生合作与交流的机会。如小组讨论、小组学习或小组调查等,在这种合作教学的形式中,学生会逐步发展与同伴交流讨论的能力。

(三) 第三学段

与第一学段、第二学段的学生相比,第三学段的学生即将进入青春期,其数学学习的关注点不仅在于自我喜好,而且对于有用的内容开始感兴趣,对于挑战性的话题投入较大的热情。

1. 调动学生数学学习中的自主性

素质教育的一个重要方面就是实施主体性的教育,在教学中,教师要鼓励学生自主学习和主动探索。而学生自主性发展与情感发展有密切的关联。一方面,学生在数学学习中自主性的发展是情感发展的综合体现。学生对数学学习有信心,能独立完成学习的任务,具有数学学习的自信心。学生积极思考、主动交流,敢于面对困难与挫折等,都能在学生主体性学习上体现出来。另一方面,学生的自主性发展也促进了学生情感品质的综合发展。

2. 在解决具有挑战性问题时,诱发学生体验思维的乐趣,树立学好数学的信心

在这一学段,教师可以针对学生的实际情况,设计一些具有挑战性的问题,让学生在解决问题之中体验思维的乐趣,树立学好数学的信心。

> **例** 有两种有奖储蓄,每份都是 100 元,存期都是一年,都是 10 万份作为一个开奖组。哪一种较为合算呢?
>
> | 甲种储蓄设计 | 乙种储蓄设计 |
> | --- | --- |
> | 一等奖 1 个,奖金 10 万元;
二等奖 10 个,奖金各 1 万元;
三等奖 100 个,奖金各 1000 元;
四等奖 1000 个,奖金各 100 元。
没有得奖的,不给利息。 | 一等奖 1 个,奖金 5 万元;
二等奖 10 个,奖金各 5000 元;
三等奖 100 个,奖金各 500 元;
四等奖 1000 个,奖金各 50 元。
没有得奖的,可得利息,年息为 4%。 |

这是一个金融上的问题,其核心是数学期望。教师可以引导学生进行比较、归纳,经过一番提炼,最终可以归结为概率问题。在解完上述问题之后,如果学生能够体验到数学思维的乐趣,那么,对于其树立进一步学习的自信心,非常有帮助。

3. 探求规律,激发兴趣

在课堂教学中,教师要注意引导学生自己探索发现一些规律。在探索过程中,学生会逐步体验到数学思维过程中的乐趣。而引导的方法,可以是猜想、验证、比较与综合的方法,也可以是动手操作,甚至是依靠直觉。

> **例** 根据计算结果,探索规律:
> 如,$1+3+5+7+9+\cdots+101=?$
> 请学生分析图 6-1:
>
>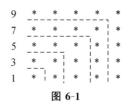
>
> **图 6-1**
>
> 教学中,首先应让学生思考:从上面这些算式中你能发现什么?让学生经历观察(每个算式和结果的特点)、比较(不同算式之间的异同)、归纳(可能具有的规律)、提出猜想的过程。教学中,不仅要关注学生是否找到了规律,更应关注学生是否进行了思考。如果学生一时未能独立发现其中的规律,教师可以鼓励学生相互合作交流,进一步探索,教师也可以提供一些必要的帮助。如列出如下点阵,以使学生从数与形的联系中发现规律,进而鼓励学生推测出 $1+3+5+7+9+\cdots+19=100$。
>
> 此后,教师还可以根据学生的实际情况,把这个问题进一步推广到一般的情形,推出 $1+3+5+7+\cdots+(2n-1)=n^2$,当然,应该认识到这个结论的正确性有待于进一步证明。
>
> $1+3=4=2\times 2$
>
> $1+3+5=9=3\times 3$
>
> $1+3+5+7=16=4\times 4$
>
> $1+3+5+7+9=25=5\times 5$
>
> 图 6-1 中每个"角尺型"图案里的点子数分别是 $1,3,5,7,9,\cdots$,而正方形又可以看成这种"角尺型"组成的。正方形里的点子数等于角尺型的点子数之和。不难发现
>
> $1+3=4,1+3+5=9,1+3+5+7=16,\cdots$
>
> 如此,学生对这个数列的和一定记忆深刻。学生在探索规律的过程中,感受到数学的美,进而激发进一步学习的兴趣。

4. 通过合作课题的学习与研究,促进学生合作与交流

在中小学数学教学中,教师可以适当引入课题学习的方式,让学生合作完成一些学习任务,从中培养学生交流、合作的态度。

具体的教学形式包括小组讨论、小组调查、合作解决问题等。

(1) 小组讨论

教师可以向学生小组布置讨论的问题,让学生在讨论的基础上得出结论,并由小组成员向全班介绍讨论结果及其理由。

(2) 小组调查

教师可以让学生小组合作调查一个数学实际问题。

(3) 合作解决问题、小组合作完成制作

教师可以提出一个综合性的题目让小组学生共同解决。在解决问题过程中,教师要注意让学生自己分工、讨论和尝试。

> **例　测量旗杆的高度**[①]
>
> 在初中数学教学中,利用相似可以用来计算那些不能直接测量的物体的高度。在一个阳光明媚的下午,我们希望知道学校旗杆的高度,而旗杆可能太高,不便于直接测量。
>
> 问题:如何利用相似三角形的有关内容测出旗杆的高度?
>
> 活动方式:分组活动、大班交流研讨式。
>
> 活动材料:可以借助阳光下的影子、小镜子的反射、测量工具等(但不宜直接爬上旗杆楼顶)。
>
> 第一步,分组,讨论共有几种测量旗杆高度的方法。
>
> 第二步,小组分工。分别用第一步中讨论得出的方法,比如直接测量旗杆的高度和用镜面反射的方法测量等。
>
> 第三步,讨论比较上述各种测量方法,找出最好的测量方法。
>
> 第四步,推选代表在全班介绍解决这一问题的过程和结论。
>
> **方法 1**:利用阳光下的影子。
>
> 如图 6-2,每个小组选一名同学(如身高 160 厘米的同学小明),直立于阳光下,其他人分两组,一组测量小明的影子长,另一组同学测量旗杆的影子长。
>
> **方法 2**:利用观测点与旗杆之间的一面镜子的反射。
>
> 如图 6-3,每个小组选一名同学作为观测人,在观测人与旗杆之间放一面镜子,在镜子上做一个"十"字作为标记,观测人看着镜子并且来回走动,直到旗杆的顶端与镜子上的"十"字标线相一致。
>
> 由于来自旗杆顶端的光线照到镜子上反射到观测人的眼睛构成相等的角。所以,可以利用相似三角形的有关结论解决问题。

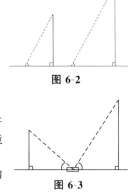

图 6-2

图 6-3

[①] 孔凡哲,张惠英.义务教育课程标准实验教科书数学(八年级下册)[M].北京:北京师范大学出版社,2003:72—74.

方法 3：利用辅助标杆的方法（一）。

每个小组选一名同学作为观测者，伸开一条手臂并水平放置，在手中握一个定长的标杆（如 30 厘米的尺子），使尺子保持垂直于水平面的状态。

适当移动身体（保持身体的姿势不变，标杆的底部在手心中），当旗杆的顶部、标杆的顶部与眼睛恰好在一条直线上时（如图 6-4 所示）。其他同学立即测量出观测者的脚到旗杆底部的距离，以及观察者的手臂长度。

图 6-4   图 6-5

方法 4：利用辅助标杆的方法（二）。

选择一根高为 2 米以上的标杆，在距离旗杆 10 米的 A 点处直立，观测者站在射线 BA 上，自 A 点远离标杆，同时，目光沿标杆顶部望去，直到目光刚好与旗杆顶部与标杆顶部在一条直线上时停下（如图 6-5）。

第五节　现代意义上的数学观

一、数学观的基本含义

数学观主要是指作为主体的人对数学所持有的基本观点、基本看法。

在学术界常见的数学观中，欧内斯特（Paul Ernest）（1991）的观点具有代表性，欧内斯特把教师的数学观分成三类。[1]

（一）问题解决的观点(the problem-solving view)

把数学看作是一个动态的、由问题而推动发展的科学。数学体现人类的发明与创造，是变化着的科学。

（二）柏拉图主义的观点(the platonist view)

数学是一个静态的永恒不变的科学，它是通过逻辑将知识组织成一个彼此联系的结构。其典型观点是，数学是发现，而不是发明。

（三）工具主义的观点(the instrumentalist view)

数学是由事实、法则、技巧构成的一套工具，受过训练的工匠熟练地利用它达到一些外在的目的。其典型观点是，数学是一堆彼此无关却很有用的事实和法则。

---

[1] 黄毅英.数学观研究综述[J].数学教育学报，2002，11(1)：1～8.

二、基本的数学观

21世纪的人类面临着更多的机会和挑战,他们需要在大量纷繁复杂的信息中作出恰当的选择与判断,必须具有收集与处理信息、作出决策的相应能力,并且能够进行有效的表达与交流。数学素养已经成为公民文化素养的重要组成部分。

20世纪中叶以来,数学自身发生了巨大的变化,特别是数学与计算机的结合,使得数学在研究领域、研究方式和应用范围等方面得到了空前的拓展。数学不仅帮助人们更好地探求客观世界的规律,同时为人们交流信息提供了一种有效、简捷的手段。数学是人们在对客观世界定性把握和定量刻画的基础上,逐步抽象概括,形成方法和理论,并进行应用的过程中形成的一门科学,这一过程充满着探索与创造。观察、实验、模拟、猜测、矫正和调控等,如今已经成为人们发展数学、应用数学的重要策略。虽然数学的研究对象仅仅涉及空间形式和数量关系,[①]但是,由于其高度的抽象性、严密的推理与广泛的应用性,使得数学成为一个普适性的工具学科。

三、现代数学的进展概览

数学教育的发展受到诸多因素的影响。其中一个重要方面是数学科学自身和其应用的进展。数学在19世纪已经发展成独立的学科。到19世纪下半叶,随着不断从实际中获取营养以及自身的蓬勃发展,数学本身积累了大量丰富的资料(成果、方法和理论等),有些甚至达到了烦琐的程度,同时也留下了众多没有解决的难题。

正是在这种变革与积累的基础上,20世纪以来数学呈现出指数式的飞速发展。随着经典数学的繁荣和统一,许多新的应用数学方法的产生,特别是计算机的出现及其与数学的结合,使得数学在研究领域、研究方式和应用范围等方面都得到了拓展。

(一)观点1:数学得到了空前的应用,具有技术的品质

数学在发展过程中,一直从实践中汲取着丰富的营养。在第二次世界大战以前,数学已经跨越自我,在相关学科(如相对论、量子力学、弹性力学、流体力学、数理经济学)中得到了应用,并取得了前所未有的成就。但当时数学对工程技术的应用往往只起着间接作用,即首先应用于其他科学,再由这些科学提供技术进步的基础。

[①] 史宁中,孔凡哲.关于数学的定义的一个注[J].数学教育学报,2006;15(4):37—38.

例如,大批量生产的质量控制和检验问题、生产的方案与配方问题、可靠性问题、大型的调度问题、通信中抗干扰和从微弱信号中提取信息的问题、编码问题以及后来出现的信息压缩问题、远程控制问题等。

大批的数学应用问题要求提出决策性结论,往往就要求算出数值解,这在过去往往存在着计算上难以逾越的困难。因而,在实际中只好简化计算,有时甚至使原来的问题变得面目全非;或者放弃用计算方法解决问题的途径,而改用模型的方法,这样会牺牲精确性。

但是,在第二次世界大战中出现的那些问题,却往往要求高度的精确性或大规模的计算。电子计算机就是在这种历史性的要求下发明和研制出来的。电子计算机的大容量存储、高速度计算使得扫除计算障碍在技术上成为可能。这些因素的综合作用促成了数学在自然科学和社会科学中的惊人应用。

今天的数学已经直接进入科技的前沿,直接参与创造生产价值——数学已经走到"前线"。

现代数学与计算机相结合而产生的威力无穷的"数学技术",渗透到与人类生存息息相关的各个领域,成为一个国家综合国力的重要组成部分。"国家的繁荣昌盛,关键在于高新科技的发达和经济管理的高效率……高新科技的基础是应用科学,而应用科学的基础是数学",这一历史性结论充分说明了数学对国家建设的重要作用。

对此,中国科学院院士王梓坤曾做过精辟的阐述:"由于计算机的出现,今日数学已不仅是一门科学,还是一种普适性的技术,从航天到家庭,从宇宙到原子,从大型工程到工商管理,无一不受惠于数学技术。因而,今日的数学兼有科学与技术两种品质,这是其他学科所少有的。"

以往的数学界将证明定理作为数学研究的主要目标(至少纯数学是这样)。随着现代数学的发展,数学既与各门自然科学广泛渗透,又与计算机结合直接应用于高技术,这就使得建立模型日渐成为数学的主要目标之一。

当人们面对纷繁复杂的科学技术和社会现象时,数学可以通过建立模型、分析和求解、计算乃至形成软件等一系列方法来帮助我们把握客观世界。

美国国家研究委员会《人人关心数学教育的未来——关于数学教育的未来致国民的一份报告》[①]中有了"数学是关于模式和秩序的科学"的提法,1994—1998年担任世界数学联盟主席的曼福德(D. Mumford,1937—)在1998年论述现代数学的趋势时说:"创建好的模型正如证明深刻的定理一样有意义。我想,承认这一点,数学将会从中受益。"

---

① 美国国家研究委员会.人人关心数学教育的未来——关于数学教育的未来致国民的一份报告[M].北京:世界图书出版公司,1993.

(二)观点2:经典数学得到了蓬勃发展,形成了许多新成果和新思想

19世纪下半叶,数学的蓬勃发展和众多没有解决的难题,促使了20世纪上半叶以来对数学所进行的系统整理,即以集合论为基础、公理化为方法将数学分门别类地整理成不同学科,各学科以公理化方法将原有材料系统化、一般化。

集合论观点与公理化方法将数学的发展引向了高度抽象的道路,结合数学对各个学科中重要问题的研究,使得原有的许多学科(如代数学、拓扑学、函数论、泛函分析)在新的基础上得到了更大的发展。

同时,对数学基础问题的探讨也促使了一些新的数学学科(如数理逻辑、公理化集合论)的形成,人们逐渐认识到在数学中有一些基本结构:代数结构、拓扑结构、序结构以及后来认识到的测度结构,这些结构的相互影响和渗透使得数学的很多学科得到长足的发展,并形成一些新的学科(如概率论、随机过程、微分几何、微分方程、代数几何、多复变函数论)。即使是一些与公理化进程关系不大的数学分支(如解析数论)也得到巨大的发展。

在20世纪,有些困惑人们几百年的著名数学难题(如费马大定理、四色问题)得到了解决,尤其令人们意想不到的是,数理逻辑竟成为发明现代电子计算机的先导。

计算机的出现不仅使数学比以往任何时候都更具威力,同时也极大地改变了数学科学自身的某些特点。

一方面,计算机进入数学领域,促进了"计算数学""数学模型""离散数学""数理逻辑"等许多数学分支的发展,使以前不受重视的数学理论重放光彩(如方程的数值解,气象预报中的数值方法),并发展了许多边缘科学(如人工智能、图像识别、机器证明、数据处理);同时,计算机开拓了一系列数学研究的新领域和新课题,改变了数学各分支之间的平衡,也促进了数学内部的统一。计算机也为数学发现和证明提供了新工具。

著名英国数学家阿蒂亚(Michael Atiyah,1929—2019)指出:计算机正处在数学家工作的所有阶段,特别是在探索和实验阶段,提供着十分实际和有效的帮助。随着数学向纵深发展,所遇到的原始素材也会变得更加凌乱和复杂。正是计算机可以帮助我们筛选这些素材并为我们指出进一步理解和前进的道路。

另一方面,正如计算机给数学提供了新的机会一样,数学也使计算机具有如此不可思议的威力。数学为自然现象提供构建模型的方法,也提供用计算机语言实现这些模型的算法,以极大地提高计算机处理信息的功能。事实上,计算机本身以及计算机的进一步开发、改进和应用都离不开数学。

计算机和数学形成了一个紧密相关的系统,正是这个系统产生了以前不可能出现的新结果和以前不可想象的新思想。

（三）观点3：数学研究的方式发生了变化，"做数学"的过程更加凸显

数学有其严谨和逻辑的一面，也有其探索和创造的一面。特别是计算机的出现，它向数学家提供了探索模式和检验猜测的强有力的工具，使数学家的研究方式开始发生变化。实际上，计算机提供了进行多次试验计算的可能性，为数学研究提供了有力的"实验工具"。

挪威数学家布朗（W. Brown,1931— ）在谈到数学研究成果的表现形式时形象地指出：在过去，一项数学研究的成果总是一篇关于命题的证明或反驳的科学论文，现在它却可以包含一些色彩鲜艳的图案和一声充满快乐的惊呼："看，我发现了什么！"

由于计算机与数学的结合，使得实验、试误、模拟、猜测、调控等已经成为当今数学家研究数学、特别是应用数学的重要方式，随着数学实践活动和数学实验的加强，一个基本的"做数学"的过程日益清晰，许多数学家和数学教育家都以不同的措辞描述了这一过程。

著名的"美国2061计划第一阶段数学专家小组报告"中这样提道：我们看到了一个基本的数学过程的循环，它反复出现，形成了最基本的形式——抽象、符号变换和应用。这种循环不只出现在普通实验和数学实验的交界处，而且也在数学王国内部多次重复，导致了该学科更高水平的概括性，从而使它可以具有更强的效能。

荷兰数学家、数学教育家弗赖登塔尔（H. Freudenthal,1905—1990）将这一过程称为数学化，即数学地组织现实世界的过程。在这个"做数学"的过程中，不仅有计算或演绎，还涉及观察、猜测、尝试、调控、估计、检验等多种方式。

美国数学家格里菲思（P. A. Griffith）对20世纪的数学发展表示了如下的看法：20世纪是数学的黄金时代，许多重大而长期没有答案的问题终于得到了解决。究其成功的原因，大多是由于我们对各个分支之间复杂的相互影响及作用有了日益增长的理解，那些相互关联不断扩大和深化，从而使数学开始跨越自我来探索与其他科学领域之间的相互作用了。这些涉及数学各种领域之间的及数学与其他科学领域之间的相互作用，已经导致了一些伟大深刻见解的产生，也导致了数学领域在广度和深度上进一步扩大。

数学的广泛应用使得自身已经成为现代社会中一种普遍适用的技术，数学有助于人们收集、整理、描述信息，建立模型，进而解决问题，直接为社会创造价值；数学不仅帮助人们更好地探求客观世界的规律，同时为人们交流信息提供了一种有效、简洁的手段；数学在对客观世界定性把握和定量刻画的基础上，逐步抽象概括，形成方法和理论，并进行应用，这一过程除了逻辑和证明外，充满着探索与创造。

数学课程应该体现数学刻画现实世界的过程和全貌,使学生体会数学与现实世界和人类进步的密切联系,应该使学生体会数学研究的基本方法:观察、试验、收集信息、猜测、验证、证明等,这些方法的熏陶,将使人终身受益。

四、作为教育内容的数学

作为教育内容的数学,有着自身的特点与规律,它的基本出发点是促进学生的发展。因此,数学课程不仅要考虑数学自身的特点,而且更应当遵循学生学习数学的心理规律,关注每一个学生在情感态度、思维能力、自我意识等多方面的进步和发展。

现代数学的进展对数学教育的影响主要有以下几个方面:

1. *数学科学得到了广泛应用,要求数学教学必须重视培养学生的应用意识*

数学的思维训练价值和作为科学语言的作用仍然是重要的,但"数学应用意识的孕育""数学建模能力的培养""联系学生的日常生活并解决相关的问题"等则越来越处于突出的地位,或者说恢复其原来应有的地位。反思我国数学教学的现状,"数学是理性的音乐""数学是思维的体操"或者"数学是科学的语言"已经成为人所共知的名言,但数学的应用却长期得不到重视。

针对这一现状,不少数学家呼吁要"重视数学应用,还数学以本来面貌",数学是"生活的需要,是最后制胜的法宝"。

培养学生的数学应用意识和应用能力,还能帮助学生对数学知识、思想和方法有一个直观、生动而深刻的理解,它有助于学生正确认识数学乃至科学的发展道路,了解数学的思维方式,可以使学生真正懂得数学究竟是什么。

很多数学家认识到培养学生数学应用的意识和能力是一件很不简单的事情,它绝不是知识学习的附属品。

为了培养应用意识,必须使学生受到必要的数学应用的实际训练,否则强调应用意识就会成为空洞的说教,这是一项并不容易的任务,它涉及转变观念、改变课程安排等多方面因素,需要认真研究和推行。

2. *数学科学提供了独特的思考方式,要求数学教学重视培养学生数学地思考问题*

数学对国家的贡献不仅在于国富,而且还在于民强。除了能解决实际问题之外,数学还提供了某些普遍适用并且强有力的思考方式,包括直观判断、归纳类比、抽象化、逻辑分析、建立模型、将纷繁的现象系统化(公理化的方法)、从数据进行推断、最优化等。应用这些方式思考问题,可以使人们更好地了解信息化的世界;数学使人们具有科学的精神、理性的思维和创新的本领,使人们充满自信和坚韧。

数学教学不仅要培养学生的应用意识,也要使学生学会用数学思维来思考问题。

3. 数学科学的发展为数学课程内容的选择提供了依据

数学科学的发展,特别是与计算机的结合,使得数学的某些内容变得重要起来,而另一些内容又变得不那么重要了。这些变化将对基础教育数学课程内容的选择产生重大影响。

(1) 数据处理、算法、优化、离散数学等内容越来越受到广泛的重视,首当其冲的是统计与概率的内容。

因为,数据处理、预测风险已经成为信息社会中人们重要的基本素质。概率统计由于既有广泛的应用性,又是中小学数学中唯一培养学生从随机角度观察世界的数学内容,因此在很多国家的教材中都普遍采用。另一些受到广泛重视的是与计算机科学密切联系的内容——算法、离散数学、优化等。

(2) 注重对数和符号的理解、应用和表达,削弱烦琐的计算对于数和符号的学习,究竟哪些内容更有用呢?概括起来,主要包括:运用数和符号解决问题、进行表达和交流,理解运算的道理,寻求合理的算法,估计运算的结果,判断结果的合理性等。即用数和符号表达数量关系(表达),选择适当的方法解决用数和符号形式表达的问题(操作),从数据或符号推理中得出结论并对结果进行检验(解释)。

尤色斯金(Z. Usiskin)[①]在谈到为"所有人的代数"时指出:将来代数在解决问题时,将很少注意代数的技巧,因为通过便携式机器和预编程序软件就能做这些事情。但是却需要提高对代数两个方面的重视:能够被应用的代数,代数作为一种交流的语言……毫无疑问,将来的代数很少包含技能特性,而更多包含应用和表示特性。

(3) 发挥图形直观的功能

图形直观是人们理解自然世界和社会现象的绝妙工具,特别是随着计算机制图和成像技术的发展,图形直观更是运用到人类生活和社会发展的各个角落,为人类带来了无穷无尽的直觉源泉。

计算机的一个重要特征在于它可以直观、动态地演示,由图形带来的直观,能增进学生对数学的理解,激发他们的创造力。这会给我们选择课程内容以很大的启示。

4. 数学科学的发展要求数学教学做到返璞归真,适度的非形式化

在20世纪上半叶,当时的数学中心在德国格丁根和法国的巴黎,形式主义和

---

① 尤色斯金(Zalman Usiskin)教授是美国芝加哥大学教育专业荣誉教授,1969年至2007年间在该校任教。1983年,他协助创立芝加哥大学学校数学设计(UCSMP),1987年至2019年6月一直担任该项目的总负责人。美国《芝加哥大学学校数学设计》是尤色斯金主编的中小学数学教材,其影响甚广,覆盖面达全美国中小学的六分之一。

结构主义的影响巨大,英、美两国教材也不同程度地有形式主义的影子,而中国的数学教育多半受英、美的影响。

20世纪下半叶以来,中国数学和数学教育全盘接受苏联的模式,而苏联数学学派则深受德国和法国的影响,体现在其数学教材中的严格的演绎体系、纯粹的逻辑方法,而这些征服了中国的数学教育界。几十年过去了,"过度的形式化"竟成了中国数学教育传统的重要组成部分。

其实,实践一直是数学发展的丰富源泉,数学脱离了现实就会变成"无本之木""无源之水"。

数学家呼吁:教材和教学要密切与学生生活的联系,增加趣味性;教材和教学要体现数学结论的"来龙去脉",鼓励学生的探索和创造;教材和教学要力求返璞归真,平易近人。总之,中小学数学要与"学生的生活实践联系得紧一点,直观的多一点,动手实验的多一点,使他们的兴趣高一点,自信心强一点",把数学呈现为学生更容易接受的"教育形态"。

综上所述,当代数学的进展对数学教育产生了重大影响。从数学教育的目标方面我们不难看出:数学广泛地运用逻辑,但不等于逻辑;数学教学要培养学生数学地思考问题,也要培养学生数学应用的意识和能力。同样,认为现在的课程改革只讲应用,不要数学思维和逻辑也是一种误解。2001年9月以来的基础教育数学课程改革的目标之一就是,建立一种符合当代数学发展的本质和趋势、符合学生身心发展规律和社会未来需求的数学课程,它既重视数学的背景和数学的应用,也注意数学的抽象过程和推理、建模过程。

五、现代意义上的数学观[①]

数学观是人们对数学的基本态度、整体认识和根本看法,涉及数学的研究对象、研究方法、数学与其他学科的关系,包括数学的本质、特点、地位与价值等。

(一)数学是一门科学

数学是研究数量关系和空间形式的一门科学。不管是现实世界中的"数量关系和空间形式"还是思维想象中的"数量关系和空间形式",都属于数学研究的范畴。[②] 数学源于对现实世界的抽象,基于抽象结构,通过符号运算、形式推理、模型构建等,理解和表达现实世界中事物的本质、关系和规律。

(二)数学是其他学科的重要基础

数学作为对于客观现象抽象概括而逐渐形成的科学语言与工具,不仅是自然科学和技术科学的基础,而且在人文科学与社会科学中发挥着越来越重要的作用。

---

① 孔凡哲.新时代我们应该建立怎样的数学观[J].湖北教育,2020(01):33—35.
② 史宁中,孔凡哲.关于数学的定义的一个注[J].数学教育学报,2016;15(04):37—38.

数学不仅是自然科学的基础,而且也是一切重大技术革命的基础。20世纪最伟大的技术成就之一应当是电子计算机的发明与应用,它使人类进入了信息时代。然而,无论是计算机的发明,还是它的广泛使用,都以数学为基础。做 CT(电子计算机断层扫描)检查现在已是常规检查,可是,很少有人知道这项技术的核心就是数学技术。CT 的数学模型是以一个积分变换方法——拉东变换为核心的,从这个意义上说 CT 技术本质上属于数学。

现代数学已经渗透到经济生活、科学技术和现实世界与人类生存息息相关的各个领域之中。今天的数学在四个方面发挥着巨大的作用:一是对整个科学技术(尤其是高新技术)水平的推进与提高,二是对科技人才的培养,三是经济建设的繁荣,四是对公民的科学思维与文化素质的哺育。这些都是其他学科所不能比拟的。

与此同时,数学自身的意义也产生了质的飞跃,被赋予了更加丰富的内涵。

(三) 数学是人类生活、社会发展的重要工具

数学与人类生活和社会发展紧密关联,数学更广泛应用于社会生产和日常生活的各个方面。计算机的诞生使数学更加直接地被应用于人们改造物质世界的活动中。随着现代科学技术特别是计算机科学、人工智能的迅猛发展,人们获取数据和处理数据的能力都得到很大的提升。伴随着大数据时代的到来,人们常常需要对网络、文本、声音、图像等反映的信息进行数字化处理,这使数学的研究领域与应用领域得到极大拓展。从 5G 技术[①]到量子卫星,从自动控制到支付宝、微信技术,从股票市场的趋势跟踪的数学原理,到刷脸背后(卷积神经网络)的数学原理,无处不有数学之身影。可以说,没有数学的支撑,就没有 5G 技术。事实上,美国数学家香农提出著名的香农定理 $C=B\log_2\left(1+\dfrac{S}{N}\right)$,对现代信息而言,香农定理有着基础性的作用,该定理可以求信道的最大传输速率,即信道容量,无线通信科学家们就是希望传输速率可以接近香农极限,而 5G 的频谱效率已在很大程度上接近甚至达到了香农极限。

(四) 新时代的数学可以直接创造社会价值

在大数据、智能化时代背景下,人类生活已经高度信息化、数据化,所有这一切都依赖于大量的定量化研究。今天的数学直接为社会创造价值,推动社会生产力的发展。

正如华为创始人任正非 2019 年 1 月 17 日在中央电视台《面对面》节目中所言:"(华为)公司有 700 多位数学家、800 多位物理学家、120 多位化学家,还有

---

① 5G 是指第五代移动电话行动通信标准,也称第五代移动通信技术,它主要的核心原理是完善一组技术来提升性能和满足多样化需求。5G 技术其实是 2G、3G、4G 技术的大融合。融合越多,频谱利用率就越接近香农极限。

6000多位专门从事基础研究的专家,再有6万多工程师,构建成一个研发系统,使我们快速赶上人类时代的进步,抢占更重要的制高点。"

今天,数学的应用直接活跃于科技第一线,促进着技术、经济和社会的发展,今日的数学已不再是代数、几何等传统分支的简单集合,今天的数学研究也已不再是仅靠一张纸、一支笔便可完成。如今的数学已渗入各行各业,并物化到各种先进设备中,从飞行着的卫星,到运转着的核电站;从天气预报,到家用电器。高技术的高精确、高速度、高自动、高安全、高效率和高质量等特点,无一不是通过数学模型和数学方法并借助计算机的计算控制来实现的。过去,人们认为难以应用的所谓"纯数学",如今不但可以应用,而且产生了出人预料的惊人的应用成果。数学已经极其深入地走进了人们的生活。[1]

(五) 数学语言是迄今为止唯一的世界通用语言,是人交流的重要语言之一

数学不仅是运算和推理的工具,还是表达和交流的语言。科学数学化、社会数学化的过程,乃是数学语言的运用过程;科学成果也是用数学语言表述的,正如伟人伽利略所言:"自然界的伟大的书是用数学语言写成的"。数学已经渗透到人类社会的每个角落,数学的符号和句法、词汇和术语已经成为表述关系和模式的通用工具。一切数学的应用都是以数学语言为表征的。数学语言已成为人类社会中交流和贮存信息的重要手段。因此,数学语言是每个人都必须学习使用的语言,使用数学语言可以使人在表达思想时做到清晰、准确、简洁,在处理问题时能够将问题中各种因素之间的复杂关系表述得条理清晰、结构分明。

(六) 数学是人类文明的重要组成部分

数学承载着思想和文化,是人类文明的重要组成部分,数学是人类文明的火车头。数学已经融入人类的文化发展进程,成为人类文化的重要组成部分。

《几何原本》是古希腊文明的标志之一,成为建构科学体系的范式。古老的中国算学以《九章算术》为代表,以计算精确、体现算法思想为特征,是中国古代文明的典型标志之一。

信息时代的文明发端于麦克斯韦(J. C. Maxwell,1831—1879)电磁学方程,信息论、控制论开启了信息时代的新纪元,而数学家冯·诺依曼(J. Von Neumann,1903—1957)的数字计算机方案,改变了人类的生活,"高科技本质上是数学技术"。用数学模型研究宏观经济与微观经济,用数学手段进行市场调查与预测、进行风险分析、指导金融投资,这在世界各国已被广泛采用。在经济与金融的理论研究上,数学的地位更加特殊。在诺贝尔经济学奖的获得者中大部分是数学家,或有研究数学的经历。数学直接为社会创造价值,推动社会生产力的发展。

---

[1] 董山峰.数学离普通人很遥远吗?[N].光明日报,2002-08-16.

数学科学的进步受到人类文明进程的影响,必然打上那个时代的烙印。反过来,又对社会的发展起着推动作用,成为当时文化的组成部分。

数学在形成人的理性思维、科学精神和促进个人智力发展的过程中发挥着不可替代的作用。数学素养是现代社会每个人应该具备的基本素养。中小学数学教育承载着落实立德树人根本任务、发展素质教育功能的任务。数学教育帮助学生掌握现代生活和进一步学习所必需的数学知识、技能、思想和方法,提升学生的数学素养;引导学生会用数学眼光观察现实世界,会用数学思维思考现实世界,会用数学语言表达世界;促进学生思维能力、实践能力和创新意识的发展,探寻事物变化规律,增强社会责任感;数学在形成学生正确人生观、价值观、世界观等方面发挥独特作用。

思 考 题

1. 何谓数学学习动机?如何理解数学学习的内部动机与外部动机的不同作用?
2. 数学学习动机的产生有哪些基本特点和规律?
3. 如何激发学生数学学习的内部动机?
4. 简述数学学习态度对数学学习的影响。
5. 数学情感有哪些作用和功能?
6. 当前,义务教育数学课程中明确规定了学生在情感、态度、价值观方面的发展,请简要阐述其基本内涵。
7. 简要分析数学观的类别及其差异。新时代我们应该建立怎样的数学观?

拓展性问题

★ 数学课程的不同结构、教科书的不同呈现方式,是如何影响学生数学学习的情感、态度和价值观的?

第七章　数学思维及其规律

数学能力的核心在于数学思维能力。研究数学思维及其规律,是数学学习研究的核心任务。

第一节　思维及其类型

一、思维的概念及其本质

思维是人脑对客观现实概括的、间接的反映,它体现的是事物的本质与内部规律性。思维具有两个基本特点:一是能反映,二是有意识。其本质在于,具有意识的人脑对于客观事物的反映,反映的方式不是直观的、零散的,而是间接的和概括的。

二、思维的类型

按照不同的标准,可以将思维区分为不同的类别。

(一)直观动作思维、具体形象思维与抽象思维

根据思维的发展水平可以将思维分为直观动作思维、具体形象思维、抽象思维。

1. 直观动作思维

直观动作思维是指,在思维过程中,直接感知思维对象,并通过思维者自身的动作去影响思维对象的一种思维活动。客观事物的本质特征和规律性联系就表现在感知并作用于思维对象之中。比如,乒乓球运动员在训练或比赛时,根据球的方向、速度作出击球动作就是一种直观动作思维。司机在驾车时紧急刹车运用的也是直观动作思维。此外,如工程师、机修工等的思维活动都有直观动作的特点。

2. 具体形象思维

具体形象思维是指在思维过程中借助于表象而进行的思维,这种思维所要解决的任务不一定是直观的,但一定是具体的,如艺术创作过程,都是借助于具体形象思维进行的。

具体形象思维是通过对事物形象的概括而产生的,从其发展水平可区分为三种形态:第一种水平的形象思维只能反映同类事物中的一般属性,而不是事物所具有的本质属性,这种形象思维水平主要表现在学龄前儿童身上。第二种水平的形象思维是在接触大量事物的基础上,对表象进行加工的思维,这种形象思维水平一般表现在成人身上。第三种水平的形象思维是艺术思维,它是在大量表象的基础上,进行高度的分析、综合、抽象、概括乃至丰富想象的复杂过程,它是人类思维的高级和复杂的形式之一。

3. 抽象思维

抽象思维是指在思维过程中以概念、判断、推理的形式来反映事物本质属性和内在规律的思维。这种思维所要解决的任务基本上是抽象的。抽象思维需借助语言,学生运用数学符号和概念进行数学运算和推导,科学家发现客观规律等都需要通过这种思维活动进行。抽象思维不同于以动作为支点的直观动作思维,也不同于以表象为凭借的具体形象思维,因为它已摆脱了对感性材料的依赖。抽象思维含有经验型和理论型两种类型。

在数学活动中,抽象思维的主要功能表现在,它是认识数学概念、建立数学理论体系乃至其他科学理论体系最主要的工具。

特别地,抽象思维有一种特殊形式——辩证思维。辩证思维是指以变化发展的视角认识事物的思维方式。辩证思维是客观辩证法在人们思维中的反映,就其思维形成的过程来说,包括概念形成过程的飞跃、规律发现过程的飞跃、理论应用于实践过程中的飞跃。

数学中有着丰富的辩证法思想,例如:

(1) 数学中的正与负、常数与变数、微分与积分、直与曲等都是对立统一的概念;而数和形(如曲线与方程)体现了矛盾转化的关系。

(2) 数的概念体现了量变与质变的关系,人们从量的差异中认识质的差异。如分数$\frac{2}{3}$是2∶3的比,但也可表示成4∶6,6∶9,…,而这种替代是无穷无尽的。

(3) 导函数的产生是对原始函数实行"否定之否定"的结果。在求函数$y=f(x)$的导函数的过程中,先取差,Δx、Δy,做比值$\frac{\Delta y}{\Delta x}$,然后再把它"扬弃",这并不是简单地导致无,而是带来实际结果,即导函数。

(二) 逻辑思维、直觉思维

根据思维的逻辑性,可以将思维分为逻辑思维、直觉思维。

1. 逻辑思维

逻辑思维是人们在认识过程中借助于概念、判断、推理等来反映事物本质与规律的认识过程。它是用科学的抽象概念、范畴揭示事物的本质,表达认识现实的结果。逻辑思维是一种确定的,而不是模棱两可的思维;它是前后一贯的,而不是自相矛盾的;同时,它也是有条理、有根据的思维。

2. 直觉思维

直觉思维是未经过一步步的分析,无清晰步骤,而对问题突然间领悟、理解或给出答案的思维。它是一种以高度省略、简化、浓缩的方式洞察问题实质的思维。直觉思维是一种模糊的思维方式,它具有自由性、灵活性、自发性、偶然性、不可靠性等特点。

数学直觉思维是一种直接反映数学对象、结构以及关系的心智活动。它是人脑对于数学对象、结构以及关系的某种直接领悟或洞察。

数学直觉思维的特征在于它的突发性与直接性,亦即:

(1) 数学直觉往往是受视觉触发,突然地领悟道理、做出判断、得出结论、因而它具有突发性。

(2) 在直觉思维中,不做详尽的分析和推理,直接接触结果,是一种逻辑的跳跃,因而又具有直接性。

此外,直觉思维的结果常表现出新的突破、新的结论,带有极强的创造性。其实,数学概念和公理的基础是人们的经验和直觉,是人们凭借直觉从经验中抽象出来的。数学直觉思维是数学发现和创造的工具。亦即,逻辑有利于证明,直觉有利于发现。

直觉思维是在人的实践经验的基础之上,形成和发展起来的一种认识能力,任何直觉思维都是持久探索和思考的结果,而不是凭空想象的结果。

(三) 集中(求同)思维、发散(求异)思维

根据思维的指向性,可以将思维分为集中(求同)思维和发散(求异)思维。

1. 集中(求同)思维

集中思维也称为辐合思维、聚合思维,是指把问题所提供的各种信息聚合起来,朝着一个方向、一定范围有条理地得出一个正确答案或解决问题的一个最好方案的思维活动。如,学生在解题时寻找问题的一种答案,需要集中相关的各种信息,开展积极的思维活动,其思维就是集中思维。

2. 发散(求异)思维

发散思维也称辐散思维、求异思维,是指根据已有的信息,从不同角度思考,从多方面寻求多样性答案的一种展开性思维活动。这种思维的主要特点就是求异和创新。如,学生在学习中的一题多解就是发散思维。

美国心理学家吉尔福德(J. P. Guilford,1897—1987)认为,发散思维"是从给定的信息中产生信息,其着重点是从同一个来源中产生各种各样的为数众多的输出,

很可能会发生转换作用"。① 它的特点,一是"多端",对一个问题,可以多开端,产生许多联想,获得各种各样的结论;二是"灵活",对一个问题能根据客观情况的变化而变化,也就是说,能根据所发现的新事物,及时修改原来的想法;三是"精细",要全面细致地考虑问题,不仅考虑问题的全体,而且要考虑问题的细节,不仅考虑问题的本身,而且考虑与问题有关的其他条件;四是"新颖",答案可以有个体差异,各不相同,新颖不俗。按照吉尔福德的见解,发散思维应看作一种推测、发散、想象和创造的思维过程。它来自这样一种假设:处理一个问题有好多种正确的方法,也就是说,发散思维是从同一问题中产生各种各样的为数众多的答案,在处理问题中寻找多种多样的正确途径。由此可见,吉尔福德的发散思维的核心含义就是求异,就是求得多解。

(四)复现性思维、创造性思维

按思维的智力品质进行分类,思维可区分为复现性思维和创造性思维。

1. 复现性思维

复现性思维是一般思维,带有重复性的特点。

2. 创造性思维

创造性思维是人类思维的高级阶段,它主要通过发现、发明、创造、革新等实践活动表现出来。创造性思维是一种求新的、无序的、立体的思维,这种思维不囿于已有的秩序和见解,而是寻求多角度、多方位开拓新的领域、新的思路,以便找到新理论、新方法、新技术等。

创造性思维并不是某种单一的思维形式,而是不同思维形式的辩证综合,是逻辑思维与非逻辑思维、形象思维与灵感思维等的有机结合。同时,它是智力因素和非智力因素的巧妙互补,是左脑与右脑的协同配合。

三、思维的一般品质

对思维品质的揭示,是心理学研究思维的重要组成部分。大多数心理学著作都把思维的一般品质归纳为深刻性、灵活性、独创性、批判性和敏捷性。

(一)思维的深刻性

人类的思维是语言思维,是抽象理性的认识。在感性材料的基础上,经过思维过程,去粗取精,去伪存真,由此及彼,由表及里,于是在大脑里生成了一个认识过程的突变,产生了概括。由于概括,人们抓住了事物的本质、事物的全体、事物的内在联系,认识了事物的规律性。个体在这个过程中思维的含量表现出深刻的差异。

---

① Guilford, J. P(1967a). Creativity: Yesterday, Today and Tomorrow[J]. Journal of Creative Behavior, 1,3~14.

思维的深刻性集中表现在善于深入思考问题,抓住事物的规律和本质,预见事物的发展进程。

中小学生数学思维的深刻性表现在以下三个方面。

1. 思维形式的个性差异

即在形成概念、构成判断、进行推理和论证的深度上是有差异的。而思维形式的个性差异,表现在如何具体地、全面地、深入地认识事物的本质和内在规律关系的方法方面,诸如归纳和演绎推理如何统一,特殊和一般如何统一,具体和抽象如何统一等方面,都是有差异的。

2. 思维规律的个性差异

即在普通思维的规律上,在辩证思维的规律上,以及在思考不同学科知识时运用的具体法则上,其深刻性是有差异的。只有自觉地遵循思维的规律进行思维,才能使概念明确、判断得当、推理合理、论证得法,具有抽象逻辑性,即深刻性。

3. 思维的广度和深度的个性差异

即在周密的、精细的程度上是有差异的,思维具有一定广度和深度的一个人,能全面、细致地考虑问题,照顾到与问题有关的所有条件,系统而深刻地揭示事物的本质和内在的规律性关系。

(二) 思维的灵活性

思维的灵活性是指思维活动的智力灵活程度。它具有五个特点:一是思维起点灵活,即从不同角度、方向、方面,能用多种方法解决问题;二是思维过程灵活,从分析到综合,从综合到分析,全面灵活地作综合性分析;三是概括—迁移能力强,运用规律的自觉性高;四是善于组合分析,伸缩性大;五是思维的结果往往是多种合理而灵活的结论,这种结果不仅仅有量的区别,而且有质的区别。

(三) 思维的独创性

独创性是指独立思考,创造出有社会或个人价值的具有新颖性成分的智力品质。不管是强调思维过程,还是强调思维品质,其共同点就是突出"创造"的特征。其原因在于主体对知识经验或思维材料高度概括后集中而系统的迁移,进行新颖的组合分析,找出新异的层次和创新点。概括性越高,系统性越强,减缩性越大,迁移性越灵活,注意力越集中,则独创性就越突出。

思维的独创性是人类思维的高级形态,是智力的高级表现,它是在新异情况或困难面前采取对策,并在独特地和新颖地解决问题的过程中表现出来的智力品质。任何创造、发明、革新、发现等实践活动,都是与思维的独创性联系在一起的。思维的独创性在人类社会生活的一切领域和活动中,都发挥着(或者可能发挥着)重要作用。

独创性活动是提供新的、第一次创造的具有社会意义的产物的活动。所以,独创性最突出的标志是具有社会价值的新颖而独特的特点。"新颖"是指不墨守成规,前所未有,"独特"是指不同凡俗,别出心裁。新颖、独特是独创性的根本特征。当然,独创性也有层次或水平的高低之分,在一定程度上,这种层次或水平的高低,取决于社会价值或社会意义。

思维独创性的过程,要在现成资料的基础上,进行想象,加以构思,才能解决别人所未解决的问题。因此,思维与想象的有机统一,具有个人的色彩和系统性。

在思维独创性的过程中,新形象和新假设的产生带有突然性,常常被称为"灵感"。灵感是巨大劳动的结果,是人的全部的高度积极的精神力量。灵感与创造动机以及对思维方法的不断寻觅联系在一起。灵感状态的特征,表现为人的注意力完全集中在创造的对象上,此时,注意处于十分清晰和敏锐的状态,思维活动极为活跃。

独创性的显著品质在于"独创",即思维的结果对于思维的个体或群体具有独创、首创的意义,一般是指对群体具有独创的意义。但是,每个人(包括儿童)都有独创性。思维的独创性应看作是学习的必不可少的心理因素或条件,要善于从小培养思维的独创性。从创造性的程度来说,学习可能是重复性的或创造性的。重复性的学习,就是死守书本,不知变化,人云亦云。创造性的学习就是不拘泥、不守旧,打破框框,敢于创新。学生在学校里固然是以再现性思维为主要方式,但发展和培养他们的独创精神,也是教育和教学中必不可少的重要一环。

(四) 思维的批判性

思维的批判性,就是指思维活动中善于严格地估计思维材料和精细地检查思维过程的智力品质。

在心理学界,有一种与思维批判性品质相应的概念,叫作批判性思维(Critical thinking)。所谓批判性思维,意指严密的、全面的、有自我反省的思维,其意义包括思维过程中洞察、分析和评估的过程。有了这种思维,在解决问题中,就能考虑到一切可以利用的条件,就能不断验证所拟定的假设,就能获得独特的解决问题的答案。因此,批判性思维应作为问题解决和创造性思维的一个组成部分。

思维的批判性品质的特点有五个。(1)分析性,即在思维过程中,不断地分析解决问题所依据的条件和反复验证已拟定的假设、计划和方案。(2)策略性,即在思维课题面前,根据自己原有的思维水平和知识经验在头脑中构成相应的策略或解决课题的手段,然后使这些策略在解决思维任务中生效。(3)全面性,即在思维活动中,善于客观地考虑正反两方面的论据,认真地把握课题的进展情况,随时坚持正确计划,修改错误方案。(4)独立性,即不为情境性的暗示所左右,不人云亦云,不盲从附和。(5)正确性,即思维过程严密,组织得有条有理,思维结果正确,结论实事求是。

思维批判性品质是思维过程中自我意识作用的结果,自我意识是人的意识的最高形式,自我意识的成熟是人的意识的本质特征。自我意识以主体自身为意识的对象,是思维结构的监控系统。通过自我意识系统的监控,可以实现大脑对信息的输入、加工、储存和输出的自动控制系统的控制。这样,人就能通过控制自己的意识而调节自己的思维活动。所谓思维活动的自我调节,表现在主体根据活动的要求及时地调节思维过程、修改思维的课题和解决课题的手段等方面。这里实际上存在着一个主体主动地进行自我反馈的过程。因而,思维活动的效率就得到提高,思维活动的分析性就得到发展,思维过程更带有主动性,减少盲目性和触发性。思维结果也具有正确性,减少狭隘性和不准确性。

(五) 思维的敏捷性

思维的敏捷性是指思考过程的迅速程度。有了思维的敏捷性,在处理问题和解决问题的过程中,能够适应迫切的情况积极地思维,周密地考虑,正确地判断和迅速地作出结论。有人说,思维的速度不包括正确的程度。但是,思维的轻率性不是思维的敏捷性品质。我们在培养学生思维的敏捷性时,必须克服其思维的轻率性。要提高他们思维的灵活、应变和敏捷的程度,使其对各种变化的因素作出思维反应,作出迅速而正确的判断。

敏捷性这种思维品质,与上述其他四种思维品质不同,它本身没有一个思维的过程,这是它与上述四种思维品质的区别。然而,它们之间又有联系,思维的敏捷性是以上述四种思维品质为必要前提,又是这些思维品质的集中表现。没有思维高度发达的深刻性、灵活性、独创性和批判性,就不可能在处理问题和解决问题的过程中有适应迫切情况的积极思维,并正确而迅速地作出结论。高度发展的思维的深刻性、灵活性、独创性和批判性必须要以速度为指标,正确而迅速地表现出来。

第二节 思维发展与数学学习

数学学习与学生数学思维发展的关系是辩证的,两者相互制约、相互促进。我们可以从以下几个方面来把握这种关系。

一、数学思维的发展对数学学习的制约作用

数学学习的实质是数学认知结构的形成、完善和不断发展的过程,这种过程是在同化、顺应的作用下,将新的数学知识与已有数学认知结构相互整合而实现的。这样,学生必须具备一定的数学知识、技能和数学学习动机,才能进行有效的数学学习。因而,数学学习依赖于学生数学认知结构的发展水平。

同时,数学思维的发展也受到个体心理发展规律的制约。正如布鲁纳所说的,

"在发展的每个阶段,儿童都有他自己的观察世界和解释世界的独特方式"。因此,如果提出的学习要求超越了学生的思维发展阶段,那么,数学学习效果就无法保证。

二、数学学习对数学思维发展的促进作用

数学知识的获得和运用,也即数学学习的实践活动是数学思维发展的源泉。这主要表现在以下四个方面:

(1) 随着数学学习的进行,对学生不断提出新的数学学习课题,在回答和解决这些新课题的过程中,数学思维得到不断发展。同时,新的数学学习课题使得数学学习需要得以不断产生、发展和巩固,从而使学生不断获得数学思维发展的动力。

(2) 数学学习实践为学生提供了丰富的感性材料和实践经验,通过对它们的抽象、归纳和概括,学生认识数学的本质和规律的能力得到不断提高。

(3) 数学学习的实践活动水平是衡量学生数学思维水平的唯一标准。

(4) 数学学习也是新习得的数学知识的应用过程,在这个过程中可以使新知识得到进一步概括,从而内化到数学认知结构中并使之成为一种能起固着点作用的有用知识,这就导致数学思维产生质的变化,达到新的发展水平。

三、数学学习与数学思维发展互为条件、相互促进

一方面,数学学习决定学生数学思维发展的水平和质量,向学生不断提出新的发展要求;另一方面,数学学习又必须以学生现有数学思维发展水平为依据。因此,学生的数学思维如何发展、向什么方向发展,主要由适合于他们的思维发展水平的数学学习活动决定。

在数学思维发展的已有水平与数学学习的关系上,心理学家们的看法并不一致。加涅的观点是,新知识的学习必须在学习包含于新知识在内的从属知识的基础上进行。例如,为了解决数学问题,学生首先要懂得一定的数学原理和解题策略等;要理解这些原理和策略,又必须知道相应的概念;要知道这些概念,又必须建立一系列的联想和了解一系列的事实。亦即,加涅主张新知识从属于已有的有关知识时,产生下位学习或类属学习。因此,掌握大量的、有组织的从属性知识是成功解决问题的关键。而布鲁纳则认为,任何学科的基本原理都能以某种形式教给任何年龄的任何人。无论哪里,在知识的尖端也好,在三年级的教室里也好,智力的活动全都一样。这样,只要教学方法适当,学生就可以学会任何知识,而他们的思维发展水平对学习并不重要。显然,这个观点有些极端,但是,也在一定程度上诠释了学生学习的潜在性。

我们认为,学习是在原有的准备状态下进行的,即学生的数学思维及数学学习

动机的发展水平是新学习的出发点。因此,在数学教学中,无论是教学目标的确定、教学内容的选择、教学活动的组织,还是学习结果的检查,我们都需要充分考虑学生数学思维的发展水平。

不仅如此,一定的数学思维发展状态既为新学习提供了基础,而且也为数学思维创造了新的发展可能。这样,数学学习又不是消极地适应数学思维已有的发展水平,而是积极地促进数学思维的发展,将发展的可能转变为发展的现实。因此,在数学教学中,我们应当同时考虑学生数学思维的现实发展和可能发展,以现实发展为出发点,以可能发展为定向,使学生通过学习把新数学知识内化为自己的经验,从而实现学习对数学思维发展的促进作用。

第三节　数学思维及其方式

一、数学思维的概念及其特点

数学思维是人脑和数学对象交互作用并按照人类一般的思维规律认识数学本质和规律的理性活动。具体来说,数学思维就是以空间形式和数量关系为思维的对象,以数学语言和符号为思维的载体,并以认识发现数学规律为目的的一种思维。

数学思维既从属于一般的人类思维,具有一般思维的特征,同时由于数学及其研究方法的特点,数学思维又具有不同于一般思维的自身特点,表现在思维活动是按客观存在的数学规律进行的,具有数学的特点与操作方式。特别是,作为思维载体的数学语言的简约性和数学形式的符号化、抽象化、结构化倾向,决定了数学思维具有不同于其他思维的独特风格。

数学思维主要具有概括性、整体性、相似性和问题性等特点。

(一) 概括性

数学思维的概括性比一般思维的概括性更强,这是由于数学思维揭示的是事物之间内在的空间形式和数量关系及其规律,能够把握某一类事物共有的数学属性。数学思维的概括性与数学知识的抽象性是互为表里、互为因果的。数学思维方法、思维模式的形成是数学思维概括水平的重要表现;概括水平又能够反映思维活动的速度、广度和深度,灵活程度以及创造程度。因此,提高主体的数学概括水平是发展数学思维能力的重要标志。

(二) 整体性

数学思维的整体性主要表现在它的统一性和对数学对象基本属性的准确把握。数学科学本身是具有统一性的,人们总是谋求新的概念、理论,把以往看来互不相关的东西统一在一个理论体系中。数学思维的统一性,是就思维的宏观发展方向而言的,它总是越来越多地抛弃对象的具体属性,用统一的理论概括零散的事实。这样既便于简化研究,又能洞察到对象的本质。数学思维对事物基本属性的整体把握,本质上源于数学中的公理化方法。这种整体性的思维方式对人们思考问题具有深远的影响。

(三) 相似性

相似性在创造性思维活动中发挥着重要作用。数学思维中到处渗透着异中求同、同中辨异的比较、分析过程。数学中的相似表现有几何相似、关系相似、结构相似与实质相似、静态相似与动态相似等。数学思维中的联想、类比、归纳和猜想等都是运用相似性探求数学规律、发现数学结论的主导方法。对相似因素和相似关系的认识能加深理解数学对象的内部联系和规律性,提高思维的深刻性,发展思维的创造性。因此,相似性是数学思维的一个重要特征。

(四) 问题性

数学思维的问题性是与数学科学的问题性相关联的。问题是数学的心脏,数学科学的起源与发展都是由问题引起的。由于数学思维是解决数学问题的心智活动,它总是指向问题的变换,表现为不断发现问题、提出问题、分析问题和解决问题,使数学思维的结果形成问题的系统和定理的序列,达到掌握问题对象的数学特征和关系结构的目的。因此,问题性是数学思维目的性的体现,解决问题的活动是数学思维活动的中心。这一特点在数学思维方面的表现比任何思维都要突出。因此,20世纪80年代数学教育界将"数学问题解决"作为其主要任务是有道理的。

二、数学思维方式的类型

思维方式是内化于人脑中的世界观和方法论的理性认识方式,也是体现一定思维方法和一定思维内容的思维模式。因此,数学思维方式就是数学思维过程中主体进行数学思维活动的相对定型、相对稳定的思维模式。它是数学思维方法与数学思维形式的统一,并且通过一定的数学思维内容而得以体现。

数学思维方式的形成与数学思维关联系统的各种要素的相互作用有关。也就是说,数学思维方式的构成要素包括数学知识、数学思想、数学方式方法、数学观念、数学语言、个性品质、思维传统等。由于数学思维形式和方法的多样性,数学思维方式的层次和类型也有各种不同的划分。从个体思维的角度分析,数学思维方式的层次是与个体思维发展的阶段相吻合的,按照层次逐渐提高的顺序是:直观动作思维→具体形象思维→抽象逻辑思维→动态辩证思维。

数学思维方式的类型可以从不同的角度进行划分。通常可以相对地分为单维型和多维型、封闭型和开放型、静态型和动态型等。评价某一思维方式归属于何种类型时,必须结合思维的具体内容和结果作出判断,而不应绝对化地根据思维方式本身的意义而简单地认为某一思维方式一定就是属于上述的某种类型。

单维型思维是指从单一角度出发,困于一个思维模式,运用一种逻辑规则、一个评价标准而展开的思维方式。它往往只有一个思维起点和单一的思维指向,认识朝着直线前进,容易产生片面性。多维型思维是指从多角度、多侧面对事物进行综合的、系统的思考。它具有多个思维起点、多个思维指向,能运用多种逻辑规则与多个评价标准去分析思维对象,从而能达到对事物较全面的整体性的认识,不仅看到事物之间的纵向联系,也能看到事物之间的横向联系,因此又称它为立体思维。

封闭型思维是指思维活动局限于固定程式和具有确定性结论或结果的思维方式。这种思维往往拘泥于一个方向、一种守则,表现为思维僵化、单调呆板,因而在对事物的认识方面也不会有所变革和突破,缺乏创造性。开放型思维则是不束缚于固定程式的,具有灵活多变的思维方法,从而能够获得多层次的或创新、突破性结论的思维方式。这种思维往往表现为思路开阔、反应敏捷、善于变革、敢于创新,其适应性和应变能力均较强。

静态型思维是一种墨守成规的、机械式的思维方式。它较多地注意静态的平衡和固定的演绎,对考察的对象缺乏整体性的辩证分析,不能从动态的变化角度去把握有关事物的本质和规律。动态型思维是一种运用辩证观点处理问题、看待事物的思维方式。它能够灵活地运用已有知识,对有关事物展开联想、类比、归纳、猜想等,从动态的多因素的系统分析中去发现问题、解决问题,具有思维的发散性、多向性和开拓性,能够从事物的整体联系中去把握有关事物的本质和规律。

按照思维方式的层次和类型特征,数学思维方式可以划分为下列三种不同的类别。

(一) 数学思维方式按照思维活动的形式可以分成逻辑思维、形象思维和直觉思维三类

数学逻辑思维是以数学的概念、判断和推理为基本形式,以分析、综合、抽象、概括、(完全)归纳、演绎为主要方法,并能用词语或符号加以逻辑表达的思维方式。它以抽象性和演绎性为主要特征,其思维过程是线型或枝杈型一步步地推下去的,并且每一步都有充分的依据,具有论证推理的特点。但是,如同法国数学家阿达玛(J. S. Hadamard,1865—1963)所言,"虽然希尔伯特是依靠他的若干条公理化的'几何原则'展开全书的,但在实际上,他仍然是不断地被他的种种几何直观指引着的……严格的逻辑思维和心理图像是同时存在的。"其实,逻辑的主要功能在于验证真理,而不是发现真理。①

数学形象思维是以数学的表象、直感、想象为基本形式,以观察、比较、类比、联想、(不完全)归纳、猜想为主要方法,并主要通过对形象材料的意识加工而得到领会的思维方式。它以形象性和想象性为主要特征,其思维过程带有整体思考、模糊判别的合情推理的倾向。

数学直觉思维是包括数学直觉和数学灵感两种独立表现形式,是能够迅速、直接地洞察或领悟对象性质的思维方式。数学直觉思维以思维的跳跃性或突发性为主要特征。正如《数学领域中的发明心理学》一书的"译者序"②中所言,"直觉思维在发明创造中具有逻辑思维所无法取代的重要作用",尽管到目前为止数学直觉思维的许多规律尚不能被完全揭示,但是,数学直觉思维与数学逻辑思维共同发挥作用,这是毋庸置疑的。

(二)数学思维方式按照思维指向可以分成集中思维和发散思维两类

集中思维是指从一个方向深入探究问题或朝着一个目标前进的思维方式。在集中思维时,全部信息仅仅只是导致一个正确答案或人们认为最好的或最合乎惯例的一个答案。

发散思维则是具有多个思维指向、多种思维角度并能发现多种解答或结果的思维方式。在发散思维时,我们是沿着各种不同的方向去思考的,即有时去探索新愿景,有时去追求多样性。

因此,在看待集中思维时,需要看到它在某种程度上存在单维型、封闭型与静止型思维特点的一面。而发散思维则较明显地具有多维型、开放型和动态型思维的特征。

(二)数学思维方式按照智力品质可以分成再现性思维和创造性思维两类

再现性思维是一种整理性的一般思维活动。而创造性思维是与创造活动——与数学有关的发明、发现、创造等能产生新颖、独特、有社会或个人价值的精神或物质产品的活动——相联系的思维方式。创造性思维是再现性思维的发展,再现性思维是创造性思维的基础。创造性思维是一种开放性和动态性较强的思维活动,是人类心理非常复杂的高级思维过程,是一切创造活动的主要精神支柱。

在具体的数学思维过程中,数学形象思维和数学逻辑思维往往是交织在一起且不能分开的。它们相互渗透、相互启发,并向立体思维转化,使思维的方向朝着不同的角度、不同的方面舒展开来,呈现出一种发散的多维型思维的特征,并进而使原来的思维向更高级的思维形式——辩证思维转化和升华。因此,立体思维(或

---

① 阿达玛.数学领域中的发明心理学[M].陈植荫,肖奚安,译.南京:江苏教育出版社,1998:译者序第3页.
② 同上,p.69.

多维型思维)是指逻辑思维与形象思维的结合,集中思维与发散思维的结合。立体思维是一种初级形式的辩证思维。当立体思维达到一定水平,能从动态的、全面辩证的观点看待事物的本质和规律时,它就进入了辩证思维。

三、数学思维的品质

一般认为,数学思维品质主要包括思维的深刻性、广阔性、灵活性、独创性、目的性、敏捷性和批判性七个方面。

(1) 深刻性通常被称为分清实质的能力,这种能力表现为能洞察所研究的每一事实的实质及这些事实之间的相互关系;能从所研究的材料中揭示被掩盖着的某种个别、特殊情况;能组合各种具体模式等。

(2) 广阔性即思路广阔,善于多角度探求问题的解,善于多层次地思维活动。例如,代数问题的几何模型。

(3) 灵活性指能够根据客观条件的发展与变化,及时改变先前的思维过程,寻找解决问题的新途径,亦即,能够及时克服、摆脱心理定式。

例 $2x+3y+4z=10$ 且 $y+2z=2$,求 $x+y+z=?$

从通常思路上看上例,两个方程、三个未知数,一般无确定的解。但是,如果发现该问题的条件可转化为 $2(x+y+z)+(y+2z)=10$ 且 $y+2z=2$,该题即可获解。

数学思维灵活性的常用策略主要有进退相互转化策略、正难则反策略、动静结合策略等。

(4) 独创性是指独立思考创造出有社会(或个人)价值的具有新颖性成分的成果的智力品质。

(5) 目的性指的是在思考问题时,力求把思维的方向总放在该目的上,从而作出明智的选择,力求达到寻求目的的捷径。

(6) 思维的敏捷性指思维过程中的简缩性和快速性,主要表现在能简缩运算环节和推理过程,"直接"得出结果。

(7) 批判性是指在思维过程中善于严格地估计思维材料和精细地检查思维过程的思维品质。

数学思维的七种品质之间相互联系,互为制约。其中,思维的深刻性是一切思维品质的基础,思维的批判性是在深刻性基础上发展起来的品质,而灵活性和独创性是在深刻性基础上延伸出来的两个思维品质。

四、数学思维的结构

思维是一个三维立体结构,三个轴分别是思维内容、思维成分和个体发展水平。

在实际的数学活动中,数学思维又体现为四个层次:具体的解题方法、一般数学思维方法(如换元法)、数学的发展与创新的方法(如推理、抽象、模型)、运用数学理论研究对象的内在联系和运动规律的方法。

分析数学思维的结构,必然要讨论思维的成分。数学思维成分着眼于人的心理认知能力对数学对象能动的作用过程,即将数学思维作为一种过程状态的思维,研究个人获得数学知识的手段和方法,研究独立达到新的概括抽象阶段的途径和阶梯。

前文所论述的数学中的形象思维、抽象逻辑思维以及数学直觉思维,都是数学思维结构的基本成分。思维的这些基本成分是大脑本身认知机能的再现,是数学思维结构作用于思维对象的不同表现形态,是个体进行数学思维的真实途径。

由于数学思维的特点,在进行数学思维时,有时需要形象,有时需要抽象,有时需要直觉,各种思维成分作用于问题的侧面不同、方式不同,发挥的作用不同。而其协调的功能则使我们不但能认识事物的现象,还能认识事物的本质;不但能认识形象事物,还能认识抽象的事物;不但能认识某个具体的事物,还能认识事物之间的联系和发展;不但能进行常规思维,还能进行创造性思维。

另外,从思维结构的发展角度看,思维的基本成分是思维发展的几种形态,即由形象思维经抽象逻辑思维不断向直觉思维发展。而由于数学是在不断提高概括的水平上进行思维运演,所以各种思维成分在个体的数学学习过程中得到充分的锻炼和培养。数学为学生从一种思维形态向另一种思维形态过渡提供了必不可少的条件。在这种意义上,数学作为中小学的一门课程远不止是传授一些已有的数学知识,更重要的是培养能够独立思考的人、获得全面发展的人。因而,数学是一门极为重要的、带有教育意义的学科。

作为个体发展水平的标志是思维品质和非智力品质两个方面,它们反映了个体思维发展的年龄特征和个体差异,还体现了主客体交互作用的机制。动机、情感、意志等内容表现出个体思维活动差异的非智力特征。一个人(尤其是青少年),这些非智力因素是数学学习内驱力的巨大源泉,从根本上决定能否进行正常有效的数学思维活动。

在数学活动中,动机发挥着重要作用。动机是引起个体行为的内在动力,其作用是促使人进行有目的的行动。在思维过程中,动机是通过加强努力、集中注意力、积极活动而促进思维活动的。因为数学有严谨精确的要求,数学思维有复杂、繁难的特点,所以只有具备较强的动机,学生才能把注意力放在学习上,才能刻苦努力地学习。动机的影响效果主要是通过情感、意志的变化直接表现出来的。激发学生学习兴趣是增强动机的重要手段之一。

积极的态度对思维起着促进作用,一方面是由于有愉快、满足的情绪所伴随,另一方面由于对当前对象有在理智上的肯定认识,因而带来主观意志上的努力。思维主体这时能主动调动大脑机器的各部分零件,使其发挥最大能量。在数学活动中,要解决一个复杂而困难的问题,需要长时间艰苦的思考,在这个过程中,没有刚毅顽强的性格,没有百折不挠的意志力,往往不能取得圆满的思维结果,也无从谈到思维的发展。思维的品质和非智力品质在思维过程中同时表现出来,并发挥作用,同时在思维过程中得到锻炼和完善,随年龄的增长和学习的深入而不断发展。

思 考 题

1. 如何理解直觉思维及其特征?
2. 思维一般包含哪些思维品质?
3. 数学学习对学生数学思维发展的促进作用是如何体现的?
4. 如何理解数学思维的概括性?

拓展性问题

★ 对于数学思维方式方法的独特性,国内外学者一直在努力探索。有学者提出"抽象、推理和模型,是直接影响数学科学发展的主导思想,是数学思维成分的典型代表",试评判这种观点的合理性。

第八章 数 学 能 力

第一节 数 学 能 力

一、能力

所谓能力,《中国大百科全书·心理学》[①]指出：作为掌握和运用知识技能的条件并决定活动效率的一种个性心理特征,一个人具有某种能力,就意味着具有掌握和运用某方面知识技能的可能。

一般来说,表现人们智能活动水平的能力,是一种比较稳固的个性心理特征,通过相应的活动发展起来,并主要是在完成该类活动中体现出来。这里说它"比较稳固",是相对其他个性特征(气质、性格等)而言,如它"不像气质那样稳固",亦不像性格那样容易变化；说它是"个性心理特征",是指区别于需要、兴趣、动机和意志等个性意识倾向,又区别于知识、技能和方法技巧；说它"通过活动发展起来",是指人的某种能力并非是先天的,决定能力发展最根本的条件是社会实践；强调"相应的活动"则是培养各种能力须从事特定的有关活动；说它"主要是在完成该类活动中表现出来",是说离开了有关活动就无法对相应的能力进行考察和测定；所谓"主要"是指能在其他活动中体现出来,就是强调能力与活动有着密切的联系。

目前,对能力尚无统一的定义,但如下三点是大家的共识。

(1) 能力是一个人的个性心理特征。

(2) 作为个体心理特征的能力与活动关系密切——活动是能力产生和发展的源泉；能力的形成对活动的进程及方式直接起调节、控制作用；能力只有在活动中才能体现出来；能力是符合活动要求、影响活动效果的个性心理特征的总和。

(3) 能力是一种稳固的心理特征。

此外,能力不是人们完成活动的全部心理条件,仅是与顺利完成某项活动直接有关的可能性。例如,与数学活动有关的心理条件很多,如意识倾向、气质和性格等特点,对完成数学活动有不同的作用,但这些特征不能直接决定数学活动的完

---

① 中国大百科全书编委会.中国大百科全书光盘(1.1版)[M/CD].北京：中国大百科全书出版社,2000.词条"能力".

成,因而不是数学活动的可测特征,只有观察力、判断力、创造性思维能力、空间观念、推理能力、运算能力和数据分析能力等,才是成功地进行数学活动必备的心理条件,才属于个性能力特征的范围。

总之,我们要完成某种活动往往不是依靠单一能力,而是需要多种能力的综合。在数学活动中,往往需要将多种数学能力有机地结合在一起,最优地进行数学活动。

二、数学能力

数学能力是一种特殊能力,是人们顺利完成数学活动所必须具备的稳固的心理特征。它与数学活动相适应,是保证数学活动顺利完成所必须具备的心理条件。但是,数学能力究竟是什么呢? 至今尚无确定的定义。

(一) 国外学者对数学能力的各种观点

瑞典心理学家魏德林(I. Werdelin)在《数学能力》一书中曾给数学能力下过这样的定义:"数学能力是理解数学的(以及类似的)问题、符号、方法和证明本质的能力,是学会它们、在记忆中保持和再现它们的能力;是把它们同其他问题、符号、方法和证明结合起来的能力;也是在解数学的(或类似的)课题时应用它们的能力。"

德国一些学者认为,中小学生的数学能力是由六个方面组成的:一是发现特征的能力,二是比较区别的能力,三是对应能力,四是按规定代换与变化的能力,五是分类与综合能力,六是排列能力。

克鲁捷茨基(Крутецкий,1917—1991)在其权威著作《中小学生数学能力心理学》中确定了数学能力的组成部分,主要包括九种:把数学材料形式化;概括数学材料发现共同点;运用数学符号运算;连贯而有节奏的逻辑推理;缩短推理结构,进行简洁推理;逆向思维能力;思维的灵活性;数字记忆;空间概念。[①]

这九种能力,总结起来就是"形式化"的抽象、记忆、推理能力。当然,就今天的研究进展看,它忽视了数学建模、数学应用的能力,显然还停留在形式主义的阶段。

(二) 我国对数学能力的主要观点

1. "三大能力"

关于数学能力,我国在 20 世纪后半叶流行的提法是"三大能力",即数学的运算能力、空间想象能力和逻辑思维能力(1996 年的《教学大纲》将其改为思维能力)。这一提法有很强的概括力,但是,它同样忽视了应用能力和数据分析等现代意义上的数学能力。

---

① 克鲁捷茨基.中小学生数学能力心理学[M].李伯黍,洪宝林,艾国英,等,译校.上海:上海教育出版社,1983:111.

(1) 运算能力

主要指：会根据法则、公式等正确地进行运算，并理解运算的算理；能够根据问题条件寻求与设计合理、简捷的运算途径。这里的运算既包括对数进行的计算，也包括对式进行的变形以及二者的复合运算。

(2) 空间想象能力

主要指：能够由形状简单的实物想象出几何图形；能够由几何图形想象出实物的形状；能够由较复杂的平面图形分解出简单的、基本的图形；能够在基本的图形中找出基本元素及其关系；能够根据条件画出图形。

(3) 思维能力

主要指：会观察、实验、比较、猜想、分析、综合、抽象和概括；会用归纳、演绎和类比进行推理；会合乎逻辑地、准确地阐述自己的思想和观点；会运用数学概念、原理、思想和方法辨明数学关系。

2002 年颁布的《全日制普通高级中学数学教学大纲（试验修订版）》除了提到一般数学能力外，更明确界定了只有数学学科才有的"数学思维能力"，包括空间想象、直觉猜想、归纳抽象、符号表示、运算求解、演绎证明、体系构建等诸多方面。① 这种提法涵盖了三大能力，但更全面、更具体、更明确。

2. 张奠宙对数学能力的界定

张奠宙在《"与时俱进"谈数学能力》一文中，对常规思维数学能力和创新能力进行了具体的界定。②

常规数学思维能力包括 10 个方面：数形感觉与判断能力；数据收集与分析；几何直观和空间想象；数学表示与数学建模；数学运算与数学变换；归纳猜想与合情推理；逻辑思考与演绎证明；数学联结与数学洞察；数学计算和算法设计；理性思维与构建体系。

数学创新能力包括 10 个方面：提出数学问题和质疑的能力；建立新的数学模型并用于实践的能力；发现数学规律的能力；推广现有数学结论的能力；构作新数学对象（概念、理论、关系）的能力；将不同领域的知识进行数学联结的能力；总结已有数学成果达到新认识水平的能力；巧妙地进行逻辑连接，作出严密论证的能力；善于运用计算机技术展现信息时代的数学风貌；知道什么是"好"的数学，什么是"不太好"的数学。

3. 数学课程标准所界定的数学能力

2001 年以来，我国先后颁布了四个数学课程标准，即《全日制义务教育数学课

---

① 中华人民共和国教育部. 全日制普通高级中学数学教学大纲（试验修订版）[S]. 北京：人民教育出版社，2000：1—10.

② 张奠宙. "与时俱进"谈数学能力[J]. 数学教学，2002(2)：2—7.

程标准(实验稿)》《普通高中数学课程标准(实验)》《义务教育数学课程标准(2011年版)》与《普通高中数学课程标准(2017年版)》。

(1)《全日制义务教育数学课程标准(实验稿)》认为:

数学课程内容的学习要强调学生的数学活动,发展学生的数感、符号感、空间观念、统计观念、应用意识和推理能力。

数感主要表现在:理解数的意义;能用多种方法来表示数;能在具体的情境中把握数的相对大小关系;能用数来表达和交流信息;能为解决问题而选择适当的算法;能估计运算的结果,并对结果的合理性做出解释。

符号感主要表现在:能从具体情境中抽象出数量关系和变化规律,并用符号来表示;理解符号所代表的数量关系和变化规律;会进行符号间的转换;能选择适当的程序和方法解决用符号所表达的问题。

空间观念主要表现在:能由实物的形状想象出几何图形,由几何图形想象出实物的形状,进行几何体与其三视图、展开图之间的转化;能根据条件做出立体模型或画出图形;能从较复杂的图形中分解出基本的图形,并能分析其中的基本元素及其关系;能描述实物或几何图形的运动和变化;能采用适当的方式描述物体间的位置关系;能运用图形形象地描述问题,利用直观来进行思考。

统计观念主要表现在:能从统计的角度思考与数据信息有关的问题;能通过收集数据、描述数据、分析数据的过程做出合理的决策,认识到统计对决策的作用;能对数据的来源、处理数据的方法,以及由此得到的结果进行合理的质疑。

应用意识主要表现在:认识到现实生活中蕴含着大量的数学信息、数学在现实世界中有着广泛的应用;面对实际问题时,能主动尝试着从数学的角度运用所学的知识和方法寻求解决问题的策略;面对新的数学知识时,能主动地寻求其实际背景,并探索其应用价值。

推理能力主要表现在:能通过观察、实验、归纳、类比等获得数学猜想,并进一步寻求证据、给出证明或举出反例;能清晰、有条理地表达自己的思考过程,做到言之有理、落笔有据;在与他人交流的过程中,能运用数学语言合乎逻辑地进行讨论和质疑。

(2)《义务教育数学课程标准(2011年版)》认为:

在"数与代数"的教学中,应帮助学生建立数感和符号意识,发展运算能力和推理能力,初步形成模型思想。

数感主要是指关于数与数量、数量关系、运算结果估计等方面的感悟。建立数感有助于学生理解现实生活中数的意义,理解或表述具体情境中的数量关系。

符号意识主要是指能够理解并且运用符号表示数、数量关系和变化规律;知道使用符号可以进行运算和推理,得到的结论具有一般性。建立符号意识有助于学生理解符号的使用是数学表达和进行数学思考的重要形式。

运算能力主要是指能够根据法则和运算律正确地进行运算的能力。培养运算能力有助于学生理解运算的算理,寻求合理简捷的运算途径解决问题。

模型思想的建立是学生体会和理解数学与外部世界联系的基本途径。建立和求解模型的过程包括:从现实生活或具体情境中抽象出数学问题,用数学符号建立方程、不等式、函数等表示数学问题中的数量关系和变化规律,求出结果并讨论结果的意义。这些内容的学习有助于学生初步形成模型思想,提高学习兴趣和应用意识。

应用意识有两个方面的含义:一方面,有意识利用数学的概念、原理和方法解释现实世界中的现象,解决现实世界中的问题;另一方面,认识到现实生活中蕴含着大量与数量和图形有关的问题,这些问题可以抽象为数学问题,用数学的方法予以解决。

在"图形与几何"的教学中,应帮助学生建立空间观念,注重培养学生的几何直观与推理能力。

空间观念主要是指根据物体特征抽象出几何图形,根据几何图形想象出所描述的实际物体;想象出物体的方位和相互之间的位置关系;描述图形的运动和变化;依据语言描述画出图形;等等。

几何直观主要是指利用图形描述和分析问题。借助几何直观可以把复杂的数学问题变得简明、形象,有助于探索解决问题的思路,预测结果。几何直观可以帮助学生直观地理解数学,在整个数学学习过程中都发挥着重要作用。

推理是数学的基本思维方式,也是人们学习和生活中经常使用的思维方式。推理一般包括合情推理和演绎推理。合情推理是从已有的事实出发,凭借经验和直觉,通过归纳和类比等推测某些结果。演绎推理是从已有的事实(包括定义、公理、定理等)和确定的法则(包括运算的定义、法则、顺序等)出发,按照逻辑推理的法则证明和计算。在解决问题的过程中,两种推理功能不同,相辅相成:合情推理有助于探索思路,发现结论;演绎推理用于证明结论。推理能力的发展应贯穿在整个数学学习过程中。

在"统计与概率"中,应帮助学生逐渐建立起数据分析观念,了解随机现象。

数据分析观念包括:了解在现实生活中有许多问题应当先做调查研究,收集数据,通过分析作出判断,体会数据中蕴含信息;了解对于同样的数据可以有多种分析的方法,需要根据问题的背景选择合适的方法;通过数据分析体验随机性,一方面对于同样的事情每次收集到的数据可能会是不同的,另一方面只要有足够的数据就可能从中发现规律。数据分析是统计的核心。

在概率的学习中,帮助学生了解随机现象是重要的。在义务教育阶段,所涉及的随机现象都基于简单随机事件:所有可能发生的结果是有限的、每个结果发生的可能性是相同的。

(3)《普通高中数学课程标准(实验)》认为：

高中数学课程的总目标是：使学生在九年义务教育数学课程的基础上，进一步提高数学素养，以满足个人发展与社会进步的需要。

具体目标如下：

① 获得必要的数学基础知识和基本技能，理解基本的数学概念、数学结论的本质，了解概念、结论等产生的背景、应用，体会其中所蕴含的数学思想和方法，以及它们在后续学习中的作用。通过不同形式的自主学习、探究活动，体验数学发现和创造的历程。

② 提高空间想象、抽象概括、推理论证、运算求解、数据处理等基本能力。

③ 提高数学的提出、分析和解决问题(包括简单的实际问题)的能力，数学表达和交流的能力，发展独立获取数学知识的能力。

④ 发展数学应用意识和创新意识，力求对现实世界中蕴含的一些数学模式进行思考和做出判断。

⑤ 提高学习数学的兴趣，树立学好数学的信心，形成锲而不舍的钻研精神和科学态度。

⑥ 具有一定的数学视野，逐步认识数学的科学价值、应用价值和文化价值，形成批判性的思维习惯，崇尚数学的理性精神，体会数学的美学意义，从而进一步树立辩证唯物主义和历史唯物主义世界观。

《普通高中数学课程标准(实验)》中明确提出了直观感知、观察发现、归纳类比、空间想象、抽象概括、符号表示、运算求解、数据处理、演绎证明、反思与建构等思维过程所需要的基本能力，以及数学的提出、分析和解决问题(包括简单的实际问题)的能力，数学表达和交流的能力，独立获取数学知识的能力。这些能力实际上是对"三大能力"的进一步发展和完善。

(4)《普通高中数学课程标准(2017年版)》认为：

通过高中数学课程的学习，学生能获得进一步学习以及未来发展所必需的数学基础知识、基本技能、基本思想、基本活动经验(简称"四基")；提高从数学角度发现和提出问题的能力、分析和解决问题的能力(简称"四能")。

在学习数学和应用数学的过程中，学生能发展数学抽象、逻辑推理、数学建模、直观想象、数学运算、数据分析等数学学科核心素养。

通过高中数学课程的学习，学生能提高学习数学的兴趣，增强学好数学的自信心，养成良好的数学学习习惯，发展自主学习的能力；树立敢于质疑、善于思考、严谨求实的科学精神；不断提高实践能力，提升创新意识；认识数学的科学价值、应用价值、文化价值和审美价值。

学科核心素养是育人价值的集中体现，是学生通过学科学习而逐步形成的正确价值观念、必备品格和关键能力。数学学科核心素养是数学课程目标的集中体现，是具有数学基本特征的思维品质、关键能力以及情感、态度与价值观的综合体现，是在数学学习和应用的过程中逐步形成和发展的。数学学科核心素养包括：数学抽象、逻辑推理、数学建模、直观想象、数学运算和数据分析。这些数学学科核心素养既相对独立，又相互交融，是一个有机的整体。

① 数学抽象

数学抽象是指通过对数量关系与空间形式的抽象，得到数学研究对象的素养。主要包括：从数量与数量关系、图形与图形关系中抽象出数学概念及概念之间的关系，从事物的具体背景中抽象出一般规律和结构，并用数学语言予以表征。

数学抽象是数学的基本思想，是形成理性思维的重要基础，反映了数学的本质特征，贯穿在数学产生、发展、应用的过程中。数学抽象使得数学成为高度概括、表达准确、结论一般、有序多级的系统。

数学抽象主要表现为：获得数学概念和规则，提出数学命题和模型，形成数学方法与思想，认识数学结构与体系。

通过高中数学课程的学习，学生能在情境中抽象出数学概念、命题、方法和体系，积累从具体到抽象的活动经验；养成在日常生活和实践中一般性思考问题的习惯，把握事物的本质，以简驭繁；运用数学抽象的思维方式思考并解决问题。

② 逻辑推理

逻辑推理是指从一些事实和命题出发，依据规则推出其他命题的素养。主要包括两类：一类是从特殊到一般的推理，推理形式主要有归纳、类比；一类是从一般到特殊的推理，推理形式主要有演绎。

逻辑推理是得到数学结论、构建数学体系的重要方式，是数学严谨性的基本保证，是人们在数学活动中进行交流的基本思维品质。

逻辑推理主要表现为：掌握推理基本形式和规则，发现问题和提出命题，探索和表述论证过程，理解命题体系，有逻辑地表达与交流。

通过高中数学课程的学习，学生能掌握逻辑推理的基本形式，学会有逻辑地思考问题；能够在比较复杂的情境中把握事物之间的关联，把握事物发展的脉络；形成重论据、有条理、合乎逻辑的思维品质和理性精神，增强交流能力。

③ 数学建模

数学建模是对现实问题进行数学抽象，用数学语言表达问题、用数学方法构建模型解决问题的素养。数学建模过程主要包括：在实际情境中从数学的视角发现问题、提出问题、分析问题、建立模型、确定参数、计算求解、检验结果、改进模型，最终解决实际问题。

数学模型搭建了数学与外部世界联系的桥梁,是数学应用的重要形式。数学建模是应用数学解决实际问题的基本手段,也是推动数学发展的动力。

数学建模主要表现为:发现和提出问题,建立和求解模型,检验和完善模型,分析和解决问题。

通过高中数学课程的学习,学生能有意识地用数学语言表达现实世界,发现和提出问题,感悟数学与现实之间的关联;学会用数学模型解决实际问题,积累数学实践的经验;认识数学模型在科学、社会、工程技术诸多领域的作用,提升实践能力,增强创新意识和科学精神。

④ 直观想象

直观想象是指借助几何直观和空间想象感知事物的形态与变化,利用空间形式特别是图形,理解和解决数学问题的素养。主要包括:借助空间形式认识事物的位置关系、形态变化与运动规律;利用图形描述、分析数学问题;建立形与数的联系,构建数学问题的直观模型,探索解决问题的思路。

直观想象是发现和提出问题、分析和解决问题的重要手段,是探索和形成论证思路、进行数学推理、构建抽象结构的思维基础。

直观想象主要表现为:建立形与数的联系,利用几何图形描述问题,借助几何直观理解问题,运用空间想象认识事物。

通过高中数学课程的学习,学生能提升数形结合的能力,发展几何直观和空间想象能力;增强运用几何直观和空间想象思考问题的意识;形成数学直观,在具体的情境中感悟事物的本质。

⑤ 数学运算

数学运算是指在明晰运算对象的基础上,依据运算法则解决数学问题的素养。主要包括:理解运算对象,掌握运算法则,探究运算思路,选择运算方法,设计运算程序,求得运算结果等。

数学运算是解决数学问题的基本手段。数学运算是演绎推理,是计算机解决问题的基础。

数学运算主要表现为:理解运算对象,掌握运算法则,探究运算思路,求得运算结果。

通过高中数学课程的学习,学生能进一步发展数学运算能力;有效借助运算方法解决实际问题;通过运算促进数学思维发展,形成规范化思考问题的品质,养成一丝不苟、严谨求实的科学精神。

⑥ 数据分析

数据分析是指针对研究对象获取数据,运用数学方法对数据进行整理、分析和推断,形成关于研究对象知识的素养。数据分析过程主要包括:收集数据,整理数据,提取信息,构建模型,进行推断,获得结论。

数据分析是研究随机现象的重要数学技术,是大数据时代数学应用的主要方法,也是"互联网+"相关领域的主要数学方法,数据分析已经深入到科学、技术、工程和现代社会生活的各个方面。

数据分析主要表现为:收集和整理数据,理解和处理数据,获得和解释结论,概括和形成知识。

通过高中数学课程的学习,学生能提升获取有价值信息并进行定量分析的意识和能力;适应数字化学习的需要,增强基于数据表达现实问题的意识,形成通过数据认识事物的思维品质,积累依托数据探索事物本质、关联和规律的活动经验。

(三) 知识、技能与能力的关系

能力不是知识、技能本身,而是那些在知识、技能的获得或形成过程中表现出来的心理特性。掌握一定的基础知识(包括陈述性知识和程序性知识)是形成基本技能的前提;能力的形成与发展是在数学活动中完成的。

第二节 数学能力结构分析

《全日制义务教育数学课程标准(实验稿)》指出"数学课程应突出体现数学的基础性、普及性和发展性,使数学教育面向全体学生,实现:人人学有价值的数学;人人都能获得必需的数学;不同的人在数学上得到不同的发展"。《义务教育数学课程标准(2011年版)》将其完善为"义务教育阶段的数学课程是培养公民素养的基础课程,具有基础性、普及性和发展性。数学课程应致力于实现义务教育阶段的培养目标,要面向全体学生,适应学生个性发展的需要,使得:人人都能获得良好的数学教育,不同的人在数学上得到不同的发展"。

这就要求数学教学不仅是为了传递数学知识、技能,而且更重要的是丰富基本活动经验,理解基本思想,培养数学能力,提高学生的数学素养,促进学生在数学上的全面发展,这一点已越来越引起人们的重视。同时,数学能力并不是单一的,而是综合的,这种复合的心理结构的成分,正是数学能力结构分析的中心话题。

一、能力结构研究的意义

能力反映了影响人的心理活动的效果和效率的心理特征。能力结构是指能力内部各要素、各成分之间合乎规律的组织形式,它是由各要素、各成分共同决定,按照其本身的发展规律逐步形成的内在关系,各要素和成分之间具有相互依存、相互制约的关系。能力结构研究至少具有以下四方面的意义。

1. 能力结构研究是心理学的一项重要任务

能力作为影响活动效果的心理特征的综合,由许多能力因素构成。因此,研究能力的结构,是能力心理学的一项重要任务。实现这一任务,从理论上可以进一步揭示能力的概念,深入认识能力的实质。

2. 能力结构的研究对教育实践具有指导意义

教育的最终目的是实现人的健全发展,其中,人的能力发展是其核心内容和主要目标。而要培养学生的能力,首先应该清楚所培养的能力的结构,否则,能力培养只能是一句空话。

多年来,我国教育界非常强调培养学生的能力,以至于"抓好'双基',培养能力"已成为我国21世纪课程改革的重要目标之一。但能力究竟由哪些因素组成?这些因素又如何组织和联系?对这一系列问题都应该进行系统研究。否则,很多教师在教学中只能凭经验、跟着感觉走。有关能力结构的研究可以帮助教师更准确地诊断学生的能力特征,同时,针对学生已有的能力结构特点进行因材施教,从而提高教学和学习的效率。因此,能力结构的研究对教育实践也有重要的意义和作用。

3. 能力结构研究是能力测试的基础和前提

由于很多原因,当前世界各国的教育测评都离不开考试,很多选拔还是以能力测试结果为主要依据。那么,如何保证能力测试的效度?能力结构的研究是关键。只有清楚掌握所测能力的结构,才能真正科学有效地编制测试。也就是说,能力结构的研究为能力测试提供了基础和前提。

4. 对能力结构的研究也是人类在认识自我的进程中向前迈进的重要一步

对个体而言,了解自身的能力结构特点后,我们就可以在学习和发展中有意识地发掘自身能力方面的长处和优势;在选择职业时,可以扬长避短,根据自身能力特点,选择适合自己的工作。

二、国内外有关数学能力结构的研究

古今中外,有很多教育家和心理学家对数学能力结构进行了深入和卓有成效的研究。

(一)克鲁捷茨基对数学能力结构的研究

在数学能力结构研究方面享有盛名的心理学家克鲁捷茨基,他对中小学生数学能力结构进行了长达12年的研究,发现了符合数学活动要求的几种能力,其成果集中体现在其著作[1]中。

---

[1] 克鲁捷茨基.中小学生数学能力心理学[M].洪宝林,艾国英,等,译校.上海:上海教育出版社,1983:431—434.

他认为,学生解答数学题时的心理活动包括三个阶段:收集解题所需的信息;对信息进行加工,获得一个答案;把有关这个答案的信息保持下来。

与此相适应,数学能力也包括三个组成部分:对数学材料的形式化感知,概括数学材料的能力,以及对数学材料的记忆力。

上述数学能力的三个组成部分,实质上是智力中三个成分在数学活动中的特殊表现。克鲁捷茨基所研究的数学能力,实际是学生感知数学问题的能力。他采用的方法是活动分析法。这就导致克鲁捷茨基所研究的数学能力存在两个问题:一是能力理解的片面性;二是研究方法的主观性。由于没有采用较为科学的量化研究方法,因而其研究结果具有明显的局限性。

(二) 卡洛尔对数学能力的研究

卡洛尔(John B. Carroll)采用探索性因素分析、验证性因素分析以及项目反应理论对数学能力进行了研究,得出了认知能力的三层理论。[①] 其中,第一层包含了100多种能力;第二层包括流体智力、晶体智力、一般记忆和学习、视觉、听觉、恢复能力、认知速度、加工速度;第三层为一般智力。卡洛尔还研究了各种能力与数学思维的关系以及能力与现实世界中的实际表现之间的关系,等等。

(三) 林崇德对中小学生数学能力结构的研究

我国著名心理学家林崇德对中小学生数学能力结构进行过研究。他认为:数学能力结构应当包括传统的三种基本数学能力(运算能力、逻辑思维能力、空间想象能力)以及五种数学思维品质(思维的深刻性、灵活性、独创性、批判性、敏捷性);关于思维能力的其他一些提法与五种思维品质的提法,意思是接近的,可以纳入思维品质去考虑;三种基本能力与五种思维品质(包括与思维品质相应的一些思维能力)的关系不是并列的关系,而是交叉的关系。

此外,林崇德还对三种基本能力与五种思维品质的 15 个交叉结点进行了列举和剖析,每个交叉结点上又有数种具体的能力特点。

(四) 赵裕春等对小学生数学能力结构的研究

赵裕春是我国较早研究数学能力结构的学者,他将克鲁捷茨基的《中小学生数学能力心理学》一书翻译成中文,他对小学生的数学能力结构进行了长期研究,并出版了《小学生数学能力的测查与评价》[②]等著作。

赵裕春等从 1980 年开始对小学生数学能力进行研究,他们采用的方法主要是

[①] Robert J. Sternberg, Talia Ben-Zeev(1996). The Nature of Mathematical Thinking. Lawrence Erlbaum Associates, Publishers Mahwah, NJ. Chapter 1. Mathematical Abilities: Some Results From Factor Analysis, by John B. Carroll.

[②] 赵裕春.小学生数学能力的测查与评价[M].北京:教育科学出版社,1987:1—143.

经典测验的方法,通过编制测验量表,在全国9个地区进行了测试,并对测试结果进行了分析。但此项研究并没有对小学生数学能力的结构给出明确的界定,采用的研究方法也还是经验加描述统计的分析(平均数、标准差)等方法。

(五)刘兰英对小学生数学推理能力结构的验证性因素分析

刘兰英采用现代因素分析的方法,自编了"小学生数学推理能力测题",在杭州等地抽取了640名被试,随机用其中的270名被试资料进行探索性因素分析,用剩下的370个被试资料对可能模型进行了验证性因素分析,得出结论[①]:小学生数学推理能力结构成分包括五种分能力,即可逆推理能力、类比递推理能力、归纳推理能力、整分变换推理能力和演绎推理能力。

此项研究由于受客观条件的限制,取样规模不是很大,而且某些测题本身的特性也不是很好,故某些结论或提法可能不是很准确。但是,这个研究基本勾勒并验证了小学生数学推理能力所应包含的几个分能力。

(六)陈仁泽等对初中生数学能力的因素分析

陈仁泽等对厦门市四类中学(高中)入学考试分别进行因素分析,通过对指标体系矩阵的研究,找出并估计出支配所有指标的四种数学能力:主因素Ⅰ(占总分的25%),概念的理解与数式的运算,概念的掌握与对命题的判断与之密切相关,二者综合构成主因素Ⅰ所表明的学习能力,定名为抽象概括能力;主因素Ⅱ(占总分的26.66%),表明数式以及综合运算、证明的学习能力,定名为综合运算能力;主因素Ⅲ(占总分的38.3%),以数与数形结合运算为主,它和定理的理解、掌握与逻辑证明密切相关,可定名为思维转换能力;主因素Ⅳ(占总分的10.04%),表明考生对命题的分析与逻辑证明的能力,定名为逻辑推理能力。[②]

这里进行的是正交旋转的因素分析,即假定各分测验之间不存在相关。显然,此假设不一定符合事实。另外,这里采用的高中入学考试成绩没有编制量表,也没有量表的质量指标。因此,整个研究的信度、效度缺乏足够证据。

(七)张君达等对超常儿童数学能力的因素分析

张君达等在智力与能力发展理论的基础上,重点对组成超常儿童数学能力的因素进行了结构分析。通过因素分析的方法抽出了五个主因素,即综合运算能力、逻辑思维能力、抽象概括能力、空间想象能力、灵活的形象思维能力,并对各个能力特点作了进一步分析。[③]

---

① 刘兰英.小学生数学推理能力结构的验证性因素分析[J].心理科学,2000(02):227—229.
② 陈仁泽,陈孟达.数学学习能力的因素分析[J].心理学报,1997,29(2):172—176.
③ 张君达,倪斯杰.超常儿童数学能力的因素分析[J].心理科学,1998,21(6):511—514.

(八) 胡中锋等对高中生数学能力结构的研究

胡中锋等采用经典测验理论与项目反应理论相结合,以及探索性因素分析与验证性因素分析相结合的方法,对高中生的数学能力结构进行了研究。[①] 该研究在广东省抽取了近2000名被试,其中有效被试1291人。首先编制了中小学生数学成就测试量表,采用先进的测量方法对量表的质量进行了分析,保证了量表的高信度和高效度。然后,将1291名被试随机分成两组,一组采用传统的因素分析方法进行探索性的因素分析,抽取因子数为2~6个;再用现代统计方法中验证性因素分析法对每一种假设进行验证,结果得出了高中生数学能力结构的四因素模型。四因素为逻辑运演能力、逻辑思维能力、空间思维能力、思维转换能力,这四种主要能力两两之间均存在高度相关。非常巧合的是,这四个能力的归类正好与传统高中数学的分科教学(解析几何、代数、立体几何、三角函数)相一致,这就从一定视角印证了过去的分科教学有一定的合理性,也说明我国多年来的数学教学是有一定成效的。

三、我国中小学生数学能力结构的发展特点

有些学者(如胡中锋[②]等)基于对有关研究结果的分析,提出我国中小学生数学能力结构的发展特点。

第一,运算能力贯穿整个中小学数学能力的始终,但随着年级的升高,其内容逐步深化。小学生的运算能力主要表现为具体运算的水平,初中生则表现为综合运算的水平,到高中阶段已包含了逻辑运演的成分。这也基本上与皮亚杰对儿童运算阶段的划分相一致。

第二,逻辑思维能力也在不同阶段有所体现,但随着年级的升高,其程度呈递增趋势。在小学阶段,主要表现为基本演绎推理能力,到了初中阶段表现为逻辑推理能力,高中阶段则升华为逻辑思维能力。

第三,思维转换能力则要到初中阶段才表现出来,为初中生和高中生所共同具有,初中生主要是以数与数形结合运算为主,它和定理的理解、掌握与逻辑证明密切相关,高中生则主要表现在三角函数、三角方程、三角恒等式、反三角函数、反三角方程等部分。

第四,空间想象能力是学生的一种数学能力,在小学、初中阶段表现不明显,到高中阶段提升为空间思维能力。

从学生身心发展的视角,综合考虑我国当前中小学数学课程、教学的发展水

[①] 胡中锋,莫雷.高中生数学能力结构研究[J].华南师范大学学报(自然科学版),2001(2):24—30.
[②] 胡中锋.中小学生数学能力结构研究述评[J].课程·教材·教法,2001(6):45—48.

平,我们不难发现:

上述对于我国中小学生数学能力结构发展特点的分析,基本上是符合实际的,只不过,对于思维能力,过于强调逻辑思维能力,而忽略了合情推理能力。同时,初中数学课程中也开始有意识地培养学生的逻辑推理的意识和能力,并且,大部分学生在初中毕业时已经掌握逻辑证明的基本技能,形成基本的逻辑思维能力。对于空间想象能力,小学、初中阶段集中培养的是空间观念(更确切地说,义务教育阶段应该叫空间观念,而不是空间想象能力),而且,并不是"在初中阶段表现不明显",相反,小学高年级阶段、初中阶段是培养学生空间观念的最佳时期,而高中阶段是发展学生逻辑思维能力的最佳时期。

与此同时,通过对国内外关于数学能力的研究结果的分析,我们可以看出,中小学生的数学能力因素既有密切联系又有区别。这些联系和区别,对于我们选择教学内容、制定课程大纲、编写教材以及数学教学都有重要的参考价值。另一方面,也引起我们对一些问题的注意和思考,长期以来,我们的数学教学过分重视了某些方面的能力而忽视了另一些方面的重要能力,比如,过分重视了运算能力的培养,而忽视了学生问题解决能力的培养,过分重视了逻辑思维能力的培养,而轻视了合情推理能力、发现问题和提出问题能力的培养。在基础教育课程改革的实施与反思调整阶段,国内一些学者(如史宁中)提出"两种思维、四种能力"的观点非常值得借鉴,即培养学生的归纳思维与逻辑思维,发现问题、提出数学问题、分析问题、解决问题的能力。而这正是对包括上述问题在内的一系列问题的有效探索和深化研究。

第三节 形成和发展数学能力的基本途径

提高学生的数学能力是数学教学的主要任务。下面我们分别来研究运算能力、思维能力、空间想象能力(义务教育阶段是空间观念)培养的基本途径。

一、运算能力的培养

数学运算是数学科学的重要内容,运算能力主要是指,不仅会根据法则正确地进行运算,而且要理解运算的算理;能够根据题目条件寻求简捷、合理的运算途径。运算能力不能独立存在和发展,而是与观察力、记忆力、理解能力、推理能力、表达能力以及空间想象力等一般能力相互渗透、相互支撑形成一种综合性的数学能力。

运算能力是在实际运算中形成和发展的,并在运算中得到表现。这种表现有两个方面:一是正确性,二是迅速性。正确是迅速的前提,没有正确的运算,迅速就没有实际内容;在确保正确的前提下,迅速才能反映运算的效率。运算能力的迅速性表现为准确、合理、简捷地选用最优的运算途径。

培养学生的运算能力,必须做好以下两个方面。

(一) 牢固地掌握概念、公式、法则

数学的概念、公式、法则是数学运算的依据。数学运算的实质,就是根据有关的运算定义,利用公式、法则从已知数据及算式推导出结果。在这个推理过程中,如果学生把概念、公式、法则遗忘或混淆不清,必然影响结果的正确性。学生运算能力差,普遍表现为运算不正确,即在运算中出现概念、法则等知识性的错误。

因此,在教学中要注意以下三点。

(1) 在讲授新课时,应经过由具体到抽象,由感性到理性的过程,使学生自然形成概念,导出公式、法则,弄清它的来龙去脉,明确条件是什么,结论是什么,在什么范围内使用,并通过课堂练习及时巩固,使之在学习头脑中树立起清晰的记忆。

(2) 在讲授概念、公式、法则时,要让学生在理解的基础上,用自己的话准确表达出来,加深理解和记忆,并与学生一道总结记忆的方法。对那些相关的概念,易混淆的公式、法则,可指导学生用同时对比或前后对比的"比较记忆法"(即找相同点、相异点来记),在比较的基础上,对识记的内容加工、整理、归类,然后分别采用"联想记忆法"(即把内容相近、相似、相反和有因果关系的内容联系起来记)。"分类记忆法"(即把内容按性质、形状、特点、意义等分门别类地记忆)也可以收到事半功倍的效果。

(3) 及时收集教学效果的反馈信息,一旦发现典型错误,就应及时通过正反两方面的例子进行纠正,加深理解、强化记忆,使错误不再重现。

(二) 掌握运算层次、技巧,培养正确运算的能力

数学运算能力结构具有层次性的特点。在教学中,应该是一步一个脚印地走稳,一个层次一个层次地"夯实"基础,切不可轻视那些简单的、基础的运算。在每个层次中,还要注意运算程序的合理性。运算大多具有一定模式可循,这有其呆板的一面。但是,由于运算中选择的概念、公式、方法的不同,往往繁简各异,在这种意义上,又有它灵活的一面。由于运算方案不同,有的烦琐容易出错,有的简便合理,运算迅速正确。要做到运算迅速、正确,应从合理上下功夫。

数学运算只抓住了一般的运算规律还是不够的,必须进一步形成熟练的技能技巧。因为在运算中,概念、公式、法则的应用千变万化,对象十分复杂,没有熟练的技能技巧,常常出现预想不到的麻烦。

此外,要求学生掌握口算能力。运算过程的实质是推理,推理是从一个或几个已有的判断做出一个新的判断的思维过程。运算的灵活性具体反映思维的灵活性;善于迅速地引起联想,善于自我调节,迅速及时地调整原有的思维过程。一些

学生之所以在运算时采用较为烦琐的方法,主要是因为他们思考问题不灵活,不能随机应变,习惯于旧的套路,不善于根据实际问题的条件和结论,迅速及时地调整思维结构,选择出最恰当的运算方法。

二、思维能力的培养

正如前文所分析的,学生思维能力的发展,既包括逻辑推理能力,也包括归纳、类比等合情推理能力。培养学生的思维能力,必须兼顾两种思维能力的发展。

(一) 中小学生数学思维的特点

中小学生由于生理、心理和知识发展水平的局限,数学学习中思维活动水平的层次不高,因此,从思维角度来看数学教学,无论是拓宽学生的思维空间、培养学生良好的思维品质,或是研究教学过程中信息受阻的原因等,都必然涉及这样一个核心问题,即中小学生数学思维的特点是什么?有哪些局限性?针对中小学生思维特点及局限性,如何发展思维?中小学生思维水平不稳定,可塑性很大,无论是观察概括能力,还是推理论证能力,都随年龄增长而发展并日臻成熟。分析中小学生数学思维的局限性,目的在于判明他们在学习过程中暴露出来的弱点,归纳起来有如下五点:

1. 中小学生求知欲较强,但由于年龄特征及知识发展水平的局限,学生具体形象思维的成分较重

一是表现为直观思维,对具体、形象的问题,思维比较活跃,对抽象问题一旦找不到合理解释时,便犹豫迷惑、疑虑丛生,表现出理论型抽象思维能力贫乏无力;二是习惯于思维模式,遇到一个问题,一味期望能套用某现成公式,得不出答案便束手无策,这是思维定式引起负迁移的极端情形,反映思维的变通性和应变能力的严重缺陷。

上述诸类问题,在中小学生中普遍存在。对于相关概念间的统一、从属、交叉、对立等关系混淆不清,生搬硬套,机械应用,依赖于已知模式。

2. 学习内容的理解呈孤立、间断状态

主要表现在对概念、公式、定理等满足于形式上的理解、记忆,忽视其来龙去脉、知识串联,只重视其内涵,忽视其外延;对数量之间或形体之间的逻辑关系缺乏整体的认识;对各种数学思想和方法(首先是通性通法)之间的共性与个性缺乏了解,这就不可能在学习过程中逐步地建立和完善思维的整体结构。因而,也就不可能在解决问题时,保证思维通道的顺畅。于是,影响了对新知识的理解。思维不连贯、缺乏整体性是分析和解决问题能力低下的重要原因之一。

3. 不能正确把握数学知识之间的因果关系,造成多步的综合推理的困难

相对地讲,这种情况对于小学生、初中生更为普遍,更为严重。改进数学教学

的一项重要任务就是要努力改变学生逻辑思维水平不高的状况,使数学思维的指向严谨、简练和规范。我们常见到初二学生在做平面几何问题、高一学生做立体几何问题时存在颠三倒四、繁杂重复、条理不清等现象。从初二开始进行严格的训练是必要的。

4. 不善于从多角度、多方面、多维度去思考问题,思维方向单一,思维惰性十分明显

例如,初中一年级学习了幂的乘方法则之后,在计算时,许多学生仍要逐个累乘,却不知有事半功倍的心算法。原因就在于课堂上下做的练习都是应用公式由左到右的变形,甚至到了高中,有的学生对于"比较$(a+1)^a$与$a^a(a>0)$的大小"也视为难题。在一定程度上,也是这种"先天不足"的结果。

5. 由于学生对概念、公式、法则和定理的片面理解和形式上的掌握,导致应用上的绝对化

变通性是反映思维品质的一个重要方面,而排斥性恰好与之对应,在数学思维训练中,有目的地加强此类练习是非常必要的。

以上五种思维特点是中小学生在数学学习上的思维局限性,是青少年思维发展规律的组成部分。在教学中,我们要有目的、有计划地针对学生的思维特点进行严格的思维训练,踏踏实实把工作贯穿到教学的全过程中去。

(二)培养思维能力的途径

学生的数学思维能力,既包括逻辑推理能力(演绎能力),也包括合情推理能力(归纳能力)。

演绎能力是一种能够熟练使用演绎推理的能力。演绎推理不能用于发现真理,而归纳推理的主要功能是发现结论、发现真理而不是验证结论、验证真理。归纳能力是建立在实践基础上的,归纳能力的培养可能更多地依赖过程的教育,依赖于经验的积累,而不是结果的教育。因而,培养学生的数学思维能力,必须有所侧重、不能平均用力。

1. 在过程中培养思维能力

现代数学课程倡导以问题情境—建立模型—解释、应用与拓展的基本叙述模式为呈现方式。特别注重过程与方法,提倡在学习过程中学生的自主活动,培养发现规律、探求模式的能力等。因此,要让学生经历将实际问题抽象为数与代数问题的过程;经历探究物体与图形的形状大小、位置关系变换等过程;经历提出问题、收集、整理、描述和分析数据,作出决策和预测及自我评价的过程;经历运用数学符号和图形描述现实世界的过程;经历观察、猜想、证明等活动过程;等等。这样,就必须首先让学生在数学学习活动中去经历过程。在这些过程中,学生"以认知主体的身份亲自参加丰富生动的数学活动,在情境交互的作用下,从学习组织内部

的认知结构,建构起自己的对数学内容意义的理解"。

> **例** "用一张正方形的纸制作一个长方体形状的无盖盒子,怎样使得体积较大?"学生可能从这些方面思考:无盖的长方体展开是什么样子?用一张正方形的纸怎样才能制作一个长方体形状的无盖盒子?对这一问题,学生从日常生活中自己熟悉的折纸活动开始思考,进而通过操作、抽象分析和交流,形成问题的初步表达式;再通过收集有关的数据以及对不同数据的归纳、整理,猜想体积变化和边长之间的关系,最终获得该问题的解并对求解的过程进行反思、总结等。

在这样的数学活动过程中,学生不仅能够获得知识,而且不断丰富数学活动经验,学会探索等。因此,经历过程会给学生探索的体验、创新的尝试、实践的机会和发展的能力等。总之,要重视学生学习过程和探究新知形成的方法。这样,通过学习新知的过程,学生通过自身已有的知识和经验主动加以建构,在过程中形成和提高思维能力。

2. 重视学生逻辑知识的学习,有意识地培养学生合乎逻辑地思考,进而提升逻辑思维的水平

(1) 重视数学概念教学,正确理解数学概念。

在数学教学中要定义新的概念,必须明确下定义的规则。譬如给一个图形下定义,应包含两个方面:一方面,经过描绘,指出能够把此图形与另一个图形区别开来的属性(即特征);另一方面,选择一个表示它的名称。也就是说,要揭示概念内涵,列举概念的本质属性(本质特征),揭露最邻近的种概念和类差。

所以,在定义数学概念时,若用"种加类差"定义,必须找出该概念最邻近的种概念和类差,启发学生深刻理解。只有如此,学生才能真正内化定义所揭示的概念内涵,不致使学生思维能力得不到充分发挥而陷入混淆境地,也不至于在推理论证上由于对概念理解不全面而导致论证失败。

(2) 要重视逻辑初步知识的教学。

为此,要使学生掌握基本的逻辑方法。传统的数学教学通过大量的解题训练来培养演绎推理能力,除一部分尖子学生外,对多数学生来说收效是不大的。正如苏联学者斯托利亚尔(A. A. Столяр)曾在《数学教育学》一书中指出的,"在数学教学中,一般都对教材的数学成分本身进行反复的解释并举例说明,以求消除学生理解这些教材的困难。而在发生困难的原因是没有理解教材的逻辑成分的情况下这

样做,是不成功的,因为没有消除不理解的原因"。①

(3) 通过解题训练,提高学生的逻辑思维、演绎推理的水平。

通过解题,加强逻辑思维训练,培养思维的严谨性,提高分析推理能力。要注意解题训练要有一个科学的系列,不能搞"题海战术"。

第一,要让学生熟悉演绎推理的基本模式——演绎三段论(大前提—小前提—结论)。由于演绎三段论是分析推理的基础,在初一"数与代数"教学中就可以进行这方面的训练。在教授数或式的运算时,要求步步有据,教师在讲解例题时要示范推理、运算的理由,揭示算理。

在运算步骤中批注理由,是要求学生完成一步运算时,要明确"大前提",这实质是完成一个"三段式演绎推理"。在这类批注理由训练的基础上,再利用代数恒等式的证明,初步养成逻辑推理的思维习惯,可为学习几何的推理证明打下良好基础。

第二,初学"图形与几何",要有意识地训练学生语言表达的准确性,严格按照三段论式进行基本的推理训练,并逐步过渡到通常使用的省略三段论式。经过这样的推理训练,学生在进行复杂的推理论证时,才能保持严谨的演绎思维序列,不至于发生思维混乱。

三、空间想象能力的培养

(一) 空间想象能力及教学要求

我们知道,能力的核心是创造性思维,而创造性思维源于丰富的想象力。正如爱因斯坦指出的,"想象力比知识更重要,因为知识是有限的,而想象力概括着世界上的一切,推动着进步,并且是知识进化的源泉,严格地说,想象力是科学研究中的实在因素"。对想象的科学研究,是培养和发展创造力的基础和先导。

想象是指人们对记忆中的旧表象进行加工改造、重新组合,产生新的综合性形象的心理过程,是一种特殊的思维活动。它带有生动形象性和间接概括认识的特点。人们只有正确地理解一定数量和质量的表现,才能有一定广度和深度的想象。数学中的空间想象力是对客观事物的空间形式进行观察、分析和抽象的思维能力。学生空间概念差,一方面表现为,不能将空间物体形态抽象为空间几何图形、不能用直观图表示出来;另一方面表现为,不能从给定的立体图形想象出实体形状、几何元素在空间的实际位置关系,从而不能正确解题。

在数学教学上,培养空间想象能力要求学生能逐步达到下列三个方面的要求。

(1) 对基本的几何图形(平面与立体)必须非常熟悉,能正确画图,能分析出基本图形的基本结构和度量关系。

---

① 斯托利亚尔.数学教育学[M].丁尔陞,王慧芬,钟善基,等,译.北京:人民教育出版社,1984:202—220.

(2) 根据题意想象出实体的形状、大小、内部结构,从而正确画出直观图。

(3) 根据给出的立体图形,想象出实体的真实形状、几何元素在空间的实际位置关系和度量关系,并能用语言符号或式子表达出来,从而正确解题。

(二) 培养空间想象能力的途径

由于学生空间想象能力的发展具有典型的阶段性,义务教育阶段上还处在空间观念,而高中阶段才是空间想象能力,同时,空间观念是形成空间想象能力的前提和主要组成成分。因而,培养学生的空间想象能力,必须分段实施、各有侧重:义务教育阶段重点放在空间观念的建立和发展上,而高中阶段将空间观念与逻辑思维融合在一起,形成良好的空间想象能力。

1. 适当运用模型、注重在实物与图形的转换中引发学生想象,是培养空间想象能力的重要前提

感性材料(表象)是空间想象力形成和发展的基础,通过对教具与实物模型的观察、分析,使学生在头脑中形成空间图形的整体形象及实际位置关系,同时,有意识地引导学生进行实物与图形的转换,进而才能抽象为空间的几何图形。在教学时,若能联系周围的事物,则既可激发兴趣又可丰富感性知识。

2. 直观图是发展空间想象能力的关键

对初学立体图形的学生来讲,如何把自己想象中的空间图形体现在平面上是最困难的问题之一。所谓空间概念差,表现为画出的图形不富有立体感,不能表达出图形各部分的位置关系及度量关系。因此,能否正确画出直观图,是学生空间概念的重要指标。在教学时,尤其要关注如下两点。

(1) 教师画图一定要按照画图的法则,作出示范,使学生掌握画直观图的方法和要领。

(2) 画图要根据具体问题去"构思—想象—作图"。

当然,直观图的教学必须有所侧重,义务教育阶段不要求画出准确的直观图,但是,对于识别直观图、由直观图引发思考,则是教学的重点内容。

3. 运用形数结合方法丰富学生空间想象能力

通过几何教学,进行空间想象的训练和培养,固然可以发展学生的空间想象力,但是,培养学生的空间想象力不只是几何的任务,而在数学的其他各分支领域中都可渗透和同步进行。

4. 准确地讲清概念、图形结构,是形成和发展空间想象能力的基础

"立体几何"是培养空间想象力的重要学科内容。立体几何的"平面与直线及其关系"又是形成空间概念的关键。该章图形由直线和平面两个基本元素构成,把握住直线、平面间的基本结构,又是正确画图的关键。剖析该章图形的基本结构,不外乎平行结构、相交结构和异面结构,教材对直线、平面间的结构关系是用公共点的个数来定义的。例如,"平行直线——在同一平面内没有公共点""如果一条直

线和一个平面没有公共点,那么我们说这条直线和平面平行""直线和平面相交——有且只有一个公共点""异面直线——不在同一个平面内,没有公共点"等。准确、形象地理解概念和掌握图形结构,有助于空间想象能力的形成和发展。

此外,关注发现问题、提出数学问题能力的培养以及分析、解决问题能力的培养是当前中小学数学的重要任务。对此,第四章第四节已有阐述,这里不再赘述。对于几何直观、推理能力、数学建模(能力)、数据分析(能力)等,第十章有专门阐述。

思 考 题

1. 何谓数学能力?你认为我国中小学生数学能力包含哪些成分?
2. 中小学数学课程标准对于数学能力是否提出了要求?如果提出了要求,你是如何理解这些要求的?
3. 如何理解运算能力?简述在中小学培养运算能力的要点。
4. 如何理解学生的数学思维能力?
5. 在中小学数学教学中,培养学生的空间想象能力,主要有哪些基本途径?

拓展性问题

★ 有学者认为,当前中小学数学课程落实素质教育的根本途径之一,就是全面培养学生的发现问题、提出数学问题、分析问题、解决问题的能力,试分析这个观点的合理性和紧迫性。

第九章　数学学习的环境因素

教育是一项系统工程,包含着家庭教育、社会教育与学校教育,三者有机地结合在一起,相互影响、相互作用、相互制约。

随着基础教育课程教学改革的不断深入,人们越来越认识到环境对学生学习的重要影响。影响学生数学学习的环境因素主要包括社会环境、家庭环境以及学校环境。

第一节　社会环境对数学学习的影响

社会环境是与自然环境相对的概念,是在自然环境的基础上,通过人类长期有意识的社会劳动,经过自然物质的加工和改造、物质生产体系的创造、物质文化的积累等所形成的环境体系。社会环境一方面是人类精神文明和物质文明发展的标志,另一方面又随着人类文明的演进而不断丰富和发展,所以,也有人把社会环境称为文化—社会环境。人们对社会环境所包含的内容有不同的看法。

有人将社会环境按所包含的要素性质分为:(1)物理社会环境,包括建筑物、道路、工厂等;(2)生物社会环境,包括驯化、驯养的植物和动物;(3)心理社会环境,包括人的行为、风俗习惯、法律和语言;等等。

也有人按环境功能把社会环境分为:(1)聚落环境,包括院落环境、村落环境和城市环境;(2)工业环境;(3)农业环境;(4)文化环境;(5)医疗休养环境;等等。

著名认知心理学家维果茨基认为,社会环境对学习有关键性的作用,社会因素与个人因素的整合促成了学习。社会行为是一种能够帮助解释意识变化的现象,并能建立起一种使行为与思想相统一的心理。[①]

社会环境通过它的"工具"影响到认知。工具是指它的文化物品(比如汽车、机器)及其语言和社会机构(如教堂、学校等)。认知发展源于在社会交互作用中文化工具的使用,源于将这种交互作用内化和心理转换的过程。

维果茨基建构主义理论,其突出特点在于强调人与周围环境之间的相互作用。

---

① 干静枫,唐小云.维果茨基的唯物认识论和方法论的研究[J].湖南社会科学,2012(05):37—40.

基于我国教育教学实际,我们认为,影响学生数学学习的社会因素集中体现在社会变革、社会风气、媒体的价值观导向以及教育的导向等方面。

(1) 社会变革。随着社会的发展与时代的变迁,社会对科技的需求日益增长,而数学是发展科技的基础学科。

(2) 社会风气。如"学好数理化,走遍全天下"的观点曾经流行一时,对社会产生广泛影响。大部分孩子认为,读书好坏对将来的工作有影响,但家庭背景较好的孩子则认为影响不大,即使不读书,将来照样有一个好饭碗。这种现象的背后其实是社会风气。应该指出的是,同学之间的相互影响,以及社会上的同伴关系和不良价值观念的影响,也是影响数学学习不容忽视的社会因素。

(3) 媒体的价值观导向。在大众媒体中,许多影视作品体现了"文人寒酸""科技新贵"等现象,这给学生灌输了一种"理贵文贱"的思想,使学生在文理分科时,通常会选择理科。

(4) 教育的导向。个人数理思维的发展存在差异,不是每个人都适合学习数学、愿意学习数学,但是,当前我国的教育现状是:不管文科理科,数学是必考的科目,即使你的文科科目学得再好,如果数学不好,那么,数学将永远是你前进路上的拦路虎。

改变数学的形象,能让更多的人走进数学的世界!同时,强化数学对于提高国民素养的作用,也可以实现数学对于社会的反制作用。

第二节　家庭环境对数学学习的影响

一、家庭教育的重要性

家庭作为社会的细胞,是每个人与社会接触、步入人生的起点站。可以说,每个人的意志品质、个性性格、礼仪道德、人生理想、求知兴趣等都是首先在"家庭"中获得熏陶与启迪的。古语言"父母耕读子孙贤""老子偷瓜盗果,儿子杀人放火",足见家庭教育对人耳濡目染的巨大作用。

19世纪德国教育家福禄培尔(Friedrich Froebel,1782—1852)曾说过:"国家的命运与其说掌握在掌权者手中,倒不如说是掌握在母亲手中。"

家庭是孩子的第一课堂,父母是子女的第一任教师。儿童、青少年具有极强的可塑性,家庭教育对孩子起着奠基作用,其主要在于发展人的情感、态度、价值观等非智力因素上。

21世纪以来,数学课程正在倡导面向大众的数学、生活中的数学,数学要生活化、现实化。因此,生活中处处有数学,这也就意味着家庭对学生的数学学习负有很大的责任。家庭对孩子的智力、体力、道德品质的发展以及个性的形成产生全方位影响,当然对学生数学学习也有影响。

就学生的数学学习而言,家庭环境的影响因素主要有家庭关系、父母的数学观、家庭教养方式、父母的文化水平等。当然,家庭教育对于学生数学学习在知识方面的影响本身是次要的,情感、态度、价值观是主要的。

家庭环境对学生学习主要是间接影响,也就是说,家庭环境主要通过精神氛围的熏陶与父母无言之教的感化,来影响子女的志趣、情感、认识与信念等非智力因素,从而间接地影响子女的智力发展与学业成绩的提高。[①] 如果从直接传授知识和发展智力的角度讲,那么,学校比家庭更有优势。当前,有相当一部分家长,并没有正确认识家庭教育的这一功能,片面追求孩子的智力发展与学习成绩,把家庭变成"第二学校",不仅影响了自己的工作,而且加重了孩子不必要的学习负担,影响了孩子的学习和健康成长,这是十分可怕的。

相关研究表明,与影响学生数学学习的其他家庭因素相比,家长的职业文化素质、家长的教养方式,与学生的学习成绩相关度更大。

(一)家长职业、文化因素与学生学习成绩间的相互关系

原上海市教科所(现为上海市教科院普教所)1991年《初中困难学生教育的研究》课题组的研究证实,父母的职业与文化程度,在学习成绩好、中、差三组学生间差异均达到显著的水平。[②]

从被调查者家长的职业与文化程度情况可知:成绩排在前50名的学生家长文化程度明显比后50名学生的家长文化程度要高。

(1) 学历为小学、初中的家长,前50名仅占16%(父)、30%(母),而后50名却占了82%(父)、94%(母);学历为大专以上的,前50名占了38%(父)、28%(母),而后50名只占了6%(父)、2%(母)。由此可见,家长的文化程度与学生的学习成绩具有显著的影响。其中,母亲的学历对学生学习成绩的影响要比父亲大一些。

(2) 职业为工人、职员的家长,前50名只占了12%(父)、42%(母),而后50名占了64%(父)、84%(母);职业为专业技术、科室干部的家长,前50名占了84%(父)、58%(母),而后50名却仅占了6%(父)、0%(母)。同样可知,家长的职业对学生的学习成绩也存在着一定的影响。

以上情况可以充分说明,家长的职业与文化程度的高低,对学生的学习成绩有

[①] 董泽芳.家庭环境对学业成功的影响:对1991中国数学奥林匹克竞赛选手家庭环境的调查与分析[J].教育研究与实验,1991(2):15—19.

[②] 胡兴宏.关于"分层递进教学"的设想[J].上海教育科研,1992(6):1—6.

着一定的影响。徐继梅等人的研究[①]表明,父亲职业、母亲职业与学生的数学学习成绩正相关,相关系数分别为 0.033、0.001。

由于父母职业、文化以及社会经济地位的不同,对子女的教育期望、教养方式、家庭文化氛围、家庭成员间的相互关系会有较大差别。而大多数学生学习的动力主要来源于家长的影响。尤其是幼儿的早期经验对其日后的认知发展具有不可低估的重大影响。

事实上,家庭是孩子的第一学校,孩子最先接触的环境就是家庭。儿童的认知发展更多地依赖周围的人们的帮助,儿童的知识、思想、态度、价值观都是在与他人的交往中发展起来的。家长的职业与文化因素往往决定着家长对待儿童学习的态度,也决定着家长为儿童的学习创设的外在环境和氛围。在相同的先天条件下,家长的职业与文化程度越高,儿童的学习成绩一般会成正相关。

(二) 家庭环境、家庭教养方式与学生学习成绩间的相互关系

家庭是个人出生成长的地方,也是开始学习与社会化的第一个场域。研究表明,家庭环境因素与子女的学业成绩有很强的相关性。张翔、陈言贵、赵必华[②](2012)采用自编的家庭环境调查问卷,对安徽省凤阳县 1295 名九年级学生家庭环境状况与中考成绩进行调查,以考察家庭环境因素与学业成绩之间的关系。结果发现:家庭环境因素中家庭教育背景、家庭结构、家庭学习资源对学业成绩显著正相关;家庭教育态度中其父母参与度、支持度、亲子互动对学业成绩显著正相关,监管度对学业成绩显著负相关。家庭经济水平、家庭教育背景、家庭职业背景、家庭结构均可透过家庭学习资源间接影响学业成绩;而家庭经济水平、家庭教育背景、家庭结构又可透过家庭教育态度间接影响学业成绩,家庭学习资源和家庭教育态度是影响学业成绩的重要因素。

李燕芬、李廷杰、邹宇华、梁桂玲[③](2005)应用《艾森克个性问卷儿童修订版(EPQ 儿童版)》及《家庭教育方式量表(EMBU)》对 424 名小学生进行问卷调查。结果表明,父母教育方式与小学生学习成绩关系密切,子女学习成绩与父母采取情感温暖、理解的方式呈正相关,与父母严厉、惩罚、拒绝、否认、过分干涉呈负相关。父母教育方式和学生自身个性对学习成绩有一定影响。父母应采取情感温暖、理解、民主的教育方式,培养子女形成良好个性,从而促进子女成绩的提高。

---

① 徐继梅,姚立旗,徐继艳.小学生行为及家庭环境因素与学习成绩的相关性[J].中国行为医学科学,2006,Vol.15(07):658.

② 张翔,陈言贵,赵必华.家庭环境对学业成绩的影响研究[J].宁波大学学报(教育科学版),2012,34(04):76—80.

③ 李燕芬,李廷杰,邹宇华,梁桂玲.父母教育方式与个性对小学生学习成绩影响研究[J].中国学校卫生,2005(03):201—202.

雷晓梅、宁宁、刘利、陈丽[①]2016年采用随机整群抽样方法对陕西省关中地区两个贫困县的4所小学4～6年级学生共841人进行问卷调查，采用自制一般情况问卷获悉学生的基本情况和考试分，采用家庭教养方式问卷对学生的教养方式进行评估，并对教养方式与小学生学业成绩进行相关性分析。结果表明，家庭环境和教养方式对小学生的学业成绩有一定影响。父母应为儿童创造良好的成长环境，采用积极的教养方式，提高其非智力能力，以提升小学生的学业成绩。

通过学习成绩的比较研究及家长座谈会中获取的有关信息，欣舞[②]（2006）认为，家庭教养方式与学生学习成绩关系密切：

1. 期望是家长对学生取得好的学习成绩的一种预期的期待、愿望

家长若能恰如其分地表达自己对孩子的期望，就有可能给他们的学习带来动力，对他们的学习起推动和促进作用。有关研究表明，优秀学生家长对自己孩子的学习期望要明显高于学习困难学生的家长。这两类学生家长的期望存在着显著差异。而家长的这种期望效应，在学生的身上也体现出来，因而，两类学生认为家长对自己学习成绩的期望也存在着显著差异。其中，学习成绩优秀的学生认为家长对自己学习成绩期望非常高的人数最多，占96%，而学习困难的学生仅占30%。

2. 学习困难学生的家庭成员之间的沟通交流比较少

学习优秀学生与学习困难学生中，家庭成员之间的交流也存在显著差异，这里的交流是指家庭中两代人能够经常性地讲述自己的现状并能尊重他人的建议与意见。在两类学生中，愿意把心事告诉父母的学习优秀学生占78%，学困生仅占22%。而经常把心事告诉孩子的两类学生家长尽管差异不显著，但是在数量上也有一些差异，愿意把自己的心事告诉孩子的学习优秀学生家长占46%，而学习困难学生家长仅占20%。可以看出，学习困难学生的孩子家庭成员之间的交流明显要少于学习成绩优秀的孩子。

3. 学习困难学生的家庭人际关系欠和谐

从所调查的两类学生来看，学习成绩优秀学生的家庭和睦程度优于学习困难的学生。认为自己家庭成员之间非常友爱的学习成绩优秀学生占88%，学习困难学生占46%，二者有一定差异。可以看出学习困难学生的家庭人际环境较学习成绩优秀学生差。

在对待孩子的教育一致性问题上，两类学生家长具有较显著差异。学习成绩

---

① 雷晓梅,宁宁,刘利,陈丽.家庭环境和教养方式对小学生学业成绩的影响研究[J].中国儿童保健杂志,2019,27(09):962—966.

② 欣舞.家庭环境对学生学习成绩的影响和分析[EB/OL].中国家庭教育网（www.jiaj.org）.(2006-05-05).[2009-03-18]

优秀学生的家长认为夫妻之间在孩子问题上存在矛盾的占 24%,学习困难学生的家长认为存在矛盾的占 52%。也就是说,在教育观点和教育方式上存在分歧的,学习困难学生的父母人数更多一些。

4. 在对孩子的教育方式上的差异性

学习成绩优秀学生的家长更倾向于对孩子进行表扬和鼓励,而学习困难学生的家长在这一方面相比来说做得不够。认为父母对自己经常进行表扬的学习成绩优秀学生占 76%,学习困难的学生占 12%。

当学生考试成绩不理想时,学习成绩优秀学生家长安慰鼓励的占 74%,而学习困难学生的家长仅占 10%,两类学生家长的态度呈显著差异。

学习困难学生的家长对孩子比较溺爱。不管孩子提什么样的要求,都尽量满足的学习困难学生的家长占 72%,而学习成绩优秀学生的家长则占 46%。

任何人都有自己的优点和缺点,作为家长不仅要看到孩子身上的缺点,而且要看到孩子身上的优点,并且要学会欣赏这些优点,不断鼓励孩子,增强孩子的自信心。但是调查数据显示,学习困难学生的家长经常为自己的孩子感到自豪的仅占 28%,而学习成绩优秀学生的家长则占 78%,两类学生家长在这一问题上呈显著差异。

我们认为,在当前的中小学教育评价体系下,对学习成绩的期望很高而使学习成绩优异的学生,家长能够有更多鼓励、欣赏孩子的行为,而学习困难学生的家长则更多的是埋怨、忧虑。在学习过程中,学生都希望得到鼓励与欣赏,而学习困难学生在家庭教育中却难以获得满足感。

二、家庭因素对学生数学学习的影响分析

(一) 家庭关系对学生数学学习情感、态度的影响

家庭关系是家庭成员之间在共同生活中形成的人际互动或联系,是家庭的本质要素在家庭人际交往中的具体表现形式,是家庭成员之间社会关系的总和。当前,中国的家庭关系主要是夫妻关系和亲子关系,等等。

夫妻间的人际关系以及他们之间的合作水平在很大程度上决定了家庭的基础特征,特别是对孩子的个性会产生多方面影响,家庭毕竟是孩子最为接近的社会环境,这种环境影响着孩子的素质和他们的性格特征。

亲子关系是家庭关系中最为稳固的关系,它一旦产生就具有稳定性。如果父母与子女之间不能相互理解与正确相处,那么往往会带来严重的后果。家庭是学会人际交往技巧的第一社会群体。

在数学学习中,要求孩子学会合作交流,有沟通反思的能力,而这些能力的养成与家庭有着密切关联。另外,亲密的亲子关系有助于养成孩子坚强的毅力、较强的独

立性、积极的进取心和广博的同情心,而这些心理品质对数学学习有重要影响。

(二) 父母的价值观对学生数学观的影响

家庭是一个系统,而系统之下有很多的次系统和次次系统,每个次系统之间相互联系,相互影响,家庭内每个成员都会不同程度的受其他家庭成员的影响。在传递价值观方面,父母的角色极为重要。家长是孩子成长发展中的楷模,家长的价值观将影响到孩子的数学观。如果家长受功利主义的影响,过于重视升学、分数、名次的话,那么,孩子不可能不受其影响。因为家长对孩子的强化常以功利性目标的达成为标准。

(三) 家庭的教养方式对学生数学学习方式的影响

从我国当前的现实情况看,家长过分溺爱与严厉粗暴是两种典型的教养方式。过分溺爱体现在父母对孩子的爱缺乏分寸,无条件地满足孩子的一切要求,这样孩子会形成压抑、意志薄弱、胆怯、迟疑、情绪稳定性差等特点,还会形成自制力差、感情脆弱、不合群、动手能力差的弱点或恶习。而这些性格特征对数学学习最为不利,学好数学毕竟需要学生具有坚强的意志力、敢于想象、敢于挑战困难、动手能力强。另一方面,严厉粗暴也不利于培养学生良好的数学品格。

(四) 家庭成员的知识水平对学生数学学习的影响

国外相关研究[1]表明,家长的素质与学生的行为发展有关。国内已有研究表明:家长的知识水平对学生的学习影响很大。一个懂得教育基本规律的家长,往往会根据心理规律、教育规律和学生的年龄特点而采取比较适当的教育方式和教育行为。例如,在学龄前主要培养孩子的形象思维、直观感觉,应给孩子一些实物的玩具;在12岁以前要发展学生的空间观念,同时发展初步的逻辑思维。给学生以各方面的指导,培养学生对数学学习的兴趣。

(五) 学生家庭背景对于学习成绩具有重要的作用

周海庭、郑晓明、蒲德钦 2002 年的研究[2]表明:在影响中学生数学成绩的因素中,家庭背景是贡献最大的因素之一,顺序依次为态度、家庭背景、IQ(情商)和 EQ(智商)。家庭里兄弟姐妹人数与学习成绩往往有着一定的关联:20 世纪 80 年代的一项调查表明,根据学生对"你有多少个兄弟姐妹?"的回答的统计数据,被试中,13%的独生子女的数学成绩最高,数学平均正确率达到 85%。独生子女数学平均成绩比非独生子女高 5%~6%,差异十分明显。总的趋势是,兄弟姐妹愈多,数学

---

[1] A. I. Borge. Developmental pathways of behavior problem in the young child: factors associated with continuity and change. Scandinavian Journal of Psychol. ,1996,37(2):195—204.

[2] 周海庭,郑晓明,蒲德钦.影响中学生数学成绩因素的通径分析[J].数理统计与管理,2002(06):15—20.

的学习成绩愈低。其实,相对于 80 年代的中国现状而言,家庭中过多的子女,往往分散家长的关注和对学生学习的经济支持。当然,家庭中的兄辈的榜样作用,对于学生的学习成绩往往有着正面的引导作用。

调查[①]表明:家庭环境是影响民族地区学生数学成绩的一个重要因素,父母的受教育程度、家庭教育资源、家庭学习环境均对数学成绩产生影响。应从调整父母观念和态度、提供充足的学习资源等方面提高学生的数学成绩。

家庭藏书数量与学生数学和科学学习成绩也有着密切关系。调查显示,根据学生对"你家里有多少本书?"的回答的统计数据,家里有 25 本以上书的学生比少于 25 本的数学平均正确率高 5.2%。总的趋势是,家庭藏书少的学生,数学平均成绩比较低;家庭藏书多的学生,数学平均成绩比较高。家庭藏书多,反映学生家长具有较高的教育水平和爱好看书的习惯,这无疑会给学生以潜移默化的影响。同时,家里书多也为学生课外阅读创造了良好的条件,有利于培养学生爱好读书的习惯。因此,要使学生学习成绩良好,家长的榜样作用以及为学生创造有利于学生在家学习的外在条件,是很重要的。

(六) 父母过高期望的负效应

许多调查显示,当前的父母普遍对子女的期望很高。这种期望包括学业成就、学习能力、学习态度等。内容十分丰富,充满浓厚感情色彩。父母适度的期望容易激发学生学习的积极性和自觉性,但期望过高而不符合实际情况,往往会使子女产生自卑心理、意志消沉,反而激不起学生学习数学的兴趣。当子女在学习中遇到困难时,家长不鼓励其产生克服困难的勇气和毅力,反而加以讽刺、挖苦,常常使学生丧失继续学习数学的信心。

第三节 学校环境对数学学习的影响

学生学习数学是在学校这个特定的环境里进行的,他们不仅接受学校的教育,而且还在无形之中受到校风、班风、学风等因素的陶冶和影响。适当的学校环境、氛围,对学生数学学习也会产生重要影响。

一、学校环境的内涵

学校环境是指一所学校内部的具体环境,一般包括校园文化环境、学校教育环境、校园群体环境等。

---

① 钟志勇,王凯.家庭环境对民族地区初中生数学学业成绩影响探析——基于内蒙古地区 13 所初中学校调查的实证研究[J].民族教育研究,2014,25(06):81—85.

优越的学校环境往往会促使学生数学学习获得成功,而较差的学校环境常常使学生的数学学习受到制约、压抑,甚至诱发失败。

二、学校环境对学生数学学习的影响

(一) 教学条件对学生数学学习的影响

学校教学条件是影响学生学习成绩的重要因素。数学教材是学生进行数学学习的主要依据和参考,数学课外读物是学有余力的学生课外拓展的重要资源。良好的硬件条件和软件环境是促进学校中数学学习的必要前提。

基于已有的调查统计数据,有关学者得到七个与学生数学成绩有密切关系的学校因素:

(1) 学生数多于 1000 人的学校比少于 1000 人的学校,数学成绩似乎更好一些。

(2) 每班学生数多于 26 人的学校比少于 26 人的学校,数学成绩似乎更好一些。

(3) 有图书馆的学校比没有图书馆的学校,数学成绩似乎更好一些。

(4) 图书馆藏书超过 1500 本的学校比少于 1500 本的学校,数学成绩似乎更好一些。

(5) 有分科实验室的学校(约占 55%)比没有分科实验室的学校,数学成绩似乎更好一些。

(6) 由专职数学教师教数学的学校,比同时教几门课的教师教数学的学校,数学成绩似乎更好一些。

(7) 数学教师学过大学课程的人数多于一半的学校比少于一半的学校,数学成绩较好。

上述几组数据只是一种推断,未必确切反映实际,但是,也在一定程度上反映了学校条件、环境对作为群体学生的数学学习成绩(即学生数学学习的平均成绩),会产生直接影响。

(二) 校外活动对学生数学学习的影响

校外活动影响学生学习成绩重要的因素,是课外作业和看电视、手机等电子产品的时间的长短。

1. 数学课外作业时间对数学成绩的影响

我国中小学生负担重是一个老问题。教育部基础教育司 1997 年 12 月针对九年义务教育实施状况的调查数据显示,初中一、二年级学生平均每天要用 1.5 小时做课外练习,其中有 44% 的学生每天课外作业 2 小时以上,有 37% 的学生每周数学课外作业 4 小时以上。与别的国家相比,我国初中生、小学生的课外作业的负担是比较重的。

上海市学生参加国际学生评估项目(PISA),在阅读、数学、科学三个方面测评成绩位列全球第一,数学、科学素养成绩遥遥领先。[①] 但是,PISA2009 调查[②]显示,上海市学生每周上课时间总量为 34.8 小时;PISA2012 的问卷调查[③]说明,上海市学校的授课时间与其他国家或地区大致相当,学生的课业负担主要集中于课后作业部分,上海市 15 岁学生每周平均作业时间为 13.8 小时[而经济合作与发展组织(OECD)公布的平均水平为 4.9 小时/周]。

数学成绩好坏同课外作业时间长短、作业量的大小直接相关。我们对学生学习新概念、新公式法则之后的习题量与数学学习效果的调查研究表明,并非巩固性的习题量越多,学习效果就越好,而是有"高原期",最佳的习题量为 6 道左右。数学课内外作业多、量大,是我国学生数学学业负担比其他国家和地区高的一个主要原因。

2. 学生看电视、手机等电子产品的时间对数学成绩的影响

在世界范围内,特别是工业发达国家或地区,由于电视、手机等逐渐普及,人们对于学生看电视、手机等时间过长引起学生成绩下降的情况,普遍关注。总体来说,学生看电视、手机等时间愈长,数学测试成绩愈低,其中以我国台湾地区最为明显。

有关学者的一个调查结果显示:我国台湾地区学生每天看电视时间 0～1 小时的学生数学平均成绩为 82 分;每天看电视时间 2～4 小时的学生数学平均成绩为 70 分;每天看电视时间 5 小时以上的学生,数学平均成绩为 50 分;每天看电视时间 0～1 小时的学生与每天看电视时间 3 小时以上的相比,数学平均成绩高出 30%。

进一步的研究表明,当前多数学生所看的电视、手机等的内容缺乏知识性和教育性,是造成上述结果的主要原因。

如何加强电视、手机等内容的知识性和教育性,使电视、手机等电子产品以及"互联网+",成为中小学教育的有力工具,是当前应当关注的一个重要课题。

(三)教师对学生数学学习的影响

数学教师的教学是学生学好数学的前提。教师的期望可以增强学生学好数学的信心;恰当的问题情境的创设,可以激发学生学习的积极性。数学教师的正确评价,可使学生获得"成就感",教师适当组织学习竞赛,可以激发学生的求知欲。数学人才需要数学教师去发现、扶植和培养,像"伯乐"那样发现和培养数学人才的数

[①] 杨文杰,范国睿.基于"国际学生评估项目"成绩的学生发展审视[J].教育研究,2020,41(06):92—105.
[②] OECD. PISA 2009 Results: Executive Summary[R]. Paris: OECD Publishing,2010.
[③] OECD. PISA 2012 Results: What Students Know and CanDo—Student Performance in Mathematics,Reading and Science(Volume I)[R]. Paris: OECD Publishing,2014.

学教师,备受人们的期待和爱戴。

仔细分析一些数学家的传记、回忆录或访谈录,我们不难发现,大多数数学家中小学时期普遍具有如下特点:兴趣浓厚,成绩优良,数学学习中爱独立思考,解决问题常常打破常规,方法新颖、具有独创性,具有丰富的想象力和很强的思维能力,对数学学习和解题表现出精益求精,不断向数学深处探索。

其实,在日常的数学教学中,出现上述表现(或者主要表现)的学生,应当引起数学教师的重视,不幸的是我们往往以学生的考试成绩作为成才的唯一标准。

事实上,数学教学的目的就是帮助学生参与数学讨论,能够用数学的眼光观察现实世界,最终教会学生通过数学学习充分发掘自己的潜能,学会用数学来谋生、用数学来提高生活质量。

1. 数学教师的教学是学生学好数学的前提

教师所持有的数学观念与在课堂教授数学的教学方式方法密切相关。教师传递给学生们的关于数学及其性质的细微信息,对学生今后认识数学及数学在他们的生活中的作用,都会产生一定影响。

学生学习数学,需要适宜的外部条件的诱发与指导才能顺利进行,如果没有适宜的外部条件,数学学习往往不能产生,即使产生了也往往不能持久。这个外部条件通常就是数学教师的教学。

学生喜欢数学的重要原因,往往是由于教师与数学教学内容之间形成了恰当氛围,而教师丰富的数学情感得以体现,而师生之间感情融洽,正是由于这两个情感场的交互作用,从而使学生被感染,被数学所吸引,产生数学学习兴趣和学习的快乐,最终获得好的学习成绩。

例如,挪威数学家阿贝尔(N. H. Abel,1802—1829)之所以能成为中学生数学家,成为"群论之父",很大程度上得益于他的数学教师霍姆伯(B. M. Holmbo,1795—1850)的循循善诱和因势利导。其实,教师适度的期望与适时的评价,对学生会产生很大影响。

大量教学实践的结果显示,教师(尤其是班主任)往往根据学生的性别、身体特征、在教师面前的表现、能力、家庭社会经济地位,以及家长本人的文化素质等信息,形成对某个学生的期望。教师对高期望的学生与低期望的学生,态度往往有较大差异,这种信息会通过各种传递方式被学生所接受,从而产生"罗森塔尔效应",进而拉大学生之间智力与非智力因素发展的差距。这就提醒我们,在教育过程中,对后进学生,教师更应该满腔热忱,采取积极鼓励的多种方式,这样才会使智力、非智力发展相对落后的学生,获得自信,产生努力学习、奋发进取的原动力。

2. 教师适度的期望可以增强学生学好数学的信心

事实上,一个人的自信心与他的成功是成正比的,成功越多,期望越高,自信心越强。反之,期望越低,自信心越弱。有关研究[①]表明,教师期望与数学学习中的习得性无助感呈显著负相关。

3. 恰当的问题情境可以激发学生数学学习的积极性

思维来自疑问,意向产生于恰当的问题情境。一个恰当而富有吸引力的问题,往往能拨动全班学生思维之弦,奏出一曲耐人寻味,甚至波澜壮阔的大合唱。首先,教师选题要新颖,贴近生活,具有感染力,让学生一下子被题目所吸引,欲解决而后快。其次,选题要在学生能力"相近领域内",既不能为了降低难度而满足量力性,又不能不顾及量力性而片面追求高难度,通过"跳一跳摘得到"的问题情境,达到学生"愤""悱"的最佳心理状态,强化学习意向,激发学习的积极性。

4. 数学教师的正确评价可使学生获得"成就感"

例如,某班级有60人,高一入学时A学生的总分排在班里第42名,数学成绩属于中下等。在一次数学课中,教师写了一道讨论题,让同学们发表自己的看法和见解。许多同学相继发言,教师都否定了他们的观点。这时,A站起来谈了自己的想法,受到教师的赞扬。A说:"那节课感觉好极了,其实我并不差,一定能成为最优秀的学生。"高二第一学期他一直追到全班第11名。

不仅日常的激励性评价可以使学生获得成就感,而且,教师适当地组织数学竞赛,往往可以激发学生的数学求知欲,进而改善学生的数学学习状况。当然,如果将数学竞赛与功利挂钩,那么,其后果往往适得其反。

(四) 同学之间的关系对数学学习的影响

在学校教育,特别是课堂教学条件下,同学之间的关系更多地表现为班级氛围、同学之间的人际关系,以及合作学习中的同伴关系等。

1. 班级气氛对个人数学学习的影响

所谓"班级氛围"是指班级中各种成员的共同心理特质或倾向。班级氛围凭借班级学生间的交互作用以及外在评价而产生。它形成后,会影响整个班级成员的集体行为。班级氛围实际上是一种社会压力,它不知不觉地在塑造着学生的态度与行为,也无形之中影响着学生们的学习成绩。有关调查发现,213名被试者所在的四个班级,在非智力因素方面存在一定差异。这种差异也影响了班级学生之间学习成绩的高低。对这些班级的个案调查表明,班级氛围对班与班之间的上述差异具有直接的影响。改善班级氛围状况,常常会促进学生个体乃至群体的智力、非智力因素整体发展。

"班级氛围"对学生智力与非智力因素发展都会产生一定影响,特别是暗示作用。勤奋、刻苦、严谨的气氛,会促使数学学习得到良好发展,团结、互助的学习气

---

① 皮磊,闫振荣. 教师期望对数学学习中习得性无助感的影响[J]. 数学教育学报,2010,19(01):44—47.

氛会促进数学学习的共同进步。

2. 同班同学之间人际关系对数学学习的影响

同班同学之间心理发展水平相近,学习基础类同,便于相互讨论、增进友谊,自然会增加学习乐趣,提高学习效率。为此,教师不仅应该成为学生学习的组织者,还要成为学生人际关系的协调者,避免学生产生嫉妒心理和自卑感。

在班级学习中,需要同学之间的互相帮助。通过同学间的合作,可以取长补短,同时可以发挥各自的特点,完成一个人无法完成的事。我们要看到班集体中具有很强的竞争力,大家要向高目标看齐,在竞争中不断提高。

竞争能激发人的自尊心,竞争能调动人的潜能,适度的竞争能使人的注意力集中、精力充沛,竞争有让学生充分发挥创造性思维与创造性想象的作用。[①]

3. 合作学习对学生数学学习的影响

合作学习是一种有效解决问题的方式,与伙伴们一起解决问题、进行学习有助于借鉴他人的思考方法、放开思路,严密而有创造性地解决问题。因此,良好的合作气氛也是一种积极的学习环境,有利于学生的数学学习。

合作学习是当前很受研究者重视的一种学习形式,它有各种不同的形式,但它们有一个共同之处:让学生在小组(group)或小团队(team)中展开学习,互相帮助,来学习某些学科性材料。在常规教学中,教师也经常把学生分成小组,让他们读课文或进行其他学习活动,这是否都算是合作学习呢?并不是这样,美国教育心理学家科恩(Cohen)1994年给出了一个更为明确的定义:学生在小组中展开学习活动,这种小组要足够小,以便让所有的人都能参与到明确的集体任务中,而且,学生们是在没有教师直接、即时的管理的情况下来进行学习的。这样看来,合作学习的含义很广,它包括了协作学习(collaborative learning)、小组学习(group learning)等各种形式,但它强调集体性任务,强调教师放权给学生小组,这便把传统教学中的一些学生小组活动排之于外了。合作学习的关键在于小组成员之间相互依赖、相互沟通、相互合作,共同负责,从而达到共同的目标。

合作学习有各种不同的形式。在分组方式上,有的采用同质分组的方法,更多的是采用异质分组,即把不同能力水平、不同种族、不同背景的学生分到一组中。在学习任务上,有的以常规的学习任务为主,让学生讨论由教师提供的信息,练习教师示范的技能,而有的则要求学生共同进行探索和发现活动。史雷文(Slavin)等1991年发展起来的学生团体学习(student team learning)就是以常规的学习任务为主的合作学习,它强调学生要"学",而不是去"做",它主张参照某种标准来评价各个小组,成功的都能获得奖励;每个小组成员都对小组的成绩有责任;按照个人

---

① 新头脑教育——学校教育环境对学习的影响[EB/OL]. www.newmindedu.com/2/way.htm 6K,(2006-01-02)[2009-03-18].

的相对进步情况来做评价,使不同水平的学生有平等的成功机会等。而莎伦等人(Sharan & Sharan)1976年所设计的小组探索(group investigation)更强调让学生小组对开放性的问题进行合作探索。

合作学习提出的理论背景之一是教育家们越来越认识到未来信息社会是建立在合作基础上的,而不仅仅是竞争。合作学习常被研究者看作是解决教育问题的一剂良药,从认知理论来看,合作学习可以促进学习者的意义建构,促进学生的高水平的思维和学习活动。而行为主义的观点则认为,对小组的成功给予奖励是与操作性条件反射中小组相依关系的概念相一致的。社会认知观则认为,学生看到同伴们的成功,会提高他们自身的自我效能感。合作学习还能使教学适应不同能力水平的学生,增强平等意识,促进相互理解,改善种族关系。同时,发展学生的合作意识和合作能力,等等。当然,学习效果是研究者们最为关心的问题。合作学习之所以能促进学生的意义建构活动,其原因不仅在于学习者之间交流、争议、意见综合等有助于学习者建构起新的、更深层次的理解,而且在于,在合作学习中,在学习者的交流过程中,他们的想法、解决问题的思路都被明确化和外显化了,学习者可以更好地对自己的理解和思维过程进行监控;同时,在学习者为解决某个问题而进行的交流中,他们要达成对问题的共同理解,建立更完整的表征,而这是解决问题的关键。

合作学习的开展需要一些条件,比如,学生要学会沟通、合作的技能,要学会处理分歧,分享学习成果,教师也要学会放权,学会协调和组织学生小组的讨论合作,等等。如何更有效地促进学习者的合作交流,这是当前颇受研究者重视的问题。

一个孩子在成长过程中,会受到各个方面的影响,有学校的、有社会的、有家庭的,等等。在一个孩子最终发展成为一个什么样的人的过程中,有两个因素具有重要的影响,一个是遗传性因素,比如性格、智商、身高就具有遗传性,另一个因素就是环境。环境因素对一个孩子的影响有时更重于遗传因素。好的教育环境和差的教育环境所造就的人会差别很大,而父母选择好的学校让孩子读书,其实就是在选择好的教育环境。

总之,教育是一项系统工程,只有将家庭教育、社会教育、学校教育整合在一起,才能更好地实现教育的宏观目标。数学学习也不例外,无不受制于家庭环境、社会环境和学校环境的影响,而学生数学学习的内在动机,是加速学生数学学习的原动力。

思 考 题

1. 影响学生数学学习的社会环境主要有哪些?

2. 家庭环境在学生的数学学习中有多大影响？父母合理的期待对学生的数学学习有直接的影响吗？

3. 学校环境在哪些具体层面上影响学生的数学学习？

拓展性问题

★ 数学教材因素对学生的数学学习会产生一定的影响,在"以本为本"的时代,其影响不言而喻,在"用教材教而不是教教材"的今天,这种影响究竟有多大？试设计一个调查方案或者一个实验方案,探寻其中的奥秘。

第十章　数学学习心理发展专题选讲

当前,与中小学数学课程、教学密切相关的数学学习心理研究比较活跃,尤其是结合数学课程标准的相关研究。

数学学习心理研究的有关成果是课程标准研制的重要基础之一,同时,课程标准的形成、修改完善也加速了这些领域的深化研究。而这些领域集中围绕在数学课程标准中如何理解和如何培养两个层面,对数感、符号意识、直观想象、数据分析、应用意识、数学抽象、推理能力、数学建模等八个重要内容,做了深入剖析,旨在促使这些原本处于"隐性"状态的数学对象,成为义务教育阶段培养学生初步的创新精神和实践能力的重要内容,成为数学课程的新主题。

第一节　数感及其培养

《义务教育数学课程标准(2011年版)》在总体目标中提出要使学生"经历数与代数的抽象、运算与建模等过程","建立数感、符号意识和空间观念,初步形成几何直观和运算能力,发展形象思维与抽象思维",并且在具体的课程内容标准中也阐述了培养学生数感的问题。

数感虽然不是一个新概念,但在数学教学大纲或课程标准中明确提出还是国内首次。因此,有必要对这个问题做一些具体分析。

一、如何理解数感

(一)对数感的认识

"数感"是我们既熟悉又陌生的一个概念。人们在学习和生活实践中,经常要与各种各样的数打交道。人们常常会有意识地将一些现象与数量建立起联系,如走进一个会场,出现在我们面前的是两个集合,一个是会场的座位,一个是出席的人。有人会自然地将这两个集合作一下估计,不用计数,就可以知道这两个集合是否相等、哪个集合大一些,这就是一种数感。

数感主要是指关于数与数量、数量关系、运算结果估计等方面的感悟。建立数感有助于学生理解现实生活中数的意义,理解或表述具体情境中的数量关系。①

在中小学数学课程教学中,发展学生的数感主要是指,使学生具有应用数字表示具体的数据和数量关系的能力;能够判定不同的算术运算,有能力进行计算,并具有选择适当的方法(心算、笔算、使用计算器)实施计算的经验;能依据数据进行推论,并对数据和推论的精确性和可靠性进行检验。

建立数感可以理解为会"数学地"思考,有助于学生理解现实生活中数的意义,理解或表述具体情境中的数量关系。这对每一个人都是重要的。我们没有必要让人人都成为数学家,但应当使每位公民都在一定程度上会数学地思考。美国学者格劳斯(D. A. Grouws)认为,学会数学地思考就是形成数学化和抽象化的数学观点,运用数学进行预测的能力,以及运用数学工具解决现实问题的能力。②

数感比较强的人,常常将有关问题与数联系起来,用数学的方式思考问题。如,"学校举行乒乓球比赛,有42个男生,32个女生参加。我们会想到,如果用单循环的方式组织比赛,需要比多少场,若用淘汰的方式比赛要比多少场?""在电视中看到一条新闻,世界乒乓球巡回赛有8名选手进入决赛,其中两名中国选手。在分组抽签时,恰好两个中国选手抽到一起。我们会想到,出现这种结果的可能性是多少?""当我们到朋友家做客时,可能会估计客厅的面积有多少平方米。"把这些问题与数联系起来,就是一种数感。

数感比较强的人,其眼中看到的世界,可能与其他人不同。如一位数学工作者看到有的超市会有一个标有"快速付款通道"的柜台,上面写着:您购买的商品在 x 件以下,请在此付款。这个 x 在不同的地方可能不同。有的店是6,有的店是8,有的店是2。他发现在不同的超市中这个数字是在2~15之间波动。有人会想到这个数应该是几?数感强的人遇到可能与数学有关的具体问题时,能自然地、有意识地与数学联系起来,或者试图进一步用数学的观点和方法来处理和解释问题。

可见,数感是一种主动地、自觉地或自动化地理解数和运用数与数量关系的态度与意识。其中,既有主体的人对数及数量关系的感觉、知觉,也包括人对感觉、知觉到的信息的加工和处理,既有"感"也有"悟"。数感是人的一种基本的数学素养。它是建立明确的数概念和有效地进行计算等数学活动的基础,是将数学与现实问题建立联系的桥梁。

---

① 中华人民共和国教育部.义务教育数学课程标准(2011年版)[S].北京:北京师范大学出版社,2000:5.

② Shoenfeld, A. H. (1992). Learning to think mathematically: Problem solving, metacognition and sence making in mathematics. In D. Grouws(Ed), Handbook of Research on Mathematics Teaching and Learning. New York:MacMillan. pp. 334—370

(二)理解数学课程标准中对数感的表述

《全日制义务教育数学课程标准(实验稿)》在关于学习内容的说明中,描述了数感的主要表现,即"理解数的意义;能用多种方法来表示数;能在具体的情境中把握数的相对大小关系;能用数来表达和交流信息;能为解决问题而选择适当的算法;能估计运算的结果,并对结果的合理性做出解释。"① 而《义务教育数学课程标准(2011年版)》将其概括为"关于数与数量、数量关系、运算结果估计等方面的感悟"。这是对数感的具体描述,是义务教育阶段培养学生数感的主要内容。

理解数的意义是数学教育的重要任务。在义务教育阶段,学生要学习整数、小数、分数、有理数等数概念。这些概念本身是抽象的,需要为学生提供充分的可感知的现实背景,才能使学生真正理解。学生能将这些数概念与它们所表示的实际含义建立起联系,了解数概念的实际含义,是理解数的标志,也是建立数感的具体表现。

> 例如,估计1 200张纸大约有多厚?1 200步大约有多长?一把黄豆大约有多少粒?10 000粒大米大约有多少?说出班级人数的四分之一是多少?从一张存折中可以看到哪些数,它们都表示什么含义?

用多种方法表达数,既是理解数概念的需要,也是学生了解数的发展过程。人们可以用不同的方式表示数,抽象的数字符号不是表示数的唯一方式。人类早期对数的认识是从实物、代替物、图像,逐渐发展为数字符号的,学生认识数也有一个由具体到抽象的过程。引导学生用不同的方式表示数,会使学生切实了解数的发展过程,增强学生的数感。如通过数学故事向学生介绍古代人们用"结绳记数"等方式表示数,用算筹进行计算等。

在具体情境中把握数的相对大小关系,不仅是理解数概念的需要,同时也会加深学生对数的实际意义的理解。如对于50、98、38、10、51这些数,能用大一些、小一些、大得多、小得多等语言描述它们之间的大小关系,并用">"或"<"符号表示它们的大小关系。分数和有理数的大小更是具有相对性,在具体的情境中,学生才会深入地理解它们。$\frac{1}{3}$这个数,对于不同的整体所代表的实际大小是不同的。一个苹果的$\frac{1}{3}$是$\frac{1}{3}$个苹果,一筐苹果的$\frac{1}{3}$可能是10个苹果。

让学生学会用数来表达和交流信息会使学生体会学习数学的价值,也是数感的具体表现。观察身边的事物,哪些是用数字描述的,哪些可以用数或数码来描

---

① 中华人民共和国教育部.全日制义务教育数学课程标准(实验稿)[S].北京:北京师范大学出版社,2001:7.

述。如说出你所在地区的邮政编码,为班级同学每人编一个号码,用数字描述一件身边的事。学会倾听,从别人对某些数量的描述中发现问题、思考问题也是一种交流。一位教师在上"大数目的认识"一课时,让学生回家数一数10 000粒大米是多少,学生用不同的方式"数"出一万粒大米。在课堂上交流的时候,有的学生说我是一粒一粒数的,有的学生说我是先数出100粒,再把100粒放在一个小盒子里,10个小盒就是1 000粒,10个1 000粒就是10 000粒。学生在交流中还讨论哪一种方法更好一些。学生在这个过程中具体体会大数目,也将自己的想法与别人进行交流,体会别人是怎样想的、怎样做的。

学生在解决问题的过程中选择适当的算法,估计运算结果以及对运算结果的合理性做出解释,也是形成数感的具体表现。学习数学的目的在于解决问题,运算是解决问题的工具,学生遇到具体问题时首先要想到用什么方法解决这个问题,选择什么算法解决,然后再算出具体的结果。同样一个问题可以用不同方法解决。同样一个算式,也可以有不同的计算方法。有些问题的解法是唯一的,有些问题可能会有多种不同解法。为学生适当提供一些开放式的问题,有助于这种意识和能力的培养。

> **例** 现有两个选择:一是给你5 000元钱;二是第一天给一分钱,以后每天都翻一番,一共持续20天。你会选择哪一种方式?为什么?第1天得1分;第2天得2分;第3天得4分;第4天得8分……第18天得262144分;第19天得524288分;第20天得1048576分。如果仅仅从第1~18天看,结果变化甚微,但是,第19天已经变成5242.88元,而第20天竟然是10485.76元!指数增长的速度是惊人的!

二、注重培养学生的数感

(一)认识数感在数学教育中的作用

数学课程标准将培养学生的数感作为一个重要目标,在不同学段中都有明确的要求,这是数学课程改革的需要,也符合义务教育阶段的培养目标。义务教育阶段的数学教育要面向全体学生,数学教育的目的在于提高学生的数学素养。数感的建立是提高学生数学素养的重要标志之一。义务教育阶段的数学教育要为每一位学生的发展着想,适应每一个人的需要。大多数学生将来未必都成为数学家或数学工作者,但每一位学生都应建立一定的数感,这对他们将来的生活和工作都是必需的。

中小学数学教育中培养学生数感的目的,就在于使学生学会用数与数量、数量关系等进行数学地思考,学会用代数学的方法理解和解释现实问题。作为公民素养之一的数学素养,不只是用计算能力的高低和解决书本问题能力的大小来衡量。学生学会数学地思考问题,用数学的方法理解和解释实际问题,能从现实的情境中看出数学问题,是数学素养的重要标志。一位初中毕业生,学习了那么多的数学知识,但不会估计一个学校操场大约有多大,不知道如何用最恰当的方式向别人说明自己所在的位置,不能在需要的时候用数学的方式解释某些现象。这不能说该学生的数学素养高,这样的数学教育只能是失败的。注重培养学生的数感,正是针对以往的数学教育过分强调单一的知识与技能训练,忽视数学与现实的联系,忽视数学的实际运用这种倾向提出来的。同时,数感的建立也是培养学生创新精神与实践能力的需要。学生有更多的机会接触和体验现实的问题,表达自己对问题的看法,用不同的方式思考和解决问题,这无疑会有助于学生创新精神和实践能力的培养。

数感的培养有助于学生数学地理解和解释现实问题。培养学生的数感,就是让学生更多地接触和理解现实问题,有意识地将现实问题与数量关系建立起联系。例如,一个学校有500人,如果所有的学生都在学校用午饭,每次都用一次性筷子,估计一下一年要用多少双这样的筷子?制作这些筷子大约需要多少棵普通的树?对这个问题的理解也是一个"数学化"的过程,学生在这个过程中逐步学习数学地理解和认识事物。

数感的培养有利于学生提出问题和解决问题能力的提高。解决问题能力的培养重要的是在具体的问题情境中让学生去探索、去发现,解决一个问题可能需要一种以上策略,不只是简单套用公式解固定的模式化的问题。要使学生学会从现实情境中提出问题,从一个复杂的情境中提出问题,找出数学模型,就需要具备一定的数感。学会将一个生活中的问题转化成一个数学问题,这种思维的方式,与一般的解决书本上现成问题的思维方式有着明显的差异。学生要在遇到具体问题时,自觉主动地与一定的数学知识和技能建立起联系,这样才有可能建构与具体事物相联系的数学模型。具备一定的数感是完成这类任务的重要条件。如怎样为参加学校运动会的全体运动员编号?这是一个实际问题,没有固定的解法,你可以用不同的方式编。而不同的编排方案可能在实用性和便捷性上是不同的。如何编排才能从号码上就可以分辨出年级和班级,区分出男生和女生,或很快知道这名动员是参加哪类项目等。

(二) 在数学教学中加强数感的培养

学生数感的建立不是一蹴而就的,是在学习过程中逐步体验和建立起来的。教学过程中应当结合有关内容,加强对学生数感的培养,把数感的培养体现在数学教学过程之中。

1. 在数概念的教学中,重视数感的培养

数概念的切实体验和理解与数感密切相关,数概念本身是抽象的,数概念的建立不是一次完成的,学生理解和掌握数概念要经历一个过程。让学生在认识数的过程中,更多地接触和经历有关的情境和实例,在现实背景下感受和体验,会使学生更具体更深刻地把握数概念,建立数感。

《义务教育数学课程标准(2011年版)》第一学段强调,"要引导学生联系自己身边具体、有趣的事物,通过观察、操作、解决问题等丰富的活动,感受数的意义,体会数用来表示和交流的作用,初步建立数感"。在认识数的过程中,让学生说一说自己身边的数,生活中用到的数,如何用数表示周围的事物等,会使学生感到数学就在自己身边,运用数可以简单明了地表示许多现象。说一说自己的学号,自己家所在的街道号码,住宅的门牌(或单元)号码,汽车和自行车牌的号码,估计一页书有多少字,一本故事书有多少字,一把黄豆有多少粒等。对这些具体数量的感知与体验,是学生建立数感的基础,这对学生理解数的意义会有很大的帮助。

《义务教育数学课程标准(2011年版)》中在不同学段都对学生数概念的建立提出了具体的目标,如"结合现实素材感受大数的意义,并能进行估计"(第一、二学段),"在熟悉的生活情境中,了解负数的意义,会用负数表示一些日常生活中的问题"(第二学段),"理解有理数的意义和运算","能对含有较大数字的信息做出合理的解释和推断"(第三学段)。有效地组织这些内容的教学,是学生建立数感的基础。如认识大数目时,引导学生观察、体会大数的情境,了解大数在现实生活中的应用,有助于学生体会数的意义,建立数感。国庆游行时的一个方队的人数,体育场一侧的看台上能坐多少人?学校操场能容纳多少人?一万粒大米大约有多重?通过这样一些具体的情境,会使学生切实感受到大数。在学生头脑中一旦形成对大数的理解,就会有意识地运用它们理解和认识有关的问题,逐步强化数感。

在第三学段,随着学生年龄的增长,数的认识领域的扩大,可以逐步呈现较复杂的情境,让学生做解释和判断。如对存款利率、国民生产总值、生产成本与价格等问题的探索和研究。

2. 在数的运算中加强数感的培养

在"数与代数"领域,对运算方法的判断,运算结果的估计,都与学生的数感有密切的联系。《义务教育数学课程标准(2011年版)》中提出,"应重视口算,加强估算,提倡算法多样化;应减少单纯的技能性训练,避免繁杂计算和程式化地叙述算理""避免将运算与应用割裂开来"(第一、二学段)。"使学生经历从实际问题中建立数学模型、估计、求解、验证解的正确性与合理性的过程""能用有理数估计一个无理数的大致范围,了解近似数与有效数字的概念"(第三学段)等目标和要求。这些都是培养学生数感的需要。

结合具体的问题,选择恰当的算法,会增强对运算实际意义的理解,培养学生的数感。学习运算是为了解决问题,不是单纯地为了计算而计算,为了解题而解题。以往的数学教学过多地强调学生运算技能的训练,简单地重复练习没有意义的题目,学生不仅感到枯燥无味,而且不了解为什么要计算,为什么一定要用固定的方法计算。一个问题可以通过不同的方法找到答案,一个算式也可以用不同方式确定结果。用什么方式更合适,得到的结果是否合理,与问题的实际背景有直接关系。例如,21 个人要过河,每条船最多可乘坐 5 人,至少需要几条船?怎样乘船合理?这个问题就不是简单地计算 21÷5 就可以解决的。没有实际背景的情况下,学生只是简单计算 21÷5=4……1,而在这个实际问题中,学生就会体会,得到的商 4 和余下的 1 是什么意思,4 表示 4 条船,1 表示如果 4 条船上都坐满 5 个人,还剩下 1 个人也需要一条船,因此,必须用 5 条船。而对这个实际问题来讲,这只是一种解决方法。还可以 3 条船上乘 5 个人,另外两条船上乘 3 个人。一条船上乘 5 个人,4 条船上各乘 4 个人等。通过计算可以解决这个问题,但并不是只有一种方法找到答案,也不是只有一个唯一的答案。学生在探索实际问题的过程中,会切实了解计算的意义和如何运用计算的结果。

随着学生的年龄增长和知识经验的丰富,引导学生探索数、形及实际问题中蕴涵的关系和规律,初步掌握一些有效地表示、处理和交流数量关系以及变化规律的工具,会进一步增强学生的数感。把数感的建立与数量关系的理解与运用结合进来,与符号感的建立和初步的数学模型建立结合起来,将有助于学生整体的数学素养的提高。

培养学生数感应当成为中小学数学教育的重要目标之一,《义务教育数学课程标准(2011 年版)》明确界定了这方面的目标与要求,在实际教学中需要结合具体的教学内容有意识地设计具体目标,提供有助于培养学生数感的情境,有利于发展学生数感的评价方式,以促进学生数感的建立和数学素养的提高。

第二节 符号意识及其培养

一、如何理解符号意识

符号是数学的语言,是人们进行表示、计算、推理、交流和解决问题的工具。学校教学的目的之一是要使学生懂得符号的意义、会运用符号解决实际问题和数学本身的问题,发展学生的符号意识。

《义务教育数学课程标准(2011 年版)》强调发展学生的符号意识,实验稿将其界定为"符号感",并界定为"符号感主要是指从具体情境中抽象出数量关系和变化规律,并用符号来表示;理解符号所代表的数量关系和变化规律;会进行符号间的转换;能选择适当的程序和方法解决用符号所表示的问题"。2011 年版将其修正为"符号意识",并指出:"符号意识主要是指能够理解并且运用符号表示数、数量关系和变化规律;知道使用符号可以进行运算和推理,得到的结论具有一般性。建立符号意识有助于学生理解符号的使用是数学表达和进行数学思考的重要形式"。

(一) 能够理解并且运用符号表示数、数量关系和变化关系

引进字母,是用符号表示数量关系和变化规律的基础。荷兰著名数学家、数学教育家弗莱登塔尔(H. Freudenthal,1905—1990)指出:"代数开始的典型特征是文字演算""字母作为数学符号有两种作用。首先,字母可作为专用名词,如 π 是一个完全确定的数,或用 A 表示两直线的交点。显然特定集合需要使用标准的专用名词,如 Z, N。其次,字母可作为不确定的名词,就像日常生活中的'人',可以表示所有的人"。

用符号来表示具体情境中的数量关系,也像普通语言一样,首先需要引进基本的字母,在数学语言中,像数字以及表示数的字母,点的字母,$+$,$-$,$\div$、$\sqrt{}$ 等表示运算的符号,$=$、$<$,$>$,$\approx$,$\neq$ 等表示关系的符号,是用数学语言刻画各种现实问题的基础。

从义务教育第二学段开始接触用字母表示数,是学习数学符号的重要一步。

从研究一个个特定的数到用字母表示一般的数,是学生认识上的一个飞跃,初学时学生往往会感到困难,或者是形式主义地死记硬背,而不理解其意义。要尽可能从实际问题中引入,使学生感受到字母表示数的意义。

(1) 用字母表示运算法则、运算律以及计算公式。这种一般化是基于算法的、常常开始于小学中对数字的四则运算。算法的一般化、深化和发展了对数的知识。

如加法交换律:$a+b=b+a$;乘法结合律:$(ab)c=a(bc)$;两数和的平方公式:$(a+b)^2=a^2+2ab+b^2$ 等。在这里,字母 a, b, c 表示任意的实数。

代数中用字母表示数,把人们关于数的知识上升到更一般化的水平,使得算术中关于数的理论有了一般化、普遍化的意义,是从算术的实际向代数的抽象的一个飞跃。用符号表示数也是学生学习一般化、形式化地认识和表示研究对象的开始。

(2) 用字母可以表示现实世界和各门学科中的各种数量关系,例如,每千克白糖的价格为 a 元,b 千克的白糖的价格是 ab 元;匀速运动中的速度 v、时间 t 和路程 s 的关系:$s=vt$;三角形的面积公式 $S=\frac{1}{2}ah$ 等。

(3) 用字母表示数,便于从具体情境中抽象出数量关系和变化规律,并确切地表示出来,从而进一步用数学知识去解决问题。

例如,我们用字母表示实际问题中的未知量,利用问题中的数量相等关系列出方程;我们用字母(例如 x, y)表示某一变化过程中相关的两个变量,利用问题条件

给出变量间的相互关系,列出函数表达式,等等。

能从具体情境中抽象出数量关系和变化规律,并用符号来表示,其含义主要包括三点:

① 这种表示常常开始于探索、发现规律和进行归纳推理,然后用代数式一般化地将它们表示出来。

例如,搭一个正方形需要4根火柴棒。

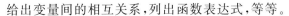

图 10-1

按照图 10-1 中的方式,搭两个正方形需要几根火柴棒?搭三个正方形需要几根火柴棒呢?搭 10 个这样的正方形需要多少根火柴棒?搭 100 个这样的正方形需要多少根火柴棒?你是怎样得到的?如果用火柴棒表示所搭正方形的个数,那么,搭这样的正方形需要多少根火柴棒?与同伴进行交流。

在搭 2 个、3 个甚至 10 个正方形时,学生们可能会具体数一数火柴棒的根数,但当搭 100 个时,学生们就需要探索正方形的个数与火柴棒的根数之间的关系,发现火柴棒数的变化规律。规律是一般性的,需要用字母进行表示。

根据不同的算法,学生可能得到下列四种形式不同的表达式:
$4+3(x-1)$, $x+x+(x+1)$, $1+3x$, $4x-(x-1)$。

② 用字母表示的关系或规律通常被用于计算(或预测)某一未在数据中直接给出的、或不易直观得到的值,如上述问题中,当 $x=100$ 时,$1+3x=1+3\times100=301$。

③ 用字母表示的关系或规律通常也可用于判断或证明某一个结论。

下面的月历,你知道灰色方框中 9 个数的和是多少吗?你能推断出一个计算任意这样方框中 9 个数的和的一般方法吗?

图 10-2

灰色方框中9个数的和是135,如果我们用 a 表示方框中间的数,那么方框中的数可以表示为如图10-3所示:

$a-8$	$a-7$	$a-6$
$a-1$	a	$a+1$
$a+6$	$a+7$	$a+8$

图 10-3

很显然,这9个数的和等于 $9a$。因此,我们判断任意一个这样方框中的9个数的和都是中间数的9倍。

用代数式表示是由特殊到一般的过程,而由代数式求值和利用数学公式求值是从一般到特殊的过程,可以进一步帮助学生体会字母表示的意义。

在用字母表示的过程中,学生往往会感到一些困惑,如弗莱登塔尔指出的,"如果字母作为一个数的不确定名词,那又为什么要用这么多 $a,b,c,\cdots$ 其实,这就像我们讲到这个人和那个人一样,学生不理解 a 怎么能等于 b,你可以告诉他'实际上, a 与 b 不一定相等,但也可能偶然相等,就像我想象中的人恰好与你想象中的人相同'。最本质的一点是要使学生知道字母表示某些东西,不同的字母或表达式可表示相同的东西。"①

能从具体情境中抽象出数量关系和变化规律,并用符号来表示,是将问题进行一般化的过程,一般化超越了具体实际问题的情景,深刻地揭示和指明存在于一类问题中的共性和普遍性,把认识和推理提到一个更高的水平。一般化和符号化对数学活动和数学思考是本质的,一般化是每一个人都要经历的过程。

(二)知道使用符号可以进行一般性的运算和推理

知道使用符号可以进行一般性的运算和推理,不仅需要理解符号所代表的数量关系和变化规律,而且,能选择适当的程序和方法解决用符号所表示的问题。

1. 理解符号所代表的数量关系和变化规律

(1) 使学生在现实情境中理解符号表示的意义和能解释代数式的意义。如代数式 $6p$ 可以表示什么?学生可以解释为:如果 p 表示正六边形的边长, $6p$ 可以表示正六边形的周长;如果 p 表示一本书的价格, $6p$ 可以表示6本书的价格; $6p$ 也可以表示一张光盘的价格是一本书的价格的6倍;如果1个长凳可以坐6个小朋友, $6p$ 表示 p 个长凳可以坐 $6p$ 个小朋友等。

(2) 用关系式、表格、图像表示变量之间的关系。如制成一个尽可能大的无盖

---

① 弗莱登塔尔. 作为教育任务的数学[M]. 陈昌平,唐瑞芬,等,编译. 上海:上海教育出版社,1995:230.

长方体的问题:

用一张正方形的纸,利用在它的四个角分别剪去一个小正方形的方法制成一个无盖长方体,怎样才能使制成的无盖长方体的容积尽可能大?

假设用边长为 20 cm 的正方形纸,剪去的小正方形的边长依次为 1,2,3,4,5,6,7,8,9,10 时,折成的无盖长方体的容积将如何变化?

(Ⅰ) 用表 10-1 表示:

表 10-1　剪去的小正方形的边长及其对应的无盖长方体的容积

小正方形的边长	1	2	3	4	5	6	7	8	9	10
无盖长方体的容积	324	512	588	576	500	384	252	128	30	0

通过表格,我们看到当小正方形的边长为 3 时,无盖长方体的容积最大。

我们把表格在小正方形的边长取 2.5 到 3.5 之间进行细化,见表 10-2 所示。

表 10-2　细化之后的对应关系

小正方形的边长	2.5	3	3.5
无盖长方体的容积	562.5	588	591.5

这时得到当小正方形的边长为 3.5 时,无盖长方体的容积最大。

我们还可以把表格在小正方形的边长取 3 到 4 之间再进行细化,总之我们可以根据所要得到的精确度继续上述过程,直到满意为止。

(Ⅱ) 根据表格中的数据画图,把用表格表示的关系用图像(如图 10-4 所示)来表示:

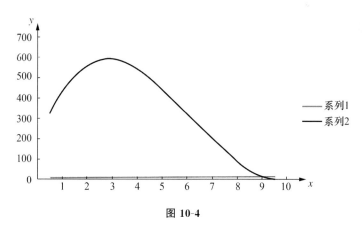

图 10-4

(Ⅲ) 用代数式表示:

仍设这张正方形纸的边长为 a,所折无盖长方体的高为 h,则无盖长方体的容积 V 与 h 的关系是: $V=h(a-2h)^2$。

会用符号进行表示,也就是会把实际问题中的数量关系用符号表示出来,这个过程叫作符号化。符号化的问题已经转化为数学问题,随后就是进行符号运用和推理,最后得到结果。这就是数学建模的思想。事实上,我们所熟悉的方程和函数都是某种问题的数学模型。

(3) 能从关系式、表格、图像所表示的变量之间的关系中,获取所需信息。如从表格获取信息。表10-3是我国从1949年至1999年的人口统计数据(精确到0.01亿)。

表10-3 1949年至1999年我国人口统计数据

时间/年	1949	1959	1969	1979	1989	1999
人口/亿	5.42	6.72	8.07	9.75	11.07	12.59

表10-3中的数据表示了哪两个量之间的关系?哪个是自变量?哪个是因变量?根据统计表的数据,预测我国2029年人口的总数,并说明为什么。

学生不仅要能获得1949年到1999年的人口统计数据,而且要能分析每隔10年人口变化的趋势,从而初步地做出一些预测。

又如从图像获取信息,图10-5呈现了汽车运动的速度和时间的关系。

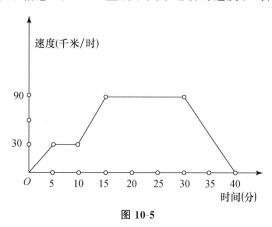

图 10-5

汽车运动的时间范围和速度范围是什么?在最初的15分钟内,汽车速度的变化有什么特点?在开出后的第15分钟,汽车的速度是多少?在以后的15分钟内,汽车速度的变化可以怎样描述?在第30分钟时,汽车的速度是多少?在最后的10分钟内,汽车速度的变化有什么特点?在第40分钟时,汽车的速度是多少?

学生应该能够用语言正确地描述图像所表示的关系,从图中获得以上问题的答案。

(4) 会进行符号间的转换。这里所说的符号间的转换,主要表示变量之间关系的表格法、解析式法、图像法和语言表示之间的转换。用多种形式描述和呈现数学对象,是一种有效地获得对概念本身或问题背景深入理解的方法。因此,运用多种表示方法不仅可以加强对概念的理解,也是解决问题的重要策略。

例 某烤鸭店在确定烤鸭的烤制时间时主要依据的是表 10-4 中的数据:

表 10-4 鸭子的质量及其对应的烤制时间

鸭的重量/千克	0.5	1	1.5	2	2.5	3	3.5	4
烤制时间/分	40	60	80	100	120	140	160	180

利用表格我们可以直接地看到鸭的质量和需要的烤制时间,但是如果我们恰好需要烤制 3.2 千克的鸭,我们就需要把表格表示的关系转化为用代数式表示。

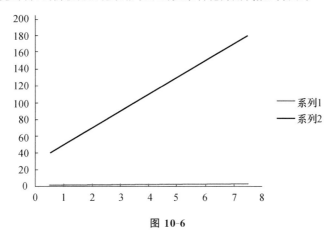

图 10-6

用代数式表示:

设鸭的质量为 w,烤制时间为 t;根据 w 每增加 0.5,t 增加 20,可知道 t 和 w 之间的关系是线性关系,斜率是 $\frac{20}{0.5}=40$。

假设关系式是 $t=40w$,则 $w=0.5$ 时,$t=20$,与实际情况 $t=40$ 不符;

假设关系式是 $t=40w+20$,检验后符合问题情况,因此,鸭的质量 w 与烤制时间 t 的关系式为:$t=40w+20$。利用关系式我们可以方便地求出表格中没有给出的数值,如当 $w=3.2$ 时,所需时间为

$t=40\times 3.2+20=148$ (单位:分)

从数学学习心理的角度看,不同的思维形式,它们之间的转换及其表达方式是数学学习的核心。这四种表示之间是互相联系的,一种表示的改变会影响到另一种表示的改变。能把变量之间关系表示的一种形式转换为另一种方式,也就是能在四种表示形式之间进行转换,构成数学学习过程中的重要方面。

2. 能选择适当的程序和方法解决用符号所表示的问题

解决问题的第一步是将问题进行符号化。然后就是选择算法,进行符号运算。

如果说第一步是把实际问题转化为数学问题,即数学化,第二步就是在数学内部的推理、运算等。算法的选择是一个十分重要的问题,比如我们已经将一个实际问题表示为一个一元二次方程,然后根据方程我们选择用因式分解法去分解它等。会进行符号运算也是十分重要的。

二、注重培养学生的符号意识

数学符号的系统化首先归功于法国数学家韦达(Fracois Vieta,1540—1603),他的符号体系的引入导致代数性质上产生重大变革。在这以后的100年之中,几乎所有初等数学和微积分背后的想法都被发现了。没有符号化的代数,就没有高层次的数学科学,从而也就没有现代技术和现代科学的发展。

用符号进行表示是我们的文明发展最强有力的工具之一,数学课程的重要任务就是使学生感受和拥有这种能力,掌握和运用这个工具。要尽可能在实际的问题情境中帮助学生理解符号、表达式、关系式的意义,在解决实际问题中发展学生的符号意识。

1. 在教材编写与日常教学中,对符号演算的处理要尽量避免让学生机械地练习和记忆,应增加实际背景、探索过程、几何解释等以便帮助学生理解

如果说代数是一种语言的话,那么,数字和字母就是这种语言的"字母",表达式就是这种语言的"词",关系式如等式、不等式就是这种语言的"句子"。既然是语言,就会有相应的语法,代数的语法就是各种符号演算的法则和规定等。只有学习、熟悉、掌握代数这种语言的语法,才能利用代数这种语言进行推理、计算、交流和解决问题。

《义务教育数学课程标准(2011年版)》认为,必须要对符号运算进行训练,要适当地、分阶段地进行一定数量的符号运算。但是,并不主张进行过多、过于烦琐的形式运算的训练。

2. 培养学生的符号意识,必须根据不同学段的具体特点分段进行

(1) 在小学阶段培养学生的符号意识,必须结合小学阶段引入"字母表示数"、从数向字母渗透的实际,有针对性地开展下列四个方面。

① 初次引进符号时,要重视实际情景的创设。小学生在学习数字符号、运算符号、等号、不等号等通用的数学符号时,要结合具体问题把符号表示的意义说明清楚,对其形象给予适当的、贴近生活的描述,可以通过画一些简笔画符号或示意性的符号帮助学生理解和思考实际应用问题,在使用这些辅助符号时,尽量让学生感受从具体事物到符号表示的过程,边画边说。为了增强小学生学习字母表示数时的情景创设,同时介绍一些符号创设、发展和传播的历史趣闻故事,常常是有效的策略。

② 逐步发展用字母表示数的能力。用字母表示数是用符号表示数量关系和

变化规律的基础,又是学生学习的难点。《义务教育数学课程标准(2011年版)》第二学段要求学生能"在具体情境中会用字母表示数,会用方程表示简单情境中的等量关系"。为此,教学中要尽可能从实际问题出发,使学生感受到字母表示数的意义,熟悉一些基本关系的字母表达式,不要操之过急,而要把简单关系的字母表示基础打好,分步达到目的。

③ 多角度认识用符号表示的数量关系。要能进行符号之间的转换,就要学习用多种形式对数量关系进行描述。比如,把用式子表示的关系通过列表的形式表示出来,或画图形表示出来,或换成生活语言表示。在解决问题时,可以鼓励学生画出直观的图示或设定自己的符号,以增进对问题本质的认识。

④ 帮助学生克服符号学习中的心理障碍。符号的抽象性和人为性,容易使学生对数学符号产生冷漠感,感到数学符号枯燥可怕,对其缺乏兴趣,从而影响对符号的理解和符号关系式的记忆。因此,教学中,切忌让学生先形成数学符号难学的思维定式,而是要通过符号与实际的联系和适当的训练,使学生看到符号的简洁、美观,符号对表述数量关系带来的无穷的便利,使表示的关系式中充满生机。

(2) 在中学阶段,培养学生的符号意识,必须结合中学数学的内容特点,以及中学生正处在由形象思维走向逻辑思维的特点,分步分层开展。

① 了解数学符号的特点和发展历史,发展学生的符号意识。

正如莱布尼茨(Leibniz,1646—1716)所言:"符号的巧妙和符号的艺术,是人们绝妙的助手,因为它们使思考工作得到节约。在这里它以惊人的形式节省了思维。"而罗巴切夫斯基(1792—1856)认为,"数学符号的语言更加完善、准确明了地提供了把一些概念传达给别人的方法。利用了符号,数学上的每一个论断和它所描述的东西就可以更快地被别人所了解。"

发展中学生的符号意识,一方面要让学生理解符号的特点,另一方面,也可以结合中学数学的具体内容,适时地向学生介绍数学符号产生和发展的历史,使学生感受符号化思想方法、领略数学符号的美学价值,能激发学生学习数学的兴趣,丰富学生的数学学习活动,使学生受到数学文化的熏陶。

② 在具体情境中理解字母表示数的意义,发展学生的符号意识。

学生已有的生活经验中潜藏着"符号意识",这是发展学生"符号意识"的重要基础。为了使学生能进一步理解字母表示数的意义,还应让学生经历其他的运用字母表示数量关系的过程,可让他们运用字母表示已学过的法则和公式,如加法运算律、乘法运算律、长方形面积公式、圆柱体积公式、路程速度时间的关系,等等。在表示公式和法则的活动中,学生将进一步体会字母可以代表任何数。学生理解字母表示数需要一个漫长过程,需要经历大量的活动,积累丰富的经验,要不断给学生提供用字母表示数的机会,如在方程、不等式、函数等内容的学习中,使学生继续经历用字母表示数量关系和变化规律的过程,让他们在具体情境中反复体会字母表示数的意义。

③ 在解决实际问题的过程中,发展学生的符号意识。为此,应尽可能在实际问题情境中帮助学生理解符号以及表达式、关系式的意义,在解决实际问题中发展学生的符号意识,在教学中对符号演算的处理应尽量避免让学生机械地练习和记忆,应增加实际背景、探索过程、几何解释等,以帮助学生理解。

其实,将实际问题中的数量关系和变化规律用符号表示出来,这个过程叫作符号化。符号化超越了具体问题的情境,揭示了存在于一类问题中的共性和普遍性,把认识和推理提高到一个更高的水平,它是符号意识的重要方面。符号化是运用数学解决实际问题的首要环节,实际问题经过符号化转化为数学问题,再经过符号变换得到结果,最后运用这个结果解释原始的实际问题,这就是运用符号解决实际问题的一般过程,这一过程也体现了数学模型的基本思想。

事实上,代数的主要内容(代数式、方程、不等式、函数等)都是处理实际问题的重要模型,是有效地表示、交流和传递信息的强有力的工具,是探索事物发展规律、预测事物发展方向的重要手段。因此,在学习这些内容时,重点在探索数量关系和变化规律,重视运用符号表示所得结果的过程。

④ 培养学生的符号意识,必须对符号运算进行适度的训练。即在保证基本运算技能的基础上,淡化繁杂的、技巧性过高的运算。学生只要理解代数式运算的基本过程和思想,并进行必要的练习就可以了。

总之,发展学生的符号意识,必须贯穿于学生数学学习的全过程、伴随着学生数学思维层次的提高而逐步发展,必须分层培养,逐级落实。

第三节　直观想象及其培养[①]

图形设计是人类社会生存和发展的根基,没有图形,人类就无所谓美。基础教育数学课程教学的重要目标就是培养学生初步的创新精神和实践能力,而想象是创新必备的土壤,没有想象,也就没有创新。发展学生的直观想象,成为义务教育乃至高中教育的核心目标之一。

一、直观想象的含义、成分

直观想象是指借助几何直观和空间想象感知事物的形态与变化,利用空间形

---

① 本节的部分内容曾公开发表:孔凡哲.义务教育阶段的直观想象及其培养[J].湖北教育,2020(07)34—37.

式特别是图形理解和解决数学问题的素养。① 直观想象主要包括：借助空间形式认识事物的位置关系、形态变化与运动规律，利用图形描述、分析数学问题，建立形与数的联系，构建数学问题的直观模型，探索解决问题的思路。

直观想象具体表现为：感悟实物与图形、图形与图形之间的相互转换关系，建立形与数之间的联系，利用几何图形描述问题，借助几何直观理解问题，运用空间想象认识事物。

直观想象的核心成分是"空间想象"和"几何直观"。

其中，"空间想象"是学生主动的、自觉的或自动化的"模糊"二维和三维空间之间界限的一种本领，是学生对现实生活中的空间与数学上的空间之间的密切关系的领悟，具体表现在：能由实物的形状想象出几何图形，由几何图形想象出实物的形状，进行几何体与其三视图、展开图之间的转化；能根据条件做出立体模型或画出图形；能从较复杂的图形中分解出基本图形，并能分析其中的基本元素及其关系；能描述实物或几何图形的运动和变化；能采用适当的方式描述物体间的位置关系；能运用图形形象地描述问题，利用图形的直观进行思考。

"几何直观"是指，借助于见到的（或想象出来的）几何图形的形象关系，对数学的研究对象（即空间形式和数量关系）进行直接感知、整体把握的能力。② 通过直观，能够建立人对自身体验与外物体验的对应关系。

作为直观想象的两个组成成分，"空间想象"与"几何直观"相互关联、各有侧重：

空间想象倾向于，即使是脱离了背景，也能想象出图形的形状、关系的能力；而几何直观更强调借助一定的直观背景条件而进行整体把握的能力，虽然空间想象有时也需要借助一定的实物（即几何原型）进行想象，但是，许多情况下是在没有背景的条件下进行的，而未必一定借助直观进行感知、把握。也就是说，几何直观与空间想象有重叠的成分，诸如"根据几何图形想象出所描述的实际物体"等，但二者各有侧重，几何直观侧重利用图形整体把握问题，而空间想象侧重于刻画学习者对于空间的感知和把握程度，前者更接近应用层面，可以归为运用图形的能力，后者侧重于几何学习对学习者带来的变化和发展。不仅如此，几何直观具有思维的跳跃性，而空间想象具有思维的连贯性。几何直观与空间想象在几何活动中共同发挥作用。

---

① 中华人民共和国教育部.普通高中数学课程标准(2017年版)[S].北京：人民教育出版社,2018：6.
② 孔凡哲,史宁中.关于几何直观的含义与表现形式——对《义务教育数学课程标准(2011年版)》的一点认识[J].课程•教材•教法,2012(07)：92—97.

二、理论基础

分子表征遗传学最新研究成果表明,人的先天基因需要后天的适度刺激才能充分表达。

作为直观想象的重要组成部分之一,方向感也称方位认知,是人体对物体所处方向的感觉,如对东西南北、前后左右上下等方向的感觉。很多人对方向感的感觉并不很明显。心理学研究表明,"方向感的发生和发展受到了先天遗传和后天环境的影响……大脑是实现方向感加工的载体"①;儿童"大约从5岁起才开始能最初地、并且固定化地辨别自己的左右方位,而真正掌握具有相对性的灵活性的左右概念,大约要到10岁才有可能"②;"4岁幼儿开始萌发空间前后和上下方位的传递性推理能力;从4岁到6岁,'上下'方位传递性推理能力的发展优于'前后'方位;4—6岁幼儿还不能完全摆脱知觉干扰因素的影响,形成稳定的传递性推理能力"③。而且,方位感的发展具有明显的阶段性,一旦错过,以后很难修复。

分子表征遗传学研究表明,人与生俱来的、与子代经验无关的"直观"的物质基础确实是存在的,"这种东西至少以两种方式存在:基因和大脑"④;但是,如果没有后天的经验(特别是后天的适度刺激),这种直观不可能得到充分的表达;不仅如此,"直观并不是一成不变的,随着经验的积累其功能可能逐渐加强""只有把'先天的存在与后天的经验'有机结合起来,才能形成人的直观能力"⑤。虽然学生的直观想象有先天的成分,但是,高水平的直观想象的养成,却主要依赖于后天,依赖于个体参与其中的几何活动,包括观察、操作(特别是,诸如折纸、展开、折叠、切截、拼摆等)、判断、推理等。

三、直观想象的培养策略

作为义务教育数学课程的重要目标之一,发展学生的直观想象是数学学习所必需的。

空间想象不仅涉及"根据物体特征抽象出几何图形,根据几何图形想象出所描述的实际物体",而且涉及"想象出物体的方位和相互之间的位置关系,描述图形的运动和变化,依据语言的描述画出图形等"⑥,而几何直观是凭借图形对几乎所有

---

① 许琴,罗宇,刘嘉.方向感的加工机制及影响因素[J].心理科学进展,2010(08):1208—1221.
② 吴笑平.浅谈幼儿方位知觉的发展[J].心理学探新,1981(02):98—99.
③ 毕鸿燕,方格.4—6岁幼儿空间方位传递性推理能力的发展[J].心理学报,2001(03):238—243.
④ 史宁中.数学思想概论(第2辑)——图形与图形关系的抽象[M].长春:东北师范大学出版社,2009:223;222;224.
⑤ 同上.
⑥ 中华人民共和国教育部.义务教育数学课程标准(2011年版)[S].北京:北京师范大学出版社,2012:6.

的数学研究对象进行思考的能力。

因此,培养和发展直观想象,必须结合相关的数学课程内容有针对性地进行。空间想象涉及"图形与几何"的大部内容(而并非涉及所有的数学课程内容),在这些内容的课程教学中,发展空间想象集中体现为"实像-抽象-想象-活动"四要素。而几何直观几乎涉及所有数学课程内容,发展几何想象需要统筹渗透、集中培养。

(一) 把握"实像——抽象——想象——活动"四要素[1],发展空间想象

第一,实像——几何操作。这里的操作,既可以是实物操作,也可以是模拟场景下的操作,还可以是抽象层面的操作。

例 小猫、猴子、长颈鹿到好朋友大象家做客,看到客厅的摆件台(全貌图如图 10-7 所示)。你认为图 10-8,10-9,10-10 三幅图分别是谁看到的画面? 为什么?

[**分析**] 小猫、猴子、长颈鹿三位的身高决定了其观察的视角,长颈鹿是俯视,猴子是平视,小猫是仰视,看到的结果自然是不同的。其中,俯视是上面的图形显得大、下层的东西显得小,而且,能看到第一层摆台的上面;平视只能看到中间摆台的一条棱和第一层摆台的底面;仰视只能看到摆台第一层的底(而看不到第一层的上面)。于是,图 10-8 是猴子看到的结果,而图 10-9 是小猫看到的结果,图 10-10 是长颈鹿看到的结果。

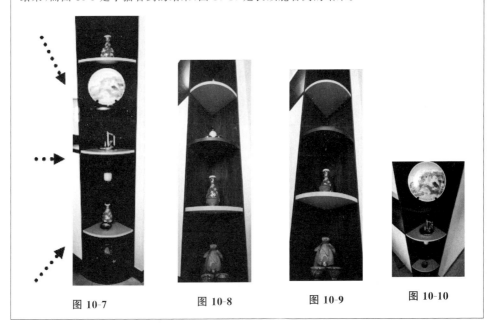

图 10-7　　　　图 10-8　　　　图 10-9　　　　图 10-10

---

[1] 孔凡哲.小学生空间观念的发展对策[J].新教师,2019(10):38—40.

第二,抽象——几何概念的抽象、图形的抽象、图形性质的探讨。例如,"角"的概念的抽象过程——让学生亲身经历"从一点出发的两条射线所围成的图形就是角",经历从大量生活原型中抽象出来的过程,既是发展图形抽象能力,也是空间想象的形成过程。不仅如此,操作之中的想象,与想象之后的操作验证,都是空间想象形成所必需的。先想象一下,再动手(几何)操作,再回想(几何)操作的过程,是培养空间想象的重要环节。

第三,想象——借助相应的课程内容,采用辅助手段(手机的照相功能、特定软件等)。

> **例** 动态软件生成的方位判断:软件呈现的是一个人站在天安门广场中央环视广场的场景,学习者可以拖动鼠标滑动画面,形成人在广场上转动可以看到广场东西南北各个场景画面的效果。如果告知你某一个画面(比如,天安门城楼)是北面,那么,南面是哪个画面?东面、西面又分别是哪个画面?

该软件的最大优势就是利用软件模拟身临其境的效果,拖动鼠标达到亲眼看到东西南北场景的效果。其中,包含了空间推理,凸现了空间想象中的方位感的作用,也是训练方位感非常好的工具。

第四,活动——必须让学生亲身经历的几何活动,在活动中感悟体会,才能逐步形成空间想象。

> **例** 在上海外滩(图 10-11)拍到的照片。你认为图 10-12、10-13、10-14、10-15 四张不同视角的照片分别是在大致哪个方位拍摄的?为什么?
>
>
>
> 图 10-11

图 10-12

图 10-13

图 10-14

图 10-15

总之,把握实物与相应的平面图形、几何体与其展开图和三视图之间的相互转换关系,不仅是一个思考过程,也是实际操作过程。把上述表现向前进一步延伸,就是尝试着物化那些感知到的、在直观水平上有所把握的转化关系,能采用适当的方式描述物体间的相互关系,能从较复杂的图形中分解出基本的图形,能根据条件做出立体模型或画出图形,重现感知过的平面图形或空间物体。无论是做立体模型,还是画出图形,都要在头脑加工和组合的基础上,通过实际尝试和动手操作来实现。这种重现能使几何事实基于直观的表象、联想和特征得到实实在在的表示,使直观想象从感知不断发展上升为一种可以把握的能力。

(二) 把握几何直观的具体表现

在义务教育数学课程中,几何直观具体表现为如下四种表现形式:一是实物直观,二是简约符号直观,三是图形直观,四是替代物直观。

其中,实物直观,即实物层面的几何直观,是指借助与研究对象有着一定关联的现实世界中的实际存在物,以此作为参照物,借助其与研究对象之间的关联,进行简捷、形象的思考,获得针对研究对象的深刻判断。

> **例** 在小学数学"数位"的学习中,十个小棒捆成一捆,十捆装成一箱,这里的一根小棒、一捆棒、一箱棒,就是针对个位1、十位10、百位100的实物直观形式,虽然量纲"捆""箱"有人为规定的成分,却与常理相符。

简约符号直观,即简约符号层面的几何直观,是在实物直观的基础上,进行一定程度的抽象,所形成的、半符号化的直观。

> **例** 在行程问题中,常用的线路图就是一种简约的、符号化的直观图示(图 10-16 就是这种类型,是针对代数关系 $\frac{5}{8} \div \frac{1}{3} = \frac{5}{8} \times 3$ 的简约符号直观形式)。这种简约符号直观是经过一定的数学抽象而形成的,与现实生活原型相比,具有一定程度的抽象性。凭借这种图示分析解决问题,就是简约符号层面的直观(能力)正在发挥作用。

图形直观是以明确的几何图形为载体的几何直观。图 10-16 就是代数法则 $(a+b) \cdot c = a \cdot c + b \cdot c$ 的直观图形。凭借图 10-17,学生可以轻松自如地理解 $(a+b) \cdot c = a \cdot c + b \cdot c$。

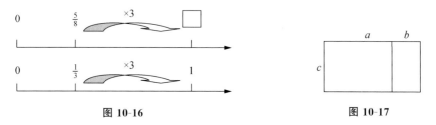

图 10-16　　　　　　　　　图 10-17

替代物直观则是一种复合的几何直观,既可以依托简捷的直观图形,也可能依托用语言或学科表征物所代表的直观形式,也可以是实物直观、简约符号直观、图形直观的复合物。在 28+7 的计算中,有时借助计数器来表示,也可以借助"10 个鸡蛋一盒"或"10 根小棒一捆"来分析。对于 28+7 来说,这里的计数器、"一捆小棒""一盒鸡蛋"就是相应的直观图形的替代物。而在统计问题中,借助一个圆片代表样本数据 1,可以很好理解"移多补少"进而掌握平均数的概念。这里的"圆片"就是样本数据 1 的替代物,直观而形象。

实物直观通常是现实世界中存在的实物模型,又能比较直观地体现某些数学对象的特殊属性,属于最低级的抽象。而"替代物直观"则是在现实模型基础上的进一步抽象,已经具备一定的抽象高度。以计数器为例,与"小棒"相比,计数器已经将数位的含义明确表示出来(具有普适性和公共的约定性),而不是某些人的人为规定(例如,有的学生将一把小棒捆成一捆,而未必是十个一捆。)与"替代物直观"相比,图形直观的抽象程度更高一些,其综合程度更强一些。例如,图 10-17 就将代数关系 $(a+b) \cdot c = a \cdot c + b \cdot c$ 很巧妙地融合在三个矩形之间的面积关系之中,既有代数的抽象,更有几何图形的抽象。

(三)将直观想象的培养融入数学课程内容之中,并与相关的数学学科核心素养一起培养

首先,空间想象需要渗透在"图形与几何"学习的方方面面,而几何直观需要渗透在数学学习的各个领域,特别是,在"数与代数""统计与概率""实践与综合"领域。

几何中的几何直观无处不在。义务教育阶段数学中的几何学,主要诉诸学生的直观感受,借以识别各种不同的几何图形及其关系。反映几何直观的相关内容,是一切几何学的基础,贯穿于几何学领域(即"图形与几何")之中,这些内容既是经验几何的中心内容,也是推理几何的重要参照和素材。因而,让中小学中的几何学"动"起来、数形结合等,都是为了有效发挥几何直观的作用,更好地培养学生的直观想象。

例如,通过观察、操作等活动,进一步认识三角形、平行四边形、梯形、长方体、正方体等几何形体,利用学生周围常见的事物,引导学生感受和探索图形的特征,丰富几何活动经验,建立初步的空间想象和几何直观。因而,积累几何活动经验就成为几何教育的一个更加直接的目标和追求。拥有丰富的几何活动经验并且善于反思的人,其几何直观更有可能达到更高水平。

"数与代数"中的几何直观是理解和把握代数抽象的有力工具。对于相对抽象的数与代数来说,恰当的几何直观往往是帮助学生建构理解的有力"抓手"。更一般地,几何直观有助于将抽象的数学对象直观化、显性化。因而,在"数与代数"中,寻找数学对象的直观模型是有效发挥几何直观的重要环节之一,也是培养几何直观的有效途径。

其次,就九年一贯制义务教育的整体而言,随着年级的升高,几何直观的层次需要逐级提升,从最初侧重于实物直观,关注实物抽象,逐步过渡到以符号直观、图形直观为主,实物直观为辅,关注符号抽象、图形抽象(当然,与初中阶段相比,小学阶段出现的符号抽象相对偏少)。而空间想象的发展需要从涵盖"根据物体特征抽象出几何图形""根据几何图形想象出所描述的实际物体""想象出物体的方位和相互之间的位置关系""描述图形的运动和变化""依据语言描述画出图形"等各个方面,而不可仅仅局限在某些方面,比如,从实物到图形的转换。

最后,培养和发展直观想象,必须与思维水平提升、"四能"培养结合起来。几何直观有助于将抽象的数学对象直观化、显性化,因而,寻找数学对象的直观模型是有效发挥几何直观的重要环节之一。借助于恰当的图形、几何模型进行解释,能够启迪思路,帮助学生理解和接受抽象的内容和方法,而抽象观念、形式化语言的直观背景和几何形象,都为学生创造了一个主动思考的机会和揭示经验的策略,使学生从洞察和想象的内部源泉入手,通过自主探索、发现和再创造,经历反思性循环,体验和感受数学发现的过程。数学发展的历程表明,越是高度抽象的数学内容,往往越需要形象

直观的模型作为其解释和支撑,即使是推理几何的功臣欧几里得,在进行几何学的论证过程中仍然依赖了头脑中的图形的直观。无论是数学家的研究,还是学生的数学学习,直观本身不是目的,而是手段。对学生的数学学习而言,直观是为了形成学生的生动表象并借以形成概念、发展规律、促进抽象思维的发展。

几何直观需要更高的思维水平,从而,更需要教师在日常教学中不断主动地运用几何直观帮助学生建构自己的数学理解,有意识地培养学生的整体思维方式和数形结合的意识,并帮助学生把握往往起核心作用的那些基本图形(诸如三角形、正方形等)。

教师具有培养学生直观想象的自觉意识,是重要的,而将直观想象的培养自始至终落实在数学课程教学的每个环节是至关重要的,这种工作以保护学生先天的直观潜质作为起点,以有效提升学生的直观想象水平作为终点,最终形成针对几何的敏锐洞察力和深厚的数学素养。

直观想象是发现和提出问题、分析和解决问题的重要手段,是探索和形成论证思路、进行数学推理、构建抽象结构的思维基础。通过义务教育数学课程的学习,学生能提升数形结合的能力,发展直观想象(能力),增强运用直观想象思考问题的意识,形成数学直观、在具体的情境中感悟事物的本质。

第四节 数据分析观念及其培养

在以信息和技术为基础的现代社会里,人们面临着更多的机会和选择,常常需要在不确定的情境中,根据大量无组织的数据,作出合理的决策,这是每一位公民都应当具备的基本素质。而统计正是通过对数据的收集、整理和分析,为人们更好地制定决策提供依据和建议。因此,基础教育数学课程应培养学生具有从纷繁复杂的情况中收集、处理数据,并作出恰当的选择和判断的能力。

《全日制义务教育数学课程标准(实验稿)》在总体目标中提出要使学生"经历运用数据描述信息、作出推断的过程,发展统计观念",首次将"统计观念"作为义务教育阶段数学课程的重要目标之一,这样做的最主要原因是,统计与人们的日常工作和社会生活太密切相关了,生活已先于数学课程将统计推到了学生的面前。

《义务教育数学课程标准(2011年版)》则明确指出:在"统计与概率"中,应帮助学生逐渐建立起数据分析观念,了解随机现象。这里的"数据分析观念"包括:了解在现实生活中有许多问题应当先做调查研究,收集数据,通过分析做出判断,体会数据中蕴涵着信息;了解对于同样的数据可以有多种分析方法,需要根据问题的背景选择合适的方法;通过数据分析体验随机性,一方面对于同样的事情每次收集到的数据可能会是不同的,另一方面只要有足够的数据就可能从中发现规律。

数据分析是统计学的核心。

一、如何理解数据分析观念

在基础教育阶段,学生学习统计课程内容的核心目标是发展自己的"数据分析观念"。"观念"绝非等同于计算、画图等简单技能,而是一种需要在亲身经历的过程中培养出来的感觉,于是,也有些人将"数据分析观念"称为"统计观念"或"信息观念"。无论用什么词汇,它反映的都是由一组数据所引发的想法、所推测到的可能结果、自觉地想到运用统计的方法解决有关的问题等。具体来说,数据分析观念可以在以下几个方面得到体现:能从统计的角度思考与数据有关的问题;能通过收集数据、描述数据、分析数据的过程,作出合理的决策,认识到统计对决策的作用;能对数据的来源、收集和描述数据的方法、由数据得到的结论进行合理的质疑。

(一)能对数据的来源、收集和描述数据的方法、由数据得到的结论进行合理的质疑

对数据进行合理的质疑首要的前提是能读懂数据,理解其所代表的信息,这一点对于义务教育阶段的统计学习是非常重要的。因为在信息时代里,生活中充斥着各种数据,这些数据以及对其形象化处理的统计图表,给人们带来了很大的直观冲击,于是有人称我们进入了一个"读图时代"。为了能在这个"读图时代"里更好地生存,首先就必须能从大量的"图"中获取有用的信息。例如,阅读图 10-18 的统计图,你能发现什么? 如何用数据说明你的观点?

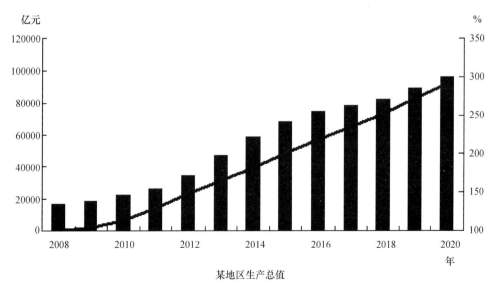

图 10-18

除了能读懂并有意识地从各种渠道获取数据外,我们还必须理智地对待新闻媒介、广告等公布的数据,了解数据可能带来的误导,初步形成对数据处理过程进行评价的意识。因此,当我们面对媒体公布的数据时,既要能从中获得尽可能多的有用信息,还要保持理智的心态,对数据的来源、收集数据的方法、数据的呈现方式、由此得出的结论进行合理的质疑,这正是作为一位合格公民所应具备的基本素质之一。

(二) 认识统计对决策的作用,能从统计的角度思考与数据有关的问题

培养学生"数据分析观念",首要方面是培养他们有意识地从统计的角度思考有关问题,也就是,当遇到有关问题时能想到去收集数据和分析数据。

也许你是一个球迷,在看球赛时会推测所喜爱的球队是否会赢,如果这时仅仅依靠主观喜好去做出判断,那么你就不具备数据分析观念,并且你的判断往往是不合理的。但如果你意识到在判断前需要先收集一定的数据——双方队员的技术统计、双方球队历次比赛的成绩记录,等等,并且相信这些数据经过适当的整理和分析,可以帮助你对球队有个概括的了解,在此基础上再对球队的输赢做出推测就会是比较可靠的,那么说明你具备了一定的数据分析观念。具备从统计的角度思考问题的意识显然是非常重要的,将来你一旦遇到了与数据有关的问题,即使你不懂得或忘记了具体收集和整理数据的方法,但只要你有了这个意识,就会去请教专业人员,在他们的帮助下就能做出比较合理的决策。

(三) 能通过收集、描述、分析数据的过程,作出合理的决策

学生不但要具备从统计的角度思考问题的意识,而且还要亲身经历收集、描述和分析数据的过程,并能根据数据做出合理的判断。通俗地讲,就是不但要有意识,而且还要有一些办法。

这里包含两方面的含义:(1) 学生要亲自收集、描述和分析数据,这一点非常重要。因为要建立"数据分析观念",必须真正投入到运用统计解决实际问题的活动中,以逐步积累经验,并最终将经验转化为观念。(2) 要能根据数据做出大胆而合理的判断,这是数学提供的一个普遍适用而又强有力的思考方式。

实际上,运用数据做出判断,虽然不像逻辑推理那样有百分之百的把握,但它可以使我们在常识范围内不能作选择的地方做出某种决策,而且提供足够的信心。这种思考方式在社会生活中经常使用,需要学生从小就去体会、去运用。以"球赛问题"为例,学生不仅要意识到解决这个问题需要收集数据,而且还要讨论需要收集哪些数据,采取什么样的办法进行收集;还要亲自去做一些调查;面对收集到的数据,还要进行整理使之更清晰;最后,非常重要的是,基于对数据的分析还要推测自己喜欢的球队获胜的可能性。

二、如何培养学生的数据分析观念

作为学生重要的数学能力成分和基本素养,数据分析观念对于学生在数学上的全面发展至关重要,尤其是在信息高速发展的当今社会,数据分析观念已经成为现代人的基本素养。

(一)使学生经历统计活动的全过程

"观念"的建立需要人们亲身去经历。要使学生逐步建立数据分析观念,最有效的方法是让他们真正投入到统计活动的全过程中:提出问题,收集数据,整理数据,分析数据,作出决策,进行交流、评价与改进等。为此,《义务教育数学课程标准(2011年版)》在各个学段都将"投入统计活动的全过程"作为统计学习的首要目标,并根据学生的身心发展规律提出了不同程度的要求,从"有所体验""经历"到"从事"。

从另一个角度看,数学的发现往往也经历了这样一个过程:首先是问题的提出,然后是收集与这个问题相关的信息并进行整理,然后再根据这些信息作出一些判断以解释或解决开始提出的问题。爱因斯坦曾经说过:"……纯逻辑的思维不可能告诉我们任何经验世界的知识,现实世界的一切知识是始于经验并终于经验的。"经验性的观察积累了数据,然后依据数据作出某种判断,这种活动将有利于发展学生的发现能力和创新精神。

要鼓励学生积极投入到统计活动中,就要留给他们足够的动手实践和独立思考的时间与空间,并在此基础上加强与同伴的合作与交流。例如,《义务教育数学课程标准(2011年版)》在第一学段中列举了这样一个活动:"调查一下你跑步后脉搏跳动会比静止时快多少,并将测得的数据记录下来,与同伴进行交流。"学生在从事这一活动时将体会到透过数据能使自己了解脉搏在运动前后的变化情况;将考虑如何收集数据,用什么图表来展示数据,数据表示出什么趋势,能从这些数据中得到怎样的结论等;将把自己的数据和结论与同伴进行交流。在一个个这样的活动过程中,学生的数据分析观念就会得到逐步的发展。

(二)使学生在现实情境中体会统计对决策的影响

要培养学生从统计的角度思考问题的意识,重要的途径就是要在课程和教学中着力展示统计的广泛应用,使学生在亲身经历解决实际问题的过程中体会统计对决策的作用。为此,要注重所学内容与日常生活、社会环境和其他学科的密切联系,同时,密切结合不同学段的特点,对运用统计解决实际问题提出了具体要求。

例如,《义务教育数学课程标准(2011年版)》明确要求,要使第三学段的学生"认识到统计在社会生活及科学领域中的应用,并能解决一些简单的实际问题"。例如,统计某商店一个月内几种商品的销售情况,以对这个商店的进货提出你的建议。同时,还要求学生能根据统计结果作出合理的判断,以体会统计对决策的作用。如,"根据统计图表中的数据提出并回答简单的问题,能和同伴交换自己的想法""能解释统计结果,根据结果做出简单的判断和预测,并能进行交流""根据统计结果作出合理的判断和预测,体会统计对决策的作用,能比较清晰地表达自己的观点,并进行交流"。这些目标和具体的例子旨在阐明,在统计教学中必须创设大量的现实情境,使学生在解决问题中认识到统计的作用,逐步树立从统计的角度思考问题的意识。

现实生活中有多种渠道可以提供有意义的问题,我们要充分挖掘适合学生学习的材料,既可以从报刊、电视广播、网络等许多方面寻找素材,也可以从学生的生活实际中选取。如有关学校周围道路交通(运输量、车辆数、堵塞情况、交通事故等)状况的调查、本地资源与环境的调查、对自己所喜爱的体育比赛的研究等。还可以安排一些实践活动、社会调查等,使学生亲自经历解决实际问题的过程。如可以收集报纸、杂志、电视中公布的数据,分析它们是否由抽样得到,有没有提供数据的来源,来源是否可靠等;全班合作,统计一段英文文章中字母出现的频率,了解键盘的设计原理和破译某种密码的方法等。这些素材能使学生将统计当作了解社会的一个重要手段,提高自己分析问题、解决问题的能力,更好地认识现实世界,同时能理智地对待新闻媒介、广告等公布的数据,对现实世界中的许多事情形成自己的看法。

总之,基础教育阶段的统计学习,应使学生体会统计的基本思想,认识统计的作用,既能有意识地、正确地运用统计来解决一些问题,又能理智地分析他人的统计数据,以做出合理的判断和预测。而这一切,正是发展学生数据分析观念的具体举措。

第五节　应用意识及其培养

自 20 世纪初至今,数学得到了空前的发展。大多数数学分支都取得了重大进展,形成了一大批新的数学分支,发现和证明了一大批著名的数学定理。例如,解决费马问题等就是重要标志,数学不同分支的深层次联系被进一步揭示。特别是 20 世纪中叶以来,由于计算机和现代信息技术的飞速发展,使应用数学和数学应用得到了前所未有的发展,数学渗透到几乎每一个学科领域和人们日常生活的每一个角落,即使在社会科学和人文科学中,也越来越多地用到了数学知识及其思想方法。越来越多的人认识到"高科技本质上是数学技术""数学已经从幕后走到了台前,在某些方面直接为社会创造价值"。现在比任何时候都需要"让全社会特别是让普通大众了解数学对人类发展的作用"。数学是科学的语言、其他学科的基础、解决问题的工具。数学是培养人们养成良好思维习惯的重要载体。数学在人类发展历史上起到了不可替代的重要作用。在目前,强调数学的广泛应用,具有重要的现实意义。我们应该从小培养学生的应用意识,使学生对数学有一个比较完整的了解,树立正确的数学观。

一、如何理解应用意识

《义务教育数学课程标准(2011年版)》指出,应用意识主要表现在:认识到现实生活中蕴含着大量的数学信息、数学在现实世界中有着广泛的应用;面对实际问题时,能主动尝试着从数学的角度运用所学的知识和方法寻求解决问题的策略;面对新的数学知识时,能主动地寻求其实际背景,并探索其应用价值。

在基础教育数学课程、教学中,学生的应用意识主要体现在以下两个方面。

(一)面对实际问题时,能主动尝试着从数学的角度运用所学知识和方法寻求解决问题的策略

这实际是指主动应用数学知识和方法的意识。学生能主动应用数学知识和方法对学生数学思维能力的发展具有重要意义。在实际情境中,学生主动运用数学知识和方法的意识,一方面表现在,在实际情境中发现问题和提出问题的意识。另一方面,表现为主动应用数学知识和方法解决问题的意识。具有应用意识的学生,会善于把问题与已有的数学知识和方法联系起来,并积极进行数学思考,主动积极地解决问题。在具体的情境中能否从数学角度发现问题、提出问题,并加以分析和解决,反映了人的基本数学素养。

(二)认识到现实生活中蕴含着大量的数学信息、数学在现实世界中有着广泛的应用

这是指理论联系实际的一种意识。对于学生来说,其含义一方面表现为,学生对生活中的数学现象具有一定的敏感性,认识到生活中处处有数学,数学就在我们身边。另一方面表现为对数学有一种正确的观念。学习者在学习过程中,能认识到数学的实用价值,并意识到随着时代的发展,数学的应用价值日益体现出来。

目前,强调培养学生的应用意识具有重要的现实意义。我国数学教育具有很多优秀经验和优良传统,我们需要认真总结和发扬。但是,我们也必须看到,数学教育中也存在着一些问题,比较突出的问题是忽视数学的应用,忽视数学与其他学科以及与日常生活的联系,忽视培养学生的应用意识和创新意识。早在20世纪40年代,著名数学家柯朗(Richard Courant,1888—1972)曾经十分尖锐地批评过世界数学教育中的这个问题,他指出,"两千年来,掌握一定的数学知识已被视为每个受教育者必须具备的智力。数学在教育中的这种特殊地位,今天正在出现严重危机。不幸的是,数学教育工作者对此应负责任。数学的教学逐渐流于无意义的单纯演算习题的训练。这固然可以发展形式演算能力,但却无助于对数学的真正理解,无

助于提高独立思考能力……忽视应用,忽视数学与其他领域之间的联系,这种状况丝毫不能说明形式化方针是正确的;相反,在重视智力训练的人们中必然激起强烈的反感。"柯朗的批评是尖锐的,也是中肯的,应该引起数学工作者,特别是数学教育工作者认真思考。尽快改变数学教育中存在的这种现象,把培养学生的应用意识作为基础教育阶段数学教育(包括数学教学和数学学习等)的重要目标之一,就成为21世纪以来国际数学教育发展的普遍趋势。

二、如何培养学生的应用意识

培养学生的数学应用意识,应围绕着发现问题、提出数学问题、分析问题、解决问题而展开,同时,数学应用意识本身就是问题意识、数学化意识和分析解决问题能力等多方面的综合体现。

(一)在数学教学中和对学生数学学习的指导中,应该重视介绍数学知识的来龙去脉

一般来说,数学知识的产生源于两个方面:实际的需要和数学内部的需要。在基础教育阶段,所学的知识大都是来源于实际生活,当然包括学生的实际生活经验。例如,在日常生活中存在着丰富的"具有相反意义的量""等量关系和不等量关系"以及"变量与变量之间的函数的对应关系"等,这些正是我们在数学中引入"正、负数""方程""不等式""函数"等的实际背景。在基础教育阶段的许多数学知识中,有具体和直接的应用,应该让学生充分地实践和体验这些知识直接的应用。在此基础上,让学生感受和体验数学的应用价值,了解数学知识的来龙去脉,这是形成数学应用意识的重要组成部分。

(二)学会运用数学语言去描述周围世界出现的数学现象,是培养学生应用意识的另一个重要方面

数学是一种"世界的通用语言",它可以简洁、清楚、准确地刻画和描述日常生活中的许多现象,让学生养成乐意运用数学语言进行交流的习惯,既可以增强学生的数学应用意识,也可以提高学生运用数学的能力。例如,当学生乘坐出租车时,他能意识到付费与行驶时间之间具有函数关系。

特别地,要重视发现问题、提出数学问题能力的培养。由于分析问题与解决问题涉及的是已知,而发现问题与提出问题涉及的是未知,因而,发现问题与提出问题比分析问题与解决问题更重要,难度也更高。[①] 对中小学生来说,发现问题更多的是指发现了书本上不曾教过的新方法、新观点、新途径以及知道了以前不曾知道

---

① 史宁中,柳海民.素质教育的根本目的与实施路径[J].教育研究,2007(8):10—14.

的新东西。这种发现对教师来说可能是微不足道的,但是对于学生却是难得的,因为这是一种自我超越,学生可以由此获得成功的体验。学生可以在这个发现的过程中领悟很多东西,可以逐渐积累创新和创造的经验。更重要的是,可以培养学生学习的兴趣,树立进步的信心,激发创造的激情。教师对于学生的发现要格外珍惜,通过正确的引导鼓励他们的积极性。

在发现问题的基础上,提出数学问题,需要逻辑推理和理论抽象,需要精准的概括。在错综复杂的事物中能抓住问题的核心,进行简捷明了的陈述,并给出解决问题的建议,不是一件容易的事情。提出数学问题的关键,是能够认清问题、概括出数学问题(这个过程就是数学建模)。提出问题时必须要进行深入思考和自我组织,因而可以激发学生的智慧,调动学生的身心进入活动状态。提问需要找到疑难,发现疑难就要动脑思考,这与跟着教师去验证、推断既有的结论是不同的思维方式。学生只有在这样的思维方式下反复多次训练,才能切实提高数学应用意识,进而逐渐形成创新意识、创新精神和创新能力。

(三)在数学教学和课外活动中,鼓励和支持学生"面对实际问题时,能主动尝试着从数学的角度运用所学知识和方法寻求解决问题的策略"

下面是两个实际例子。

> **例1** 有一所农村小学,盖了一座新的教学楼,楼盖好了需要进行装修,学校把这个任务交给了一位数学教师和他的学生(五年级的一个班)。这位教师引导他的学生对这个任务进行了充分的讨论,他们把这个任务分解为两个部分,一部分是测量这个大楼的表面积,另一部分是了解市场上各种涂料的价格,设计使用涂料的分配方案,既能保证装修质量,又使得装修花费比较节省。这两个任务对于五年级的学生来说是一项具有挑战性的任务,因为楼房的表面积并不全是在课本上学过的规则图形,并且为了避免危险,还不能爬到楼顶去测量,这就需要学生综合地运用所学的数学知识和其他知识来解决这个问题,比如用到投影、估算等知识。另一方面,进行市场调查,对于学生来说也是一个挑战,从课堂到实践,需要学生查找大量的有关市场的资料,找出实际背景中的数学知识,并灵活地运用一些数学知识来进行方案设计,这个过程中,学生需要通过自己查阅各种资料、收集信息、处理数据、进行小组讨论等方式进行主动学习,开阔了学生的视野,提高了学生学习的兴趣,培养了学生在解决问题中的合作意识。全班学生根据这两个任务分成了两组,进行实际的测量和市场调查,提出了三个合理的设计方案供学校参考。在这个过程中,学生不仅体验到数学在实际生活中的作用,而且品尝到应用数学知识解决实际问题的成功喜悦,不仅提高了学习数学的兴趣,也提高了数学应用的能力。

例 2 有一个中学生,在她所住的小区门口,有位老太太因为儿女不孝顺不得不依靠卖雪糕谋生。这位善良的小姑娘非常同情不幸的老人,很希望帮助这位老奶奶。她注意到老太太有时进的雪糕不够卖,有时又卖不完,而雪糕又不能长期存放,否则就会赔钱。她想到可以用学过的数学知识来帮助老奶奶,她用了一个多月的时间,每天记录下老太太卖出雪糕的情况。一个多月以后,她对记录的数据进行统计分析,拿出了一个进货方案,让老太太按照这个方案进货,不仅不会赔钱,还可以多赚一些钱。老太太不相信这个中学生会让她多赚钱,不肯使用这个方案。这个中学生便请她的母亲出面来说服这位老太太,并许诺,若赔钱,则由她的母亲赔偿,若赚钱则是老太太的,这样老太太才半信半疑地使用了这个方案。不到一个月,这位老太太便登门道谢,连夸这位中学生聪明。这位中学生用所学的数学知识既帮助了老太太,又体验到了数学带给她的成功喜悦,其关键就是数据分析意识和方法的具体应用。

这种例子,实际上是一种以问题为载体,通过学生自主解决问题的过程进行学习的研究性学习活动,可以将其纳入综合性实践课程中或研究性学习课程中去。在数学上,我们把这样的过程称为"数学建模":在现实世界中发现和提出一些与数学有关的问题,进而用数学的语言、知识、方法等等,把实际问题转化成数学的问题,通常称得到了一个"数学模型"。通过分析和解决这个数学模型,得到一些相应的数学结果,然后回到实际中检验这些结果,如果不符合实际情况,我们就需要修改建立的数学模型,重复这样的过程,直到得出符合实际的结果。前面的两个实例就是非常好的数学建模范例。在这样的学习过程中,我们应该更加关注学生提出的问题和解决问题的过程,在这个过程中,感受和体会到数学应用,当然,由于学生具备的知识有限,在解决许多问题上有很大的局限性,但是,我们还是应该鼓励学生敢于提出问题,面对实际问题时,能主动尝试着从数学的角度运用所学知识和方法寻求解决问题的策略。长此以往,学生的数学应用意识就会有大的发展。

(四) 让学生开阔视野,了解数学的应用价值

数学应用意识的培养离不开基础知识、基本技能、基本思想和基本活动经验的积累。因而,在数学教学中,我们应该关注学生对于数学基础知识、基本技能、基本思想和基本活动经验的掌握;同时,也应该帮助学生形成开阔的视野,了解数学对于人类发展的价值,特别是它的应用价值,学生要有知识更要有见识。在培养学生的应用意识时,需要以知识的学习、实践经验的积累、能力的培养为基础,教师还应该主动地向学生展示现实生活中的数学信息和数学的广泛应用,向学生提供丰富的阅读材料、介绍查找资料的各种方法途径,比如通过媒体(报纸、电台、电视、网络)、图书馆等。教师应向学生介绍数学在各个领域中的应用情况,比如向学生介绍数学在 5G、CT、核磁共振、高清晰度彩电、飞机的设计、天气预报、高铁、网络支付等重要技术中发挥着核心的作用。教师可以把这些内容编成有趣的故事、读物等介绍给学生,让学生感受到现实生活中的数学信息的价值,体验数学的广泛应用性。

第六节　数学抽象及其培养[①]

数学素养是现代社会每位公民应该具备的基本素养,数学抽象就是其中的一种重要素养,因此,《义务教育数学课程标准(2011 年版)》把培养和发展数学抽象,列入义务教育阶段数学课程目标。培养和发展中小学生的数学抽象,既是数学学习所必需的,更是学生未来生存和可持续发展的基础。

一、数学抽象的含义及其特点

(一)数学抽象的含义

数学抽象是指通过对数量关系与空间形式的抽象,得到数学研究对象的素养。[②] 数学抽象是理性思维的主要特征之一,贯穿在数学发生、发展和应用的各个过程之中。数学抽象表现为,能从数量与数量关系、图形与图形关系中抽象出数学概念及概念之间的关系,能从事物的具体背景中抽象出一般规律和结构,用数学语言予以表征。

"数学在本质上研究的是抽象的东西"。[③] 抽象是指从众多的事物中抽取出共同的、本质性的特征,而舍弃其非本质的特征。因而,抽取事物的共同特征就是抽取事物的本质特征,抽象的过程也是概括、分离和提纯的过程。

数学抽象是一种特殊的抽象,其特殊性表现为,数学抽象的对象是"空间形式和数量关系",数学抽象的对象既可以是现实世界中的空间形式和数量关系,也可以是数学思维中的空间形式和数量关系。[④]

在数学中,抽象是思维的基础,只有具备了一定的抽象素养,才能从感性认识中获得事物(事件或实物)的本质特征,从而上升到理性认识,这个过程对所有学科的学习都是非常重要的,对数学而言尤其重要。

[①] 本节的部分内容曾发表:孔凡哲.数学抽象素养及其培养[J].湖北教育,2020(09):20—23.
[②] 中华人民共和国教育部.普通高中数学课程标准(2017 年版)[S].北京:人民教育出版社,2018:4.
[③] 史宁中.数学思想概论(第 1 辑)——数与数量关系的抽象[M].长春:东北师范大学出版社,2008:1.
[④] 史宁中,孔凡哲.关于数学的定义的一个注[J].数学教育学报,2006,15(04):37—38.

(二) 数学抽象的特点

数学抽象最基本的特点在于数学抽象的层次性、领域性和数学思维的抽象存在性。

1. 数学抽象的层次性

数学抽象经历三个基本阶段——简约阶段、符号阶段、普适阶段,[①]这是数学抽象最基本的特点。其中,

简约阶段是把握事物的本质,把繁杂问题简单化、条理化,能够清晰地表达(亦即,从具体事物到直观描述)。例如,从数量中抽象出数,数在现实生活中是不存在的。现实生活中存在的只有数量,诸如 2 匹马、2 头牛,而没有 2,2 是抽象出来的数。

符号阶段是去掉具体的内容,利用概念、图形、符号、关系表述包括已经简约化了的事物在内的一类事物(即符号表达)。

普适阶段是通过假设和推理建立法则、模式或者模型,并能够在一般意义上解释具体事物(即普适化)。

直观描述的毛病在于必然引起悖论,因为凡是具体的东西,都能举出反例。为了避免这些问题,就必须进行进一步抽象,抽象到举不出反例来,这只有通过符号表达,但是符号表达缺少物理背景、缺少直观。[②] 从而,正是由于抽象的存在,才将问题简约化、符号化进而达到普适化,抽象得到的规律更具有一般性,但是,带来的问题就是丧失了直观,无形之中增加了学生数学学习的难度。

在数学教学中,数学抽象的层次性为数学分层教学的实施提供了数学学科前提和思维训练的教育基础。

2. 数学抽象的领域性

对于数学,抽象的内容在本质上只有两种:一个是数量与数量关系的抽象,一个是图形与图形关系的抽象。[③] 而数的抽象、数量关系的抽象、图形的抽象、图形关系的抽象,虽然都是数学抽象,但是,却各有各自学科领域的不同特点。

例如,图形的抽象(比如,"角")需要从实物、已有图形出发,从各种图形的具体情境之中(既有规则图形也有不规则图形,既有生活中的图形,也有从生活中抽象出来的几何图形,如图 10-19 所示),寻找其中的共性内容,直观形象、可操作性。

而数的抽象不仅需要从实物之中抽象出量及其关系(而数量很难直观化、形象化),而且,往往需要借助替代物直观,诸如,十进制的认识(如图 10-20 所示),一个

[①] 史宁中. 数学思想概论(第 1 辑)——数与数量关系的抽象[M]. 长春:东北师范大学出版社,2008:3.
[②] 史宁中. 数学的基本思想[J]. 数学通报,2011,50(01):1—9.
[③] 同上。

小棒(代表一个1),"十个小棒"是一捆(一个十),"十捆小棒"是一盒(一个百),"十盒小棒"是一箱(一个千);或者,一个正方块(代表一个1),"十个正方块"是一条(一个十),"十条方块"是一个面板(一个百),"十个面板"是一个方块(一个千)。

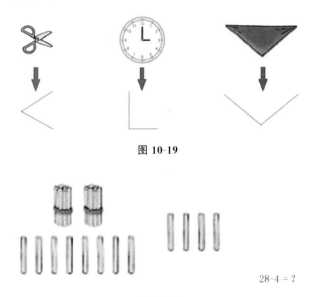

图 10-19

图 10-20

3. 数学思维的抽象存在性

数学思维依赖的不是具体的存在,而是抽象的存在。正如清朝大画家郑板桥所言"我胸中之竹不是我眼见之竹",胸中之竹是抽象存在的竹子,从而,郑板桥画出来的竹子比现实中的竹子(眼见之竹)还有风骨。

我们通过抽象得到数学的研究对象,光有对象不够,更重要的是对象之间的关系。正如千古智者亚里士多德所言"数学家用抽象的方法对事物进行研究,去掉事物中那些感性的东西。对于数学而言,线、角或者其他的量的定义,不是作为存在而是作为关系"。

从而,数学中定义的那些东西本身并不重要,重要的是这些东西之间的关系。

二、数学抽象(素养)的培养

培养学生的数学抽象(素养),必须从数学抽象的特点出发,必须结合相关的数学课程内容有针对性地进行。

(一)把握数学抽象的层次性,还原数学抽象过程,培养学生的数学抽象

在数学教学中,让学生亲身经历数学抽象的具体过程,积淀数学抽象的直接经验,接受数学抽象的思维训练,才能提升数学抽象思维水平,才能逐步养成运用数

学抽象的思维方式主动思考问题、分析解决问题的习惯,才能逐步生成数学抽象。

第一,在日常数学课堂教学中,要长期坚持渗透数学抽象过程。学生的数学抽象不是简单经历几次抽象过程就能够形成的,需要在日常课堂教学中长期坚持,逐级渗透,不宜操之过急。

第二,相同领域课堂教学中,需要反复渗透数学抽象过程,保持不同领域之间的同步性。例如,在"数与代数"领域"认识数"与"学习多位数的计算"时,都可以用小棒与计数器帮助学生实现数学抽象过程。"数的认识"是在静态层面上的数学抽象过程,而"多位数的计算"是在动态层面上进行的数学抽象过程。同时,学习相同领域数学知识时,多次反复经历数学抽象过程,也有助于学生实现更高层次的抽象。

第三,在不同领域课堂教学时,需要根据各领域特点可以选择适宜的方法实现数学抽象过程,体现不同学科领域的各自属性。

例如,学习"平面图形的认识"时,可以通过用立体图形的一个面(沾上颜色印在纸上)印、彩描棱(边),采用投影将立体图形投在墙上,或者采用刀切胡萝卜等方式,帮助学生经历从立体图形到平面图形的抽象过程。而这种数学抽象过程与学习计算时的抽象过程是不同的,但"抽象了的东西源于现实世界,是人抽象出来的"却是相同的。

第四,数学课堂教学中的数学抽象过程要具有层次性。一节数学课要帮助学生经历数学抽象过程,但这种抽象过程不能仅停留在一个层面,要循序渐进、环环相扣,不同层次的数学抽象过程之间既要有联系,也要有区别,这样才有利于促进学生的抽象素养的发展。而这种可能性恰恰给分层次教学提供了良好的机遇。

(二)在获得数学概念和规则中经历抽象的过程,发展数学抽象

数学概念和数学规则都是通过抽象得到的。学生学习数学,不仅仅是获得数学概念、数学规则等事实性的知识、技能,而且,让学生经历数学概念、数学规则等的抽象过程,可以培养学生的数学抽象(素养)。

> **例** 小学"两位数加一位数的进位加法"的"十位"的抽象:27+5=?
> 借助于"十个鸡蛋一盒"这个非常现实的经验,学生已经有相对丰富的类似经验或经历,27表示有两盒满的鸡蛋和一盒不满的鸡蛋(即盒子里有7个鸡蛋,这意味着空着3个空位),另有5个鸡蛋。一共几个鸡蛋呢?
>
>
>
> 一盒鸡蛋　　　　　27个鸡蛋　　　　5个鸡蛋
>
> 图 10-21

> 借助生活经验,学生很自然地将5个鸡蛋中的3个拿出来,填补在第三盒鸡蛋的3个空位上,即将空位补齐,凑成一整盒,剩余2个鸡蛋。当然,也有学生会从7个中拿出5个,与5个散放的鸡蛋凑成一盒,剩余2个散的鸡蛋。
> 这就是,将5分成3与2的和,而3与27凑成30,因而,结果是32。或者是将7分成5与2的和,而5与5凑成10,因而,结果是32。
> 这是最朴素的"凑十进位",而这里的"一(整)盒"就是最直接、最形象的"十位",属于典型的借助"实物"的直接抽象。

在上述案例中,学生初学"两位数加一位数"时,尽管为数不少的家长已经告诉学生如何加,即"个位数字、十位数字分别相加",然而,绝大多数学生却并不知道算理——为什么必须这样计算而不那样计算,只有让学生亲身经历从"实物抽象(用实物摆出27+5)→半符号抽象(理解算式27+5的意义)→符号抽象(用竖式计算27+5)"的过程,即使是对于那些已经学过的学生而言,也是一次复习的过程,更是一次经历数学抽象的过程,培养学生的数学抽象(素养)。

(三)在提出数学命题和模型中经历抽象的过程,发展数学抽象

> **例** 一个两位数自乘规律的发现
> 个位为5的两位数,自相乘得到的数,一定是个位为5、十位为2,而百位(或百位与千位)是,这个两位数的十位数字与其大1的数字的乘积。比如,75×75,7与比其大1的数字8之积是56,于是,自乘的结果一定是5625。
> 其课堂教学设计是:
> 在小学两位数的乘法中,曾出现15×15、25×25等,在小学高年级可以设置如下问题:
> (1)计算15×15、25×25,你能发现什么规律?
> (2)你发现的规律对其他类似问题成立吗?比如,用45×45验证你的猜想。
> (3)你发现的规律对更一般的形式,比如◆5×◆5成立吗?这里的◆是1,2,3,…,9中的某个数字。
> (4)对于任意一个两位数◆5,如何验证你的发现总是成立的呢?
> 此时,继续采用数字或者自己选定的符号◆,就无法与更多的人交流,必须采用字母,比如,用a表示十位上的数字,此时,这个两位数可表示为简单代数式$10a+5$,于是,◆5×◆5就变成了$(10a+5)\times(10a+5)$。能由此验证你的发现吗?
> 小学课堂教学实践表明,五、六年级的小学生凭借上述提示,大多可以完成如下过程:
> $(10a+5)\cdot(10a+5)$
> $=10a\times(10a+5)+5\times(10a+5)$
> $=10a\times10a+10a\times5+5\times10a+5\times5$
> $=100a\cdot a+50a+50a+25$
> $=100a\cdot a+100a+25$
> $=100a\cdot(a+1)+25$

上述案例设计的真正意图在于，在巩固“两位数乘两位数”基本技能的过程中，让学生再次经历归纳、猜测的思维过程、推理过程，获得“个案 1、……、个案 n→抽象归纳出共性规律，猜测其普适性→验证自己的猜测→用符号表达一般结论”的直接经验和体验，经历一次“数学家式”的思考过程，感受智慧产生的过程，体验创新的快乐，进而真正体会从归纳猜想到演绎论证的过程，感受字母表示数的魅力，发展数学抽象。

（四）在形成数学方法与思想中经历抽象的过程，发展数学抽象

例 两位数加（减）一位数的复习总结

两位数加（减）一位数，是小学数学一年级下册最基础、最重要的一个单元，常规的复习方法是将相关知识杂乱无章地堆砌在一起（如图 10-22 所示）。

57+2= 59　57+20= 77　57+9= 66　57-2= 55　57-20= 37　57-9= 48

75+2= 77　75+20= 95　75+9= 84　75-2= 73　75-20= 55　75-9= 66

练习　1.口算。

68-7= 61　34+6= 40

68-9= 59　72-3= 69

68-50= 18　50+4= 54

15+9= 24　95-8= 87

说一说各题应先算什么，再计算。

13+7+54=　67-8-50=

38+（46+4）=　83-（27-20）=

图 10-22

这种方式自然能让学生获得相对系统的知识结构，但是，却体会不出其中的规律，感受不出其中所蕴含的思想方法。

将相关内容按照图 10-23 的方式进行复习：先计算各个算式，你发现了什么规律？

学生独立完成图 10-23 中的各式就会发现，“□1－6＝?”在方法的本质上等价于“11－6＝?”，从第二行到第九行的所有算式，都可以归结为第一个算式“11－6＝?”，亦即，只需要拿出一个整十，用它来减 6，而其他的整十不动即可。也就是说，“□1－6＝?”本质上等价于“11－6＝5”，它是 11＝6＋5 的逆运算。

进行完图 10-23 所示的独立计算，全班合作交流并梳理出规律之后，请学生独立完成图 10-24（先想一想、再动手做一做），学生都会发现，图 10-24 的问题本质上等价于“13－7＝6”，只要计算出第一个算式，其余算式都可以迅速完成。

11－6＝?
21－6＝?
31－6＝?
41－6＝?
……
91－6＝?

图 10-23

13－7＝?
23－7＝?
33－7＝?
43－7＝?
……
93－7＝?

图 10-24

	1	2	3	4	5	6	7	8	9
1	2	3	4	5	6	7	8	9	10
2	3	4	5	6	7	8	9	10	11
3	4	5	6	7	8	9	10	11	12
4	5	6	7	8	9	10	11	12	13
5	6	7	8	9	10	11	12	13	14
6	7	8	9	10	11	12	13	14	15
7	8	9	10	11	12	13	14	15	16
8	9	10	11	12	13	14	15	16	17
9	10	11	12	13	14	15	16	17	18

图 10-25

> 在小学一年级上册"十以内的加法"复习课中,让学生独立填写图 10-25 中的各个空格(即除第一行第一列之外的所有格)并寻找规律,学生都能印证 $a+b=b+a$ 规律的正确性,更重要的是,能体会出数学规律的美。

对小学一年级学生而言,能从具体的算式之中概括、抽象出共性规律,不仅能达成熟练计算技能、提高计算能力的目的,与其同时,小学生经历一次数学思想方法的抽象过程,积淀数学抽象的直接经验,发展数学抽象(素养)。

(五)在认识数学结构与体系中经历抽象的过程,发展数学抽象

> **例** 图形面积公式的推导过程
> 在小学数学图形面积公式的单元教学中,组织学生开展如图 10-26 所示的活动:
>
>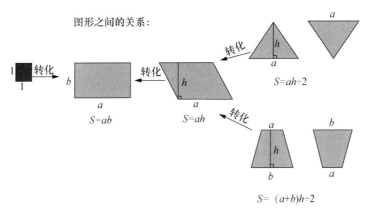
>
> **图 10-26**
>
> (1) 抽象过程
> 规定了边长为单位长度 1 的正方形的面积为一个面积单位,那么,对于长为 a、宽为 b 的长方形(即矩形),以面积单位去度量,这个长方形可以被 b 行、每行 a 个的面积单位(即边长为 1 的正方形)所覆盖,一共有 ab 个面积单位,从而,长为 a、宽为 b 的长方形的面积为 $S=ab$。
> 对于底为 a、高为 h 的平行四边形,采用切割的方法,沿着高线将平行四边形分割为两块,其总面积没有改变,将割下的三角形块平移到右侧,使三角形块的斜边与平行四边形的另一条斜边重合,此时,底为 a、高为 h 的平行四边形就变成了长为 a、宽(高)为 b 的长方形,而且其面积没有发生改变,从而,底为 a、高为 h 的平行四边形的面积为 $S=ab$。
> 对于底为 a、高为 h 的三角形,将三角形旋转 360 度,使得旋转前后的底边相互平行,将旋转前后的两个三角形拼在一起,得到一个底为 a、高为 h 的平行四边形,它的面积为 $S=ab$。从而,底为 a、高为 h 的三角形的面积为 $S=\dfrac{ah}{2}$。

对于上底为 a、下底为 b、高为 h 的等腰梯形,将其旋转 360 度,使得旋转前后的底边相互平行,将旋转前后的两个等腰梯形拼在一起,得到一个底为 $a+b$、高为 h 的平行四边形,它的面积是 $S=(a+b)h$。从而,上底为 a、下底为 b、高为 h 的等腰梯形的面积为 $S=\dfrac{(a+b)h}{2}$。

对于底为 a、高为 h 的三角形,将其旋转 360 度,使得旋转前后的底边相互平行,将旋转前后的两个三角形拼在一起,得到一个底为 a、高为 h 的平行四边形,它的面积是 $S=ah$。从而,底为 a、高为 h 的三角形的面积为 $S=\dfrac{ah}{2}$。

(2) 类化过程

作为上述过程的逆过程,采用动态软件体现图形面积之间的变化,可以充分体现平面图形面积之间的关联,再现数学抽象的逆过程(图 10-27):

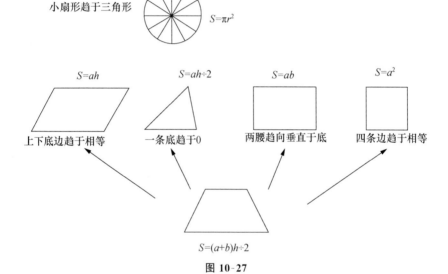

图 10-27

对于上底为 a、下底为 b、高为 h 的等腰梯形,变化下底 b 使其等于上底 a,同时,变化高 h 使其等于上底 a,此时,等腰梯形变成边长为 a 的正方形,从而面积 $S=(a+b)h\div 2=a^2$。

对于上底为 a、下底为 b、高为 h 的等腰梯形,变化腰使得两条腰垂直于底(此时,下底 b 等于上底 a),等腰梯形变成长为 a、宽为 b 与高 h 相等的长方形,从而面积 $S=(a+b)h\div 2=ab$。

对于上底为 a、下底为 b、高为 h 的等腰梯形,变化下底 b 使其等于 0,此时,等腰梯形变成底为 a、高为 h 的三角形,从而面积 $S=\dfrac{(a+b)h}{2}=\dfrac{ah}{2}$。对于半径为 r 的圆,将其分割为若干个大小相等的小扇形,每个小扇形可以看作是一个底为圆弧、高为 r 的"三角形",所有"三角形"的底围成一个圆,其周长为 $2\pi r$,从而,圆的面积为 $S=a_1 r\div 2+a_2 r\div 2+\cdots+a_n r\div 2=(a_1+a_2+\cdots+a_n)r\div 2=\pi r^2$。

对于上底为 a、下底为 b、高为 h 的等腰梯形,变化下底 b 使其等于上底 a,此时,等腰梯形变成底为 a、高为 h 的平行四边形,从而面积 $S=\dfrac{(a+b)h}{2}=ah$。

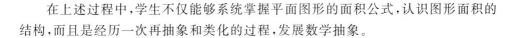

在上述过程中,学生不仅能够系统掌握平面图形的面积公式,认识图形面积的结构,而且是经历一次再抽象和类化的过程,发展数学抽象。

> **例 十进制**
>
> 在小学数学学习中,面对无穷无尽的自然数,十进制是最简捷、最能体现自然数集的结构的表达方式:仅仅用十个数码 0、1、2、3、4、5、6、7、8、9,再加上一个"数位",可以表达无穷无尽的自然数。
>
> 十进位值制的记数法是古代世界中最先进、科学的记数法,对世界科学和文化的发展有着不可估量的作用。正如英国著名科技史学家、生物化学家李约瑟(Joseph Needham, 1900—1995)所言,"如果没有这种十进位制,就不可能出现我们现在这个统一化的世界了。"

第七节 推理能力及其培养

在日常生活、学习和工作中,人们经常要对各种各样的事物进行判断,判断事物的对与错、是与非、可能与不可能等。判断是"思维的基本形式之一,就是肯定或否定某种事物的存在,或指明它是否具有某种属性的思维过程"。[①] "从一个或几个已知判断推出另一个未知判断的思维形式",叫作推理。"推理有演绎推理、归纳推理、类比推理等"。[②]

随着科学技术空前迅速的发展,人们面对纷繁复杂的信息时经常需要作出选择和判断,进而进行推理、作出决策。这对事情的成败、人的成长和发展都起着重要的作用。因而,无论是义务教育阶段的数学课程,还是高中阶段的数学课程,都强调"发展学生的推理能力"。

一、如何理解推理能力

推理是数学的基本思维方式,也是人们学习和生活中经常使用的思维方式。推理一般包括合情推理和演绎推理。合情推理是从已有的事实出发,凭借经验和直觉,通过归纳和类比等推测某些结果;演绎推理是从已有的事实(包括定义、公理、定理等)出发,按照规定的法则证明(包括逻辑和运算)结论。在解决问题的过程中两种推理的功能不同,相辅相成:合情推理有助于探索(解决问题的)思路,发现结论;演绎推理用于证明结论。

演绎推理(亦称"演绎法")的前提和结论之间具有蕴含关系,是必然性推理。演绎推理的主要形式是三段论。合情推理是根据已有的知识和经验,在某种情境和过程中推出可能性结论的推理。合情推理的主要形式是归纳推理和类比推理。

[①②] 辞海编辑委员会(夏征农,陈至立主编).辞海[M].上海:上海辞书出版社,1999:521,1986.

数学对发展推理能力的作用，人们早已认同并深信不疑。但是，长期以来数学教学注重采用"形式化"的方式，发展学生的演绎推理能力，忽视了合情推理能力的培养。应当指出：数学不仅需要演绎推理，同样需要、甚至有时更需要合情推理。科学结论（包括数学的定理、法则、公式等）的发现往往发端于对事物的观察、比较、归纳、类比……即通过合情推理提出猜想，然后再通过演绎推理证明猜想正确或错误。演绎推理和合情推理是既不相同又相辅相成的两种推理。

《全日制义务教育数学课程标准（实验稿）》对推理能力的内涵做了如下阐述：

"能通过观察、实验、归纳、类比等获得数学猜想，并进一步寻求证据、给出证明或举出反例"。这就是说，学生获得数学结论应当经历合情推理——演绎推理的过程。合情推理的实质是"发现"，因而关注合情推理能力的培养有助于发展学生的创新精神。当然，由合情推理得到的猜想常常需要证实，这就要通过演绎推理给出证明或举出反例。

"能清晰、有条理地表达自己的思考过程，做到言之有理、落笔有据"。无论在合情推理或演绎推理的过程中，思考者常常自己使用残缺不全、不连贯、具有高度情境性的语言，要把这种"内部语言"转化为外部语言，必须理清思考过程中每一个判断的理由和依据，使思考过程变得清晰而有条理，从而才能言之有理、落笔有据地表达。这里的表达，包括口头语言和书面语言两种形式；以及学生用自己的语言表达和用数学的语言表达两个层次。

"在与他人交流的过程中，能运用数学语言合乎逻辑地进行讨论和质疑"。用数学的语言与他人进行交流、讨论、质疑的前提，是每个人都能清晰、有条理地表达自己的思考过程。在这里，"用数学语言合乎逻辑"地表达是重要的，因为只有这样，才能确保讨论者有共同的语言和"规则"。质疑则是学生经过自己的分析、判断，对已有结论（自己的或他人的）的正确性提出疑问的理性思考，合乎逻辑地质疑是推理能力发展的更高阶段。

以往，人们在研究数学教学中发展学生推理能力时，往往首先想到几何教学。事实上，数学的各个分支都充满了推理——合情推理和演绎推理。应当认识到：几何为学习论证推理提供了素材，几何教学是发展学生推理能力的一种途径，但绝不是唯一的素材和途径。数学教学中发展学生推理能力的载体，不仅是几何，而且广泛存在于"数与代数""统计与概率"与"综合与实践"等数学课程内容之中。只有这样，才能使几何教学目标更加全面，才能进一步拓宽学生推理能力的发展空间。

二、如何培养学生的推理能力

推理是数学活动的中心，没有推理，也就没有数学的存在。就群体而言，学生推理能力的发展，伴随着数学学习内容的不断深入而同步发展。同时，推理能力表现在数学的各个领域,只不过各有侧重而已。因而,培养学生的推理能力,应当贯穿于基础教育数学课程教学的始终。

(一) 把推理能力的培养有机融合在数学教学的过程之中

能力的发展绝不等同于知识与技能的获得。能力的形成是一个缓慢的过程,有其自身的特点和规律,它不是学生"懂"了,也不是学生"会"了,而是学生自己"悟"出了道理、规律和思考方法等。这种"悟"只有在数学活动中才能得以进行,因而教学活动必须给学生提供探索交流的空间,组织、引导学生"经历观察、实验、猜想、证明等数学活动过程",并把推理能力的培养有机融合在这样的"过程"之中。任何试图把能力"传授"给学生,试图把能力培养"毕其功于一役"的做法,都不可能真正取得好的效果。

例 "平方差公式"的教学可设置如下的问题串:[①]

① 计算并观察下列每组算式

$$\begin{cases} 8\times 8=64 \\ 7\times 9=63 \end{cases} \begin{cases} 5\times 5=25 \\ 4\times 6=24 \end{cases} \begin{cases} 12\times 12=144 \\ 11\times 13=143 \end{cases}$$

② 已知 $25\times 25=625$,那么 $24\times 26=$ _____。

③ 你能举出一个类似的例子吗?

④ 从以上的过程中,你发现了什么规律?你能用语言叙述这个规律吗?你能用代数式表示这个规律吗?

⑤ 你能证明自己所得到的规律吗?

在这样的过程中,学生从对具体算式的观察、比较中,通过合情推理(归纳)提出猜想;进而用数学符号表达:若 $a\times a=m$,则 $(a-1)\times(a+1)=m-1$;然后用多项式乘法法则证明这个猜想是正确的。

又如,"对顶角相等"的教学,可组织学生开展如下活动:[②]

① 用硬纸片制作一个角;

② 把这个角放在白纸上,描出 $\angle AOB$(如图 10-28 所示);

③ 再把硬纸片绕着点 O 旋转 $180°$,并画出 $\angle A'OB'$;

④ 从这个过程中,你能探索得到什么结论?

图 10-28

这样,学生通过操作、实验,可以发现:

OA 与 OA',OB 与 OB' 是一条直线;$\angle AOB$ 与 $\angle A'OB'$ 是对顶角;通过具体的数值计算就能提出 $\angle AOB=\angle A'OB'$ 的猜想——对顶角相等;若应用"同角的补角相等",即可证明这个结论。

[①] 中华人民共和国教育部.全日制义务教育数学课程标准(实验稿)[S].北京:北京师范大学出版社,2001:93—94.

[②] 中华人民共和国教育部.全日制义务教育数学课程标准(实验稿)[S].北京:北京师范大学出版社,2001:83.

（二）把推理能力的培养落实到数学课程的各个领域之中

在义务教育阶段，"数与代数""图形与几何""统计与概率"和"综合与实践"等四个领域的课程内容，都为发展学生的推理能力提供了丰富的素材。所以，数学教学必须改变培养学生推理能力的"载体"单一化（即仅停留在"图形与几何"领域）的状况，要为学生提供自主探索、合作交流的时间和空间；要设置现实的、有意义的、富有挑战性的问题，引导学生参与"过程"；要恰当地组织、指导学生的学习活动，并真正鼓励学生、尊重学生、与学生合作。这样，才能拓宽发展学生推理能力的空间，从而有效地发展学生的推理能力。

在"数与代数"的教学中，计算要依据一定的"规则"——公式、法则、运算律等，因而计算中有推理（即"算理"）；现实世界中的数量关系往往有其自身的规律，用代数式、方程、不等式、函数刻画这种数量关系或变量关系的过程中，也不乏分析、判断和推理。

例 寻找 120 的因数，不同的学生会得到不同的结果——① 12 和 10，② 6 和 20，③ 3 和 40……他们进行讨论交流时，可能会发现这几对因数之间的关系：把①中的 12 除以 2 得 6，而①中的 10 乘 2 得 20，即得第②对因数；第③对因数与第①、②对因数之间也有类似的关系；于是，学生将会发现更多对因数：如 12 乘 2 得 24，10 除以 2 得到 5，发现了 120 的又一对因数 24 和 5……如果学生继续探究，还能作出更一般的归纳：把一对因数中的一个因数除以某个数（如果商是整数的话），另一个因数乘以这个数，就能得到一对新的因数。例如，由 $210=15\times14$，就能知道 $210=5\times42$，$210=2\times105$……在这样的过程中，学生实际上进行了简单的归纳和类比。

例 $|-3|$
$=-(-3)$　　（负数的绝对值是它的相反数）
$=+3$

以上计算 $|-3|$ 的过程，实际上是应用求一个数的绝对值的法则，进行演绎推理的过程。

例 观察算式：$34+43=77$；$51+15=66$；$26+62=88$。
问题：你发现了什么？
［可能的猜想：个位数字与十位数字互换的两个两位数的和是个位数字与十位数字相同的一个两位数（或三位数）；所得的两位数（或三位数）能被 11 整除……］

> 验证：74+47=121，原来的猜想成立吗？
> 再继续验证，结论仍然成立吗？
> [以上是进行归纳推理（合情推理）的过程]
> 问题：能否证明结论是正确的呢？
> 方法一：对所有的两位数一一地加以验证，但这既繁复又费时。
> 方法二：若 a、b 表示一个两位数两个数位上的数字，则
> $$(10a+b)+(10b+a)=11a+11b=11(a+b)$$
> 于是"所得的两位数能被11整除"的猜想得到证实。

这样的过程，是一个经历观察、猜想、归纳、证明的过程，既有合情推理又有演绎推理的过程。

在"图形与几何"的教学中，既要重视演绎推理，又要重视合情推理。即使在平面图形性质（定理）的教学中，也应当组织学生经历操作、观察、猜想、证明的过程，做到合情推理与演绎推理相结合（如前文所述"对顶角相等"的例子）。与以往的数学课程内容相比，各版的数学课程标准均加强了三维空间几何体（立体几何）的有关内容，这为学生"利用直观进行思考"提供了较多的机会。

> **例** 由6个正方体搭成一个几何体，从正面看和左面看的图形分别如图10-29所示：
>
>
>
> **图 10-29**
>
> 你能摆出这个几何体吗？
>
> 学生在实际操作的过程中，要不断观察、比较、分析、推理，才能得到正确答案（图10-30仅提供两种答案）。这个过程不仅发展了学生的合情推理能力，而且有助于学生空间观念的形成。
>
>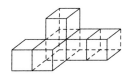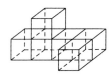
>
> **图 10-30**

"统计与概率"中的推理(也称统计推断)属于合情推理的范畴,是一种可能性的推理,与其他推理不同的是,由统计推理得到的结论无法用逻辑的方法去检验,只有靠实践来证实。因此,"统计与概率"的教学要重视学生经历收集、整理、分析数据、作出推断和决策的全过程。

> **例** 为了筹备新年联欢晚会,准备什么样的新年礼物呢?
> 为此,首先应由每位学生对全班同学喜欢什么样的礼物进行调查,然后把调查所得的结果整理成为数据,并进行比较,再根据处理后的数据作出决策,确定应该准备什么礼物。

这个过程中的推理,是合情推理,其结果可能只是使绝大多数同学喜欢。

再如,有一个平均水深 1.5 米的游泳池,一位身高 1.7 米、水性不好的人下游泳池游泳有危险吗?学生在对"平均水深"有了很好的理解之后,会得到这样的结论:可能有危险。这又是进行合情推理得到的结果。

> **例** 我国的高考一般都安排在每年 6 月的 7—9 日三天,考虑到天气等原因,经过专家的论证,认为将高考的时间提前一个月比较合适。为了了解学生对此的看法,某教育行政部门对某中学高三年级某班的学生进行了调查,调查结果为:不到 30% 的学生赞成,不到 40% 的学生"无所谓",其余的学生不赞成。请你谈谈对这个调查结果的看法。

掌握了基本的统计知识和方法的学生,经过思考、分析就可能对教育行政部门调查所得到的结果提出质疑。因为这样选取调查的样本,无论从数量上还是随机性方面都不能很好地代表总体,所以由此得到的统计推断的可靠性很小。

(三)在学生的日常生活、游戏活动中发展学生的推理能力

毫无疑问,学校的教育教学(包括数学教学)活动能推进学生推理能力更好地发展。但是,除了学校教育以外,还有很多活动也能有效发展人的推理能力。例如,人们在日常生活中经常需要作出判断和推理,许多游戏活动也隐含着推理的要求……所以,要进一步拓宽发展学生推理能力的渠道,使学生感受到生活、活动中有"学习",养成善于观察、勤于思考的习惯。

> **例** 两个人握一次手,若每两人握一次手,则三个人共握几次手?n 个人共握多少次手呢?(通过合情推理探索规律)
> 这与"由上海开往北京的 1462 次列车途中停靠 23 个站(不包括上海和北京),这次列车共发售多少种不同的车票"这样的问题,有什么联系呢?(类比)

> **例** 给林老师家打电话,反复多次,若振铃多次都无人接听,则常常由此做出"林老师不在家"的判断。这种判断隐含了反证法的思想。

此外,还可以设计一些游戏,让学生在有趣的活动中学习推理。

> **例** 甲、乙、丙三人戴红、黄、白三种颜色的帽子:
> ① 甲说:"我不要红帽子";乙说:"我不要黄帽子";丙说:"我不要白帽子"。如果三人的要求都得到满足。那么,猜猜他们分别戴了什么颜色的帽子?
> (有两种可能:甲、乙、丙分别戴黄、白、红或白、红、黄颜色的帽子)
> ② 甲说:"我要黄帽子";乙说:"我不要黄帽子";丙说:"我不要白帽子"。如果三人中只有一人的要求得到满足。那么,猜猜他们分别戴了什么颜色的帽子?
> (解答:甲戴白帽子,乙戴黄帽子,丙戴红帽子。)推理过程如下:
> 若甲的要求得到满足,即甲戴黄帽子,则乙就不可能再戴黄帽子,乙的要求同时就得到满足。这与"只有一人的要求得到满足"矛盾。
> 若乙的要求得到满足,即乙不戴黄帽子,则由于此时甲的要求不能再得到满足,因而甲也不戴黄帽子,所以只能丙戴黄帽子;这样丙的要求却得到了满足。这也与"只有一人的要求得到满足"矛盾。
> 若丙的要求得到满足,即丙不戴白帽子,则由于此时乙的要求不能再得到满足,因而乙戴黄帽子;于是可知丙戴红帽子,甲戴白帽子。这样,甲、乙的要求都没有得到满足,只有丙的要求得到满足。

(四) 培养学生的推理能力,要注意层次性和差异性

推理能力的培养,必须充分考虑学生的身心特点和认知水平,注意层次性。一般而言,操作、实验、观察、猜想等活动的难易程度容易把握,所以,合情推理能力的培养应贯穿于基础教育各阶段数学教学的始终。

不仅如此,培养学生演绎推理能力则应更好地体现层次性。例如,《义务教育数学课程标准(2011 年版)》在"学段目标"的"数学思考"集中体现对数学推理能力的培养要求,其中,对于不同学段的具体表述,有着较为明显的层次性。

第一学段:在教师的帮助下,初步学会选择有用信息进行简单的归纳和类比。

第二学段:能根据解决问题的需要,收集有用的信息,进行归纳、类比与猜测,发展初步的合情推理能力。

第三学段:能收集、选择、处理数学信息,并做出合理的推断或大胆的猜测……能用实例对一些数学猜想作出检验,从而增加猜想的可信程度或推翻猜想。

不仅如此,对于演绎思维能力,各版的数学课程标准在第一、第二学段中,并没有对此提出具体的要求,而是要求学生"能进行简单的、有条理的思考""能对结论的合理性作出有说服力的说明"。直到第三学段,才明确提出"体会证明的必要性,发展初步的演绎推理能力"的要求。例如,"图形与几何"的学习,不同学段的学生观察、实验、推理的方式是不同的。在第一、二学段,学生主要通过简单的"看""摆""拼""折""画"等实践活动,感知图形的性质,或归纳得到一些结论;而到了第三学段,在各种形式的实践活动中探索得到的结论,有时需要运用演绎推理的方式加以证明。如"画一个角等于已知角"的教学,大体经历这样的过程:用量角器、三角板画角,按照一定的步骤会用尺规画角——用重合的方法直观地感知所画的角等于已知角——学习了三角形全等的判别条件之后,则可以用演绎推理的方式(利用"边、边、边"的全等条件)证明所画的角与已知角相等。

应当指出,培养学生的演绎推理能力,不仅要注意层次性,而且要关注学生的差异。要使每一位学生都能体会证明的必要性,从而使学习演绎推理成为学生的自觉要求,克服"为了证明而证明"的盲目性;又要注意推理论证"量"的控制,以及要求的有序、适度。

第八节 数学建模及其培养[①]

数学素养是现代社会每位公民应该具备的基本素养,数学建模就是其中的一种重要素养,因此,各版的数学课程标准把培养和发展数学建模(素养)列入义务教育阶段数学和高中数学的课程目标。培养和发展中小学生的数学建模(素养),既是数学学习所必需的,更是学生未来生存和创造的基础。

一、数学建模的内涵

数学建模(素养)是对现实问题进行数学抽象,用数学语言表达问题、用数学方法构建数学模型、解决问题的素养,是数学学科核心素养之一。

在数学上,模型即数学模型(Mathematical Model)的简称。所谓数学模型,是指,根据问题实际和研究对象的特点,为了描述和研究客观现象的运动变化规律,运用数学抽象、概括等方法,而形成的、用以反映其内部因素之间的空间形式与数量关系的数学结构表达式,包括数学公式、逻辑准则、具体算法或一些特定的数学概念。

数学模型有广义和狭义之分。广义地说,数学中的许多重要概念(如方程、函数等)都称之为数学模型,正如张奠宙指出的,"加、减、乘、除都有各自的现实原型,

---

[①] 本节的部分内容曾发表:孔凡哲. 义务教育阶段的数学建模(素养)及其培养[J]. 湖北教育,2020(08):20—25.

它们都是以各自相应的现实原型作为背景抽象出来的"。① 比如，加法 $a+b$ 可以理解为一个数学模型，它刻画了三个量 a、b、$a+b$ 之间的特定关系。狭义地说，只有反映特定问题和特定的具体事物系统的数学关系结构，方可以构成数学模型，而且这类数学模型大致可分为两类：一类是描述客体必然现象的确定性模型，其数学工具一般是代数方程、微分方程、积分方程和差分方程等；另一类是描述客体或然现象的随机性模型，其数学模型方法是科学研究与创新的重要方法之一。

也就是说，按通行的、比较狭义的解释，只有那些反映特定问题或特定的具体事物系统和数学关系结构，才叫作数学模型。

> **例** （1）平均分派物品的数学模型是分数，它描述了总量、份数、一份的量三者之间的关系"总量=份数×一份的量"；
> （2）370人的年级里，一定有两位同学同一天过生日，其数学模型就是抽屉原理，即如果每个抽屉代表一个集合，$n+1$ 个（或 $n+1$ 个以上）元素放到 n 个集合中去，其中必定至少有一个集合里有两个或两个以上的元素（抽屉原理亦称鸽巢原理，它是组合数学的一个重要原理）。

数学建模过程主要包括：在实际情境中，从数学的视角发现问题、提出问题、分析问题、建立模型、求解模型、检验结果、改进模型，最终解决实际问题。亦即，从现实生活或具体情境之中，抽象出数学问题，用数学符号建立方程、不等式、函数等表示数学问题中的数量变化和变量规律，求出结果、并讨论结果的意义。

二、数学建模的意义和价值

数学建模（素养）的关键在于建立模型，数学模型搭建了数学与外部世界联系的桥梁，而建模的关键在于（学生）具备将现实问题与数学内容之间构建关联的主动意识和能力。

小学最重要的两个模型是乘法模型与加法模型，即"路程=速度×时间""总量=部分量之和"。有了这两个模型，就可以建立方程等模型，去阐述现实世界中的"故事"，进而可以帮助我们解决问题。而小学数学中的大部分问题都可以归结为这两种模型。

> **例** 在高速公路上，学生小 A 乘坐在几乎匀速前行的大巴车上。他想知道车辆行驶的速度，但是，在车的后排，他看不到驾驶室中的车速表。他不想打搅其他乘客与大巴车司机，想通过自己的方式解决问题。

---

① 张奠宙,孔凡哲,黄建弘,黄荣良,唐采斌.小学数学研究[M].北京：高等教育出版社,2009：241.

> 想知道速度,必须寻找与此相关的其他量。他自然想到"路程=速度×时间"模型,只要知道路程与时间就可以了。路程好办,透过玻璃窗外,他可以清楚观察到高速公路上的里程提示牌(高速公路在许多地段设有帮助司机测量自己车和别人车之间车距的50米、100米等的标示牌);时间怎么办?又没戴手表、没带手机——自己的脉搏不就是一个相对精确的计时器吗?他平时脉搏为68次/分。于是,他从37千米的里程碑开始号脉,到38千米,脉搏跳动了34次。如此,大约半分钟汽车行驶了1千米。车速是每分钟2千米,即120千米/时。

在上述问题的解决过程中,小A首先寻找与待解决问题密切相关的数学模型,而后再寻找模型中的已知量,进而解决问题。

在义务教育数学课程教学中,实施数学建模的教学,就是要帮助学生理解性掌握数学中的重要概念、原理等所蕴含的数学模型,并在问题解决过程之中,主动联想相关的模型,进而分析解决问题。

三、如何培养数学建模(素养)

1. 让学生亲身经历数学模型建构的过程

数学建模的一般过程可以简化为现实问题数学化、模型求解、数学模型解答、现实问题解答验证四个阶段,这四个阶段实际上是完成从现实问题到数学模型、再从数学模型回到现实问题的不断循环、不断完善的过程(如图10-31所示)。

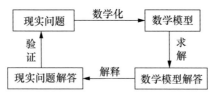

图10-31 数学建模的一般过程

数学化是指根据数学建模的目的和所具备的数据、图表、过程、现象等各种信息,将现实问题翻译转化为数学问题,并用数学语言将其准确地表述出来。求解是指利用已有的数学知识,选择适当的数学方法和数学解题策略,求出数学模型的解答。解释是指把用数学语言表述的解答翻译转化到现实问题,给出实际问题的解答。验证是指用现实问题的各种信息检验所得到的实际问题的解答,以确认解答的正确性和数学模型的准确性。

图10-31直观揭示了现实问题和数学模型之间的关系,即数学模型是将现实问题的信息加以数学化的产物。数学模型来源于现实、又超越现实,它用精确的数学语言揭示了现实问题的内在特性。数学模型经过求解得到数学形式的解答,再经过一次转化回到现实问题,给出现实问题的决策、预报、分析等结果,最后这些结果还要经受实践的检验,完成由实践到理论再到实践这样一个不断循环、不断完善

的过程。如果检验结果基本正确或者与实际情况的拟合度非常高,就可以用来指导实践,反之,应重复上述过程重新建立模型或者修正模型。

数学建模多以现实生活中的问题、其他学科中的问题作为问题情境,这些问题的解决必须借助于学生的数学知识和数学解题策略。通过学生的数学建模活动,会使学生切身体验到数学并非只应用于数学自身,数学完全可以在现实生活和其他学科中找到用武之地。

> **例** 一位成年女士究竟穿多高的高跟鞋是合适的[①]
> 　　这是一个非常现实的问题,对大多数亚洲女士而言,遗传原因往往导致为数甚多的女士上身长而下身短,产生视觉上的不协调。为此,"先天的遗憾"需要"后天的弥补"。
> 　　古希腊人研究发现,当一个人的肚脐眼处在身体的黄金分割点时,视觉效果最好。这就是一个典型的模型,将其抽象为数学模型就是"黄金比线段":即,寻找给定线段的黄金分割点,形成黄金比例线段。
> 　　于是,对于现实问题"一位成年女士究竟穿多高的高跟鞋是合适的",进行数学化,将其抽象为:
> 　　如图 10-32 所示,在线段的下部"接"多长的线段 x,使得"接上"线段 x 之后,在线段 $a+x$ 中,$b+x$ 刚好符合黄金比,即 $b+x=\frac{\sqrt{5}-1}{2} \cdot (a+x)$,(在小学,这个式子简写为 $b+x=0.618(a+x)$。)
> 　　亦即,满足上述方程的未知数 x 为多少时,方程成立。
>
>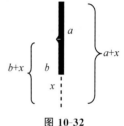
>
> **图 10-32**
>
> 　　解这个方程得到 x,就是数学模型的解。但是,这个解是否符合实际意义,例如,x 的值为 28 厘米,就是不切合实际的,28 厘米的高跟鞋几乎是不能穿的。
> 　　其中,解决问题所需要的模型有两个:一个是"黄金比线段",另一个是"一元一次方程"。
> 　　对于前者,在解决问题过程中,需要学生在心中事先拥有这个模型,需要将现实问题抽象为"黄金比线段"模型;
> 　　后者是作为工具出现的模型——一元一次方程模型,但其建立模型的过程被大大简化了。
> 　　在上述问题的实际教学中,不仅需要帮助学生亲身经历建立模型、解决问题的过程,更要明晰其中的两个模型"黄金比线段""一元一次方程",而不仅仅为了解决这一问题,其最终目的在于不断提升学生问题解决的综合能力。

2. 将数学建模的教学融入方程、函数、不等式等核心概念的教学之中,而不宜孤立地开展

例如,"方程"概念的形成过程,可以充分体现其中所蕴含的模型思想:

[①] 孔凡哲.有关模型思想若干问题的分析与解读[J].中学数学教学参考,2015(Z2):4—7.

例 乐乐用72元买了汉堡包和爆米花共10份,如果汉堡包每份8元,爆米花每份6元,那么,她买了几份汉堡包呢?

模型构建

第一步,分析问题,寻找关系,并用自然语言刻画。

在问题中,存在多个量,这些量之间存在一些关系,其中,存在的相等关系是:

买汉堡包所需钱数+买爆米花所需钱数=总钱数

汉堡包的份数+爆米花份数=总份数

汉堡包的单价×汉堡包的数量=买汉堡包所需钱数

爆米花的单价×爆米花数量=买爆米花所需钱数

第二步,用半符号语言表达关系。

如果我们用●表示汉堡包的份数,用■表示爆米花的份数,那么,上面的关系可以表示成:

●(份)+■(份)=总份数 10(份)

8(元/份)×●(份)+6(元/份)×■(份)=总钱数 72(元)

学生从一份汉堡包开始,分组验证;……

第三步,用数学符号语言表达关系。

设买汉堡包 x 份,那么,上述关系可表示为:

x(份)+■(份)=10(份)

8(元/份)×x(份)+6(元/份)×■(份)=72(元)

于是,可以用$(10-x)$份表示爆米花的份数,从而,可将上面的关系式简写为

$$8x+6(10-x)=72$$

上述过程可以用图表示,如图10-33所示。

图 10-33

在上述过程中,我们首先发现(用自然语言描述的)关系,而后用半符号语言、数学符号语言逐次表示关系,这个过程就是建立数学模型的过程,简称数学建模。像$8x+6(10-x)=72$这样含有未知数的等式叫作方程(equation)……

至于解方程,其基本思路就是,将含有未知数的项放在方程的一边,将不含未知数的项放在另一边,进行代数式化简和计算,即可将方程化为 $ax=b$ 的形式,进而求出方程的解。

利用列一元一次方程解决问题,核心在于方程的建模过程①,即

发现问题中的等量关系⇒用等式表达关系⇒用符号语言表达关系⇒用含有未知数的方程表达关系⇒一元一次方程。

而解方程的要点在于"化繁为简、化生为熟"的化归思想。

对初中生而言,方程学习的核心,一方面在于数学建模,另一方面在于解方程:一元一次方程比较全面地展示了其中所蕴含的模型,即用等号将相互等价的两件事情联立,等号的左右两边相互等价,至于其中的关系是用自然语言表示的,还是用数学符号表达的,都不太重要,重要的是,等号左右两边的两件事情在数学上是等价的。对于后者(即解方程),关键在于转化,即将新问题化归为以前可以解决的问题,利用已掌握的算法加以解决。这种化归、迭代的思想正是现代计算机的基本思想。

在义务教育数学学习中,我们必须帮助学生真正体会数学与现实生活密不可分的联系,体会方程是从现实生活到数学的一种提炼过程,用数学符号提炼现实生活中的特定关系的一种过程。

在义务教育数学课程教学中,方程、函数②、不等式等核心数学内容,都可以有效体现数学模型,即由数量抽象到数,由数量关系抽象到方程、函数(如正反比例)等;通过推理计算可以求解方程;而方程模型构建的过程,必须经历从现实问题中发现等量关系并用自然语言表达,而后采取恰当的半符号语言表达等量关系,最后转换成符号语言表达等量关系并将已知与未知联系在一起,形成刻画等价关系的方程(模型)。有了方程等模型,就可以把数学应用到客观世界中,而不同的模型所表达的内容不尽相同、各自有所侧重。

将数学建模的教学融入基本概念的日常教学之中,采取渗透、专题和系统梳理等途径,是数学模型的课程教学实施的成功策略。

总之,通过义务教育数学课程的学习,学生能有意识地用数学语言表达现实世界,发现和提出问题,感悟数学与现实之间的关联;学会用数学模型解决实际问题,积累数学实践的经验;认识数学模型在社会、科学、工程技术诸多领域的作用,提升实践能力,增强创新意识和科学精神,最终提升学生的数学素养。

思 考 题

1. 何谓数感?学生数感的发展状况对学生在数学上的发展有哪些影响?
2. 如何理解符号意识?在中小学培养学生的符号意识有哪些基本的策略?

---

① 史宁中,孔凡哲.方程思想及其课程教学[J].课程·教材·教法,2004,24(09):27—31.
② 小学数学中蕴含函数的完整内容,只是没有出现"函数"一词。——作者注

3. 空间观念、几何直观分别对学生的发展有何影响？培养学生的空间观念、几何直观，其关键要素有哪些？

4. 如何理解数据分析观念的含义和作用？

5. 在中小学数学课程教学中，如何培养学生的推理能力？

6. 数学应用意识、基本活动经验分别有哪些基本内涵？

拓展性问题

★ 如何理解模型思想、创新意识、基本（数学）思想？

★ 小学生数感、符号意识和数据分析观念的发展是否有明显的阶段性？当前对于小学的分段（即1～3年级为第一学段，4～6年级为第二学段）是否合理？为什么？

★ 在初中数学课程中，将逻辑推理能力的发展区分为"佐证、说理、一步证明、多步证明"的做法是否合理？如何用实验数据来验证或者推翻这个方案？

主要参考书目

1. 中国大百科全书编委会.中国大百科全书光盘(1.1 版)[M/CD].北京:中国大百科全书出版社,2000.
2. 曹才翰,蔡金法.数学教育学概论[M].南京:江苏教育出版社,1989.
3. 皮连生.教育心理学[M].3 版.上海:上海教育出版社,2004.
4. 克鲁捷茨基.中小学生数学能力心理学[M].李伯黍,洪宝林,艾国英,等,译校.上海:上海教育出版社,1983.
5. 奥苏伯尔,等.教育心理学——认知观点[M].佘星南,宋钧,译.北京:人民教育出版社,1994.
6. 张卿.学与教的历史轨迹[M].济南:山东教育出版社,1995.
7. 冯忠良,等.教育心理学[M].北京:人民教育出版社,2000.
8. 戴尔·H.申克.学习理论:教育的视角:第 3 版[M].韦小满,等,译.南京:江苏教育出版社,2004.
9. 毛鸿翔,季素月.数学教学与学习心理学[M].沈阳:辽宁教育出版社,1998.
10. 李士锜.PME:数学教育心理学[M].上海:华东师范大学出版社,2001.
11. 中华人民共和国教育部.全日制义务教育数学课程标准(实验稿)[S].北京:北京师范大学出版社,2001.
12. 中华人民共和国教育部.普通高中数学课程标准(2017 年版)[S].北京:人民教育出版社,2018.
13. 中华人民共和国教育部.义务教育数学课程标准(2011 年版)[S].北京:北京师范大学出版社,2012.
14. 冯忠良,伍新春,姚梅林,王健敏.教育心理学[M].2 版.北京:人民教育出版社,2010.
15. 史宁中.数学思想概论(第 2 辑)——图形与图形关系的抽象[M].长春:东北师范大学出版社,2009.
16. 张奠宙,孔凡哲,黄建弘,黄荣良,唐采斌.小学数学研究[M].北京:高等教育出版社,2009.
17. 喻平.数学教育心理学[M].南宁:广西教育出版社,2005.
18. M.阿蒂亚.数学的统一性[M].南京:江苏教育出版社,1995.
19. 弗莱登塔尔.数学教育再探——在中国的讲学[M].刘意竹,杨刚,等,译.上海:上海教育出版社,1999.
20. 冯忠良.结构化与定向化教学心理学原理[M].北京:北京师范大学出版社,1998.
21. 英海尔德,辛克莱,博维尔.学习与认知发展[M].李其维,译.上海:华东师范大学出版社,2003.

第一版后记

记得1992年在辽宁师范大学攻读研究生学业时,我的学术兴趣一下子被数学学习心理学这个领域吸引住了,在与朱秉林教授联名发表论文《数学学习动机》[①]《数学情感及其规律》[②]以后,又独立发表了论文《关于数学教育心理学的研究内容》[③]。此后,对于此领域的思考和研究,始终未中断。

自东北师范大学开设"数学学习心理学"课程以来,作为主讲教师,笔者必须完成教学任务,经过几轮的系统讲授,《数学学习心理学》的文稿逐渐完善。尤其是,自基础教育课程改革以来,相关的研究更加深入,对于书稿的不断补充和完善起到极大推动作用。辛勤的劳动换来学生对教学效果的认同——学生满意率一直保持在百分之百。

2004年,全国中小学教师继续教育网将"小学数学学习心理"列为本科学历课程之一,并公开招标,我带领团队中标。自这门网络教育课程开发制作项目立项以来,我指导的硕士研究生芦淑坤、曲丽娜、李莹、李寒月、冯兵兵、潘冠做了大量工作。这也在很大程度上加速了《数学学习心理学》的完善过程。2006年初,全国中小学教师继续教育网的本科学历网络课程"小学数学学习心理"通过验收,正式运行至今,学员、读者的满意,验证了我们最初的期待。只不过,这门课程更多地反映小学数学的学习心理,而对中学数学的学习心理论及不多。

2007年下半年,在给数期中学数学骨干教师培训班施教的基础上,我们集中精力再次修订(含重新撰写)这本书稿,将其定名为《数学学习心理学》,不仅面向小学数学教育,也面向中学数学教育,既兼顾本科在校生的学习需要,又兼顾在职教师的实际需求。修订工作得到曾峥教授的大力支持,他参与修订了第九章;笔者修订了其余内容。这种尝试,虽然经过了我们多轮的课堂教学试验,但是,仍需要广大读者验收,更期望能为这本书稿的完善提出宝贵意见和建议。

应当指出,21世纪以来,国际数学学习心理研究进入发展平缓期,诸如数学学习的脑机制、心理机制等许多核心问题尚处在持续攻关阶段。因而,数学学习心理学尚处在发展之中,本书稿也需要未来不断充实和完善。

孔凡哲
2009年3月18日
于长春

[①] 朱秉林,孔凡哲.数学学习动机[J].数学教育学报,1992(01):49—55.
[②] 孔凡哲,朱秉林.数学情感及其规律[J].数学教育学报,1993(02):62—66.
[③] 孔凡哲.关于数学教育心理学的研究内容[J].济宁师专学报,2000(04):91.

北京大学出版社
教育出版中心 精品图书

21世纪高校广播电视专业系列教材

书名	作者
电视节目策划教程	项仲平
电视导播教程（第二版）	程 晋
电视文艺创作教程	王建辉
广播剧创作教程	王国臣
电视导论	李 欣
电视纪录片教程	卢 炜
电视导演教程	袁立本
电视摄像教程	刘 荃
电视节目制作教程	张晓锋
视听语言	宋 杰
影视剪辑实务教程	李 琳
影视摄制导论	朱 怡
电影视听语言——视听元素与场面调度案例分析	李 骏
影视照明技术	张 兴
影视音乐	陈 斌
影视剪辑创作与技巧	张 拓
纪录片创作教程	潘志琪
影视拍摄实务	翟 臣

21世纪信息传播实验系列教材（徐福荫 黄慕雄 主编）

书名	作者
网络新闻实务	罗 昕
多媒体软件设计与开发	张新华
播音与主持艺术（第二版）	黄碧云 睢 凌
摄影基础（第二版）	张 红 钟日辉 王首农

21世纪数字媒体专业系列教材

书名	作者
视听语言	赵慧英
数字影视剪辑艺术	曾祥民
数字摄像与表现	王以宁
数字摄影基础	王朋娇
数字媒体设计与创意	陈卫东
数字视频创意设计与实现（第二版）	王 靖
大学摄影实用教程	朱小阳

21世纪教育技术学精品教材（张景中 主编）

书名	作者
教育技术学导论（第二版）	李芒 金林
远程教育原理与技术	王继新 张 屹
教学系统设计理论与实践	杨九民 梁林梅
信息技术教学论	雷体南 叶良明
信息技术与课程整合（第二版）	赵呈领 杨琳 刘清堂
教育技术学研究方法（第三版）	张 屹 黄 磊

21世纪高校网络与新媒体专业系列教材

书名	作者
文化产业概论	尹章池
网络文化教程	李文明
网络与新媒体评论	杨 娟
新媒体概论	尹章池
新媒体视听节目制作（第二版）	周建青
融合新闻学导论（第二版）	石长顺
新媒体网页设计与制作	惠悲荷
网络新媒体实务	张合斌
突发新闻教程	李 军
视听新媒体节目制作	邓秀军
视听评论	何志武
出镜记者案例分析	刘 静 邓秀军
视听新媒体导论	郭小平
网络与新媒体广告	尚恒志 张合斌
网络与新媒体文学	唐东堰 雷 奕
全媒体新闻采访写作教程	李 军

21世纪特殊教育创新教材·理论与基础系列

书名	作者
特殊教育的哲学基础	方俊明
特殊教育的医学基础	张 婷
融合教育导论（第二版）	雷江华
特殊教育学（第二版）	雷江华 方俊明
特殊儿童心理学（第二版）	方俊明 雷江华
特殊教育史	朱宗顺
特殊教育研究方法（第二版）	杜晓新 宋永宁等
特殊教育发展模式	任颂羔

21世纪特殊教育创新教材·发展与教育系列

书名	作者
视觉障碍儿童的发展与教育	邓 猛
听觉障碍儿童的发展与教育（第二版）	贺荟中
智力障碍儿童的发展与教育（第二版）	刘春玲 马红英
学习困难儿童的发展与教育（第二版）	赵 微
自闭症谱系障碍儿童的发展与教育	周念丽
情绪与行为障碍儿童的发展与教育	李闻戈
超常儿童的发展与教育（第二版）	苏雪云 张 旭

21世纪特殊教育创新教材·康复与训练系列

特殊儿童应用行为分析（第二版）	李 芳 李 丹
特殊儿童的游戏治疗	周念丽
特殊儿童的美术治疗	孙 霞
特殊儿童的音乐治疗	胡世红
特殊儿童的心理治疗（第二版）	杨广学
特殊教育的辅具与康复	蒋建荣
特殊儿童的感觉统合训练（第二版）	王和平
孤独症儿童课程与教学设计	王 梅

21世纪特殊教育创新教材·融合教育系列

融合教育本土化实践与发展	邓 猛等
融合教育理论反思与本土化探索	邓 猛
融合教育实践指南	邓 猛
融合教育理论指南	邓 猛
融合教育导论（第二版）	雷江华
学前融合教育	雷江华 刘慧丽

21世纪特殊教育创新教材（第二辑）

特殊儿童心理与教育（第二版）
　　　　　　　　　　　　　杨广学 张巧明 王 芳
教育康复学导论　　　　　　　　　　杜晓新 黄昭明
特殊儿童病理学　　　　　　　　　　王和平 杨长江
特殊学校教师教育技能　　　　　　　昝 飞 马红英

自闭谱系障碍儿童早期干预丛书

如何发展自闭谱系障碍儿童的沟通能力	朱晓晨 苏雪云
如何理解自闭谱系障碍和早期干预	苏雪云
如何发展自闭谱系障碍儿童的社会交往能力	吕 梦 杨广学
如何发展自闭谱系障碍儿童的自我照料能力	倪萍萍 周 波
如何在游戏中干预自闭谱系障碍儿童	朱 瑞 周念丽
如何发展自闭谱系障碍儿童的感知和运动能力	韩文娟 徐 芳 王和平
如何发展自闭谱系障碍儿童的认知能力	潘前美 杨福义
自闭症谱系障碍儿童的发展与教育	周念丽
如何通过音乐干预自闭谱系障碍儿童	张正琴
如何通过画画干预自闭谱系障碍儿童	张正琴
如何运用ACC促进自闭谱系障碍儿童的发展	苏雪云
孤独症儿童的关键性技能训练法	李 丹
自闭症儿童家长辅导手册	雷江华
孤独症儿童课程与教学设计	王 梅
融合教育理论反思与本土化探索	邓 猛
自闭症谱系障碍儿童家庭支持系统	孙玉梅
自闭症谱系障碍儿童团体社交游戏干预	李 芳

孤独症儿童的教育与发展　　　　　　　王 梅 梁松梅

特殊学校教育·康复·职业训练丛书

（黄建行 雷江华主编）

信息技术在特殊教育中的应用	
智障学生职业教育模式	
特殊教育学校学生康复与训练	
特殊教育学校校本课程开发	
特殊教育学校特奥运动项目建设	

21世纪学前教育专业规划教材

学前教育概论	李生兰
学前教育管理学（第二版）	王 雯
幼儿园课程新论	李生兰
幼儿园歌曲钢琴伴奏教程	果旭伟
幼儿园舞蹈教学活动设计与指导	董 丽
实用乐理与视唱	代 苗
学前儿童美术教育	冯婉贞
学前儿童科学教育	洪秀敏
学前儿童游戏	范明丽
学前教育研究方法	郑福明
学前教育史	郭法奇
学前教育政策与法规	魏 真
学前心理学	涂艳国 蔡 艳
学前教育理论与实践教程	王 维 王维娅 孙 岩
学前儿童数学教育	赵振国
学前融合教育	雷江华 刘慧丽

大学之道丛书精装版

美国高等教育通史	[美]亚瑟·科恩
知识社会中的大学	[英]杰勒德·德兰迪
大学之用（第五版）	[美]克拉克·克尔
营利性大学的崛起	[美]理查德·鲁克
学术部落与学术领地：知识探索与学科文化	[英]托尼·比彻 保罗·特罗勒尔
美国现代大学的崛起	[美]劳伦斯·维赛
教育的终结——大学何以放弃了对人生意义的追求	[美]安东尼·T.克龙曼
世界一流大学的管理之道——大学管理研究导论	程 星
后现代大学来临？	[英]安东尼·史密斯 弗兰克·韦伯斯特

大学之道丛书

市场化的底限	[美]大卫·科伯
大学的理念	[英]亨利·纽曼
哈佛：谁说了算	[美]理查德·布瑞德利

麻省理工学院如何追求卓越	〔美〕查尔斯·维斯特
大学与市场的悖论	〔美〕罗杰·盖格
高等教育公司：营利性大学的崛起	
	〔美〕理查德·鲁克
公司文化中的大学：大学如何应对市场化压力	
	〔美〕埃里克·古尔德
美国高等教育质量认证与评估	
	〔美〕美国中部州高等教育委员会
现代大学及其图新	〔美〕谢尔顿·罗斯布莱特
美国文理学院的兴衰——凯尼恩学院纪实	
	〔美〕P.F.克鲁格
教育的终结：大学何以放弃了对人生意义的追求	
	〔美〕安东尼·T.克龙曼
大学的逻辑（第三版）	张维迎
我的科大十年（续集）	孔宪铎
高等教育理念	〔英〕罗纳德·巴尼特
美国现代大学的崛起	〔美〕劳伦斯·维赛
美国大学时代的学术自由	〔美〕沃特·梅兹格
美国高等教育通史	〔美〕亚瑟·科恩
美国高等教育史	〔美〕约翰·塞林
哈佛通识教育红皮书	哈佛委员会
高等教育何以为"高"——牛津导师制教学反思	
	〔英〕大卫·帕尔菲曼
印度理工学院的精英们	〔印度〕桑迪潘·德布
知识社会中的大学	〔英〕杰勒德·德兰迪
高等教育的未来：浮言、现实与市场风险	
	〔美〕弗兰克·纽曼等
后现代大学来临？	〔英〕安东尼·史密斯等
美国大学之魂	〔美〕乔治·M.马斯登
大学理念重审：与纽曼对话	
	〔美〕雅罗斯拉夫·帕利坎
学术部落及其领地——当代学术界生态揭秘（第二版）	
	〔英〕托尼·比彻 保罗·特罗勒尔
德国古典大学观及其对中国大学的影响（第二版）	
	陈洪捷
转变中的大学：传统、议题与前景	郭为藩
学术资本主义：政治、政策和创业型大学	
	〔美〕希拉·斯劳特 拉里·莱斯利
21世纪的大学	〔美〕詹姆斯·杜德斯达
美国公立大学的未来	
	〔美〕詹姆斯·杜德斯达 弗瑞斯·沃马克
东西象牙塔	孔宪铎
理性捍卫大学	眭依凡

学术规范与研究方法系列

| 社会科学研究方法100问 | 〔美〕萨尔金德 |
| 如何利用互联网做研究 | 〔爱尔兰〕杜恰泰 |
| 如何撰写与发表社会科学论文：国际刊物指南 蔡今忠 |

如何为学术刊物撰稿（第三版）	〔英〕罗薇娜·莫瑞
如何查找文献（第二版）	〔英〕萨莉·拉姆齐
给研究生的学术建议（第二版）	
	〔英〕玛丽安·彼得 等
社会科学研究的基本规则（第四版）	
	〔英〕朱迪斯·贝尔
做好社会研究的10个关键	〔英〕马丁·丹斯考姆
如何写好科研项目申请书	
	〔美〕安德鲁·弗里德兰德等
教育研究方法（第六版）	〔美〕梅瑞迪斯·高尔等
高等教育研究：进展与方法	〔英〕马尔科姆·泰特
如何成为学术论文写作高手	〔美〕华乐丝
参加国际学术会议必须要做的那些事	〔美〕华乐丝
如何成为优秀的研究生	〔美〕布卢姆
结构方程模型及其应用	易丹辉 李静萍
学位论文写作与学术规范（第二版）	
	李 武 毛远逸 肖东发

21世纪高校教师职业发展读本

如何成为卓越的大学教师	〔美〕肯·贝恩
给大学新教员的建议	〔美〕罗伯特·博伊斯
如何提高学生学习质量	〔英〕迈克尔·普洛瑟等
学术界的生存智慧	〔美〕约翰·达利等
给研究生导师的建议（第2版）	
	〔英〕萨拉·德拉蒙特等

21世纪教师教育系列教材·物理教育系列

中学物理教学设计	王霞
中学物理微格教学教程（第三版）	
	张军朋 詹伟琴 王恬
中学物理科学探究学习评价与案例	张军朋 许桂清
物理教学论	邢红军
中学物理教学法	邢红军
中学物理教学评价与案例分析	王建中 孟红娟
中学物理课程与教学论	张军朋 许桂清

21世纪教育科学系列教材·学科学习心理学系列

| 数学学习心理学（第三版） | 孔凡哲 |
| 语文学习心理学 | 董蓓菲 |

21世纪教师教育系列教材

教育心理学（第二版）	李晓东
教育学基础	庞守兴
教育学	余文森 王晞
教育研究方法	刘淑杰
教育心理学	王晓明
心理学导论	杨凤云
教育心理学概论	连榕 罗丽芳

课程与教学论	李 允
教师专业发展导论	于胜刚
学校教育概论	李清雁
现代教育评价教程（第二版）	吴 钢
教师礼仪实务	刘 霄
家庭教育新论	闫旭蕾 杨 萍
中学班级管理	张宝书
教育职业道德	刘亭亭
教师心理健康	张怀春
现代教育技术	冯玲玉
青少年发展与教育心理学	张 清
课程与教学论	李 允
课堂与教学艺术（第二版）	孙菊如 陈春荣
教育学原理	靳淑梅 许红花

21世纪教师教育系列教材·初等教育系列

小学教育学	田友谊
小学教育学基础	张永明 曾 碧
小学班级管理	张永明 宋彩琴
初等教育课程与教学论	罗祖兵
小学教育研究方法	王红艳
新理念小学数学教学论	刘京莉
新理念小学音乐教学论（第二版）	吴跃跃

教师资格认定及师范类毕业生上岗考试辅导教材

教育学	余文森 王 晞
教育心理学概论	连 榕 罗丽芳

21世纪教师教育系列教材·学科教育心理学系列

语文教育心理学	董蓓菲
生物教育心理学	胡继飞

21世纪教师教育系列教材·学科教学论系列

新理念化学教学论（第二版）	王后雄
新理念科学教学论（第二版）	崔 鸿 张海珠
新理念生物教学论（第二版）	崔 鸿 郑晓慧
新理念地理教学论（第二版）	李家清
新理念历史教学论（第二版）	杜 芳
新理念思想政治（品德）教学论（第三版）	胡田庚
新理念信息技术教学论（第二版）	吴军其
新理念数学教学论	冯 虹

21世纪教师教育系列教材·语文教育系列

语文文本解读实用教程	荣维东
语文课程教师专业技能训练	张学凯 刘丽丽
语文课程与教学发展简史	武玉鹏 王从华 黄修志
语文课程学与教的心理学基础	韩雪屏 王朝霞
语文课程名师名课案例分析	武玉鹏 郭治锋等
语用性质的语文课程与教学论	王元华
语文课堂教学技能训练教程（第二版）	周小蓬
中外母语教学策略	周小蓬
中学各类作文评价指引	周小蓬

21世纪教师教育系列教材·学科教学技能训练系列

新理念生物教学技能训练（第二版）	崔 鸿
新理念思想政治（品德）教学技能训练（第三版）	
新理念地理教学技能训练	胡田庚 赵海山
	李家清
新理念化学教学技能训练（第二版）	王后雄
新理念数学教学技能训练	王光明

王后雄教师教育系列教材

教育考试的理论与方法	王后雄
化学教育测量与评价	王后雄
中学化学实验教学研究	王后雄
新理念化学教学诊断学	王后雄

西方心理学名著译丛

儿童的人格形成及其培养	［奥地利］阿德勒
活出生命的意义	［奥地利］阿德勒
生活的科学	［奥地利］阿德勒
理解人生	［奥地利］阿德勒
荣格心理学七讲	［美］卡尔文·霍尔
系统心理学：绪论	［美］爱德华·铁钦纳
社会心理学导论	［美］威廉·麦独孤
思维与语言	［俄］列夫·维果茨基
人类的学习	［美］爱德华·桑代克
基础与应用心理学	［德］雨果·闵斯特伯格
记忆	［德］赫尔曼·艾宾浩斯
实验心理学（上下册）	［美］伍德沃斯 施洛斯贝格
格式塔心理学原理	［美］库尔特·考夫卡

21世纪教师教育系列教材·专业养成系列

（赵国栋主编）

微课与慕课设计初级教程
微课与慕课设计高级教程
微课、翻转课堂和慕课设计实操教程
网络调查研究方法概论（第二版）
PPT云课堂教学法